衡水迎宾馆志

衡水迎宾馆志编纂委员会 编

方志出版社
Publishing House of Local Records

图书在版编目（CIP）数据

衡水迎宾馆志 / 衡水迎宾馆志编纂委员会编. —北京 ：方志出版社，2022.6
ISBN 978-7-5144-5266-2

Ⅰ. ①衡… Ⅱ. ①衡… Ⅲ. ①宾馆—企业管理—概况—衡水 Ⅳ. ①F719.2

中国版本图书馆CIP数据核字（2022）第178688号

责任编辑：李志瑜
责任校对：刘玉霞
责任印制：梅中英
出 版 者：方志出版社
地　　址：北京市朝阳区潘家园东里9号（国家方志馆4层）
邮　　编：100021
网　　址：http://www.zgfzcb.cn
发　　行：方志出版社图书经销中心（010-67110500）
印　　刷：吴桥金鼎古籍印刷厂
开　　本：889毫米×1194毫米　1/16
印　　张：27.5
字　　数：481千字
版　　次：2022年6月第1版
印　　次：2022年6月第1次印刷
定　　价：298.00元

中 国 饭 店 协 会

贺　信

衡水迎宾馆：

欣闻2022年衡水迎宾馆迎来成立60周年，值此重要时刻，中国饭店协会特表示热烈的祝贺！并向总经理王晓冰及全体员工表示亲切的问候！

凝心聚力六十载，自强不息铸辉煌。衡水迎宾馆自成立以来，以做好接待服务为使命，打造酒店品牌、争创管理标杆，在精益求精、追求极致的道路上永攀高峰，荣获多项全国性酒店先进荣誉，成为全国酒店中的翘楚，最美迎宾馆声名远扬，为行业发展做出了突出贡献。

阔步再踏新征程，奋进百年迎宾馆。甲子轮回，整装再出发。衡水迎宾馆当赓续前行，奋发有为，致力持续提升管理服务水平，推进引领酒店行业发展，用更加辉煌的成绩，书写百年迎宾馆的传奇。

祝衡水迎宾馆在新的起点上，行稳致远，笃定前行，努力创建百年品牌，续写新时代的发展篇章。

中国饭店协会

2022年7月21日

2022年7月中国饭店协会为庆祝衡水迎宾馆成立六十周年发来贺信

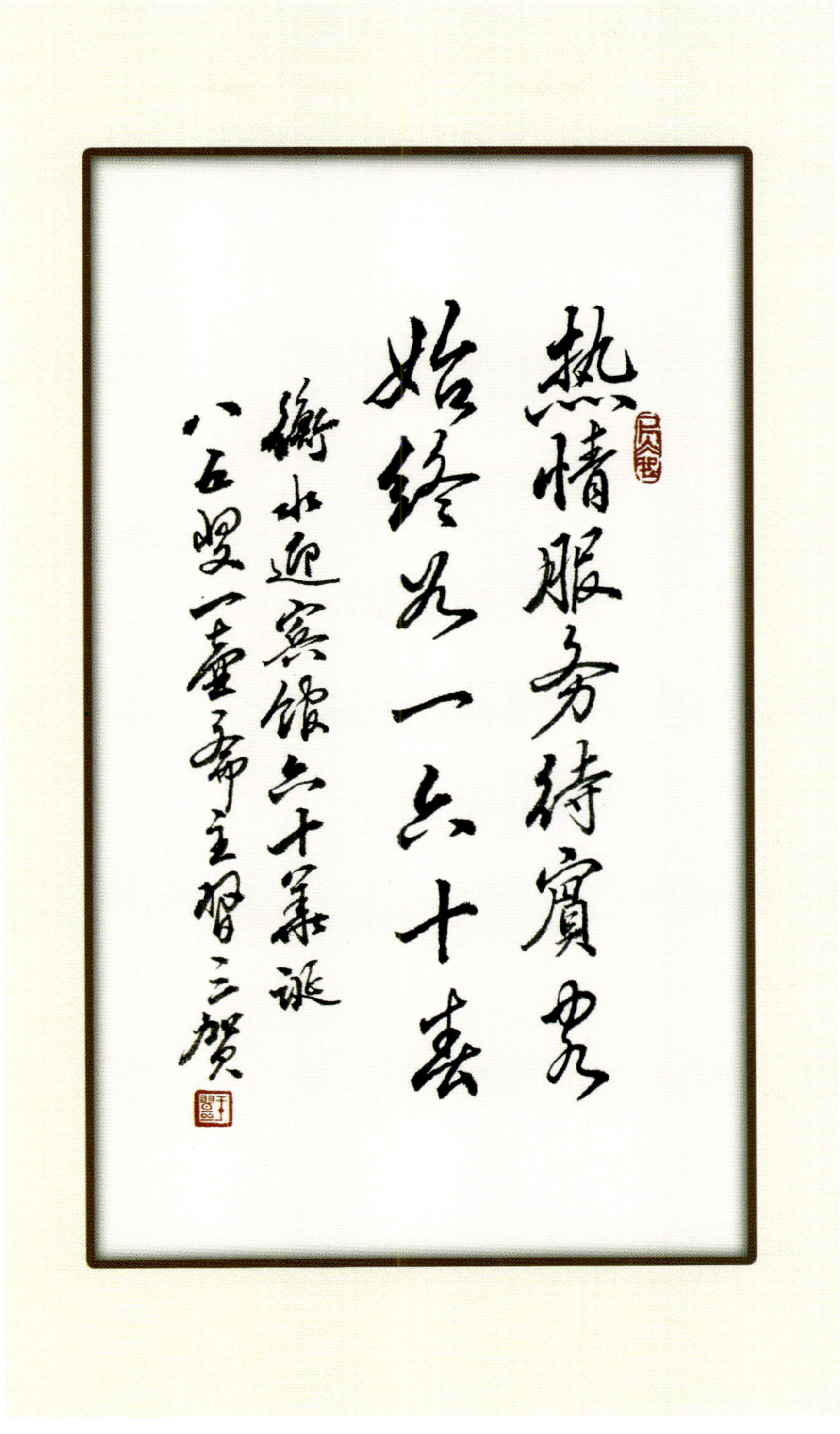

王习三为衡水迎宾馆六十华诞题书

“热情服务待宾客　始终如一六十春”

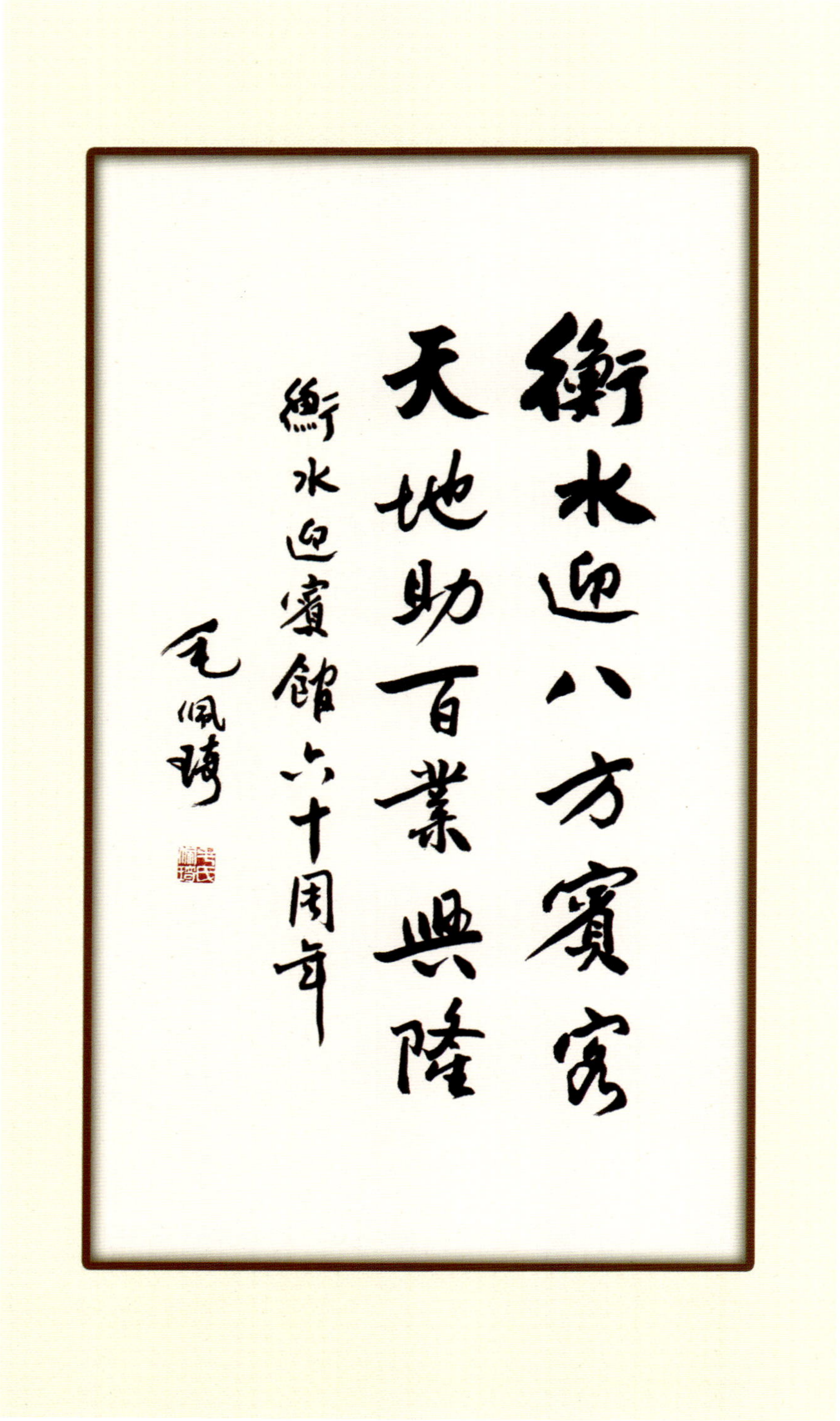

毛佩琦为衡水迎宾馆六十周年题书

“衡水迎八方宾客　天地助百业兴隆”

1972 年中国对外友协副秘书长席道崇陪同也门民主人民共和国农业代表团一行与招待处员工合影

1975 年招待处员工在“热烈欢迎旅美台湾省籍运动员”条幅前合影

1987 年 4 月 11 日宁全福（前排左四）与招待处员工在怡宾楼前合影

1987 年 5 月李尔重（前排左五）在招待处大礼堂前合影

20世纪60年代末新华路址

衡水迎宾馆人民路址

人民路址怡宾楼

人民路址贵宾楼

前进大街址
衡水会堂

2022 年 3 月衡水迎宾馆航拍图

2022 年 5 月衡水迎宾馆园景

2022 年 5 月衡水迎宾馆迎宾湖南部

2021 年 1 月，衡水迎宾馆迎宾湖雾凇景色

2021 年四季衡水迎宾馆

2021 年 9 月蓝天下的衡水迎宾馆

开创新时代
建设美丽衡水

2021年10月前进街址衡水迎宾馆迎宾楼

2021 年 4 月衡水迎宾馆迎宾湖黑天鹅

2021 年 10 月衡水迎宾馆迎宾湖景色

2021 年 6 月衡水迎宾馆晚霞

2022 年 4 月衡水迎宾馆朝霞

2022 年 7 月衡水迎宾馆航拍夜景

2022 年 3 月衡水迎宾馆院内盛开的山桃花

2022 年 4 月衡水迎宾馆院内盛开的海棠花

2022 年 5 月衡水迎宾馆迎宾湖南部全景图

2022 年 5 月衡水迎宾馆远瞰图

2022 年 3 月桃花盛开的衡水迎宾馆

2022 年 3 月衡水迎宾馆憩赏亭景色

2022 年 5 月衡水迎宾馆院内绿化

2022年7月衡水迎宾馆航拍俯瞰图

2005 年全国文化科技卫生“三下乡”活动十周年工作座谈会衡水会堂布置现场

2019 年 5 月国际智力运动联盟世界大师锦标赛（衡水）恒兴厅服务现场

2019 年 5 月国际智力运动联盟世界大师锦标赛餐饮服务现场

2019年11月第三届世界冀商大会儒乡园多功能厅服务现场

1998 年衡水市政府招待处首届英语知识竞赛

2001 年 7 月 1 日市政府招待处迎“七一”颂党演唱会

衡水迎宾馆 1996 年春季职工拔河比赛

衡水迎宾馆 2006 年秋季职工篮球比赛

2014 年衡水迎宾馆春节联欢会

2015 年第一届“迎宾馆好声音”卡拉 OK 比赛

市政府招待处 2016 年春节联欢会暨先进集体先进个人表彰大会

2018 年 5 月衡水迎宾馆部分党员到西柏坡红色教育基地参观学习

市政府招待处 2017 年度先进员工合影留念

2019 年 10 月 1 日衡水迎宾馆升旗仪式

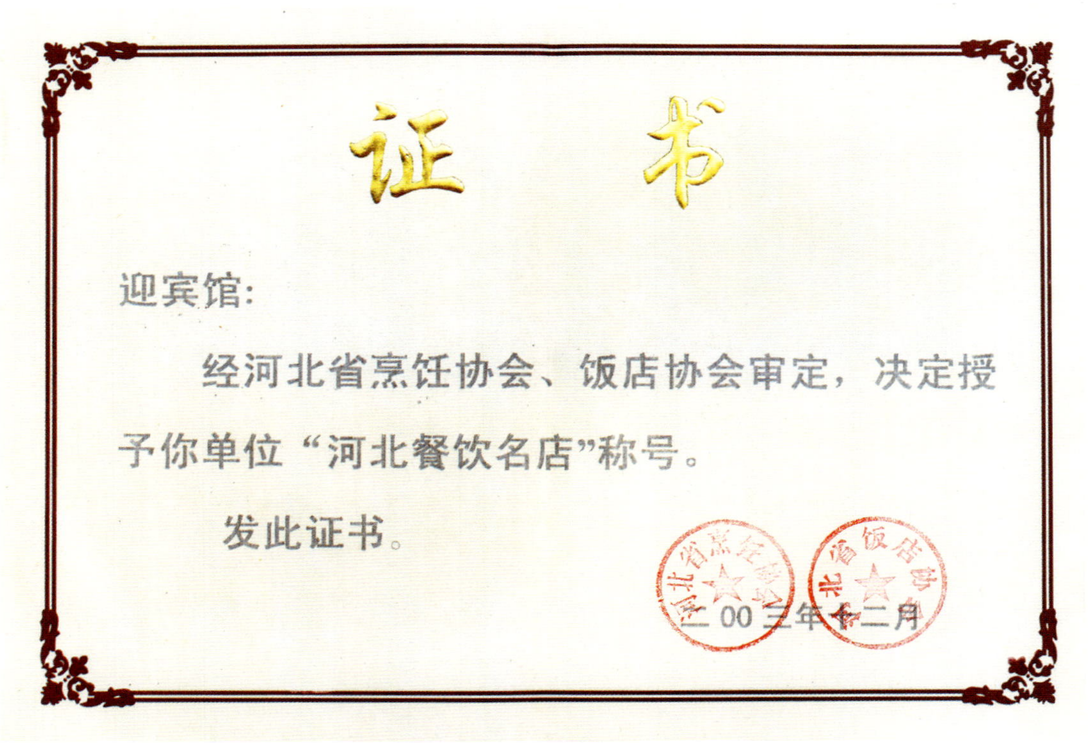
证书

迎宾馆：

经河北省烹饪协会、饭店协会审定，决定授予你单位“河北餐饮名店”称号。

发此证书。

二00三年十二月

2003 年 12 月衡水迎宾馆荣获“河北餐饮名店”称号

荣誉证书

授予 河北省衡水市人民政府招待处：

全国三八红旗集体荣誉称号

中华全国妇女联合会

2006 年 3 月

2006 年 3 月河北省衡水市人民政府招待处荣获中华全国妇女联合会颁发的全国三八红旗集体荣誉称号

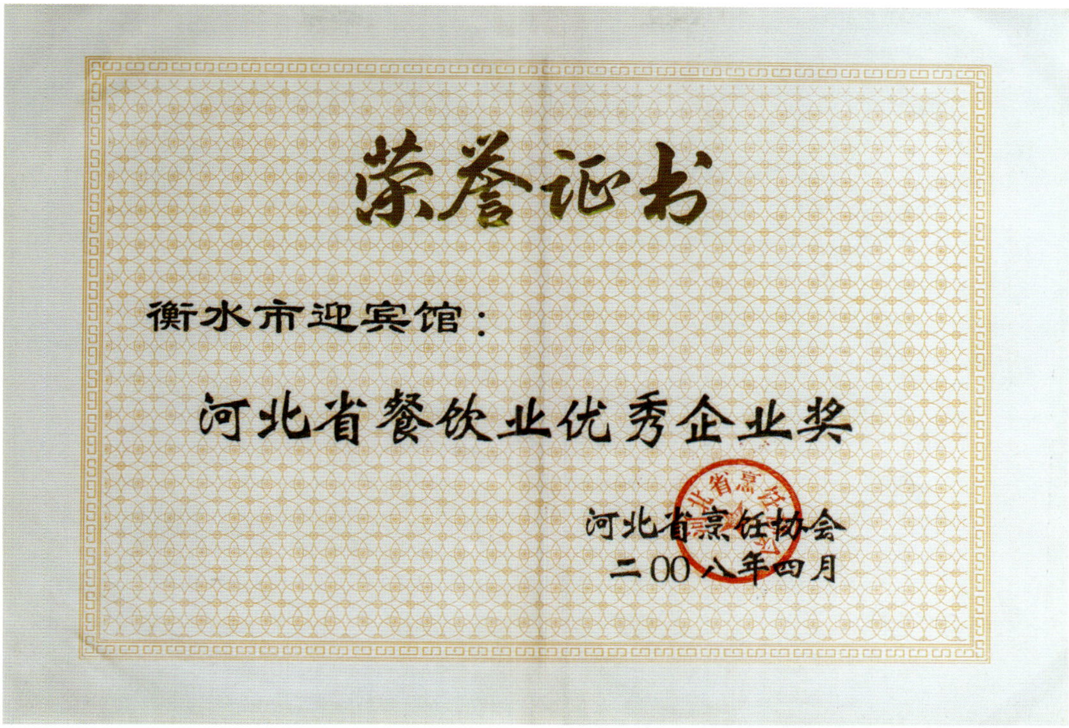

2008 年 4 月衡水迎宾馆获河北省餐饮业优秀企业奖

2017 年衡水迎宾馆被授予金樽奖年度最具魅力酒店（The Most Attractive Hotel of the Year）荣誉称号

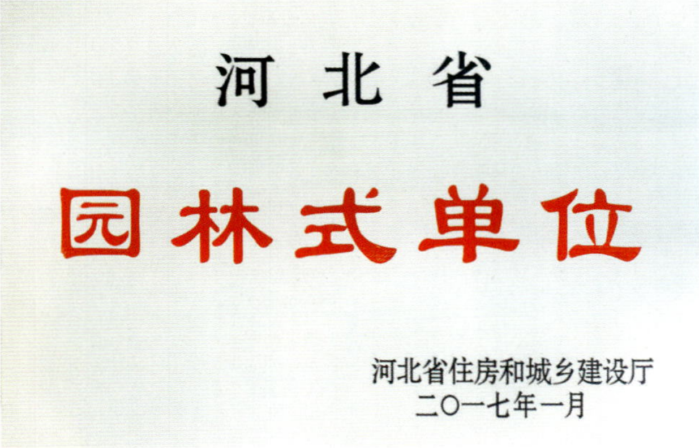
河北省
园林式单位
河北省住房和城乡建设厅
二〇一七年一月

证书编号：2020DSDU0004
依据GB/T39002-2020国家标准
授予：衡水迎宾馆
分餐制示范单位
有效期至：2023年7月30日
经营地址：河北省衡水市桃城区前进南大街1688号
中国饭店协会
2020年7月31日

衡水迎宾馆
2020饭店业会议宴会接待服务创新奖
证书编号：CBRSIA2020003
颁发日期：2020年8月19日
中国饭店协会

衡水迎宾馆
2020中国酒店品质服务TOP100
根据《2020中国住宿业市场网络口碑报告》统计数据和综合测评
证书编号：HQS2020047
颁证时间：2020年8月19日
中国饭店协会

2017 年被评为河北省园林式单位	2020 年获评饭店业会议宴会接待服务创新奖
2020 年被授予“分餐制示范单位”证书	2020 年中国饭店协会根据《2020 中国住宿业市场网络口碑报告》统计数据和综合测评的结果，授予衡水迎宾馆中国酒店品质服务 TOP100 荣誉称号

2002 年 6 月 29 日建处 40 周年合影　标语“发扬光荣传统　共同创造招待处美好的明天”

2022 年 6 月前厅部全体员工合影

2022 年 6 月餐饮部全体员工合影

2022年6月客房部全体员工合影

2022年6月工程部全体员工合影

2022 年 6 月总经理办公室、人力资源部、财务部、销售部、采购部、制衣部、工会办公室全体员工合影

2022 年 6 月衡水迎宾馆酒店管理有限责任公司全体员工合影

2022 年 6 月衡水儒乡园餐饮服务有限公司全体员工合影

2022 年 6 月洗涤部全体员工合影

2022 年 6 月安全部全体员工合影

2022 年 6 月廉政教育基地服务处全体员工合影

2022 年 3 月 11 日评审专家与衡水迎宾馆志书编辑人员合影

《衡水迎宾馆志》编纂委员会

主　任：王晓冰

副主任：朱连军　张纯宏　武义民　马　磊

主　编：常海成　张纯宏

副主编：孙铁健　刘红杰

编　辑：郭秀兰　曹玉庆　祝美玲　徐立忠　鹿　磊
武明顺　陈　钊　郭春芳　王国亮　艾艳景

摄　影：王晓冰　王付月　郭春芳

收集资料人员：栗东生　刘红杰　何艳君　姚冬冬　郗金辉　杨晓兵
徐立忠　刘　晴　田瑞芝　曹玉庆　崔爱君　陈　钊
安凌云　王瑞峰　荆德芳　杨紫涵　赵兵健　殷晓文

《衡水迎宾馆志》评审专家

李永奇　李　剑　韩　雪　曹宝武　闫中信　孙金卓

时光带不走的故事

郭　华

招待处这一机构，追根溯源，应该和古代的“驿站”有关。在中国，驿站的历史非常久远，据说在周朝就有了。但是最初的驿站，主要负责传递情报，军情、民情，上情下达、下情上呈。当然，如果皇帝的老婆喜欢吃荔枝，传送荔枝也是驿站义不容辞的任务。逐渐地，驿站增加了接待过往官员的职能。甚至，某些地处要冲的驿站，还建有兵营。完整保存至今天的怀来县鸡鸣驿，实际上是一个城堡，接待（包括接驾）、屯兵、邮传、物资集散等，无所不包。据说当年沿着河西走廊有许多这样的驿站。由于在历史上的特殊地位，驿站也成了有故事的地方，甚至发生过许多影响历史进程的故事。比如我们所熟知的催生了北宋王朝的陈桥兵变，赵匡胤黄袍加身，就是发生在河南封丘的陈桥驿。明末陕北的银川驿因为驿站改革，解雇了一个负责养马的驿卒，失业的驿卒生活无着，奋起反抗，居然逼得皇帝上吊，大明亡国。不用说大家都知道了，这个驿卒就是闯王李自成。至于和驿站相关的传奇故事就更多了。距离我们家乡最近的驿站，是现在属于泊头市的富庄驿。据说有一年乾隆皇帝在此驻跸，嫌青蛙太吵，传下口谕：“让那些青蛙别叫了，影响朕的休息。”从此，富庄驿的青蛙只会鼓肚子，叫不出声来。于是就有了一个歇后语“富庄驿的蛤蟆——干鼓肚”。

党和政府所设立的接待机构，来自战争年代的交通站，那是秘密的。到了解放战争时期，一旦解放了一个区域，政权公开，接待机构便也公开了。曾经长期与衡水人民同甘共苦，先后担任衡水县委书记、衡水地委书记的李铁同志，在他的回忆录《走过风雨岁月》中写道：“1946 年春天区党委向社会公开，改为中共察哈尔省委，我调到秘书室做机要工作。以后区党委全部搬到宣化，我又调去组建省委招待所并任所长。主要任务是接待根据地调干和延安调东北路过宣化的干部。”李铁同志的回忆除去让我们知道他是察哈尔省委招待所的第一任所长之外，还提供了一个重要的历史信息，在1946年春天，我们就有了隶属党政机关的招待所。

衡水地区（专区）成立于1949年8月1日。当时管辖衡水、冀县、枣强、武邑、深县、武强、故城、景县、阜城、清河、恩县、夏津、武城13个县。这样大的面积，这样多的人口，专区肯定设有招待所（处）。遗憾的是，1952年11月，河北、山东两省，石家庄、沧州、邢台、德州四个专区拆分了衡水专区。这样的拆分导致那一时期衡水专区的资料少之又少，是否设置了接待机构，什么规模、什么规格，统统不得而知。现在所能知道的，已经是被拆分十年之后，重新恢复的衡水专区和它的招待处了。

1962年7月，是衡水专区招待处诞生的日子，也是这部《衡水迎宾馆志》起始的日子。

那一年仍然处在三年困难时期。虽然比1960年有所好转，但群众的生活依然很艰苦。三年困难时期是一种怎样的困难？时任衡水县委书记的李铁同志在回忆录中说：“集体食堂每人每天四两粮食，还多是山药面，又没有蔬菜……1961年春耕时，十几个人拉一个盖（农具）还累得走不动。省委副书记阎达开同志到衡水检查工作，看到此种情况，心情非常沉重。我们提出能否每人增加一两口粮，他也感到很为难。”如果把招待处比喻为一个人，它真的不应该在这个时候出生，可它偏偏还是出生了，而且是“应运而生”——恢复了衡水专区，自然要设招待处。

恢复衡水专区的主要原因，正是因为衡水太穷了。

现在常常有人说恢复衡水专区是为了集中进行扶贫救灾。河北省人民委员会写给国务院的报告中，正式的说法是：“衡水周围各县土地盐碱化严重。为了更好地贯彻执行各项方针政策，加强对衡水周围地区的治碱工作，促进农业生产的恢复和发展，经省研究，拟恢复设立衡水专员公署。”报告中虽然没有“扶贫救灾”的字样，但在省人民政府的公文中写到这般地步，也就只差明明白白地说出扶贫救灾几个字了。

国务院批复“同意恢复衡水专员公署，专署驻衡水县城关”。那么，这个专署驻地、当然也是招待处驻地的衡水县城关又是怎样的一番情景呢？不仅穷，而且小。尽管衡水境内有号称“九州之首”的冀州，有曾经属于直隶布政使司直辖的深州，有河间府所属的景州，但衡水县城关却从来不是府、州治所在地，就是一个县城，而且是三等小县的县城。当年，人们嘲讽那些小而穷的城市是“一个公园一个猴，一个警察看两头”。而1962年恢复衡水专区的时候，衡水城里连“一个公园一个猴”都没有，更没有交通警察。街上没有汽车，要交警干什么？就在这样的情况下，“中共衡水地方委员会”和“衡水专员公署”的牌子挂出来了，干部则来自省会天津、石家庄、沧州等地。一位当年由外地调来参与创建衡水专区的老领导，曾经回忆说，向着衡水的方向走，越走地越碱，越走越荒凉，越走心情越沉重。快到衡水的时候，放眼望去，白茫茫的一片，寸草不生，全是碱疙瘩。

由于新组建的衡水专区所辖11个县，其中8个县由石家庄专区划来，所以，衡水专区的许多机构，由石家庄专区负责组建。比如衡水专区人民医院（现在哈院），系石家庄专区第二医院搬迁而来。《衡水日报》从人员到设备，大多数都由《石家庄日报》调配。衡水专区招待处，则由石家庄专区招待处副处长赵凤梅负责筹建，从管理人员到服务人员，除去两人来自天津河北宾馆以外，其余全部从石家庄招待处和桥西招待所、长安招待所抽调。我不知道衡水招待处的这些创业者们，有谁在调到衡水工作之前来过衡水，见识过衡水的贫穷，对于衡水艰苦的环境有所准备。也不知道有谁没有来过衡水，衡水的景象让他们感到惊讶或沉重，但是毫无疑问，他们迎难而上，扑下身子，一步一个脚印地开创了衡水历史上一项全新的事业。

今年是衡水地区恢复重建60周年，也是衡水招待处创办60周年。今天的衡水蓬勃发展，百业俱兴，已初具一个现代化城市的雏形，而衡水迎宾馆又是其中一张靓丽的名片。越是看到衡水的繁荣兴旺，越是听到人们对于迎宾馆的赞美，越是觉得60年前那些创业者们实属不易。且不说他们开创的事业有多辉煌，那个年代肯来衡水工作，就是一种觉悟，一种精神。

前些年人们管招待处叫“窗口”，后来又叫“名片”。不管叫什么，它都是一个地区物质基础和精神面貌的集中体现。一代又一代招待处的领导和员工，自觉地树立起“我就是衡水”的意识，展示着大儒之乡、礼仪之乡的风采。“招待处的服务最规范”，这是所有客人最起码的评价。他们守规矩，讲诚信。20世纪80年代初期，我在衡水做共青团工作，我们为青年朋友们创办了“刊授学院”。一次从北京请来老师授课，老师讲得非常生动、精彩。为了感谢老师，也为了以后联系更加方便，我们请招待处每天按五元标准安排伙食。招待处的负责同志诚恳告诉我：“我们一定让老师吃好。但是，我们的最高标准是3元，5元的饭我们做不出来。”这些年我常常在不同场合谈起这件事，如果在某些饭店，极有可能拍着胸膛说：“好哇，别说5元，50元咱也能做！”先把你的钱忽揣到我的兜里再说。

他们 1962 年开业，用的是衡水县商业局的旧房子。1963 年房子被特大洪水浸泡，露宿城墙。1964 年就承担了接待李先念副总理的任务。我想，在那样的情况下谈何接待条件，那些任务能够圆满完成，靠的全是他们的一颗心，一双手。这种精神在招待处代代传承。2015 年他们在全处范围开展“用心做事”活动，效果良好。所谓用心，一是集中精力，心无旁骛。二是积极主动，做到极致。另外一层含义则是把心掏出来，温暖客人，点燃世界，如同当年人们形容劳动模范张秉贵是“一团火”。

他们不同于一般商务酒店的是，不仅讲究待客之道，还有政治觉悟和政治敏感，真正从心里把每一次接待都当作政治任务。2001 年 11 月江泽民总书记视察衡水，入住招待处。第二天他问时任衡水市委书记刘德忠同志：“第一个农村党支部在哪里？”刘德忠非常惊喜：“总书记看了我们的汇报材料了？”然后认真回答了总书记的提问。我是最早提出并考证第一个党支部的，但是我从来不知道刘德忠同志曾经当面向江泽民总书记汇报这件事。最近刘苏芳、王平权、韩雪等同志编写关于第一个党支部考证过程的大事记，其中记录了这件事。我问他们这件事是从哪儿听说的，有原始记录吗？他们说：有，当时包括招待处都记录下来了，现存市委机要室。这件事成为考证、宣传第一个农村党支部过程中的重要史实，得益于招待处的政治素质。

如果说 60 年当中的前 20 年，主要困难是条件太差，环境艰苦，那么后 40 年的难度则主要是市场经济的冲击。换句话说，前 20 年主要是管理，后 40 年则更加突出经营。1997 年加挂上“衡水迎宾馆”的牌子后，更是等于公开宣布招待处不再是单纯的接待机构。看上去经营更自由了，平台更大了，其实难度也更大了。他们可以名正言顺地追逐利润了，但是，政务接待依然由他们负责，而且，依然必须接待好。并且不论在什么情况下，经营都要服从接待。鱼与熊掌不可兼得，但对招待处来说，却必须同时把鱼和熊掌都烧好，一起上桌。好在，不论面对什么困难，他们都走过来了。尽管有时候走得趔趄一点，却越走越稳健，特别是搬迁到现址之后。

我是土生土长的衡水人，在衡水地委和市委领导班子中工作了 12 个年头，熟悉衡水的一草一木。但是，当我第一次走近迎宾馆“爱莲湾”的时候，我还是暗自吃惊，他们居然营造出了这样的景观。我喜欢树喜欢水，树昭示着生机，水彰显着灵气。他们居然把滏阳河水引入院中，打造了这样一片水面，既有江南水乡的韵味，又没有江南园林的局促和人工痕迹。并且，他们充分利用这片水，建造了真正亲水的木屋餐厅。水纹星动影，云缝月流光。其景致已非匠心独具可以形容。他们在院中营造了大大小小的景观几十处，老实说有些景观并不罕见。但是，每一处景观都有名字，每一块景观石都有故事，这就使得满园春色都有了灵魂。

最使我深受触动的是，在衡水招待处创建60周年之际，他们要编撰一部《衡水迎宾馆志》。这些年，各种志书读了不少，但是宾馆志我还真的是第一次听说。说有容易说无难，也许已经有过，但我确实没有见过。之所以深受触动，是有感于倡导者的历史责任感。不仅仅是自己这一任做的事，而是把60年来薪火相传的事业，招待处人的足迹，全部记录下来，传承下去，不让时光带走那些感人的故事。站在历史的角度审视，这些事也许很平凡，但历史就是由这些平凡的事情构成的。纵观历史，凡是想要干些事，凡是能够干成事的人，都是具有历史责任感的人。因为他们不仅在意当下，而且在意未来。

修志的目的是存史资政。《衡水迎宾馆志》可以发挥这样的作用吗？回答是毋庸置疑的。它不仅对于招待处的员工是一部教科书，而且由于它的特殊功能，使得这部志书记载了许多特殊的事情，比如党和国家领导人来衡水视察的情况，这是其他专业志书所没有、也不可能有的珍贵资料，这些资料不仅彰显了各级领导对于衡水的关心，也从一个侧面印证了衡水走过的道路。不仅可以激励衡水的干部群众不忘初心，也是将来编撰衡水市志的宝贵资料来源。

书名是《衡水迎宾馆志》，我却习惯叫招待处。好在书中说得很清楚，迎宾馆就是招待处。迎宾馆也好，招待处也好，这类单位现在都不容易。不容易到什么地步？大概十家有九家都黄了。在这样的背景下，衡水迎宾馆成功逆袭，越办越好，越办越有特色，真的难为他们了。那一天在爱莲湾小木屋，看到水中畅游的锦鲤，我突然想到，衡水迎宾馆算得上是迎宾馆行业中的锦鲤吧！

2022年6月于衡水

（作者系河北省政协第十一届委员会副主席，衡水市委原副书记）

凡　例

一、指导思想

本志以马克思列宁主义、毛泽东思想、邓小平理论、“三个代表”重要思想、科学发展观、习近平新时代中国特色社会主义思想为指导，坚持辩证唯物主义和历史唯物主义的立场、观点和方法，力争全面、系统、准确、翔实地记述衡水迎宾馆发展历程。力求思想性、科学性、资料性相统一。努力突出行业特色，加强文化自信，以期发挥志书存史、资政、育人功能。

二、记述范围

以 1962 年建立衡水专员公署招待处为记述上限，下限至 2022 年 7 月。记录衡水迎宾馆 60 年来建立、搬迁、发展状况。

三、编排结构

全志结构布局分为编、章、节、目、子目五级。志首设概述，次为大事记，之后按事物类别分设组织机构、基础建设、环境建设、宾馆服务、重要接待、多种经营、宾馆管理、文化建设共八编，志末设后记。

四、文体运用

全志统筹运用述、记、志、图、表、录 6 种体裁，使用现代汉语语体文，力求做到文体运用得当，图文并茂，通俗顺畅。

五、人地称谓

志书以第三人称记述。书中涉及人名均直书其名，必要时冠以职务。对于行政区划发生变化的地名，以当时名称记述，括注现名或简称，后文重复出现用简称不再括注，行文记述中多用“迎宾馆”名，特定事宜用“招待处”名。

六、人物载录

坚持生不立传，对迎宾馆发展做出贡献的在世人物，统一在第一编第二章中简介，或采用以事系人的方式记述。

七、标点计量

遵循国家标准和出版管理规定，标点符号使用以 GB/T 15834—2011《标点符号用法》为准，志中数字书写以 GB/T 15835—2011《出版物上数字用法》为准，计量单位按照国务院 1984 年 2 月发布的《关于在我国统一实行法定计量单位的命令》执行。凡记述土地单位用亩，建筑面积单位用平方米。

八、有关注释

行文中的注释采用页下注的方式，个别情况随文括注。附录文章于篇后注明有关情况。

九、资料来源

坚持求实存真，力求资料翔实。志书所用资料来源于衡水市档案馆、统计局、衡水日报社、外事办档案室。有些资料系编辑人员通过探访老干部、老职工，记述的其亲历、亲见、亲闻。

目 录

概 述

甲子轮回，衡水复建专区已有60个春秋。

虎年又至，衡水迎宾馆成立60周年。

衡水迎宾馆在衡水这片历史厚重、文脉悠长的古老土地上，像一粒种子生根发芽、茁壮成长，受地域滋养，沐改革春风，成参天大树，结累累硕果。

在60个春秋的发展历程中，衡水迎宾馆几度续写新篇章，为衡水经济社会发展、文化建设做出重要贡献。如今的衡水迎宾馆，是名副其实的“最美酒店”，更是衡水市乃至河北省接待服务行业的杰出代表，在建设现代化“经济强市、美丽衡水”进程中，不断发展壮大，行稳致远。

一

因水得名、因水而兴的衡水市，位于河北省东南部，是京津冀协同发展的重要节点城市，面积8836平方公里，常住人口421万人（截至2020年11月1日零时，全国第七次人口普查数据），辖桃城区、冀州区、深州市、枣强县、武邑县、武强县、饶阳县、安平县、故城县、景县、阜城县11个县市区。进入21世纪，设衡水高新区、滨湖新区。

衡水区位优势明显，系雄安新区南大门，市政府所在地桃城区距北京248公里、天津230公里、石家庄120公里、济南150公里、黄骅港180公里，京九铁路与石德铁路在此交汇，交通便利、四通八达。衡水素有北方湖城的美誉，位于桃城区和冀州区之间的衡水湖是国家级湿地和鸟类自然保护区，总面积163.65平方公里，其中水域面积75平方公里，是华北单体面积最大的淡水湖，被誉为“京南第一湖”、京津冀最美湿地、东亚“蓝宝石”，生态环境优美，宜业宜游宜居。衡水是文化历史名城，这里是古冀州的核心地带和重要区域，河北省简称“冀”便来源于此。衡水历史上人才辈出，西汉儒学大师董仲舒、北魏著名女政治家冯太后、唐代著名经学家孔颖达、边塞诗人高适等都是衡水人。衡水是革命老区，具有光荣传统。在这里诞生了中国共产党第一个农村党支部——安平县台城特别支部和中共河北省第一个县委——安平县委。抗战时期，衡水横跨冀南和冀中两大根据地，众多老一辈革命家以及一大批各行各业衡水籍优秀人士均在这里战斗和工作过。

衡水人民勤劳智慧、诚挚热情，在古老的土地上建设现代化城市。美丽的衡水大地，像一颗璀璨的明珠，镶嵌在广阔的华北平原上。

二

衡水迎宾馆成立于1962年，与衡水复设专区同龄。曾三次搬迁，六次更名，为衡水市的定点政务接待服务单位、对外宣传交流的“名片”和重要的“窗口”单位之一。通过几代迎宾馆人艰苦奋斗、自强不息、创新发展，综合接待服务能力及水平在河北省名列前茅。

1962年7月，经中共衡水地委、衡水专员公署批准，组建衡水专员公署招待处，为事业单位编制，选址在桃城街原衡水县商业局。衡水迎宾馆开始兴家立业，拉开发展帷幕。初创时期，接待条件艰苦、物质资源匮乏，只有几排低矮平房，几十张简易床铺。1963年发生特大洪水灾害，全员投入抗洪救灾，在极度的困境中确保各项接待任务的顺利完成，奋斗和奉献是各项工作的主流与缩影。全体干部员工不畏险阻、艰苦创业，保持旺盛的斗志和良好的精神风貌，为后续发展奠定了坚实基础。

1968年9月，衡水迎宾馆迁址至新华路21号原地区专员公署办公楼，名称变更为“衡水地区革命委员会招待处”。接待规模及硬件环境实现较大提升与改善，客房逾百间，餐厅能够同时容纳300人就餐，大礼堂成为大型会议的主要场所，在同行业中的领先优势已经初步形成。衡水迎宾馆坚持以政务接待为首要任务，完善内部管理，全体干部员工苦练业务技能，服务水平、综合素质得到快速提升，为日后软件服务能力领跑全省提供了重要保证。

1977年7月，衡水迎宾馆由新华路迁址至人民路107号，完成第二次馆址变迁。1978年6月，随着衡水地区革命委员会改名衡水地区行政公署，招待处更名为“衡水地区行政公署招待处”。1996年7月，衡水地区改设地级衡水市，招待处更名为“衡水市人民政府招待处”，1997年增名“衡水迎宾馆”。人民路时期的衡水迎宾馆，伴随着改革开放，跨入快速发展阶段，实行市场化经营，引入现代化宾馆管理机制，走上多元化发展、集团化经营之路，获得了长足发展。从传统接待服务到“行业专业化、专业多元化”理念转变，从单纯的住宿饮食到全方位的完美入住体验，从简单的几道菜品到琳琅满目的珍馐盛宴，衡水迎宾馆经营销售连创新高，管理服务持续提升，产品创新领跑全省，成为同行业中的佼佼者。

2013年8月，衡水迎宾馆迁至桃城区前进南大街1688号，东依风景秀丽的滏阳河，西临衡水市主要景观道路，按照五星级园林式宾馆设计建造，占地280余亩，建筑面积3.8万平方米，由迎宾楼、惠园、衡水会堂、儒乡园多功能厅四个单体建筑组成，是衡水的标志性建筑。2021年，名称先后变更为衡水迎宾酒店管理中心、衡水迎宾馆酒店管理有限责任公司。自迁入前进南大街现址以来，衡水迎宾馆不断续写新的辉煌，跨上腾飞之路。“硬件保持完美、软件追求极致、经营再有飞跃、部门行业创优”四大发展理念的提出与实施，让衡水迎宾馆经营收入和对外声誉快速提升。深化园林宾馆建设、打造优美环境，现如今“最美酒店”已名副其实。“精益求精、追求极致，我们是最美的迎宾馆”企业文化精神核心内涵融入干部员工服务工作中，齐心打造服务精品，让广大宾客满意、惊喜直至感动。经过数次创新与变革，衡水迎宾馆跻身全国高端酒店行列，走向新的跨越，实现更快发展。

三

60年的沧桑风雨，一甲子的奋斗历程。从初创时期的几排平房到今天优美静雅的园林宾馆，从最初的25人到现在逾600人的高素质员工队伍，从开始的追求温饱到今天温馨舒适的完美入住体验，衡水迎宾馆完成了令人瞩目的蝶变与飞跃。这些巨大成就的取得，是历届领导班子、一代又一代员工苦干实干、追求卓越、无私奉献的成果。他们是最美的迎宾馆人，以馆为家、呕心沥血、爱岗敬业、拼搏奋进，共同绘就了卓然靓丽的优美画卷。

高质量完成政务接待服务任务。衡水迎宾馆始终坚持党的正确领导，牢记初心使命，把完成好政务接待作为首要任务，在重大接待服务中，精益求精、全力以赴，先后成功接待了周恩来、胡耀邦、江泽民等数十位党和国家领导人，是衡水市历年来人大、政协两会的主会场，全国、全省各类招商会、展览会、推荐会、研讨会等重要活动也在此举办。此外，在抗洪、救灾、防“非”、战“疫”中，衡水迎宾馆奉献爱心、捐款捐物，加强防控、履行职责，把责任和担当践行到具体行动中，在大灾大难面前为社会、为国家贡献力量。

管理服务跨入全国高端酒店行列。衡水迎宾馆始终在深化管理、对标先进、补足短板、务实创新、提升服务的道路上一往无前、笃定前行。20世纪八九十年代，规范化、制度化管理已经成为衡水迎宾馆的标志。进入21世纪，衡水迎宾馆进一步严格标准化服务、创新个性化服务，引入ISO 9000质量管理体系、推行六常管理法，促进整体管理体系逐步完善。迁至前进街址后，引入基础管理，全面推进定位定量、仪容仪表、迎宾四礼、内部质检、到位检查等重点管理工作的规范与提升，整体管理能力及水平与国内先进酒店接轨。现为中国饭店协会、中国旅游饭店协会、名酒店组织、内蒙古国宾馆协会、河北省旅游饭店协会、河北省团餐协会会员单位，“八省酒店联谊会”副会长单位。

打造“最美迎宾馆”独特魅力。2015年，衡水迎宾馆提出“打造最美酒店”的奋斗目标。宾馆上下大胆创新、巧妙构思，将特色文化融入宾馆园林建设之中，根植于树水路石之间。引入滏阳河水建成美丽的迎宾湖，建造与翻新各式小桥，引进珍贵鱼禽、特色树种，铺设甬路连贯全馆，扩建萃园观景平台，修建惠园与儒乡园多功能厅连廊，打造亭阁、刻石等多处景观，让衡水迎宾馆尽显江南园林之美。院内芳草遍地、绿树成荫、小桥流水、莺歌燕舞，堪称“天然氧吧”，尽显东方园林的清新之美。2017年，衡水迎宾馆被省住建厅评为“河北省园林单位”，是中国绿色旅游饭店银叶级单位。南来北往的宾客漫步其中，呼吸新鲜空气，欣赏醉人美景，沐浴文化气息，品尝美味佳肴，尽享衡水迎宾馆之美。

多元化发展、集团化经营。衡水迎宾馆探索多种经营、谋求更高发展，挟自强之风、创辉煌之举，前进历程中拼搏奋斗，各项事业蒸蒸日上、蓬勃发展，迎来成功的喜悦。衡水天隆保安押运有限公司、衡水迎宾绿色洗涤有限公司、衡水迎宾汽车出租有限公司、衡水儒乡园餐饮服务有限公司、衡水美食达有限公司相继组建成立，开拓了多项业务范围的输出管理，衡水迎宾馆已经形成集团化经营发展之势，在实现跨越发展的道路上扬帆远航。

成功源于奋斗，付出就有回报。近年来，衡水迎宾馆荣获河北省诚信旅游饭店、河北省最佳宴会服务品牌、河北省餐饮业食品安全诚信单位、全国最具魅力宾馆金樽奖、全国饭店业会议宴会接待服务创新奖、中国酒店品质服务TOP100、中国饭店协会“分餐制”示范单位等殊荣，衡水迎宾馆的嘉誉美名已迈出河北省，走向全国。

四

发展未有穷期，未来仍需奋斗。站在60周年新的发展起点上，衡水迎宾馆将承续发展优良传统、鼓足实干精神，以“打造全行业标杆、创建百年迎宾馆”为奋斗目标，专注于接待服务事业进步，服务于衡水经济社会发展大局，赓续接力，奔向未来！

坚守初心，努力提升政务接待服务水平。坚持“讲政治”，践行初心使命，衡水迎宾馆把做好政务接待、提升服务水平作为首要任务抓细落实，进一步深化内部管理、提高干部员工素质、加强软硬件建设，不断提升接待能力，为更好地完成重大接待任务夯实基础。从而为衡水发展做贡献，为社会进步担责任。

守正创新，争做行业发展的标杆。唯有不断创新，才能引领发展，保持走在行业前沿。衡水迎宾馆坚持在创新的道路上一往无前、求实求效，成为行业发展的推动者和促进者。把创新融入业务接待工作中的每一个环节和角落，推进管理创新，占领市场竞争制高点，逐步打造全行业标杆。紧盯经营创新，为“经营再有飞跃”注入新的动力。

聚力凝心，打造团结奋进的干部职工队伍。衡水迎宾馆持续深化“精益求精、追求极致，我们是最美的迎宾馆”企业文化建设，弘扬传承“树正气、讲团结、求发展”的工作作风，努力打造全体员工共同的价值取向，靠文化建设增进团结、凝聚力量，同心同德、同舟共济，打造一支素质高、能力强、作风正的高素质干部职工队伍，成为实现持续长久发展的不竭动力。

保持恒心，持久致力于精品打造。市场竞争核心在于产品质量，根基就是“软件追求极致”。衡水迎宾馆锁定打造精品目标，发扬一张蓝图绘到底的精神，将“工匠精神”“白求恩精神”倾注到产品的研发打造中，精心雕琢产品品牌、匠心升华服务能力，注重细节、把控过程，进一步补短板、强弱项、抓提升，将“让宾客满意、让宾客惊喜、让宾客感动”成为服务工作中的永恒追求。

回顾历史，砥砺前行。未来，属于搏击风浪的开拓者，属于毫不懈怠的奋斗者，属于脚踏实地的实干者。衡水迎宾馆终将在燕赵大地上提振精神、开创未来，创造更大的成就与辉煌！

大事记

1962 年

7 月 30 日　经中共衡水地委、衡水专员公署批准，成立“衡水专员公署招待处”（简称招待处）。地址设在原桃城街衡水县商业局和距商业局 200 米处的县针织厂。

1963 年

8 月 9 日　华北地区发生严重洪涝灾害。招待处全体职工投入抗洪救灾工作中，先是露宿城墙，既而搭窝棚并在船上临时接待客人，之后在衡水老桥头原衡水报社南院进行接待工作。经过对洪水浸泡过的招待处房屋清理修整，物资用品刷洗晾晒，11 月 9 日重新营业。

12 月 30 日　河北省衡水专员公署任命赵凤梅为衡水专员公署招待处处长。

1964 年

1 月 7 日　国务院副总理李先念入住招待处，到深县下博公社视察工作。

10 月　河北省根治海河指挥部成立，负责指挥全省治理海河工作，办公地点设在招待处。

1965 年

4 月　招待处购置“华沙”“丰田”轿车、英国吉普车各 1 部，用于接待服务工作。

1966 年

4 月 1 日　国务院总理周恩来到冀县码头李公社看望地震灾区人民，招待处派李克俭等做接待服务工作。

1968 年

2 月　经衡水地区革委会批准，建立招待处革命委员会，赵凤梅任主任。

9 月　因地委、地区革委会合署办公，招待处由桃城街旧址迁至新华路 21 号原专署办公楼，并改称“衡水地区革命委员会招待处”（简称招待处）。

1969 年

9 月 6 日　经衡水地区革委会政治部批准，重新建立招待处党支部，赵凤梅任党支部书记。

1970 年

4 月　大餐厅建成并投入使用，面积

440 平方米，可容纳 300 人同时就餐。

7 月 27—29 日　国务院副总理李先念入住招待处，先后到阜城县、武邑县、衡水县、冀县视察工作。

1971 年

3 月　经衡水地区革委会批准，恢复原行政领导，赵凤梅由革委会主任改任招待处处长。

1972 年

8 月　新西兰友人路易•艾黎入住招待处，对衡水地区进行为期三天的考察访问。

10 月 9 日　经衡水地区革委会生产指挥部批准，招待处征用位于新华路南的胜利大队耕地 6.851 亩，建职工宿舍。11 月建成，均为平房，共 24 间。

1973 年

4 月　中共衡水地委、地区革命委员会任命杨彦才为衡水地区革命委员会招待处处长、党支部书记。

1974 年

10 月　为适应经济社会发展需要，招待处申请选址新建，在永红路（现人民路）北侧先后征地 56 亩。

1975 年

5月　永红路新址主体工程破土动工。

1976 年

7 月 28 日　唐山发生大地震，招待处出动大轿车 1 部并携带 120 多套被褥加入衡水地区抗震救灾队，支援唐山。

8 月　招待处先后 8 次接待邢台、邯郸等地市大批赴唐山抗震救灾人员，共计 1500 余人次。

1977 年

7 月 20 日　永红路新址工程竣工，招待处由新华路搬入新址。

9 月　招待处接收革命路（现和平路）83 号“列车发电”办公楼，建立招待处第二招待所，同时在周边购地 9 亩，建造餐厅、后厨操作间、锅炉房共计 600 平方米。1981 年 10 月，第二招待所撤销。

1978 年

5 月 12 日　中共中央副主席李先念入住招待处，到衡水县桥头大队、深县后屯大队视察工作。

6 月　招待处随衡水地区革委会改名“衡水地区行政公署”而更名为“衡水地区行政公署招待处”（简称招待处）。

1980 年

6 月　招待处院内兴建大礼堂，可容纳千余人，为召开大型会议及演出提供了场所。

1981 年

1 月 23 日　接待联合国救灾联合工作组。

2 月 19 日　接待联合国儿童基金会驻华代表埃克特及随员朱莉蔻。

5月11日　接待日本红十字会片冈经一一行。

6月24日　接待联合国儿童基金会执行主任格兰特一行。

10月　经衡水地区行政公署机关党委批准，李克俭任招待处党支部书记。

1984年

5月13日　招待处自筹资金，兴建客房楼（怡宾楼），于1985年3月25日竣工交付使用。

8月　经中共衡水地委批准，招待处实行承包经营责任制。

是月3日　中共衡水地委、地区行政公署聘任刘忠兴为衡水地区行政公署招待处处长。

9月　经衡水地区行政公署机关党委批准，鹿宪宁任招待处党支部书记。

11月5日　中共中央总书记胡耀邦到景县视察工作，招待处派员工开展服务工作。

1986年

12月11日　中共衡水地委批准招待处建立党组，同时，任命张凤桐为衡水地区行政公署招待处党组书记。

1987年

1月8日　中共衡水地委、地区行政公署任命张凤桐为衡水地区行政公署招待处处长。

1988年

3月26日　购置北京饭店34间客房中的大部分物品。9月，再次购置北京饭店22间客房的全部设施，装备招待处房间。

4月5日—5月4日　总建筑面积为2100平方米的两栋家属住宅楼先后破土动工，于1989年12月27日竣工，为33户职工解决了住房问题。

6月16日　国务院总理李鹏到衡水地区视察工作，入住招待处。

8月12日　小礼堂破土动工，建筑面积为450平方米，可容纳300人，于1989年9月30日竣工交付使用，缓解了衡水中型会议场所紧缺状况。

1989年

3月　迎宾楼普通客房改造提升，一楼增加医务室和小卖部。

4月6日　全国政协主席李先念到衡水地区视察工作，入住招待处。

1990年

3月13日　迎宾楼副楼42间普通客房改造提升，6月3日工程竣工交付使用。

是月21日　招待处对怡宾楼客房及餐厅装修改造。12月15日，工程全部竣工交付使用。

1991年

3月12日　首次召开“行政公署招待处1990年工作总结　1991年工作安排暨表彰动员大会”。此后，每年春节前后召开，已成功召开29次。

7月1日　举办庆“七一”文艺晚会，

以歌颂党、歌颂社会主义大合唱形式进行。此后，招待处每年“七一”前后举办建党周年庆祝活动，已成功举办26场。

7月26日　招待处为支援江淮地区抗洪救灾，全体员工自愿向灾区捐款966元，粮票290斤。

1992年

1月2日　曾在毛泽东主席身边工作15年的李银桥，应邀在招待处大礼堂为地、市副科级以上干部作缅怀毛泽东丰功伟绩的报告。

1993年

4月16日　中共衡水地委、地区行政公署任命鹿宪宁为衡水地区行政公署招待处处长。

5月26日　举行招待处贵宾楼奠基仪式，衡水地委、地区行政公署领导参加。

8月　经河北省旅游饭店协会研究，批准招待处为正式会员单位。

9月　被河北旅游局评为二星级饭店。

1994年

8月24日　中共衡水地委任命鹿宪宁为衡水地区行政公署招待处党组书记。

11月30日　招待处贵宾楼竣工试营业。

1995年

1月15日　招待处计算机网络管理系统安装完毕，5个科室9个部门达到信息资源集中管理、共同分享的现代化管理水平。

2月　经衡水地区行政公署计划经济委员会批准，由招待处负责筹建衡水经济技术信息市场（衡水市博大商贸中心），5月18日举行奠基仪式。11月土建工程完工，1996年初竣工。

9月16日　举行招待处贵宾楼开业典礼及三星级挂牌仪式。中国旅游饭店协会、省委办公厅、省旅游局、衡水地区行政公署等领导参加。

是月25日　全国人大常委会原委员长万里到衡水视察京九铁路建设情况，入住招待处。

1996年

7月19日　“衡水地区行政公署招待处”更名为“衡水市人民政府招待处”（简称招待处）。

8月　衡水发生特大洪水，招待处成立抗洪抢险队，分别到滹沱河饶阳段南北大堤前线指挥部开展抗洪救灾与后勤保障工作。

9月21日　迎宾楼第2次大型改扩建，楼体中间部分改4层为5层，框架结构，一楼增添大堂、美发室，全部工程于1997年7月12日竣工并对外营业。

是月29日　开发区职工新宿舍楼破土动工。1998年1月，招待处91户职工搬入新住宅楼。

1997年

1月　经衡水市计划委员会批准，衡水市博大商贸中心，由招待处领导和管理，实行独立核算，自负盈亏。

3 月　成立方园酒店。于 2012 年年底，根据衡水市区“一拆两改”工作要求拆除。

4 月 9 日　招待处增名“衡水迎宾馆”。

1998 年

10 月　招待处撤党组改建党委。

是月 18 日　首届金秋美食节暨优质服务月开幕。本次活动历时一个半月。

11 月　中共衡水市委、市政府任命王国申为衡水市人民政府招待处处长。

12 月 4 日　招待处召开第一次党员大会，选举产生新一届党委，王国申为党委书记。

1999 年

3 月 17—20 日　国务院副总理温家宝到衡水阜城、景县、武邑考察，招待处派出近 20 人随行服务。

7 月 15 日　职工餐厅正式运营。

8 月 21 日　大餐厅停业装修，9 月 30 日装修完毕，10 月 1 日试运行，定名为“新世纪餐厅”。

2000 年

5 月 15 日　购置衡水市财政局在市南郊的“万达汽车修理厂”的房屋和设备产权（不含土地拥有权），更名为“衡水迎宾轿车维修服务中心”，7 月 16 日正式开业。

2001 年

7 月 10 日　服务员赵景娜拾到 4450 美元，经查询归还尼日利亚代表团阿萨克先生。市政府办公室特发来表扬信，对赵景娜在全处给予通报表扬，同时给予 800 元的奖励。

10 月　中共衡水市委、市政府任命韩克俭为衡水市人民政府招待处党委书记、处长。

11 月 3—4 日　中共中央总书记、国家主席江泽民一行到衡水市视察工作，入住怡宾楼。

12 月 18—23 日　招待处参加河北省第二届烹饪技术大赛。获得团体、个人 4 块金牌。

2002 年

4 月 19 日　招待处实施第一次机构改革，实行中层及以下管理人员竞聘上岗，46 人竞聘成功。

6 月 4 日　招待处在开发区（电厂东侧）购地 50 亩，筹建衡水迎宾农业科技生态观光园（大自然餐厅）。2003 年 10 月 21 日，举行开业典礼。

是月 29 日　招待处举行建处 40 周年活动，邀请历任处长与部分离退休老干部 26 人进行座谈。

12 月 28 日　与市委宣传部联合举办“金地花卉交易市场开业周年暨迎宾花卉交易中心开业庆典”活动。市委、市人大、市政协有关领导参加活动。

2003 年

4 月 25 日　衡水市防治“非典”总指挥部设在招待处，招待处暂停对外营业。

6月9日　全市“非典”疫情得到有效控制，恢复对外营业。

2004年

4月15日　ISO 9000质量管理体系认证工作开始启动，2006年8月28日，通过认证。

2005年

3月12日　招待处承办河北省衡水赛区第三届烹饪大赛，全市有44名选手参赛，招待处14人获得金牌。

4月7日　招待处进行第二次机构改革，设一级部门14个，二级部门7个。

6月11日　招待处参加在石家庄举行的河北省第三届烹饪大赛（团体）总决赛，以“田园农家菜”为主题的展台作品获得金牌。

10月　招待处被中央精神文明建设指导委员会授予“全国精神文明建设工作先进单位”。

是月27日　在招待处举办“2005年衡水市旅游饭店（宾馆）系统服务技能大赛选拔赛”，为期2天。招待处2人分获单项第一名，12人获得青年岗位能手称号。

2006年

3月26日　招待处主办的内部刊物《家园》报第一期正式出版。每期8开4版。

12月12日　招待处参加“河北省冀菜饮食文化展演大赛”，参展作品“衡湖农家宴”被评为“河北名宴”，酥鲤鱼、炸羊腿等9道菜品被评为“河北名菜”。

2007年

9月19日　中共衡水市委任命田玉合为衡水市人民政府招待处党委书记。

10月10日　中共衡水市委、市政府任命田玉合为衡水市人民政府招待处处长。

是月19日　迎宾生态园大自然餐厅文化园装修改造完成，正式对外营业。

2008年

12月17日　贵宾楼荣膺四星级旅游饭店挂牌典礼仪式在小礼堂举行，河北省旅游局、河北省旅游饭店协会以及市委、市人大、市政府、市政协有关领导出席典礼仪式。

2010年

3月17日　人民路址整体拆迁工作正式启动。

8月4日　招待处与衡水市拆迁办、河北富恒房地产开发有限公司签订现址拆迁、新址建设三方协议。

11月9日　招待处接管衡水湖接待中心，更名为“衡水湖湿地培训中心”，2011年3月投入运营，承担前进街新址建设期间各项接待服务工作。2014年8月，更名为“衡水市人民政府招待处衡湖酒店”。2017年9月拆除。

2011年

2月22日　启动怡宾楼以南搬迁工作，新世纪餐厅搬迁至方园酒店。

3月26日　招待处前进街新址开始地

基打桩。

是月30日　衡水会堂建设项目正式立项。

2012年

3月31日　前进街新址主楼完成土建结构封顶。

4月11日　衡水会堂完成土建结构封顶。

11月15日　各科室搬迁至开发区招待处家属院门店办公。

2013年

5月　集中招录65名新员工，分两批到石家庄国际大厦进行两个月的集中培训，为新址开业做好人力储备。

8月2日　前进街新址建设基本完工，各部门分三批依次入驻。

是月26日　前进街新址开业试运营。

12月　中共衡水市委、市政府任命王晓冰为衡水市人民政府招待处党委书记、处长。

2014年

7月　实施滏阳河引水工程形成的人工湖取名为“迎宾湖”。

9月11日　衡水天隆保安押运有限公司国有产权由市公安局无偿划转至招待处。

10月24—26日　承办苏、鲁、豫、皖、冀、晋、黑七省酒店联谊会2014年年会，共有宾馆餐饮业会员单位200余人参加会议。

2015年

2—7月　开展水街一期工程建设，主体为钢结构临水木装饰平台，以羡鱼台为中心南北两侧共铺设木质平台70余米。2016年3月至6月，进行水街二期扩建，在羡鱼台南侧增建木质平台120余米，修建爱莲湾餐厅木屋5座，增设水街牛肉汤项目。至此，水街工程建设全部完工。

2016年

5月23—25日　赴北京饭店参加名酒店组织第二十六次理事大会暨名酒店组织成立二十五周年庆典大会，招待处成功加入名酒店组织。

7月　招待处院内先后建设羲和桥、通幽桥，翻修爱鹅桥，改造东南部区域景观，规范迎宾湖水系，铺设甬路，搭建凉亭、休闲驿站亭，布置休闲椅，打造“如意林”，修建陶然亭、憩赏亭，打通宾馆北部紧邻围栏道路，东部区域铺设甬路，连通羲和桥和玉蟾桥，2021年完成。

2017年

1月　招待处被河北省住房和城乡建设厅评为河北省园林式单位。

7月29日—8月27日　举办“衡水迎宾馆首届荷花节”与“夏日荷塘、激情之夜”啤酒节，开展“赏荷留影”“儿童绘画书法比赛”、荷花商品经销会、荷乡宴品鉴等系列活动。

2018年

2月12日　成立廉政教育基地服务管

理处，为衡水市廉政教育基地提供餐饮、客房、安保及维修等服务工作。

7月9日　与乾量酒店管理公司合作，制定《酒店文化宣传手册》。

7月15日—8月15日　举办“衡水迎宾馆第二届荷花节”，开展院内景观文化讲解等多项活动。

2019年

4月20—22日　组织相关人员赴苏州网易、上海龙神考察中央厨房团餐。4月30日，开始筹建儒乡园中央厨房，成立儒乡园餐饮服务有限公司。

9月2日　儒乡园餐饮服务有限公司正式为衡水市第三中学、衡水市第四中学、衡水市第七中学、衡水市桃城区胜利路小学和衡水市桃城区恒丰路小学5所试点学校供应午餐。

2020年

1月25日　受新冠肺炎疫情影响，暂停对外营业。3月24日，疫情进入常态化防控阶段，恢复对外营业。

6月29日　正式加入内蒙古国宾馆协会，王晓冰任协会副主席，孙铁健任协会副秘书长。

8月19日　在第九届中国饭店文化节暨全国饭店业振兴大会上，迎宾馆荣获“2020饭店业会议宴会接待服务创新奖”和“2020中国酒店品质服务TOP100”荣誉称号。

2021年

2月8日　“衡水市人民政府招待处”企业营业资质名称更名为“衡水迎宾酒店管理中心”，出资人由“衡水市人民政府办公室”变更为“衡水市财政局”。9月30日，企业营业资质名称再次更名，称“衡水迎宾馆酒店管理有限责任公司”，出资人不变。

4月12日　儒乡园多功能厅与会议中心中间连廊及萃园自助餐厅改扩建工程开工，12月20日工程全部竣工投入使用。

10月10日　会议中心由单一的会议接待改造为多功能厅，更名为“惠园”。

11月25日、12月19日　分两批抽调满迎、支忆、蔡行行、王向蒙4名服务人员赴张家口，为北京2022年冬奥会和冬残奥会张家口赛区签约饭店开展帮扶工作。

2022年

1月7日　召开党史学习教育总结会议。市委第五巡回指导组、处党委领导班子成员和全体党员参加了会议，王晓冰主持会议，并对全处党史学习教育进行回顾总结，市委第五巡回指导组副组长焦有渠点评讲话。

3月1—10日　开展“迎三八、练内功、展风采”技能比赛活动，共组织基本练兵活动11场。

3月12—20日　启动迎宾湖景观提升项目，在观荷港东侧水系修建游船观光航道70米。

3月31日　为北京2022年冬奥会和冬残奥会张家口赛区签约饭店开展帮扶工作的4名服务人员，满迎、支忆、蔡行行、王向蒙，圆满完成服务任务，顺利返衡。

5月11日　河北省委书记倪岳峰一行到衡水开展走访调研，入住招待处。

6月10—30日　开展全国文明城市创建“攻坚月”活动，重点围绕创城宣传、环境卫生整理、小区帮建、文明交通劝导、街道净化等活动进行，共出动300余人次，为衡水市全国文明城市创建做出积极贡献。

是月30日　国务委员王勇到衡水市调研检查安全生产工作，入住招待处。

组织机构

★ 党政机构及人员

★ 领导成员简介

★ 组织建设

第一编　组织机构

1962年，衡水迎宾馆随着衡水专区复建而建立，为县级事业单位，是党、政、军、商及外事等活动的主要接待服务部门，至2022年已有60年的历史。其间，名称几经变更，地址几次迁移，党政机构历经数次变革，始终毫不动摇地坚持和加强党的全面领导，严格执行党的组织生活制度，充分发挥战斗堡垒作用，为招待处各项工作的开展提供了强有力的组织保障。工青妇群团组织，从无到有不断健全，紧紧团结在党组织周围，积极探索不同时期工作开展的有效途径，组织干部员工开展形式多样、内容丰富的活动，不断推进精神文明建设。行政机构最初实行处长负责制，下设若干科室，并随着经营规模的扩大与变化，职能配置不断改革完善。至2002年，全面实行宾馆统一的“部”建制，逐步形成总经理、副总经理、总监、部门经理等多层级的管理体制。锤炼锻造了素质高、能力强、作风正的干部员工队伍，为持续快速发展奠定了组织基础。

第一章　党政机构及人员

1962年7月30日衡水迎宾馆成立，即产生第一届党政组织机构。在以后的发展历程中，党政机构不断变化、充实完善。最初实行党支部建制。1987年设立党组。1998年，撤销党组改设党委。党委书记及成员由市委组织部任命，招待处实行党委集中统一领导。内设机构根据需要，不断改进和完善，从成立时的两三个科室发展到2022年19个部门，机构设置及职权责任随工作需求及时调整。

第一节　初建期间

1962年7月30日，经中共衡水地委、衡水专员公署批准，成立衡水专员公署招待处。地址设在桃城街原衡水县商业局，人员以石家庄专员公署招待处为主，共有干部员工 25 人。至 1968 年 8 月，党政机构两次变动，内设机构 1 次调整。

组建招待处人员

1962 年 7 月，时任石家庄专员公署招待处副处长赵凤梅负责组建衡水专员公署招待处。组建人员除河北宾馆和天津来的两名同志外，其他由石家庄专署招待处下属的交际处（西楼）、桥西招待所（东楼、南楼）、长安招待所的同志组成。具体为，副处长 1 人，赵凤梅。交际处 11 人，其中，管理员 2 人，即牛迎春、卢维；服务班 6 人，即杨新湘（班长）、耿锦山、冯淑娟、张淑欣、吴敬台、李荣春；司机 3 人，即吴岱山、牛庆福、秦秀娟。桥西招待所 9 人，其中东楼 5 人，即秘书兼所长李克俭，管理员崔树林，服务员卢丽娟、苏久雪、石生吉；南楼 4 人，即会计陈夺锦，炊事班张焕章（班长）、高满贵、赵明秋。长安招待所 2 人，即郭喜贵、明木常。河北宾馆 1 人，刘新广。由天津来衡水籍服务员 1 人，孙淑芬。

机构及人员分工

1962 年 7 月至 1963 年 12 月，党政机构及人员相对稳定。赵凤梅为党支部书记、副处长。李克俭为党支部副书记，刘新广、陈夺锦、牛迎春为党支部委员。内设机构由办公室、管理室、会计室组成。办公室 2 人，科级秘书李克俭、刘新广。管理室 20 人，管理员 3 人，即牛迎春、崔树林、卢维。下设服务组、炊事班、司机班。服务组 10 人，组长杨新湘，服务员 9 人，即卢丽娟、苏久雪、耿锦山、冯淑娟、张淑欣、吴敬台、李荣春、明木常、孙淑芬。炊事班 4 人，班长张焕章，厨师高满贵、赵明秋、郭喜贵。司机班 3 人，即吴岱山、牛庆福、秦秀娟。另会计和采购分别由陈夺锦、石生吉担任。

1963 年 12 月，赵凤梅被任命为处长。1964 年 4 月，省长刘子厚签署任命

河北省人民委員会
任命書

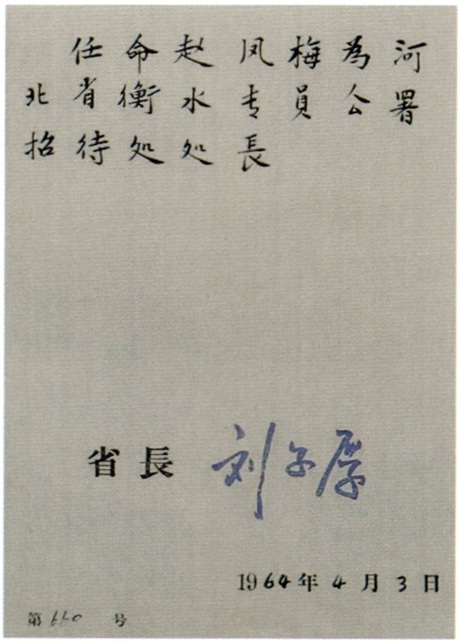
任命赵凤梅为河北省衡水专員公署招待处处長

省長 刘子厚

1964年4月3日

第[illegible]号

1964 年 4 月 3 日省长刘子厚签署任命赵凤梅为河北省衡水专员公署招待处处长的任命书

书。是年10月地委专署调赵凤梅参加“四清”工作，刘新广陪同。任命科级秘书李克俭主持招待处日常工作，代理副处长职务，并增补崔树林、耿锦山为党支部委员。1968年2月，经衡水地区革命委员会批准，建立“衡水地区革命委员会招待处”，实行党的“一元化”领导，赵凤梅任革委会主任，耿锦山、牛庆福任革委会委员。内设机构有所变动，改办公室、管理室、会计室为服务接待组和物资生活组。服务接待组组长由刘新广担任，牛迎春、卢维任副组长，物资生活组组长由李克俭担任，崔树林任副组长。

附　记

首任处长赵凤梅

曹玉庆

赵凤梅，招待处首任处长，一个值得招待处人们牢记的名字。从1962年创建招待处至1973年调出。在这11年的时间里，经历了招待处组建时的艰辛，还遭遇百年不遇的大洪水。他始终矢志不渝，不改共产党员本色，使招待处从风雨飘摇的年代迈向经济发展的时代。

深刻诠释“我是革命一块砖，哪里需要哪里搬”。1962年，衡水专区成立。同时建立衡水专员公署招待处。时任石家庄招待处副处长的赵凤梅带领23名干部职工，由石家庄赶赴衡水，负责组建招待处。俗话说：金窝银窝不如自己的草窝，更何况由石家庄来到堪比“大农村”的衡水，加上时值三年困难时期，衡水的境况可想而知。面对如此境遇，赵凤梅发挥共产党员模范带头作用，无条件地服从上级安排，没有一句怨言。心里装的只有跟随而来的23名同志的实际困难，设身处地考虑每一个人、每一个家庭的实际情况，深入与之沟通、交谈，消除他们的后顾之忧，确保组建队伍稳定、思想统一，为组建招待处提供了强有力的人员保障。人的问题解决了，组建招待处的物资调配又成为摆在赵凤梅面前的一个难题，20世纪60年代，物资匮乏。为争取尽量多的资源，他费尽心思与上级协调、沟通，经过不懈努力，调剂到包括客房、餐饮、接待会议等开业所必需的全部装备。物资有了，运输又成了最大的拦路虎。石家庄到衡水100多公里的路程，在那个年代，路难行，交通工具以马车、三轮车、自行车为主，怎么把筹集到的全部家当顺利从石家庄运到衡水，除了指挥到位，更重要的是靠大家的士气。赵凤梅一马当先、身先士卒，充分调动组建人员的责任心、自信心，发扬吃苦耐劳的优良作风，排除艰难险阻，出色地完成了艰巨的搬迁任务。

发扬奋斗精神，开启招待处艰苦创业期。招待处成立之初，地址设在当时衡水县城最低洼的位置，接待条件极差，接待用房简陋，院内地面是土路。晴天一身土，雨天一身泥。作为招待处的领头人，赵凤梅从不怨天尤人，而是积极面对现状，善于动脑勤于动手，坚信人定胜天，办法总比困难多。由于招待处地势低，有一次开地委全会时赶上大雨造成内涝。赵凤梅带领大家光着膀子（因为下雨衣服都湿透了）

冒雨往外淘水。大家有的拿瓢，有的用桶，干得热火朝天。当时来开会的景县县委书记被大家的精神所感染，主动加入抢险队伍中。事后，为防止再次发生此类事故，赵凤梅同大家一起用人力车运送炉渣灰铺院子。经过一番改造，既解决了雨后泥泞问题，又抬高了地势，有效地防止了雨水倒灌。这个方法得到当时地委领导的肯定和赞扬。谁知“屋漏偏逢连阴雨，行船又遇顶头风”。1963 年 8 月，招待处成立第二年，衡水暴发了历史罕见的大洪水，招待处本就地势最低，抗洪抢险无疑困难重重。距离招待处北边 200 米，有一处高于招待处院子一米半的高台，是原衡水县针织厂的下马厂房，也是距离最近的一处高地。面对汹涌的洪水，当务之急是把物资第一时间抢救到高地。赵凤梅临危不乱，迅速成立抢险小分队，组织人员肩扛手抬、你推我拉，大家满脸的汗水往下淌，顾不上被磨破流血的手，昼夜奋战，赶在洪水大暴发之前，抢救出大部分物资，把损失降到了最低。由于洪水来势凶猛，赵凤梅和部分员工还是被困到了院内，幸好赶上海军抗洪救灾的橡皮艇，才逃过一劫。赵凤梅顾不上个人安危，奔波在洪水中。洪水一天不退，抢险工作一刻不停。为了不耽误接待，赵凤梅果断做出决定，兵分两路，一路人员在老桥东侧成立临时接待站，接待上级视察领导和慰问团队等，另一路人员打捞刷洗、晾晒储存能再次利用的物资。大家经过近百天的辛苦劳作，物资被陆续搬回院内，并逐步恢复正常接待工作。正因为指挥得当、行动迅速，这次罕见的大洪水没有造成人员伤亡，财产损失也降到了最低。

一心为公，为招待处谋求新发展。建处之初，客用物品洗涤全凭员工及家属手工水洗。为减轻他们的工作量，赵凤梅将针织厂的旧机器改造组装成滚筒洗衣机，解决职工洗涤难题。为改善职工收入低、生活困难现状，赵凤梅多方跑办，将工资由原来的行政级改为商业级，提高了职工工资收入，有效地改善了他们生活状况。正是有了一心为群众着想的领导，才有凝结奋进的团队，招待处的日子一天好过一天。1968 年，在原址度过 6 年多的时光后，招待处迎来了发展的新机遇。由于衡水地委专员公署合署办公，原专署办公楼腾空，赵凤梅抓住这一有利时机，积极申请协商，地革委最终同意将腾空的办公用房交由招待处使用，招待处从此告别了低洼破旧的原址，搬入新华路，开启了招待处发展新征程。环境地改善、硬件地提升，使招待处的接待任务不断增加，大型会议、零散住客基本天天爆满，经济效益得到突飞猛进的增长。为切实解决职工住房问题，招待处在新华路南游园胡同购地兴建家属院。为谋求招待处更高层次更高质量的发展，赵凤梅审时度势、抢抓机遇，自筹资金新建容纳 300 人以上的大餐厅，在解决接待用餐的基础上，大大提升了招待处的经济效益，也为后来兴建人民路址招待处打下了坚实的经济基础。

（作者：曹玉庆　迎宾馆党务办公室）

招待处第一位女司机

刘红杰

“来了，来了，车来了……”，老远听见一群孩子的欢呼声。只见远处开来一辆铁皮吉普车，一名女司机坐在驾驶座上，面带微笑，两个麻花辫随着汽车的颠簸舞动着。她操作娴熟，手里的方向盘应付自如。这就是招待处建处初期从石家庄交际处来的司机，也是至今为止招待处唯一的一名女司机，叫秦秀娟。她每天开着铁皮吉普车穿梭在老街上，这在当时也是一道亮丽的风景线。现在的老人们每每回忆起秦秀娟开车的往事都赞叹不已。

（作者：刘红杰　迎宾馆人力资源部）

1965 年招待处部分员工合影

左边从前往后依次为：陈永鑫、邓福三、冯淑娟、牛庆福、耿锦山、张文斌

右边从左往右依次为：蔡国英、赵体胜、裴凤英、杨新湘、吴岱山

第二节　新华路址期间

1968 年 9 月，为改善招待处接待条件，经衡水地区革命委员会批准，新华路 21 号原地区专员公署办公楼交由招待处使用。招待处从桃城街原址迁出，并改称为“衡水地区革命委员会招待处”。

恢复机构

1969 年 9 月，经地革委政治部批准，招待处党支部重新建立，赵凤梅任党支部书记，耿锦山、牛庆福任党支部委员。1971 年，经衡水地区革命委员会批准，招待处恢复原行政职务，由革委会主任改称为招待处处长。

机构调整

1971 年 3 月，王玉岭调任招待处副处长。后经地直机关党委批准，增补王玉岭、李克俭为党支部委员。是年 8 月，郝敬一调任副处长。1972 年 7 月，王玉岭任党支部副书记，党支部委员牛庆福调离，郝敬一增补为党支部委员，党政机构其他成员无变化。内设机构增设政办室，由李克俭担任政办室秘书，服务接待组组长刘新广调离，刘魁元调任服务接待组组长，副组长由杨新湘、丙顺昌担任，物资生活组组长由崔树林担任，副组长由卢维担任。1973 年 4 月，杨彦才调任处长兼党支部书记。5 月，赵凤梅调离。7 月，李克俭任副处长。物资生活组副组长卢维调离。1974 年 1 月由耿锦山接任物资生活组副组长。1975 年服务接待组副组长丙顺昌调离。

第三节　人民路址期间

1977 年 7 月，招待处由新华路迁入永红路（现人民路）。在人民路 36 年间，三易其名。1978 年 6 月，随“衡水地区革命委员会”改名“衡水地区行政公署”而更名为“衡水地区行政公署招待处”。1996年7月，衡水地区撤地改市，随之改名为“衡水市人民政府招待处”。1997年，为适应衡水改革发展，增名“衡水迎宾馆”。1993年开始探索机构改革，个别部门实行聘任制。2002年，实现由行政向宾馆管理体制的转型，内设机构及人员根据发展的需求不断调整与增加。

1977—1986年

1977年11月，经地革委批准，郝敬一任党支部副书记。1978年6月，武立泰调任第二招待所所长。10月王玉岭调出。11月，经地直机关党委批准杨新湘、武立泰为党支部委员。1979年4月，经地委批准，刘毅调任招待处副处长，崔树林增补为党支部委员。1981年10月，郝敬一离职休养，李克俭任党支部书记，耿锦山任党支部副书记，崔树林、杨新湘、郭文堂任党支部委员。1982年2月，李克俭兼任党支部纪律检查组组长。1977年9月内设机构调整为政办室、接待服务科、总务科、第二招待所。1981年，总务科分为总务科和生活科，第二招待所撤销。其间管理层调整14人次，内设机构由3个调整为4个。

1984年8月，经中共衡水地委、地区行政公署批准，招待处实行承包经营责任制、处长聘任制，聘任刘忠兴为处长。鹿宪宁、王国申任副处长。经行政公署机关党委批准，鹿宪宁任党支部书记，马灵芝任党支部副书记，崔树林、杨新湘、郭文堂任党支部委员。1984年，内设机构调整为办公室、接待科、生活科、总务科、贸易科。1986年，取消贸易科建立保卫科。

1962—1986年招待处科级机构及任职一览表

表1-1-1

部　门	行政职务	姓　名	性　别	任职时间	备　注
办公室	科级秘书	李克俭	男	1962.7—1968.2	—
		刘新广	男	1962.7—1968.2	—
	管理员	牛迎春	男	1962.7—1968.2	—
		崔树林	男	1962.7—1968.2	—
		卢　维	男	1962.7—1968.2	—
	处长助理	崔树林	男	1984.8—1986.12	—

续表 1-1-1

部　门	行政职务	姓　名	性　别	任职时间	备　注
办公室	主　任	马灵芝	女	1984. 8—1986. 12	—
服务接待组	组　长	刘新广	男	1968. 2—1972. 3	调离
		刘魁元	男	1972. 7—1977. 1	—
	副组长	牛迎春	男	1968. 2—1972. 3	调离
		卢　维	男	1968. 2—1972. 7	—
		杨新湘	男	1972. 7—1977. 9	—
		丙顺昌	男	1972. 7—1975. 3	调离
物资生活组	组　长	李克俭	男	1968. 2—1972. 7	—
		崔树林	男	1972. 7—1977. 9	—
	副组长	崔树林	男	1968. 2—1972. 7	—
		卢　维	男	1972. 7—1974. 1	调离
		耿锦山	男	1974. 1—1977. 9	—
政办室	秘　书	李克俭	男	1972. 7—1973. 7	—
		耿锦山	男	1977. 9—1984. 8	—
		田凯山	男	1977. 9—1984. 8	调离
		崔树林	男	1982. 2—1984. 7	—
接待服务科	科　长	杨新湘	男	1977. 9—1986. 12	—
	副科长	鹿宪宁	男	1977. 9—1984. 8	—
		高　敏	女	1984. 8—1986. 12	聘任
		田玉合	女	1985. 3—1986. 12	聘任
总务科	科　长	崔树林	男	1977. 9—1981. 8	—
		耿锦山	男	1984. 8—1986. 12	—

续表 1-1-1

部　门	行政职务	姓　名	性　别	任职时间	备　注
总务科	副科长	刘忠兴	男	1977.9—1980.4	1980.4 出国援外
		郭文堂	男	1981.10—1986.12	—
第二招待所	所　长	刘魁元	男	1977.9—1978.3	因病去世
		武立泰	男	1978.6—1981.10	—
	副所长	刘振江	男	1977.9—1981.10	—
生活科	科　长	崔树林	男	1981.8—1982.2	—
		王国申	男	1984.8—1986.12	兼任
	副科长	耿锦山	男	1982.2—1984.8	—
贸易科	科　长	骆建章	男	1984.8—1986.4	调入聘任
	副科长	何永池	男	1984.8—1986.12	调入聘任
保卫科	科　长	骆建章	男	1986.4—1986.12	—

1987—2001 年

1986 年 12 月，经中共衡水地委批准，招待处解除承包制，恢复任命制，并设立党组，张凤桐为党组书记，1987 年 1 月，被任命为处长。刘忠兴、鹿宪宁、王国申任党组成员、副处长。10 月，刘忠兴调离。1992 年 6 月，张凤桐调离继续兼任招待处党组书记，鹿宪宁任党组副书记、副处长，全面主持工作。11 月，杜兰芬调招待处，任党组成员、副处长。1993 年 4 月，鹿宪宁任处长，1994 年 8 月任党组书记。1996 年 1 月，韩克俭、田玉合任党组成员、副处长。1997 年 5 月，杜兰芬调离。1998 年 9 月，王国申任党组书记，韩克俭任党组副书记。10 月，招待处党组改设党委。11 月，王国申任处长。12 月，招待处党委换届选举，王国申为党委书记，韩克俭为党委副书记。2000 年 10 月，聘任王晓冰为副处长，党委委员。2001 年 10 月，韩克俭任党委书记、处长，田玉合由党组成员改任党委副书记。

内设机构调整。1987 年 9 月，内设机构调整为办公室、人事保卫科、接待科、生活科、行政科。另设正科级纪检委员 1 名。1993 年 1 月，增设财务科。正科级纪检委员改为正科级监察员。2 月部分科室实行“部”建制。管理人员实行聘任制。1994年11月，增设人事培训科。1995年3月，人事保卫科分为人事培训科、保卫科。1997年1月，增设衡水市博大商贸中心。1998年1月，内设机构增加基建科、贸易科、团委、妇联和纪检组。1998年12月生活科更名为膳食科。1999年11月内设机构增设纪检监察室。

1987—2001年招待处科级机构及任职一览表

表1-1-2

部门	职务	姓名	性别	任职时间	备注
—	处长助理	郭文堂	男	1999.1—2000.10	—
办公室	主任	耿锦山	男	1987.12—2000.9	2001.11退休
	秘书（正科级）	何永池	男	1987.12—1992.6	退休
	副主任	韩克俭	男	1987.12—1993.2	—
		段庆山	男	1993.2—1995.3	—
		张纯宏	男	1999.1—2001.12	—
		王丽萍	女	1999.1—2000.10	调离
		丛丽	女	2001.4—2001.12	—
人事保卫科	科长	崔树林	男	1987.12—1990.5	离休
		何庆善	男	1993.2—1996.8	—
	副科长	何庆善	男	1987.12—1993.2	—
		罗建勇	男	1993.2—1995.3	—
人事培训科	科长	马灵芝	女	1995.3—1999.12	—
		罗建勇	男	1999.12—2001.12	—
	副科长	段庆山	男	1995.3—1997.7	—
		罗建勇	男	1997.7—1999.12	—
		骆崇华	男	1999.1—2001.12	—

续表 1-1-2

部　门	职　务	姓　名	性　别	任职时间	备　注
接待科	科　长	杨新湘	男	1987.1—1993.2	—
		马灵芝	女	1993.2—1994.7	—
	副科长	田玉合	女	1987.12—1993.2	—
		刘振龙	男	1994.7—1998.11	—
		黎声强	男	1999.12—2001.12	—
生活科（膳食科 1998.12—2002.5）	科　长	王国申	男	1987.1—1993.2	兼任
		韩克俭	男	1993.2—1999.12	—
		王晓冰	男	1999.12—2001.12	兼任
	副科长	刘建民	男	1987.12—1990.7	调离
		王晓冰	男	1999.1—1999.12	—
		季淑华	女	1999.1—2001.12	—
行政科	科　长	郭文堂	男	1987.12—1996.9	—
		陈永杰	男	1999.1—2001.12	—
	副科长	陈永杰	男	1993.2—1998.12	—
		李亚楼	男	1998.12—1999.3	—
纪检／监察	纪检委员	马灵芝	女	1987.12—1993.2	—
	监察员	杨新湘	男	1993.2—1997.7	退休
		马灵芝	女	1994.7—1995.3	—
	主　任	马灵芝	女	1999.12—2000.9	退休
		郭文堂	男	2000.10—2001.12	—
财务科	科　长	田玉合	女	1993.2—1999.12	兼任
		孙淑会	女	1999.12—2000.9	2001.5 退休
	副科长	孙淑会	女	1993.2—1999.12	—
		李亚楼	男	1999.4—2001.12	—

续表 1-1-2

部门	职务	姓名	性别	任职时间	备注
财务科	副科长	武义民	男	1999.12—2001.12	—
保卫科	科长	何庆善	男	1996.8—2001.12	—
	副科长	罗建勇	男	1995.3—1997.7	—
博大商贸中心	总经理	郭文堂	男	1996.10—1998.11	—
	副总经理	王丽萍	女	1996.10—1998.12	—
		段庆山	男	1997.7—1999.12	—
		李建明	男	1999.1—2001.12	—
		丛丽	女	1999.1—2001.1	—
		刘华群	男	1999.12—2001.12	—
	副经理	郗金辉	男	2000.12—2001.12	聘任
基建科	科长	郭文堂	男	1998.12—2000.10	兼任
贸易科	科长	段庆山	男	1999.12—2001.12	—
	副科长	孙健	男	1998.12—2001.12	—
		周继恒	男	1999.12—2001.12	—
餐饮部	经理	赵友忠	男	1993.2—1996.9	聘任
		王晓冰	男	1996.9—2001.12	聘任
	副经理	孙佳峰	男	1993.2—2001.12	聘任
		马俊峰	男	1993.2—2000.12	聘任
		季淑华	女	1999.1—2001.12	聘任
		朱连军	男	1999.1—2001.12	聘任
		李志刚	男	1999.1—2001.12	聘任
商品部	经理	孙健	男	1993.2—1998.12	聘任
		李连国	男	1999.1—2001.12	聘任
	副经理	王丽萍	女	1994.7—1996.10	聘任

续表 1-1-2

部　门	职　务	姓　名	性　别	任职时间	备　注
客房部	经　理	刘振龙	男	1994.7—1998.11	兼任
		黎声强	男	1999.1—2001.12	聘任
	副经理	刘振龙	男	1993.2—1994.7	聘任
		栗东生	男	1994.7—1998.12	聘任
		田瑞芝	女	1994.7—2001.12	聘任
		安秀贞	女	1996.9—2001.12	聘任
		郗金辉	男	1996.11—2000.5	聘任
		王文志	男	1996.11—2001.12	聘任
公关部	经　理	李亚楼	男	1994.7—1998.12	聘任
		王素梅	女	1999.1—2001.12	聘任
	副经理	李亚楼	男	1993.2—1994.7	聘任
		黎声强	男	1994.7—1998.12	聘任
		宋志刚	男	1999.1—2000.5	聘任
供应部	经　理	李亚楼	男	1999.1—2001.12	聘任
	副经理	高德飞	女	1999.1—2000.5	聘任
维修部	经　理	邱士明	男	1999.1—2001.12	聘任
	副经理	陈德勇	男	1999.1—2001.12	聘任
保安部	经　理	栗东生	男	1999.1—2001.12	聘任
制衣部	副经理	张旭芹	女	1999.12—2001.12	聘任
侨联公司／旅游服务公司	经　理	杨新湘	男	1994.7—1997.7	兼任
	副经理	周继恒	男	1993.2—1998.12	聘任
旅行社	经　理	周继恒	男	1999.1—2001.12	聘任

续表 1-1-2

部　门	职　务	姓　名	性　别	任职时间	备　注
万达汽车修理厂	总经理	李建明	男	2000.5—2001.4	兼任
	副总经理	宋志刚	男	2000.5—2001.4	聘任
		高德飞	女	2000.5—2001.6	聘任
		郗金辉	男	2000.5—2000.12	聘任
轿车维修中心	副总经理	宋志刚	男	2001.4—2001.12	聘任
物业小组	经　理	段庆山	男	2001.11—2001.12	聘任
质检小组	经　理	田瑞芝	女	2001.11—2001.12	聘任

2002—2012 年

2002 年 5 月，聘任刘华群为副处长，党委委员。陈永杰任工会主席。2007 年 5 月，韩克俭调任衡水市政府办公室主任。9 月，田玉合任党委书记，朱连军任党委委员，张纯宏任工会主席。10 月田玉合任处长，朱连军任副处长。12 月，马胜利调任党委委员、纪委书记。2011 年 2 月，马胜利调离。6 月，张纯宏任党委委员。12 月，耿振强调任党委委员、纪委书记。

内设机构调整。2002 年 4 月，经党委研究决定，对原有部门进行调整和充实。取消“科”建制，统一实行宾馆行业“部”建制。设一级部门 13 个，即总经理办公室、纪检监察室、党务办公室、财务部、人力资源部、公关销售部、采购供应部、培训部、安全部、博大商贸中心、客房部、餐饮部、工程部。二级部门 8 个，即质检部、商品部、旅行社、物业部、商贸批发部、轿车养护中心、制衣部、蓝天宾馆。此次调整，聘任调整管理人员 53 名。2005 年 4 月，质检部、培训部、贯标办合并为质检培训部。党办室、物业部、工程部中的理发室、医务室、职工之家合并为党务工会办公室。撤销物业家政服务中心。管理层调整为高层、中层、主管（经理助理）、领班 4 个层次。中层包括经理级和副经理级，经理级为一级部门经理。副经理级为一级部门副经理或二级部门经理，原中层三档人员为主管级。2008 年 4 月，党务工会办公室分为党务办公室和工会办公室，撤销商贸批发办公室和输出管理部。2009 年 7 月，质培部改为质检部，培训职能归人力资源部。经多次机构改革，调整任命管理人员 166 人次。

2002—2012年招待处中层任职一览表

表1-1-3

部　门	职　务	姓　名	性　别	任职时间	备　注
—	副总经理	黎声强	男	2011.12—2012.12	—
	总经理助理	郭文堂	男	2005.4—2007.7	退休
	工程总监	黎声强	男	2008.6—2011.12	兼任工程维修部经理
	财务总监	武义民	男	2008.6—2012.12	兼任财务部经理
纪检监察室	主　任	郭文堂	男	2002.1—2005.4	—
		罗建勇	男	2005.4—2008.4	—
总经理办公室	主　任	张纯宏	男	2002.1—2007.9	—
		王　力	男	2007.12—2012.12	—
	副主任	王　力	男	2002.5—2007.12	—
		孙铁建	男	2011.12—2012.12	—
党务工会办公室	主　任	陈永杰	男	2005.4—2006.11	兼任
	副主任	张胜芝	女	2005.4—2008.4	—
		姚冬冬	女	2005.4—2008.4	—
		李连国	男	2006.3—2007.1	—
党务办公室	主　任	丛　丽	女	2002.5—2003.6	调离
		罗建勇	男	2004.2—2010.4	—
		安秀贞	女	2011.12—2012.12	—
	副主任	姚冬冬	女	2005.4—2011.12	2010.4—2011.12主持工作
		张旭芹	女	2009.7—2011.11	退休
工会办公室	副主任	李连国	男	2006.3—2007.1	—

续表 1-1-3

部　门	职　务	姓　名	性　别	任职时间	备　注
工会办公室	副主任	张胜芝	女	2008.4—2012.12	—
人力资源部	经　理	骆崇华	男	2002.5—2005.4	—
		李建明	男	2005.4—2012.12	—
	副经理	李建明	男	2002.5—2004.2	—
		骆崇华	男	2005.4—2005.6	退休
财务部	经　理	武义民	男	2002.5—2012.12	—
	主　任	季淑华	女	2002.5—2004.2	—
	副经理	赵晓丽	女	2012.7—2012.12	—
	总会计	庞忠起	男	2012.7—2012.12	—
公关销售部	经　理	王素梅	女	2002.1—2012.12	—
	副经理	刘红杰	女	2004.7—2005.8	兼任前厅部经理
		田瑞芝	女	2005.8—2009.7	—
		李　刚	男	2011.12—2012.12	—
采购供应部	经　理	李亚楼	男	2002.1—2004.2	—
		季淑华	女	2004.2—2012.12	—
	副经理	王文志	男	2002.5—2012.12	—
培训部	经　理	罗建勇	男	2002.5—2004.2	—
		李建明	男	2004.2—2005.4	—
安全部	经　理	栗东生	男	2002.1—2012.12	—
	副经理	孙　健	男	2008.4—2012.12	—
		田瑞芝	女	2009.7—2012.12	兼任安卫会常务副主任
博大商贸中心	经　理	李连国	男	2005.4—2006.3	—
		宋志刚	男	2006.3—2011.3	—

续表 1-1-3

部　门		职　务	姓　名	性　别	任职时间	备　注
博大商贸中心		副经理	李志国	男	2002.5—2005.4	—
			宋志刚	男	2005.4—2006.3	—
			郗金辉	男	2002.5—2012.12	兼任政务中心服务部经理
			田文静	女	2005.4—2011.3	退休
	方园酒店	经　理	李志国	男	2002.5—2005.4	2011.3 方园酒店归属餐饮部管理
			田文静	女	2005.4—2011.3	
客房部		经　理	黎声强	男	2002.1—2005.4	—
			赵海卫	男	2005.4—2012.12	—
		副经理	安秀贞	女	2002.1—2005.4	—
			王文志	男	2002.1—2002.5	—
			赵海卫	男	2002.5—2005.4	—
			徐云疆	男	2005.4—2011.6	—
			蔡玲玲	女	2011.12—2012.12	—
餐饮部		经　理	朱连军	男	2002.5—2007.9	—
			李志刚	男	2007.9—2012.12	—
		副经理	李志刚	男	2002.1—2007.9	—
			孙佳峰	男	2002.1—2005.4	2004.2 兼任安卫会常务副主任
			李　速	男	2005.4—2012.12	—
			李志国	男	2008.4—2012.12	—
			李占营	男	2008.5—2012.12	—
			田文静	女	2011.3—2012.12	—
			王红蕾	女	2011.12—2012.12	—

续表 1-1-3

部　门	职　务	姓　名	性　别	任职时间	备　注
工程部（工程维修部）	经　理	何庆善	男	2002.5—2005.4	—
工程部（工程维修部）	经　理	黎声强	男	2005.4—2011.3	—
工程部（工程维修部）	经　理	陈德勇	男	2011.12—2012.12	—
工程部（工程维修部）	副总工程师	邱士明	男	2002.5—2005.4	—
工程部（工程维修部）	副经理	陈德勇	男	2005.4—2011.12	—
工程部（工程维修部）	副经理	徐立忠	男	2005.4—2011.3	—
电管节能部	经　理	邱士明	男	2005.4—2012.12	—
基建部	经　理	何庆善	男	2002.5—2008.4	2008.4 撤销
基建部	经　理	李亚楼	男	2005.4—2008.4	2008.4 撤销
质检部	经　理	田瑞芝	女	2002.1—2005.4	2001.11 增设质检小组
质检部	副经理	王国英	男	2002.5—2002.12	2001.11 增设质检小组
质检培训部（质检部）	经　理	段庆山	男	2005.4—2012.12	—
质检培训部（质检部）	副经理	田瑞芝	女	2005.4—2005.8	—
质检培训部（质检部）	副经理	孙佳峰	男	2005.4—2011.8	退休
质检培训部（质检部）	副经理	刘红杰	女	2005.8—2012.7	—
商品部	经　理	李连国	男	2002.1—2005.4	—
商品部	经　理	李　华	女	2005.4—2012.12	—
商品部	副经理	李　华	女	2002.5—2005.4	—
旅行社	经　理	周继恒	男	2002.5—2004.2	—
旅行社	经　理	安秀贞	女	2005.4—2011.12	—
旅行社	经　理	姚冬冬	女	2011.12—2012.12	—
物业部	经　理	段庆山	男	2002.5—2005.4	—
商贸批发部	经　理	孙　健	男	2002.5—2008.4	—

续表 1-1-3

部门	职务	姓名	性别	任职时间	备注
轿车养护中心	经理	宋志刚	男	2002.5—2011.3	—
	副经理	程保全	男	2002.5—2005.7	下乡扶贫
制衣部	经理	张旭芹	女	2002.5—2009.7	—
		李爱晓	女	2009.7—2012.12	—
蓝天宾馆	主管	王兰荣	女	2002.5—2004.8	2005 年蓝天宾馆撤销
衡水湖湿地培训中心（衡湖酒店）	总经理	黎声强	男	2011.3—2012.12	兼任
	常务副总经理	徐立忠	男	2011.3—2012.12	2010 年招待处负责筹建培训中心
	副总经理	宋志刚	男	2011.3—2012.12	
	副经理	徐云疆	男	2011.6—2012.12	
迎宾生态园	经理	董印恒	男	2006.10—2012.12	—
	副经理	董印恒	男	2005.4—2006.10	兼任大自然餐厅经理
		王国英	男	2006.10—2012.12	—
		李连国	男	2007.6—2010.4	2012.11 退休
		金辉	女	2011.12—2012.12	—
大自然餐厅	经理	董印恒	男	2003.10—2006.10	—
		王铭	女	2006.10—2012.12	—
花卉中心	经理	王国英	男	2006.10—2012.12	兼任
种植部	经理	李连国	男	2007.1—2010.4	兼任
		罗建勇	男	2010.4—2012.12	—
输出管理部	经理	李志国	男	2005.4—2008.4	—

第四节　前进街址

2013年8月，招待处迁入前进南大街新址。为适应衡水经济发展，招待处内部机构不断改革，职能随业务工作扩展而增减变化，人员及岗位也随之不断进行调整。

2013年12月，王晓冰任党委书记、处长。2016年4月，武义民任党委委员，5月任副处长。12月，耿振强调离。2020年3月，马磊调任党委委员、纪委书记。2014年12月，成立纪检监察室和前厅部，分别为一级职能部门和一级经营部门。2015年8月成立洗涤部。2016年5月，取消电管节能部，其岗位和业务归并工程维修部，公关销售部的总台岗位及业务归并前厅部，采购供应部的库房管理岗位及职能归并财务部。12月，按照管理职能和任务分工，洗涤部由二级部门调整为一级部门。2017年4月，撤销质检部，质检职能及安卫会的日常检查归纪检监察室。成立迎宾酒店管理公司，为一级业务部门，迎宾汽车出租公司及其人员合并到迎宾酒店管理公司，实行两个牌子一套人马。2018年1月公关销售部改为销售部。2019年12月，党务办、纪检监察室、旅行社、制衣部、工会办由二级部门调整为一级部门。2013年至2022年期间，调整任命管理人员92人次。

2013—2022年衡水迎宾馆中层任职一览表

表1-1-4

部　门	职　务	姓　名	性　别	任职时间	备　注
—	副总经理	黎声强	男	2013.1—	—
	财务总监	武义民	男	2013.1—2016.5	—
	行政总监	孙铁健	男	2019.12—	兼任总经理办公室主任
	餐饮总监	李志刚	男	2019.12—	兼任餐饮部经理
	销售总监	辛　玲	女	2019.12—	兼任前厅部经理
	客房总监	赵海卫	男	2019.12—	兼任客房部经理
	工程总监	王永康	男	2022.6—	兼任工程部经理
	衡水迎宾迅捷汽车租赁有限公司总经理	徐立忠	男	2022.6—	兼任迎宾酒店管理公司经理

续表 1-1-4

部　门	职　务	姓　名	性　别	任职时间	备　注
—	衡水儒乡园餐饮服务有限公司总经理	赵洪胜	男	2022.6—	兼任衡水儒乡园餐饮服务有限公司经理
总经理办公室	主　任	王　力	男	2013.1—2014.12	2015.1 停薪留职免去职务
		孙铁健	男	2015.4—	—
	副主任	孙铁健	男	2013.1—2015.4	—
		郭秀兰	女	2019.12—	—
财务部	经　理	武义民	男	2013.1—2015.12	—
		赵晓丽	女	2015.12—2020.2	退休
		何艳君	女	2020.9—	—
	副经理	赵晓丽	女	2013.1—2015.12	—
		何艳君	女	2015.12—2020.9	—
		张　丽	女	2016.5—	—
	总会计	庞忠起	男	2013.1—2014.9	—
人力资源部	经　理	李建明	男	2013.1—2018.3	调离
		刘红杰	女	2019.12—	—
	副经理	夏文东	男	2015.8—	2018.3—2019.12 主持工作
纪检监察室	主　任	栗东生	男	2014.12—	—
	副主任	孙　健	男	2014.12—2020.11	退休
	安卫会常务副主任	田瑞芝	女	2017.4—2021.8	退休
党务办公室	主　任	安秀贞	女	2013.1—2020.3	退休
		姚冬冬	女	2020.9—2022.5	退休
	副主任	曹玉庆	女	2019.12—	—
工会办公室	主　任	赵洪胜	男	2015.4—2019.5	—
		郗金辉	男	2019.5—2021.3	—
		李　刚	男	2021.3—	—

续表 1-1-4

部　门	职　务	姓　名	性　别	任职时间	备　注
公关销售部（销售部）	经　理	王素梅	女	2013.1—2017.4	退休
		李　刚	男	2017.4—2021.3	—
		郗金辉	男	2021.3—	—
	副经理	李　刚	男	2013.1—2017.4	—
		刘　萍	女	2017.6—	—
前厅部	经　理	辛　玲	女	2015.4—	—
	副经理	祝美玲	女	2015.8—	—
餐饮部	经　理	李志刚	男	2013.1—	—
	副经理	李志国	男	2013.1—2015.1	2015.1 停薪留职免去职务
		李占营	男	2013.1—2013.10	2013.10 停薪留职免去职务
		田文静	女	2013.1—2013.10	2016.8 退休
		王红蕾	女	2013.1—2015.2	2016.5 免职
		李　速	男	2013.1—	—
		杨晓兵	男	2015.8—2015.12	—
		陈　钊	男	2015.8—	—
		邢媚娜	女	2015.8—	—
		李　强	男	2015.8—	兼任行政总厨
		张　勇	男	2018.12—	—
		宫彩燕	女	2018.12—2021.1	退休
客房部	经　理	赵海卫	男	2013.1—	—
	副经理	蔡玲玲	女	2013.1—	—
		刘　萍	女	2015.8—2017.6	—
		刘红杰	女	2017.1—2019.12	—

续表 1-1-4

部　门	职　务	姓　名	性　别	任职时间	备　注
客房部	副经理	史站敏	女	2019.12—	—
商品部	经　理	李　华	女	2013.1—2015.12	退休
		杨晓兵	男	2015.12—	—
旅行社	经　理	姚冬冬	女	2013.1—2022.5	2020.9 党务办公室主任兼旅行社经理
制衣部	经　理	李爱晓	女	2013.1—	—
洗涤部	经　理	刘　晴	女	2015.8—	—
采购供应部	经　理	季淑华	女	2013.1—2017.3	退休
		王文志	男	2017.4—	—
	副经理	王文志	男	2013.1—2017.4	—
安全部	经　理	栗东生	男	2013.1—2014.12	—
		程保全	男	2014.12—	—
	副经理	孙　健	男	2013.1—2014.12	—
		田瑞芝	女	2013.1—2014.12	安卫会常务副主任兼任安全部副经理
		张瑞德	男	2015.4—	—
工程部（工程维修部）	经　理	陈德勇	男	2013.1—2015.12	—
		王永康	男	2016.5—	—
	总工程师	陈德勇	男	2015.12—2016.12	—
		邱士明	男	2016.5—2016.12	—
	副经理	王永康	男	2015.8—2016.5	—
		张铁柱	男	2016.5—	—

续表 1-1-4

部　门	职　务	姓　名	性　别	任职时间	备　注
迎宾酒店管理公司	经　理	宋志刚	男	2017.4—2021.1	因病去世
		徐立忠	男	2021.3—	—
	副经理	陈德勇	男	2017.4—	—
		邱士明	男	2017.4—	—
博大商贸中心	副经理	郗金辉	男	2013.1—2019.5	兼任政务中心服务部经理
电管节能部	经　理	邱士明	男	2013.1—2016.5	—
质检培训部（质检部）	经　理	段庆山	男	2013.1—2016.1	退休
		宋志刚	男	2015.12—2017.4	—
	副经理	刘红杰	女	2013.1—2016.7	—
		徐云疆	男	2013.8—2016.6	因病去世
		陈德勇	男	2016.12—2017.4	—
		邱士明	男	2016.12—2017.4	—
衡水湖湿地培训中心（衡湖酒店）	总经理	黎声强	男	2013.1—2018.3	兼任
	常务副总经理	徐立忠	男	2013.1—2018.3	—
	副总经理	宋志刚	男	2013.1—2014.9	—
	副经理	徐云疆	男	2013.1—2013.8	—
	房务部经理	张　红	女	2013.5—2018.3	—
		刘红杰	女	2016.7—2017.1	—
	餐饮部经理	崔爱君	女	2013.5—2018.3	—
廉政教育基地服务处	总经理	黎声强	男	2018.3—	兼任
	常务副总经理	徐立忠	男	2018.3—2021.3	—
	经　理	张　红	女	2021.3—	—

续表 1-1-4

部门	职务	姓名	性别	任职时间	备注
廉政教育基地服务处	副经理	张红	女	2018.3—2021.3	—
		崔爱君	女	2018.3—2019.12	—
		李晓然	女	2019.12—	—
		贾瑞恒	男	2021.3—	—
迎宾生态园	经理	董印恒	男	2013.1—2014.9	—
		宋志刚	男	2014.9—2015.12	—
		赵洪胜	男	2017.8—2018.11	承包
	副经理	王国英	男	2013.1—2018.11	—
		金辉	女	2013.1—2018.11	调出
大自然餐厅	经理	王铭	女	2013.1—2018.11	—
		赵洪胜	男	2017.4—2018.11	承包
花卉中心	经理	王国英	男	2013.1—2018.11	—
种植部	经理	罗建勇	男	2013.1—2017.3	退休
天隆押运公司	总经理	张志浩	男	2014.9—	—
	副总经理	王洪新	男	2014.9—	—
		刘树振	男	2014.9—	—
		腾国章	男	2014.9—	—
		曹兴智	男	2014.9—2020.5	因病去世
		董印恒	男	2014.9—	—
	财务总监	庞忠起	男	2014.9—	内部审计委员会办公室副主任
儒乡园餐饮服务有限公司	经理	赵洪胜	男	2019.5—	—
	副经理	崔爱君	女	2019.12—	—

第二章　领导成员简介

在六十载的发展进程中，先后有22人担任县处级领导干部。其间调入调出15人，宾馆离退休7人。自参加工作始终在宾馆工作的5人（含在职县处级领导干部）。历届领导班子，坚持党的领导，专注于宾馆事业发展，是宾馆取得辉煌发展成绩的推进者和带路人。

第一节　县处级正职人员简介

赵凤梅（1925—2007），男，汉族。1925年7月生。井陉人。1941年6月入党，是年参加工作。1962年由石家庄专署招待处副处长到衡水筹建衡水专员公署招待处，担任衡水专员公署招待处副处长。1963年12月任招待处第一任处长。1973年5月调衡水市中级人民法院。

杨彦才（1928—1993），男，汉族。1928年10月生。定州人。1946年11月入党，1945年4月参加工作。1973年4月，调任招待处处长兼党支部书记。1984年8月退居二线。1990年5月离职休养。

刘忠兴，男，汉族。1947年1月生。武邑人。1977年入党，1963年参加工作。1973年5月，由地区印刷厂调入招待处工作。历任物资生活组伙食采购、伙食会计、伙食管理、总务科副科长。1981年7月至1983年10月赴非洲援建公路，负责财务、后勤、生活。1984年8月聘任为招待处处长。1987年1月8日，任招待处副处长。是年10月，调衡水湖开发办。

张凤桐，男，汉族。1942年9月生。枣强人。1972年12月入党，1963年10月参加工作。1987年1月，调任招待处党组书记、处长。1992年6月调地委。

鹿宪宁（1954—2003），男，汉族。1954年10月生。定州人。1974年9月入党，1970年3月在招待处参加工作。历任招待处接待科副科长、招待处副处长。1993年4月任招待处党组副书记、处长，1994年8月

任党组书记。1998年6月调离。

王国申（1951—2001），男，汉族。1951年5月生。定州人。1975年9月入党，1971年11月参加工作。1978年5月调入招待处工作。历任生活科会计，招待处党组成员、副处长。1998年9月任招待处党组书记、处长。2001年3月，因病去世。

韩克俭，男，汉族。1963年8月生。冀州人。1986年8月入党，1981年9月参加工作。1987年9月，由地区外事办调入招待处工作，历任招待处办公室副主任、生活科科长。1996年1月，任招待处党组成员、副处长。2001年10月，任招待处党委书记、处长。2007年5月，调衡水市政府。

田玉合，女，汉族。1955年5月生。冀州人。1986年7月入党，1971年1月在招待处参加工作。历任业务员、接待科副科长、财务科科长。1996年1月，任招待处党组成员、副处长。2007年10月，任招待处党委书记、处长。2013年12月退居二线，2015年6月退休。

王晓冰，男，汉族。1965年10月生。深州人。1994年3月入党，1981年12月在招待处参加工作。历任生活科炊事班副班长、班长，餐饮部主管、副经理、经理，膳食科副科长、科长等职。2000年10月，任招待处党委委员、副处长（聘任）。2013年12月任招待处党委书记、处长。

第二节　县处级副职人员简介

王玉岭（1924—2005），男，汉族。1924年12月生。景县人。1945年5月入党，1944年2月参加工作。1971年3月，由省信访处调任招待处副处长。1978年10月，调地委行政公署信访处。

郝敬一（1925—2020），女，汉族。1925年12月生。深州人。1942年1月入党，1945年2月参加工作。1971年8月，由省宣化五七干校调任招待处副处长。1981年10月离职休养。

李克俭（1924—2008），男，汉族。1924年10月生。饶阳人。1944年10月入党，1944年10月参加工作。1962年由石家庄专员公署招待处到衡水筹建衡水专员公

署招待处，历任科级秘书、党支部副书记，代理副处长、党支部书记，物资生活组组长，政办室秘书等职。1973 年 7 月任招待处副处长。1981 年 10 月，任党支部书记。1982 年 2 月，兼任党支部纪律检查组组长。1983 年 12 月离职休养。

刘毅（1923—1986），原名柳金镐，男，汉族。1923 年生。桃城区人。1946 年 10 月入党，1938 年参加工作。1979 年 4 月，由衡水造纸厂厂长调任招待处副处长。1984 年退居二线。1986 年 7 月离职休养。

杜兰芬，女，汉族。1948 年 11 月生。深州人。1966 年 6 月入党，1969 年 9 月参加工作。1992 年 11 月，由安平县委常委、纪委书记调任招待处党组成员、副处长。1997 年 5 月，调衡水市房管局。

陈永杰，男，汉族。1951 年 2 月生。景县人。1970 年 9 月入党，1969 年 12 月参加工作。1984 年 7 月，由乌鲁木齐后勤部工厂管理局 36115 厂调招待处工作。历任行政科副科长、科长。2002 年 5 月，任工会主席，2006 年 11 月 23 日退居二线。2011 年 6 月退休。

刘华群，男，汉族。1960 年 2 月生。武邑人。1993 年 12 月入党，1978 年 12 月参加工作。1984 年 11 月，由衡水市水利局调招待处工作。历任博大商贸中心总经理助理、方园酒店经理、方园酒店总经理兼博大商贸中心副总经理、博物馆副馆长等职。2002 年 5 月任招待处党委委员、副处长（聘任）。2020 年 3 月退休。

朱连军，男，汉族。1971 年 2 月生。枣强人。1998 年 6 月入党，1992 年 10 月在招待处参加工作。历任餐饮部领班、主管、副经理、经理、餐饮科副科长、科长等职。2007 年 9 月任招待处党委委员、副处长。

张纯宏，男，汉族。1963 年 11 月生。河南扶沟人。1994 年 4 月入党，1981 年 12 月在招待处参加工作。历任办公室副主任、主任。2007 年 9 月，任招待处工会主席。2011 年 6 月任党委委员。

马胜利，男，汉族。1961年11月生。景县人。1986年2月入党，1981年8月参加工作。2007年12月，由衡水市物价局调任招待处党委委员、纪委书记。2011年2月，调衡水市发展与改革委员会。

耿振强，男，汉族。1964年2月生。景县人。1993年9月入党，1983年9月参加工作。2011年12月，由衡水市物资流通联合会调任招待处党委委员、纪委书记。2016年12月，调衡水市水务集团。

武义民，男，汉族。1969年7月生。安平人。2001年12月入党，1988年12月参加工作。1993年2月，由武邑县审计局调入招待处工作。历任财务科会计、科长助理、副科长、科长、财务总监等职。2016年5月，任招待处党委委员、副处长。

马磊，男，汉族。1979年11月生。枣强人。2000年12月入党，2002年8月参加工作。2020年3月，由衡水市纪委监委调任招待处党委委员、纪委书记。

招待处历任领导班子一览表

表1-2-1

行政职务	姓　名	性　别	任职时间	党内职务	备　注
处　长	赵凤梅	男	1963.12—1973.4	党支部书记	调离
	杨彦才	男	1973.4—1984.8	党支部书记	1990.5离休
	刘忠兴	男	1984.8—1987.1	—	聘任
	张凤桐	男	1987.1—1992.6	党组书记	调离
	鹿宪宁	男	1993.4—1998.6	党组副书记、党组书记	调离
	王国申	男	1998.11—2001.3	党组书记	因病去世

续表 1-2-1

行政职务	姓　名	性　别	任职时间	党内职务	备　注
处　长	韩克俭	男	2001.10—2007.5	党委书记	调离
	田玉合	女	2007.10—2013.12	党委书记	2015.6 退休
	王晓冰	男	2013.12—	党委书记	—
副处长	赵凤梅	男	1962.7—1963.12	党支部书记	—
	王玉岭	男	1971.3—1978.10	党支部委员、副书记	调离
	郝敬一	女	1971.8—1981.10	党支部委员、副书记	离休
	李克俭	男	1973.7—1983.12	党支部委员、书记	离休
	刘　毅	男	1979.4—1984.8	—	1986.7 离休
	鹿宪宁	男	1984.8—1993.4	党支部书记 党组成员、副书记	—
	王国申	男	1984.8—1998.11	党组成员	—
	刘忠兴	男	1987.1—1987.10	党组成员	调离
	杜兰芬	女	1992.11—1997.5	党组成员	调离
	韩克俭	男	1996.1—2001.10	党组成员、党委副书记	—
	田玉合	女	1996.1—2007.9	党组成员、党委副书记	—
	王晓冰	男	2000.10—2013.12	党委委员	—
	刘华群	男	2002.5—2020.3	党委委员	退休
	朱连军	男	2007.9—	党委委员	—
	武义民	男	2016.4—	党委委员	—
工会主席	陈永杰	男	2002.5—2006.11	—	2011.6 退休
	张纯宏	男	2007.9—	党委委员	2011 年 6 月任党委委员
纪委书记	马胜利	男	2007.12—2011.2	党委委员	调离
	耿振强	男	2011.12—2016.12	党委委员	调离
	马　磊	男	2020.3—	党委委员	—

附　记

穿军装的老处长

杨增旗　曹玉庆

杨彦才处长身高一米八，身形偏瘦，虽然已从军队转业多年，但他长年穿着军装，并且一直保持着军人的风姿气度和优良作风，步伐矫健，身姿挺拔，两眼炯炯有神，性格果敢、坚毅，做事谋定而后动，执行力强。对待工作坚持原则、一丝不苟，对待同事亲和友善、事无巨细，是深受同事们尊敬和爱戴的好领导。

在招待处人民路址建设过程中，他事事亲力亲为，厉行节约。建筑设计环节，他在招待处内部组建设计团队并亲自参与，完成了两座客房楼、大礼堂、大餐厅、小餐厅、职工家属楼和宿舍楼的建筑施工设计工作，顺利通过了建筑施工设计管理部门的审核，节省了可观的设计费。材料采购环节，在当时物资价格双轨制的时代背景下，他通过战友私人关系，均按平价采购钢材、水泥、木材、砂石料等建筑材料，节约了大笔的采购资金。在施工监理环节，他非常关注工程建设的施工进度和建筑质量，经常去施工现场调研，同施工方沟通协调，确保整个建设工程如期高质量完工。

他带领干部职工积极参加劳动，为大家谋福利。在当时的计划经济时代，物资匮乏，衣食住行条件很差。建设完工后的几年间，院内还有部分暂时闲置的土地，为充分利用土地，杨处长带领干部职工在闲暇时间种麦，按农时除草、施肥、灌溉，到麦熟时统一收割并磨成面粉，一部分交给厨房作为原材料，另一部分用于职工福利，此外利用厨房的泔水养猪，增收节支，既提升了单位经营效益，又大大改善了职工生活状况。

他善于倾听职工心声，关爱职工生活。杨处长坚持职工利益无小事，非常关心单身职工的个人问题，经他牵线搭桥介绍，有好几对都组建了幸福的小家庭。在当时物资供给制的年代，物资紧缺，买什么东西都要购物票，招待处的职工及其子女婚嫁时，他总是想尽办法，通过个人关系搞来各种购物票，帮助职工购买结婚所需的紧缺物资，真正做到心中有群众，真心办实事，与职工群众毫无距离感，深受干部职工尊重和信赖。

杨彦才对待工作纪律严明、原则性强、兢兢业业，将军人特有的精神延续、发扬，被大家亲切地称为“穿军装的老处长”。

（作者：杨增旗　衡水市税务局
曹玉庆　迎宾馆党务办公室）

第三章　组织建设

招待处自成立以来，始终高度重视基层党组织建设。建处之初，党组织实行党支部建制。随着党员人数逐年增加，1997年成立党总支，下设4个党支部。2022年，党委下设10个党支部。中国共产党招待处党组织在不同的历史发展时期，充分发挥战斗堡垒作用及党员的先锋模范作用。工青妇组织从无到有，紧紧团结在党组织周围开展工作，围绕中心服务大局，推动形成了处党委统一领导、各部门齐抓共管的良好格局。

第一节　党的基层组织建设

招待处1962年成立伊始，便成立招待处党支部。随着领导机构的变化，党支部不断调整，党的组织不断健全。

党支部班子建设

中共招待处党支部1962年7月建立，党支部书记由上级党委委派。党支部1966年停顿，1971年7月恢复。1984年8月，党支部进行调整，支部书记由1名副处长担任，另设支部副书记1名，支部委员3名。1992年10月，党支部进行换届，选举党支部书记1名、副书记2名、委员4名。随着招待处党员的逐年增加，1997年6月，党支部改设为党总支，设党总支书记1名、副书记2名、委员4名，下设4个党支部，各党支部均设书记1名、委员2名。1998年10月，撤党组设党委。2002年取消党总支，各支部在党委的直接领导下开展工作。2002年8月，增加由离退休党员和内退党员组成的第五党支部。2004年3月，增加以迎宾生态园党员为主的第六党支部。2015年7月，各党支部完成换届，增加第七、第八、第九党支部。2018年9月，党支部完成换届选举，选举产生新一届支部班子。2018年10月，增设由衡水天隆保安押运有限公司党员组成的第十党支部。2021年11月，10个党支部均完成换届选举。招待处党支部在60年的发展历程中，班子配备齐全，组织有力，充分发挥了党组织的战斗堡垒作用。

党员队伍建设

招待处党支部自成立之初，就非常重视党组织的发展壮大，在基层员工和青年积极分子中发展党员，在工作实践中磨炼员工意志，增强员工信念，培养造就了大批的优秀积极分子，使他们一步步向党组织靠拢。

招待处建处之初拥有干部职工25人，其中党员6人。2022年6月，共有干部职工554人，其中党员115人，占全体干部职工总数的21%，其中女性党员33人，占党员总人数的29%。在60年发展进程中，党员队伍持续发展壮大，党组织力量不断加强。

在党员发展中，每年组织预备党员及入党积极分子进行入党宣誓，牢记入党初心，纯洁入党动机，真正在思想上入党。1994年，在庆祝建党73周年大会上，9名预备党员进行了入党宣誓仪式。2000年，在庆祝建党79周年大会上，4名预备党员转为正式党员，3名积极分子转为预备党员，并进行了庄严的入党宣誓。2007年，在庆祝建党86周年大会上，有7名新入党的同志上台进行入党宣誓。2019年，在庆祝中国共产党成立98周年大会上，有5名预备党员和新入党党员进行入党宣誓。通过入党宣誓，强化党员身份意识，加深对党的宗旨和目标的认识，激发党员荣誉感和自豪感。

第二节　党员活动

招待处党组织始终高度重视党的制度建设，严格执行党的各项规章制度，落实“三会一课”，增强党组织的凝聚力、战斗力。在各个历史时期，开展党员活动，定期组织形式多样的思想教育和社会公益等活动，促进党群关系和谐，增强党员的社会责任感和使命感。

思想教育活动

2001年6月，为庆祝建党80周年，邀请市委研究室负责同志为招待处全体党员上革命传统教育党课。2003年7月，召开庆祝建党82周年党员大会，党委书记为党员上《牢记两个务必》专题党课。是年10月，在全体党员中开展学习“三个代表”重要思想活动。2005年2月，召开保持共产党员先进性教育活动动员会，并印发《市政府招待处党委关于深入开展共产党员先进性教育活动的实施意见》。是年3月，邀请市委讲师团成员，为全体党员作《始终保持共产党员先进性》的教育讲座。7月1日，举办庆祝中国共产党建党84周年党员大会，衡水党校教授为全体党员上党课。

2007年1月9日至4月24日，招待处开展“创新实干、跨越发展”为主题的解放思想大讨论活动。全体党员及广大干部职工迅速投入解放思想大讨论中，通过解放思想、查找差距、制定目标等3个阶段，使全处人员思想进一步解放，为招待处提升发展起到助推作用。

2009年6月，召开建党88周年庆祝大会。全体党员观看电教片《草原丰碑——牛玉儒》。2010年5月，召开基层党组织“创先争优”活动动员大会。2014年1月，成立党的群众路线教育实践活动领导小组。是年2月，邀请市委党校教授为全体党员作《反四风　树形象　密切党群关系》专题辅导。2015年5月，党委书记围绕“三严三实”专题教育，为全体党员上党课。

2016年4月，组织开展“两学一做”学习教育。7月1日，召开中国共产党成立95周年庆祝大会，观看革命教育影片《不能忘却的长征》。2017年4月，启动“四个意识”专题教育，以严肃党内政治生活和强化党内监督为重点，落实全面从严治党各项要求。7月1日，召开庆祝建党96周年大会，诵读毛泽东的《为人民服务》，并集中观看教育影片《张思德》。2018年6月，召开庆祝中国共产党成立97周年党员大会，党委书记为全体党员上党课，并观看电影《建党伟业》。

2019年6月，开展庆祝中国共产党成立98周年活动，党委书记为全体党员上《不忘初心、牢记使命，做忠诚干净担当的合格党员》专题党课。9月，召开“不忘初心、牢记使命”主题教育动员部署会议，印发《市政府招待处关于开展“不忘初心、牢记使命”主题教育的实施意见》。2021年“七一”前夕，党委书记带领全体党员重温入党誓词，共同观看革命教育影片《中国1949》。8月6日，党委书记作《学好百年党史　凝聚奋进力量》主题宣讲。

社会公益活动

1998年9月，组织全体员工向洪水灾

区人民献爱心，捐款6000元。10月27日，开展“读书兴农，捐赠图书”活动，为武强县皇甫村捐赠图书1500册，价值7000元。2001年4月，与市总工会共同举办衡水知名劳模迎“五一”联谊会，9名衡水市知名劳模参加，招待处为每一位劳模颁发贵宾卡。2006年9月，组织管理人员为贫困大学生家庭“捐资助学”3300元。2007年2月、2008年1月，到帮扶村——武邑县紫塔乡西王孟村5户生活困难村民家中进行慰问。“5·12”汶川大地震后，全处职工踊跃捐款共计34445元。2009年10月，为帮扶村捐建图书馆，广大干部职工捐赠各类图书近600册。2018年11月、12月，党委书记带队到帮扶村检查工作，深入五保户家中慰问，并与广大村民沟通交流，帮助寻求脱贫致富之路。2018年至2020年，组织党员志愿者开展公益广告制作宣传、小区结对共建访千楼进万家、街道净化、文明交通劝导等志愿服务活动200余次。2021年，随着衡水市全国文明城市创建工作的展开，组织全体党员继续开展形式多样的志愿服务活动，助力衡水市全国文明城市的创建。

其他活动

1990年4月，参加地直机关党委举办的“新时期共产党员形象”演讲会，获得优秀奖。12月27日，3名同志参加地直机关党委首次举办的学吉化知识竞赛。1991年7月，举办庆“七一”文艺晚会，各科室均组织歌颂党歌颂社会主义的大合唱和其他形式的文艺节目。1993年6月，为庆祝中国共产党成立72周年，举办“以处为家”主题演讲会。1994年6月，召开庆祝中国共产党建党73周年大会，举行颂党演讲与文艺演出。1995年6月，组织“双学”（学理论、学党章）知识竞赛。6月30日，举办庆“七一”颂党文艺晚会。1996年6月，组织“七一”颂党歌咏比赛。1998年6月，举办迎“七一”三创四比演讲会即创新学习型班子、创建民主科学型班子、创造务实高效型班子，服务上比践诺、岗位上比技能、工作上比奉献、创文明比文明，12名同志登台演讲。是年，参加市政府机关党委组织的学习邓小平理论知识竞赛，并获得好成绩。1999年6月，举办迎“七一”颂党演唱会。2000年6月，举办迎“七一”党的基础知识智力竞赛，6支代表队参赛。

2001年5月，举办迎“七一”党的知识竞赛。6月18日，参加市直工委举办的衡水市三学党的知识竞赛，招待处代表队获优秀奖，招待处党总支获组织奖。7月1日，举办庆“七一”颂党演唱会。2002年6月29日，举行迎“七一”庆祝建处40周年联欢会。2003年5月1日、17日组织全体干部员工两次开展防治“非典”献爱心活动，捐款16050元。2004年5月20日，开展“儿童慈善一日捐”工程，捐款4100元。2006年6月，为庆祝建党85周年举办以“知荣辱、树新风、促和谐”为主题的演讲比赛，10名同志参加演讲。2008年6月，为庆祝建党87周年，13名选手参加抗震救灾诗歌朗诵会。2009年6月，参加市直工委主办的衡水市直学习实践科学发展观“七一”颂党知识竞赛，招待处代表队进入决赛，并获得第二名的好成绩。2011年6

月，举办建党90周年红歌演唱会。7月1日，召开市政府招待处党委庆祝中国共产党建党90周年全体党员大会，并举行“党旗飘扬、我爱迎宾馆”演讲比赛。2015年7月，举办弘扬白求恩精神主题演讲比赛。

第三节 工会、共青团、妇联组织

20世纪80年代始，招待处建立工会、共青团、妇联组织。自成立始，积极发挥联系群众的桥梁和纽带作用，团结带领广大职工、青年和妇女立足本职工作，积极开展形式多样的活动，有力推动中心工作开展。

组织成立

工会组织 招待处第一届工会委员会1999年10月成立，积极融入招待处发展大局，服务职工，维护职工权益，增强职工凝聚力。

共青团组织 随着青年队伍的逐步壮大，由最初的团支部发展为团委，历届团委始终注重做好青年思想政治引领工作，通过开展形式多样的公益和文体活动，充分调动青年的积极性和创造性，发挥青年职工生力军和突击队作用。

妇联组织 在工青妇群团组织中成立最早，发挥作用突出。团结和动员广大女职工，投身各项工作改革与发展，促进广大女职工全面提高素质，快速成长进步，在保护妇女儿童合法权益方面，发挥了积极的促进作用。

公益活动

献血活动 1997年4月，组织10名青年职工义务献血2000毫升。1998年10月，36名青年职工义务献血7200毫升。2000年2月，组织55名青年职工义务献血11000毫升。2001年7月11日，组织67名团员青年义务献血13400毫升。2002年11月，组织39名青年职工义务献血7800毫升。

义务服务 1985年分两次为武邑县苏正乡大刘庄小学捐赠60套桌椅和2000元现金，取暖煤3吨，并为教师和学生订阅报纸。团员、青年捐款70元，为大刘庄小学学生购买作业本和铅笔、小刀等学习用品。1992年3月，组织团员青年进行修理自行车、焊盆等义务服务。1993年6月，为全处职工14岁以下儿童购买节日礼物。1994年6月，组织妇女服务队到街上为儿童开展医疗、理发等服务项目。1998年9月，组织团员青年捐献特殊团费400元。1999年3月，组织团员青年50人参加学雷锋净化城市活动。3月12日，开展绿色行动，组织团员青年50人义务植树。1999年8月，成立职工之家，为广大职工提供阅读场所。2000年5月，组织广大职工为何丽娜治病捐款1048元，并在《衡水日报》刊登消息。2001年2月，开展畅通工程服务带活动，承包人民路中心街至自强街段隔离带的卫生工作，并参加授旗仪式。2002年3月，组织50人参加团市委举办的植树活动。2006年开展“每季度捐出一元零用钱，4名失学儿童得欢颜”倡议活动，首次捐助615元，以实际行动和点点爱心温暖需要帮助的人。

慰问活动 2001年3月，组织女职工为敬老院孤寡老人理发、医疗等义务服务，并表演文艺节目。2005年3月，组织18人到光荣院慰问演出，《衡水日报晨刊》3月7日第一版为此刊登新闻照片。2006年3月、2007年1月两次参加“恒爱行动——寻找百万爱心父母，为孤残儿童编织爱心毛衣”活动，均获优秀组织奖。2006年11月，组织团员青年为武邑县紫塔乡西王村小学生捐赠学习用品。2007年5月，为帮扶村小学和市内部分小学赠送红领巾1600条。2008年1月11日《衡水晚报》刊登因智障和遗传疾病用四肢着地生活的饶阳“爬行人”报道后，13日组织团员青年购买食品去其家里慰问，并将庭院打扫干净，为其更换新的衣物。

2006年招待处领导为武邑县西王村小学生捐赠学习用品

文娱活动

1989年3月，参加衡水地区妇联举办的首次地直纪念“三八”妇女节法律知识竞赛，获得第二名。1990年3月“三八”国际妇女节，组织女职工开展丰富多彩的文体活动，并参加由地区妇联组织的文艺汇演和体育比赛。1991年3月，舞蹈“青年迪斯科”入选为地直妇联举办的“三八”妇女节联欢会节目。1992年3月，参加地直妇联举办的“巾帼建功”演讲会，获第二名。1993年5月，举办投篮、托盘、拔河等群众性竞技比赛活动。1997年9月，举办“讲文明，树新风”为主题的演讲活动，13名选手参加。是月，组织部分团员青年到革命圣地西柏坡参观学习，接受爱国主义教育。1998年4月，组织团员青年赴深州市观赏桃花。5月4日，召开新团员入团仪式暨表彰大会，13名青年光荣入团，宣布1997年度受上级及招待处团委表彰的团员名单，并举办钓鱼、粘鼻子、套圈、猜谜语等趣味文体活动。5月9日，组织80名青年团员骑自行车赴衡水湖郊游。1998年3月、1999年3月，分别举办庆祝“三八”国际妇女节知识竞赛及趣味活动。

1999 年 3 月举办纪念“三八”国际劳动妇女节游艺会

1999 年 4 月，组织 31 名优秀团员青年代表赴抱犊寨参观。5 月 4 日，举办庆“五四”趣味文体活动暨新团员入团宣誓仪式，12 名青年光荣入团。5 月 16 日，举办衡水市首届青少年文化艺术节，招待处团委承办摄影、书画展，并获优秀组织奖。2000 年 3 月，同市广电局妇委会共同举办庆“三八”趣味文体活动。2001 年 3 月，参加衡水市庆“三八”百万妇女科学健身表演赛，17 个代表队参加比赛，健身舞“大家一起来”荣获第一名。2001 年 6 月，组织团员青年 25 人参加团市委组织的“党在我心中，岗位立新功，向党的 80 周年献礼”活动。2002 年 3 月，举办庆祝“三八”国际妇女节联欢活动。2006 年 3 月，参加市直妇女庆“三八”健身活动，由 36 名女工表演的舞蹈《大长今》获衡水市妇联一等奖。

2006 年 3 月女职工代表在迎宾馆庆“三八”文体表演赛上表演舞蹈《大长今》

2006 年 3 月，组织“庆‘三八’文体活动表演赛”，餐饮部获得一等奖。

2006 年 10 月，组织 51 人方队参加衡水市第一届职工运动会开幕式。11 月，衡水市第一届职工运动会闭幕，招待处获得团体总分第三名、优秀组织奖和最佳方队入场式奖。2008 年 3 月，组织举办“庆‘三八’、迎奥运”拔河比赛，客房部代表队获得第一名。5 月，组织团员青年参加拔河比赛。

2008 年 3 月“庆‘三八’、迎奥运”拔河比赛

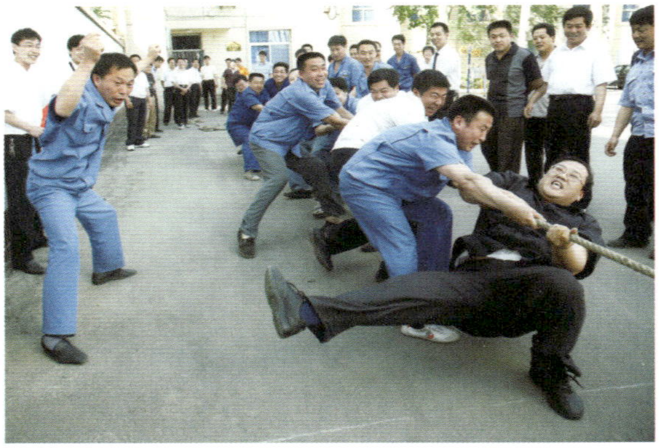

2008 年 5 月举办拔河比赛

2009 年 3 月，举办庆“三八”妇女节 99 周年趣味文体活动，为丰富干部职工文化生活、调动员工积极性营造了氛围。

2009 年 3 月招待处举办庆“三八”妇女节 99 周年趣味文体活动

2010 年 5 月，组织团员青年到户外清理环境卫生，并开展“我为家园做贡献”主题征文活动。2012 年 5 月，参加全市“天玺香颂”杯拔河比赛，荣获第三名。

2021 年 3 月 5 日，组织各部门妇女代表召开“巾帼心向党奋斗新征程”座谈会，并表演舞蹈《最亲的人》。

2022 年 3 月 1 日至 10 日，开展迎“三八”“练内功 展风采”活动，餐饮部的摆台展示制成抖音，起到了示范带头作用。

2021 年 3 月 5 日妇联召开“巾帼心向党奋斗新征程”女工代表座谈会

2022 年 3 月 8 日妇联组织开展迎“三八”“练内功 展风采”技术练兵

基础建设

★ 原址改扩建

★ 人民路址建设

★ 前进街址建设

第二编 基础建设

招待处自建立以来，已三易其址。桃城街原址及新华路址接待用房大部分沿用原有建筑，房屋破旧，条件简陋。随着社会的进步，招待处为满足消费者更高层次需求，不断寻求新的发展契机，两次自建新的营业场所。1974 年选址永红路，按宾馆用房标准先后建造客房楼 3 栋，大小会堂两座，各类餐厅多处，为职工建家属楼及单身宿舍楼数栋。2010 年选址前进南大街，聘请名家设计，按现代商务酒店标准建设装修，形成集住宿、餐饮、会议、休闲、娱乐于一体的综合型精品酒店，成为政务、商务会议及私人聚会的首选之所。

第一章 原址改扩建

招待处在桃城街原址 6 年多时间里，房屋虽遭洪水浸泡破坏，但一直未进行大规模修建。直至 1968 年搬迁到新华路，用房条件才得以改善，并随着接待任务增加，修建大餐厅和职工宿舍，经营用房紧张和职工住房难问题得到解决。

第一节 桃城街原址扩建

桃城街原址，位于桃城街与礼堂街丁字路口，坐东朝西。大门口南侧依次为传达室、宿舍、小餐厅、厨房，北侧为原衡水县商业局 7 排 40 多间平房，作为客房及办公等用房，存放物资的库房和职工宿舍则借用距商业局 200 米远的县针织厂厂房和紧邻的一座兽医站四合院。1962 年 12 月，因工作需要，在厨房北侧建大餐厅、大车库各 1 座，门口以北建小车库 1 座。

1963 年 8 月招待处房屋受到特大洪水侵蚀，已不利于接待工作的正常进行，衡水专员公署研究决定新建招待处所。但因各种原因，此计划终未实施。

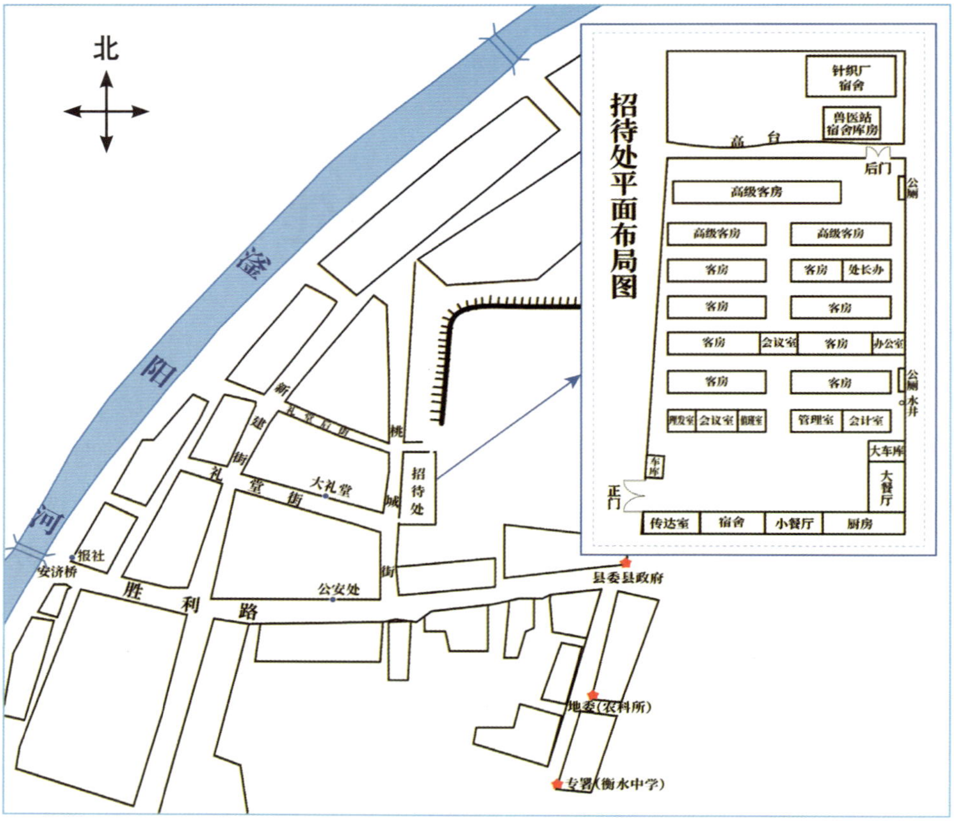

1963 年桃城街址平面示意图

附　记

“六三年抗洪”记忆

耿锦山

1963 年 8 月，百年不遇的洪水来了，很快漫至屋顶。我和几名搬运物资的同事转眼间就被洪水隔开了，此时眼前已是一片汪洋。看着办公住所和来不及搬运的物品瞬间被洪水淹没，我心如刀割，很快和身边的同事投入抢险救人之中。深夜，我划着橡皮艇寻找“高台”上的同事们。天黑、水猛，在汹涌的洪水面前，我清楚自己那点水性根本不值一提，还没来得及考虑自身安全，“救命”声传了过来，来不及多想，我拼命向求救的方向划去，被洪水冲下的东西不断撞击着橡皮艇，看不清对方周围的境况。我不顾一切地划过去，剩下一米左右的距离时，实在无法靠近目标，我毫不犹豫跳入水中，帮助求救者爬上橡皮艇。由于受到惊吓，他们一动也不敢动，身体一直在发抖，嘴里连声道谢。我一边安抚，一边将他们送到安全地方，又继续寻找其他同事。终于，看到“高台”上的同事们安全地站在城墙上，提着的心放了下来。在灾难面前，我们没有退缩，顾不上疲劳，在洪水中继续解救运送群众。天亮了，我又多次划艇捞取空投物资，不顾个人安危一次次跳到深水中捞起食物。洪水稍有回落，大家相互鼓劲，一起用手打捞、刨找被洪水掩埋的物资并刷洗干净，之后又划着橡皮艇将清洗后的被褥等物品，一趟趟运送至高地晾晒，返回时再将晾干的物资运回存储，一干就是3个月，由于风吹日晒和洪水浸泡，我们身上都脱掉了一层“光荣”皮。大家咬紧牙关，克服一切困难不喊疼、不叫苦，齐心协力参与到抗洪中，将招待处财产损失降到了最低限度。

（作者：耿锦山　迎宾馆退休干部）

第二节　新华路址改扩建

1968年9月，搬迁至新华路，初期沿用原有建筑，后根据需要进行改扩建。临街4层办公楼作为接待用房，楼北侧原专署职工食堂，改为可容纳200人就餐的中餐厅，中餐厅以东是小餐厅。院内东侧紧邻榕花街为可容纳四五百人的大礼堂。院内最北侧是锅炉房及部分宿舍。随着接待的人员越来越多，1970年4月在中餐厅西侧建造1座大餐厅。坐北朝南，砖木结构，单层起脊瓦房，面积440 平方米，能容纳300人就餐。

随着接待业务量增大，职工增多，员工住宿成为迫切需要解决的问题。经衡水地区革命委员会生产指挥部批准，1972年10月征用位于新华路南胜利大队（现河西街村）耕地用于建职工宿舍。征地范围北至新华路，东至新开马路中心，南至地革委行政处，西至中心银行宿舍，共计6.851亩，青苗、土地等补偿费共计1963.28元。征地完毕后，于当年建造平房两排，砖混结构，共计19间，其中17平方米的单间14个，34平方米的套间5个。

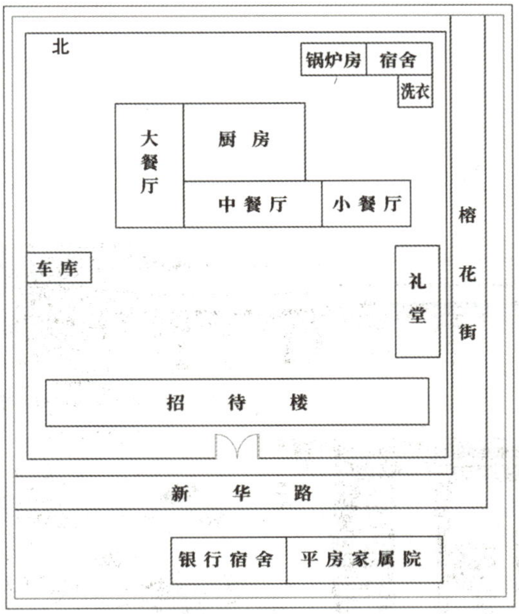

1973年新华路址平面示意图

新华路址门口，招牌为“河北省衡水地区革命委员会招待处”

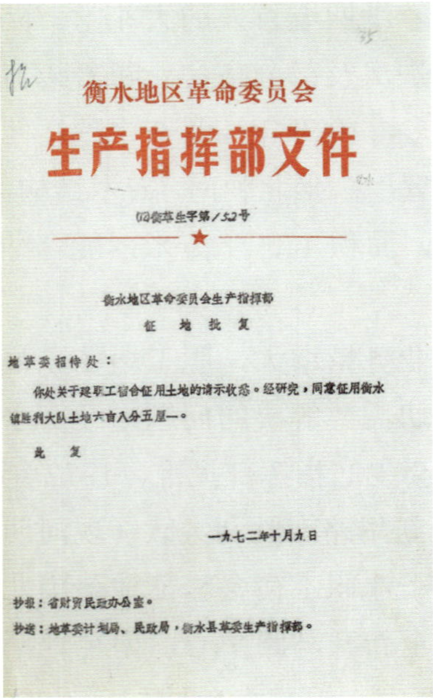
衡水地区革命委员会

生产指挥部文件

(72)衡革生字第152号

衡水地区革命委员会生产指挥部

征 地 批 复

地革委招待处：

你处关于建职工宿舍征用土地的请示收悉。经研究，同意征用衡水镇胜利大队土地六亩八分五厘一。

此 复

一九七二年十月九日

抄报：省财贸民政办公室。

抄送：地革委计划局、民政局，衡水县革委生产指挥部。

1972 年征地批复文件

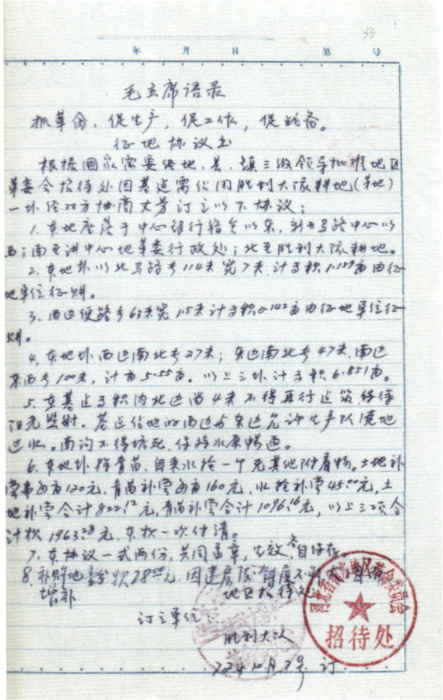
毛主席语录

1972 年征地协议

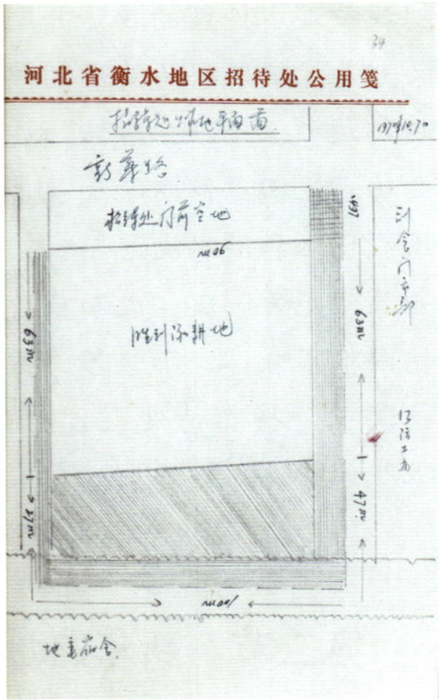
河北省衡水地区招待处公用笺

1972 年征地位置示意草图

第二章　人民路址建设

随着经营规模的扩大，招待处自筹资金在永红路以北新建经营场所，陆续征购谢村大队、胜利大队土地共计 56 亩，先后建造了迎宾楼、大小餐厅、大小礼堂、怡宾楼、贵宾楼等多项建筑，总建筑面积达 3.5 万平方米，并根据市场需求进行多次装修改造。其间外建第二招待所，1981 年撤销。

1992 年人民路址门口

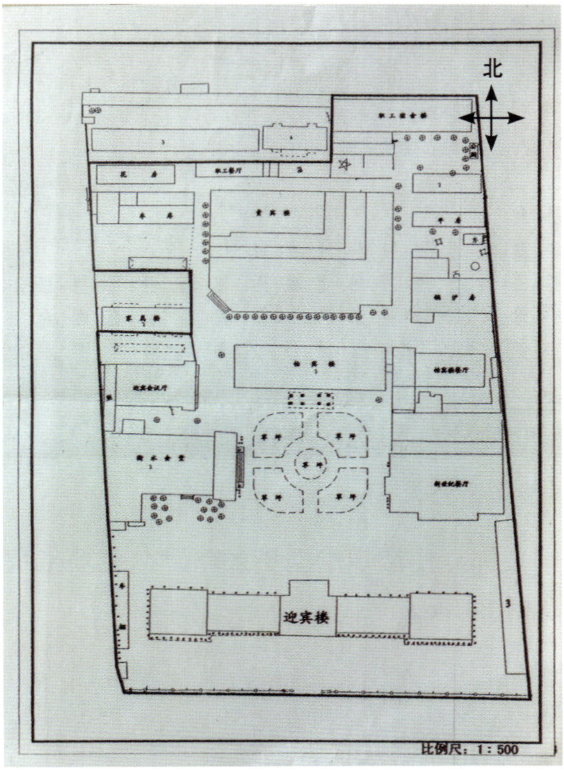

2005 年人民路址平面图

第一节　客　房

招待处在人民路址自 20 世纪 70 年代至 90 年代先后建造了迎宾楼、怡宾楼、贵宾楼，无论是房间布局还是配套设施均逐步提升，总建筑面积 15000 余平方米。

迎宾楼

初建概况　1975 年 3 月征用永红路以北胜利大队耕地 20 亩，用于迎宾楼的建设。由衡水地区革命委员会基本建设局设计，是年 7 月开工，1977 年 7 月竣工投入使用。迎宾楼总建筑面积 6800 平方米，砖混结构，清水砖墙，中间主楼 4 层，东西副楼 3 层，设 10 人至 100 人接待室、会议室 7 个，客房共计 159 间，其中东副楼一、二层带有卫生间的高级客房 22 间，楼房中间、东西两侧均设步行梯，两侧步行梯旁配备公共卫生间、盥洗间。

改造升级　20 世纪 80 年代后期，迎宾楼普通间因无卫生间住客率明显下降。1988 年招待处申请对迎宾楼进行第一次装修改造，经多方筹集资金，将一、二、三层的 133 间普通客房改造为 102 间带有卫生间的客房，并进行装修。56 个房间配备由北京饭店购回的成套设施，1 楼增加医务室和小卖部，迎宾楼改造装修的完成，具备了高规格的接待条件。

随着京九铁路即将开通，衡水电厂发电运营，衡水地域经济建设加快，迎宾楼陈旧、简陋的硬件设施设备，制约了接待水平的提高，1996 年，招待处对迎宾楼进行第二次大规模装修改造。由济南中建建筑设计院设计，衡水市第一建筑工程公司施工，拆除中间主楼部分，变 4 层为 5 层，拆除面积 1200 平方米，改造面积 1916 平方米，新建部分全部为框架结构，实际新增 716 平方米，1 层增添 350 平方米的大堂，前台登记、物品存放等功能得以完善，另增加高档美发室 1 间。主体工程完成后即进行内部装修，更换全部的上下水管道、家具、洁具，楼内墙面粘贴壁纸，窗户由木质改为铝合金，采用宝石蓝玻璃，安装中央空调。同时外墙用灰白色瓷砖贴面，底部用蘑菇石镶嵌。全部工程于 1997 年 7 月完工，被衡水市工程质量监督部门评为优良工程，并通过消防验收。改建后的迎宾楼成为既体现欧式风格又富现代气息的新型建筑，达到了预期效果。

2005年人民路迎宾楼正面全景

怡宾楼

初建概况　怡宾楼于1984年5月13日开工建设，1985年3月25日竣工交付使用，位于迎宾楼的北面，称为后楼。占地1000平方米，建筑面积2800平方米，共3层，砖混结构，清水砖墙，钢质窗户，室内粘贴壁纸。楼内设标准间36间，双间套、三间套各6套。硬件环境较之前有了较大提高。

改造升级　1990年5月8日，招待处对怡宾楼进行装修，由中国建筑第八工程局装饰公司施工。此次装修，硬件设备设施完全按照二星级饭店标准配备，房间增加床头集控柜，增设闭路电视系统、国内国际长途电话，更换彩色电视机、窗式空调机，升级卫生间洁具。墙面安装木墙裙，壁纸贴面，屋顶均做不同风格造型。室内窗更换为铝合金材质，茶色玻璃。改造门厅，变服务室为总服务台。全部工程于当年9月25日完成交付使用。1994年为使怡宾楼外观色彩与新建的贵宾楼协调一致，对怡宾楼外墙面贴瓷面砖。2004年5月由工程部自行施工在怡宾楼楼顶增加彩钢装饰，使楼顶造型更加新颖，此项工程历时20天。

2004年怡宾楼

贵宾楼

20世纪90年代，衡水经济发展迅速，为适应接待的需要，建造一座高标准的现代化接待楼势在必行。经学习考察，按照三星级饭店标准设计的贵宾楼建设施工，为招待处历史上第一栋电梯楼，后经改造升级达到四星级标准。

初建概况　贵宾楼位于怡宾楼北面，由衡水地区建筑设计院设计，衡水地区第一建筑工程公司承建。1993年5月26日奠基开工建设。

1993 年 5 月 26 日贵宾楼奠基仪式

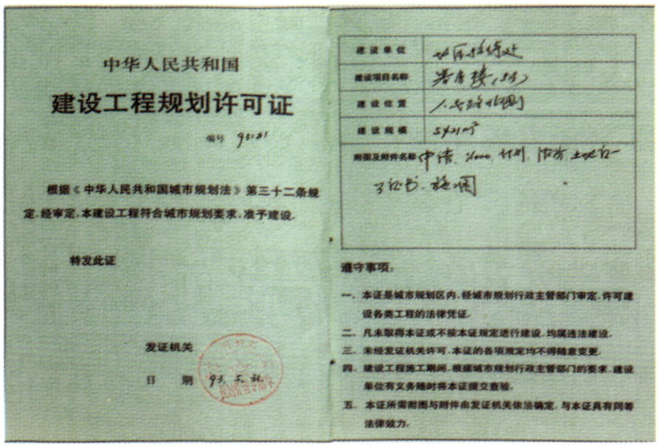

中华人民共和国

建设工程规划许可证

编号

根据《中华人民共和国城市规划法》第三十二条规定，经审定，本建设工程符合城市规划要求，准予建设。

特发此证

发证机关

日　期

建设单位	
建设项目名称	
建设位置	
建设规模	
附图及附件名称	

遵守事项：

一、本证是城市规划区内，经城市规划行政主管部门审定，许可建设各类工程的法律凭证。

二、凡未取得本证或不按本证规定进行建设，均属违法建设。

三、未经发证机关许可，本证的各项规定均不得随意变更。

四、建设工程施工期间，根据城市规划行政主管部门的要求，建设单位有义务随时将本证提交查验。

五、本证所需附图与附件由发证机关依法确定，与本证具有同等法律效力。

1993 年贵宾楼建设工程规划许可证

贵宾楼占地 2700 平方米，主楼 5 层，裙楼 1 层，总建筑面积 5421 平方米，砖混结构，为山庄式仿古建筑。外墙白色霹雳砖贴面，女儿墙用黄色琉璃瓦装饰，内设庭院 500 平方米，建山水亭榭一组。建设过程中，由招待处人员及外聘专业技术人员组成贵宾楼建设项目组，对施工中的每一个环节严格把关，不断完善改进设计、施工方案，使设计更加合理。主体工程完工后由中建八局装饰公司负责内部装修，全楼采用双向供电，独立中央空调系统，安装首部电梯，设施设备先进，功能更加齐全。全部工程于 1994 年 11 月 30 日竣工，经衡水市建筑工程质量监督部门评定，工程各项指标达到地区优质工程标准，1995 年 9 月 16 日贵宾楼挂牌营业。

改造升级　为适应更高要求的接待工作，2001 年 7 月至 11 月间，对贵宾楼进行改造升级。工程由中国建筑第八工程局装饰公司和宁波市江东南洋建材装潢公司石家庄分公司共同完成。按照四星级饭店标准进行装修设计，方案出台后，迎宾馆组织人员赴广州、深圳进行实地考察，同市建委、设计院、施工单位进一步改进施工方案。同时精选业务骨干组成贵宾楼改造装修项目组，采取步步跟进、环环检验的监管机制，确保了装修质量。全楼房间内设中央空调及新风系统，在原有线电视的基础上增设境外卫星电视直播频道，实现国内国际长途电话直拨。装修一新的贵宾楼整体布局更加合理，装饰风格更富有现代气息。

2002 年贵宾楼

第二节　餐　厅

招待处在人民路址共兴建各类餐厅总建筑面积 5000 余平方米，主要包括大餐厅、小餐厅、怡宾楼餐厅、贵宾楼餐厅。并根据实际需求，对各餐厅进行多次改造与升级，圆满完成历次接待工作。

大餐厅（新世纪餐厅）

1975年11月经衡水地区革命委员会生产指挥部批准，再次征用胜利大队土地7亩，是年12月10日开工建设大餐厅。大餐厅位于迎宾楼北侧东面，连同后厨操作间等共占地1500平方米，单层起脊瓦房，砖混结构，清水砖墙，木质门窗，东西长40米，南北由数根钢筋、方木构成的25米大梁支撑，整个用餐大厅一览无余，可同时容纳800人就餐，是全地区最大的无柱式餐厅。

1991年4月对大餐厅操作间进行改造，由衡水地区第二建筑公司施工。改造面积400平方米，冷拼室、过门厅等处地面均为彩色水磨石，准备室、红白案室等均做1.8米高的白瓷砖墙裙。1992年，大餐厅门窗全部由木质改为铝合金，将普通玻璃改换为茶色玻璃，墙壁、顶棚进行了粉刷和油漆，配备了柜式空调。1999年8月21日，再次装修大餐厅，更换所有内饰，安装矿棉吸音板吊顶，高级水晶吊灯，外墙涂刷粉黄色防水涂料，10月1日装修完毕，定名“新世纪餐厅”。2005年11月，对新世纪餐厅屋面瓦、外墙面进行更换和粉刷。同时，院内道路铺设成柏油路面。

2005年新世纪餐厅施工现场

2005年院内铺设柏油路面

怡宾楼餐厅

1984年在大餐厅北侧建小餐厅，面积140平方米，起脊平房。1990年10月怡宾楼东侧建新餐厅，占地325.8平方米。新餐厅与小餐厅相连相通，统称2号楼餐厅。2000年，将2号楼餐厅及附近其他平房拆除建设怡宾楼餐厅，与客房相通，共三层，占地面积743平方米。

第三节　礼　堂

1980年建造大礼堂，可容纳1200人。1988年为解决衡水无适合召开中型会议的场所问题，建造中型会议室一座，称为小礼堂。大小礼堂成为衡水各界大中型会议及演出等活动的主要场所。

大礼堂（衡水会堂）

1980年施工建造大礼堂，坐落于迎宾楼北面西侧，坐西朝东。主体单层起脊瓦房，砖混结构，清水砖墙，前厅部分两层平顶。整个建筑东西长56.98米，南北宽24米，占地1368平方米。厅内主席台南北宽 23 米，纵深 7 米，总面积 161 平方米，台口宽 11 米，高 6 米，南北两侧为音响设备间。主席台下设观众大厅，东西长 31.5 米，南北宽 21 米，总面积 661 平方米，共有 1200 个座位，座椅为铸铁骨架木质面，大厅地面从入口至主席台成 1∶60 的坡度，确保了观看效果。礼堂前厅两侧为服务间和步行梯，二楼为放映厅和观舞厅。1986 年 4 月，在紧邻会堂的西南侧增建礼堂休息室。礼堂休息室为二层小楼，东西宽 13 米，南北长 14 米，共占地 182 平方米。一楼为化妆室及贵宾休息室，与主席台南侧门相通；二楼为医务室。

1996 年 6 月 2 日，对大礼堂进行改造装修，扩大了主席台面积，将观众席座位减少 5 排，调整为 795 个软座位，前三排增设了长条桌。增加吸音板吊顶和灯光音响设备，全部工程于是年 7 月完工，更名为衡水会堂。2005 年对衡水会堂外墙进行了修补粉刷。

2005 年粉刷衡水会堂外墙施工现场

2009 年衡水会堂

小礼堂（迎宾会议厅）

1988 年 8 月建造小礼堂，位于大礼堂北面，坐西朝东。砖混结构，正立面为棕色陶瓷马赛克和红釉纹大理石贴面，其他为清水砖墙，建筑面积 449.16 平方米，可容纳 300 人。整个建筑层高 6.4 米，东西长 28 米，南北前厅部分略宽，为 18 米，厅内宽 15 米。内设吧台与贵宾休息室。1994 年装修改造，增设舞厅灯光和镭射激光声像系统，挂名恒星俱乐部。2004 年 5 月在小礼堂楼顶增加彩钢造型，同时更名为迎宾会议厅。2005 年，在会议厅北侧扩建占地面积 60 平方米贵宾室一座。

2009 年迎宾会议厅

第四节　第二招待所

1977 年 9 月，经衡水地区革命委员会批准，招待处接收位于革命路西头（现和平路与育才街交叉口东北角）的“列车发电”办公楼，成立行政公署招待处第二招待所，简称二所。将列车发电办公楼改造为接待用房，安装采暖、供水等配套设施，同时征用周边前里马大队土地 9 亩，建造餐厅、后厨操作间、锅炉房共计 600 平方米。第二招待处所经营 4 年，于 1981 年 9 月撤销。

第三章　前进街址建设

为适应衡水社会经济文化全面发展，衡水迎宾馆在前进大街重新选址新建。衡水会堂、迎宾楼、儒乡园、惠园、爱莲湾木屋及水街餐饮等建筑群相继竣工投入使用，并逐步完成院内道路铺设、围栏圈置等工程，总建筑面积达3.8万平方米，整体布局日趋完善。

第一节　选址与总体设计

迎宾馆址位于滏阳河西侧，紧邻前进大街。交通便利，距高铁站7公里，衡水湖11公里，处于衡水新市区与老城区的结合地带，条件得天独厚，是建设宾馆最佳之地。经多方考察，建筑设计选择东南大学建筑设计研究院，精装由苏州金螳螂建筑装饰股份有限公司设计，院内景观由北京东方园林环境股份有限公司设计。总建筑群涵盖迎宾楼、儒乡园多功能厅、惠园、衡水会堂四个主要部分。

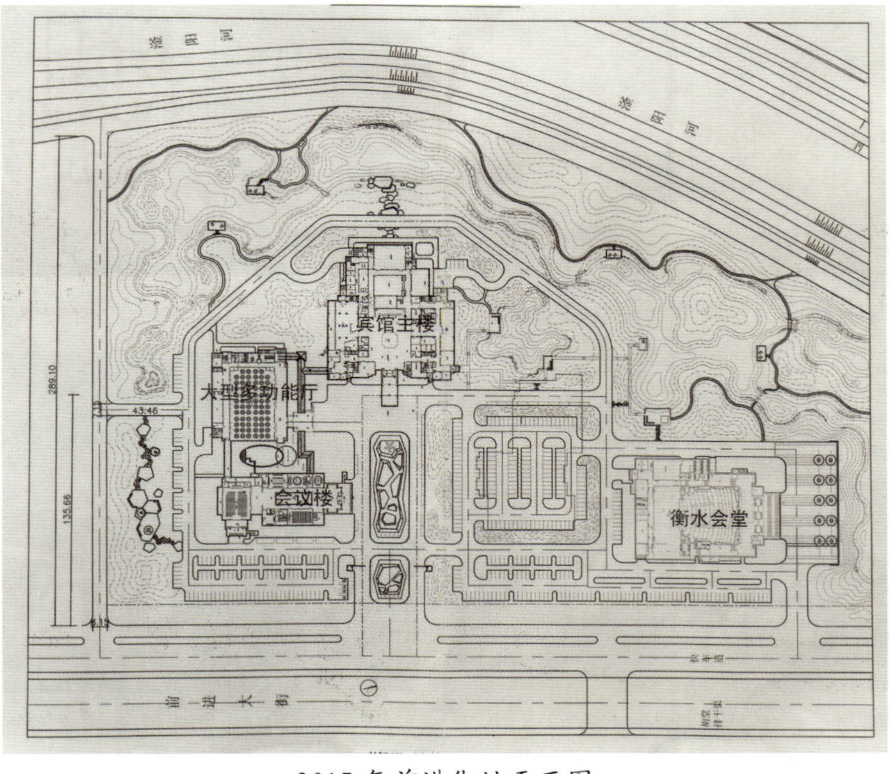

2017年前进街址平面图

第二节　经营场所

前进街址经营场所包括迎宾楼、儒乡园多功能厅、惠园、衡水会堂4大主要建筑。后期，为拓宽经营渠道，相继增建水街、扩建萃园等营业场所。

主要建筑

迎宾楼　儒乡园多功能厅　由中天建设集团有限公司总包，多家公司承建，2011年3月26日开工，2012年11月主体竣工。总建筑面积27714平方米，地上20326平方米，地下一层7388平方米，框架结构。迎宾楼功能区西面五层，东面两层，南北两翼均为七层，全楼共设有客梯五部，消防电梯两部、货梯两部及食梯两部，主体建筑檐口高度28.85米。儒乡园多功能厅为一层构造，主体建筑檐口高度11.95米。内部装修由苏州美瑞德建筑装饰有限公司、浙江中天装饰集团有限公司、石家庄特艺达装饰工程有限公司、深圳市深装总装饰工程工业有限公司共同完成。迎宾楼一层主要包括大堂、堂吧、多功能厅、会议室、萃园自助餐厅和厨房。二层为锦园中餐厅和部分客房，三层及以上全部为客房。儒乡园多功能厅集大型会议、宴会、展销等功能于一体，厅内面积1100平方米，配有60平方米的LED显示屏。

2011年3月迎宾楼、儒乡园多功能厅桩基施工

2012年11月迎宾楼主体竣工

2013年8月26日衡水迎宾馆前进街址投入试运行

2022年3月儒乡园多功能厅

惠园　构架结构，地上二层、地下一层，占地面积1907平方米，总建筑面积4680平方米，地下一层1980平方米，地上一层1760平方米，二层940平方米，设步行梯3部。外墙为3厘米厚花岗岩幕墙，内衬10厘米岩棉保温层，内外墙用20厘米加气混凝土砌成，檐口最高10.4米。前厅部分330平方米，中间庭院150平方米，一、二层设各种规格的多功能会议室共计11个，面积50平方米至325平方米不等。

2022年惠园

衡水会堂　2011年3月30日由河北兴奥建筑安装工程有限公司开工建设。占地面积3866平方米，总建筑面积5336平方米，地下645平方米，地上4691平方米，主体1层（局部3层），建筑高度22米，抗震设防烈度7度，地下室抗渗等级P6级，外墙由干挂花岗岩幕墙和通透落地玻璃组成，2012年4月11日主体结构完工。主建筑南侧会堂广场向西通前进大街设独立大门。会堂正南设3个主入口，入口正上方镶“衡水会堂”四个金色大字，入口下方14级花岗岩台阶，台阶两侧放置由人民路址贵宾楼门口移来的两座汉白玉石象。会堂主席台524平方米，台口宽18米，高8.1米，两侧各设封闭楼梯通向耳光室、音箱桥、面光桥等设备间。主席台中间部位是由浙江大丰实业股份有限公司设计制造安装的 173 平方米升降舞台。主席台后面及侧面设会议室、休息室、演职员工作室等。观众厅南北 33.6 米，东西 33.6 米，1130 平方米，设有 918 个软座。整个建筑采用独立中央空调系统，2013 年 2 月 7 日竣工投入使用。

2011 年 7 月衡水会堂桩基施工

2022 年 3 月衡水会堂

拓展经营场所

水街工程　2015 年 3 月在迎宾楼东面羡鱼台南北两侧区域建设宽 4 米，长 70 米，面积 280 平方米的敞开式露天就餐场所。混凝土浇筑底座，槽钢和角钢焊接骨架，上面铺设防腐木板，木板上方沿水系边沿加木质栏杆，是年 7 月 3 日，竣工开业。2016 年 3 月对水街进行扩建，向南延伸 120 余米，总面积达到 750 平方米。后加盖木屋一座，用于牛肉汤的烹饪和运营。

2016 年水街远景

水街二期工程建设期间，爱莲湾餐厅开工建造，2016 年 6 月 20 日完工。位于玉蟾桥北侧，临水而建，共五座，总建筑面积 326 平方米，属于水街整体建设的第三期工程。结构类型为框架结构，设计基础形式选用筏板基础，厚度 60 厘米。结构上面为砖墙房屋，木屋架房顶。屋面为不上人现浇油毡瓦坡屋面。其中爱莲湾 9 号采用天然地基，砖混结构。面向水系的一侧为观景玻璃窗。室内装饰为新中式风格结合传统木质元素营造舒缓静怡就餐环境。外墙、临水平台及防护栏杆以防腐木装饰。

2016 年 3 月 30 日爱莲湾餐厅建设

2016 年 3 月 30 日爱莲湾餐厅建设

2016 年 5 月 23 日爱莲湾餐厅建成

2016 年 6 月爱莲湾餐厅建成

2016 年 6 月爱莲湾餐厅建成

2022 年 5 月爱莲湾餐厅

2022 年 5 月爱莲湾餐厅一角

萃园扩建与连廊建设　2021 年 4 月 12 日萃园自助餐厅北侧改扩建。厅内东西长 29 米，南北宽 7 米，延续萃园风格设计装修，安装中央空调、新风、排风系统，增加餐位百余个。厅外北侧、东侧设半围式观景平台，铺设巴劳木地板，周边设置高 1.1 米的玻璃护栏。同期建设惠园与儒乡园多功能厅中间连廊，东西长 21 米，宽 4 米，两侧装断桥铝系统玻璃窗。两项工程均以钢筋混凝土为基，钢结构为骨架，油毡瓦罩顶，花岗岩外墙，与原有建筑浑然一体，12 月 20 日全部竣工。

2021 年萃园扩建

2021 年儒乡园多功能厅与惠园连廊

第三节　道路与围栏

迎宾馆院内道路为外围式布局，既避免各组建筑不同人流、车流之间的交叉，又便于交通联系。主路由前进街直通迎宾楼，上下道由喷泉景观左右分开。围绕主建筑群的环路，宽 7 米，长 1000 米，命名馨园路。2019 年 5 月，院内道路进行大规模提升改造，将原混凝土路面全部铺柏油路面，路牙石由混凝土材质更换为花岗岩条石。铺设完工按照市区道路标准，路面喷绘各类行车、停车标志。

2019 年 5 月院内铺设柏油路面

院内甬路，随形就势，曲径幽深，是联系各个景点、水系的纽带。甬路用人行便道砖或长条青石间隔铺成，各具特色。2020 年 5 月中旬至 6 月初，打通迎宾湖北岸、东岸甬路，铺设人行便道砖，全长 500 余米。

2021 年秋迎宾湖东岸甬路

前进街址开业之初，院落围栏主要在临街西侧，其他区域被灌木、水系与外界隔挡。2017 年 7 月，安装北侧、东侧、南侧 960 米的透视围栏，整体环境更加安全美观。此项工程由工程部施工，历时 100 天。

2022 年透视围栏

环境建设

★ 环境绿化

★ 园林景观

★ 管理与维护

精益求精
追求極致
我們是最美

第三编　环境建设

受场地、环境及物质条件的限制，桃城街、新华路址时期环境建设规模较小。人民路址时，环境建设以绿化为主，具备一定规模。迁入前进街址后，随着接待工作和经营思路的不断发展，环境建设的重要作用日渐显著。衡水迎宾馆对用地进行了合理规划，环境建设用地达到195亩，约占总面积的75%，设计建造各式园景，培育大量绿化植被，逐步形成院落四季有花、处处皆景，人文气息浓厚的环境特色。衡水迎宾馆由此成为宜住宜游的园林式宾馆，展示着绿色环保、舒适文明的美好形象。

第一章　环境绿化

桃城街和新华路址时，绿植种类数量较少。搬至人民路址后，绿化工作以院落特色打造及室内布置为主。迁入前进街址后，绿化设计和布局科学合理，形式随环境而多变。

第一节　庭院式绿化

人民路址时绿化方面的建设初具规模。院内种植培育观赏类树木、绿篱、花卉等多种绿植，并建有假山和金属雕塑与之搭配，环境建设在接待工作中的重要作用日渐显现。

院内绿化

1985年至1990年间，对院内外环境进行过多次绿化、美化，先后种植了杨树、侧柏、桧柏、千头柏、国槐、龙爪槐、塔松、爬山虎、剑麻等多个品种。1988年，被衡水市绿化委员会命名为绿化美化先进单位。

绿植、景观集中在迎宾楼和怡宾楼的中间区域内，怡宾楼前的假山由专业人士设计，以几十块大小不一、形状各异的山石组成，建成于1985年年初，总造价高达3万余元。随后在假山周围建造水池，设置喷泉，饲养观赏鱼类，并在周边自主设计和建造了4组柱灯。1995年，在假山周边的绿地上加装了草坪灯，使假山与周围绿化融为一体，更具观赏性。假山成为当时衡水标志性景观之一，很多宾客在假山前拄照留念。

1997 年，为增强拆墙透绿的整体效果，对迎宾楼和大门区域进行改造，大门加宽改为电动伸缩门，围墙换成铁艺透视墙。院墙内种植成排的冬青，迎宾楼门口两侧种有两棵女贞树，具有很高的观赏和研究价值。1998 年，在怡宾楼前圆形花坛内摆放大型金属雕塑，取名“春韵”。周围种有竹子、野石榴、冬青球、紫叶小波、龙爪槐等高低不同的各种植被，整体环境葱郁茂盛，错落有致。

2005 年怡宾楼楼前绿化

花卉种植

用鲜花布置室内外环境是迎宾馆好的做法。人民路址时，院内西北角建有两个长 25 米，宽 6 米，占地面积 300 平方米，砖混加装玻璃顶结构的大型花房。另外，在小礼堂北侧，开辟近 400 平方米的土地，专门用于种植鲜花。育有各类花草 500 余株，包括一叶兰、虎皮兰、麦冬、吊兰、橡皮树、变叶木、串红、菊花等多个品种，养护工作由经验丰富、培育技术高超的专职花卉管理员负责。1988 年、1989 年两次参加衡水市菊花展，均获集体一等奖。

2007 年迎宾楼二楼鲜花布置

2009 年衡水会堂鲜花布置

第二节　园林式绿化

2013 年，前进街址圆满落成。迎宾馆在各项硬件建设方面的投入力度加大，绿化植被作为主要内容，成为环境建设中的重要环节。经过合理的设计和培育，整体规划呈现出东密西疏的显著特点，东北方向水系附近的各类景观较多，与之搭配的各类植被繁盛，茂密程度也最为突出。

植被规模

根据相关规划，绿化种植工作不断深入，植被面积不断增加，截止到2022年，院内各类树木、绿植、花卉品种达百余个。其中乔木类41种，共3100余棵。地被及绿篱43种，共13000平方米，4800余株。水生植物5种，其中荷花约5000平方米，其余2500余棵。草坪类2种，共21125平方米。国槐近500棵，桃树450棵，法桐270棵，白蜡240棵，白皮松230棵，火炬树150棵，樱花150株，海棠212株，丝棉木130棵，刺槐130棵，木槿500株，凌霄300株，各种类月季4000株，北海道黄杨2800株，冬青3000平方米，另遍植柳树、丁香、杨树、榆树、油松、银杏、合欢、女贞、山楂、柿树、石榴、樱桃、秋葵等，种类多样，不一而足。每当初春吐绿时连翘先花后叶，花开时香气淡雅、满枝金黄，这抹金黄色格外醒目，令人精神一振。更值得一提的是，院内高杆月季的大面积种植在衡水尚属首次，起到了引领示范作用，因其环境美化效果极佳，后由相关部门在全市乃至全省进行推广种植。

2016年6月迎宾馆绿化

2021年9月迎宾馆馨园路旁海棠

2022年3月迎宾湖西南岸连翘

2022年5月迎宾馆惠园东高杆月季

2022年5月迎宾馆爱莲湾餐厅外蔷薇

院内环境

迎宾馆正门位于前进街南段东侧，门口根据不同季节和具体情况摆放立体花坛，南面摆放有一块刻石，上有江泽民总书记题词的馆名，醒目庄严。向里走30米左右，立有三根旗杆，分别为国旗、名酒店组织会旗以及衡水迎宾馆馆旗，旗帜迎风飘扬，展示了昂扬向上的精神面貌。正门两条笔直的进出主干路，直通迎宾主楼，路旁种有高大的法桐树。迎宾楼前建有喷泉景观，四周铺设草坪，并种植高秆月季、樱花树等景观类绿植。主干道北侧惠园及儒乡园多功能厅，周边均有各类绿植环绕，环境优美、绿意盎然。

主干道南侧建有大型停车场，以冬青、沙地柏、扶芳藤为主组成的隔离带将主路和停车场分割开来，隔离带中还种有白皮松、樱花、碧桃、山桃等。停车场规整有序，以冬青、金叶女贞、国槐、白蜡等各类绿植为线划分出多个停车区域，供宾客使用。

衡水会堂位于停车场南侧，宾馆院区的西南方，既相对独立又和整个院区有机相融，四周种有冬青、金叶女贞等灌木，并有高大的法桐、榉树、丝棉木相称，错落有致。会堂西侧种植有国槐、榆树。西南方有一棵合抱不拢的百年老槐，高大挺拔，极具观赏价值，古槐周边栽种了高秆月季以及绚丽、八棱等多个海棠树种。

2022年5月迎宾馆全景航拍

迎宾楼周边区域铺设有草坪，种植有国槐、红叶石楠、高秆女贞、银杏、油松、碧桃、海棠等众多珍贵树种以及各色花卉。区域内建有甬路，蜿蜒悠长，并设置长条座椅，供宾客休闲散步、观赏园景。

院内环绕迎宾楼的道路名为馨园路，道路两侧栽有法桐、刺槐、水蜡、合欢树、丁香、木槿、苦楝、扶芳藤、沙地柏等多种绿植。迎宾湖位于馨园路的外围区域，以东、南、北 3 个方向环绕迎宾楼，周围集中了院内的大部分景观，有水街、荷花群落、湖岛、廊亭、栈桥，并摆放形状各异的刻石，是衡水迎宾馆体现园林式特点的重要区域。迎宾湖周边绿植种类丰富，国槐、火炬树、柳树、丝棉木、刺槐、白蜡等高大树木搭配着冬青、紫穗槐、木槿、丁香等低矮木，并伴有草坪及月季、荷花、菖蒲，千屈菜等各种花卉及水生植物，整体布局合理，与各式景观搭配和谐有序。

观荷港西侧、惠园北侧，即整个园区的西北方区域内地势高低起伏，郁郁葱葱，种有石榴、柿子、构树、五角枫、银杏、白皮松、红栌、黄栌、高秆紫薇、竹子、红枫、紫叶李等多个品种的绿植，还建有凉亭、铺设甬路，供宾客观赏游览。2019 年 11 月，在此区域内修建了“沁园春”花房，花房东西长 16 米，南北宽 9.8 米，总面积 156.8 平方米，建筑结构为砖混、钢构和玻璃相结合，主要用于培育各类花卉，满足环境美化的多种需求。

2021 年 7 月迎宾楼东北侧全景航拍

2021 年 11 月迎宾馆黄昏美景

2017 年 6 月迎宾馆院内环境

2022 年 5 月悠然亭附近的甬路

天井绿化

迎宾楼大堂吧东侧、二层及惠园一层设有大小不一的 3 座天井院落，种植有枫树、小叶黄杨、细秆竹、彩叶花、迎春花、美女樱、红花酢浆草、麦冬、芒草等多种植被，院中建有甬路，绿植空隙处铺设鹅卵石，用作点缀，并放置有藤椅藤桌，供宾客休息、赏景。天井院落干净、整洁、清新，与各主要建筑和谐搭配，起到了扩大、丰富室内空间和净化空气的作用。

2021 年 9 月迎宾楼一楼庭院

2021 年 10 月迎宾楼二楼庭院

2021 年 10 月惠园一楼庭院

第二章　园林景观

衡水迎宾馆搬迁前进街址后，致力于院内景观文化的创建，并将园区命名为“馨园”。同时对各类植物、水系、景观石、栈桥、廊亭、喷泉及功能性园景进行合理规划和兴建，充分显示“园中有景，景中有情”的理念，将悠久的历史和浓厚的文化皆融入园中。一步一美景，四季花常艳，迎宾馆成为展示衡水形象的重要文明窗口。

第一节　水系园景

馆内水系景观包括喷泉景观、迎宾湖、观荷港，与各主体建筑、整体院落搭配构建，使环境更加完整、和谐。

喷泉景观　主体为组合喷泉，是迎宾楼正前方的主要景观之一，被南北向的主路隔开，分为大、小两个区域，大区域长 65 米，宽 23 米，小区域长 27 米，宽 23 米，景观的平均高度 1.3 米，总占地 2116 平方米，共有 4 组。景观主体由花岗石建造而成，是 45 个斜面组成的金字塔式几何体，喷泉水底铺满鹅卵石，水中有碗莲，水下和周边分布着各色景观灯。共有金属喷头 20 个，喷泉全开时，水柱喷涌，池内水波荡漾。

2021 年 9 月喷泉景观航拍

2021 年 10 月喷泉景观

迎宾湖 该湖是园景建设的重点工程，园内的大部分绿化、景观以及功能性项目都是围绕着这池湖水设计建造，它是整个园区内环境建设的关键所在。

迎宾湖占地 48 亩，2014 年 7 月开始蓄引滏阳河水。湖水平均深度 2 米多，引水近 10 万立方米。根据景观特点，设计为系日谭、羡鱼台、爱莲湾 3 个独立区域。羲和桥以南为湖的深水区，取名系日潭，鹅岛、爱鹅桥、赏鹅台、通幽桥等众多景观分布其中，此区域水面宽阔，光照充足，黑天鹅、大雁、斑嘴鸭、鸳鸯等珍贵禽鸟在此栖息嬉戏，繁衍后代。位于湖南端的陶然亭和众多名人题刻，是衡水市区内唯一的石刻群，成为文人墨客的畅游之地。羡鱼台因观锦鲤而得名，由花岗岩铺建而成，位于迎宾湖中段，湖内蓄养了上万尾锦鲤，此区域临水而建，布局紧凑。以羡鱼台为中心，周边分布着水街、福秀岩、玉蟾桥、刻石等各类园景。玉蟾桥以北，地形独特，西至观荷港，犹如一弯新月。因有大量浅水区，白鹳、灰鹤、鹭鸟、骨顶鸡等各种禽鸟常来此觅食栖息。按照园林景观设计，湖内种植了大片荷花，故取名爱莲湾，爱莲湾餐厅亦在此依水而建。

迎宾湖一年四季均是美景，夏季湖面波光粼粼，荷花盛开，天鹅浮水，水下多种鱼类成群嬉戏。冬季水面成冰，白雪皑皑，雾气环绕，湖面与周边环境共同呈现出一派冬日景象。迎宾湖东邻滏阳河，更是成了滏阳河风景带的重要组成部分。和谐有序的湖景，为酒店增添了韵味，让下榻的宾客赞不绝口，流连忘返。

2020 年 1 月迎宾湖冬日雾凇

2021 年 9 月迎宾湖航拍

观荷港　位于迎宾湖西北。2015 年夏季，迎宾馆从保定白洋淀引入 3 个名贵的荷花品种，分别为古代红莲、粉霞、西厢待月，总计 3000 棵，并聘请当地的专业人士到馆内传授种植和培育经验。先后在迎宾湖的西北、东北以及爱莲湾餐厅附近的 3 个水域内进行种植，面积达 1500 平方米。随着时间的推移，荷花按照规律向水系各处自然生长，截止到 2022 年夏季，规模已近 5000 平方米。为了使宾客更直观、更安全地观赏荷花，2016 年 5 月，对迎宾湖西岸进行了修葺，并以花岗石为主要材料新建临水平台，使之和水系中的荷花共同构成独特的观赏景观。

驻足观荷港，静静地观赏成千上万朵漂亮的荷花缓缓绽放，红得像祥云火炬，微风袭来，鼻翼间便充盈着清新淡雅的幽香，就像一幅画，更像一首诗，“接天莲叶无穷碧，映日荷花别样红”。湖中绿叶和粉荷又与水系边上榆树垂柳以及各类景观相互呼应，相得益彰，吸引众多游客驻足观赏，还有摄影和绘画爱好者慕名到此创作。曾有一位游客在游览过观荷港后，引用朱自清《荷塘月色》“叶子和花仿佛在牛乳中洗过一样，又像笼着轻纱的梦”，赞叹迎宾湖中的荷花美景。荷花代表高洁、君子，君子之道贵于诚信，寓意了衡水迎宾馆诚信经营，礼貌待客，同时也象征着全体迎宾馆人宽广博大的胸怀和热情洋溢的精神风貌。

2021 年 7 月迎宾湖荷花

第二节　特色园景

迎宾馆前进街址投入使用后，多次从保定曲阳和安徽灵璧引入大量景观石，摆放在院内，数量达 300 余处，修建各式栈桥、廊亭 10 余处，并请知名人士题词刻字。此外，院内几棵高大的树木极为特殊，具有源远流长的深刻涵义。景观中的每一石、每一木都体现着浓郁的文化气息和精神内涵。

亭台

悠然亭　位于观荷港西侧，六角亭，通体为汉白玉构建，亭高 6 米，飞檐挑角的亭顶，大理石六边亭座，亭内有汉白玉石桌、石凳，此亭由王学明①撰联并题匾，王会讲②书联。“悠然”二字出自魏晋陶渊明《饮酒》其五诗句中，“采菊东篱下，

① 王学明：中国美术家协会会员、中华诗词学会会员、河北省文史馆馆员、衡水市美术家协会名誉主席。

② 王会讲：中国书法家协会会员、民盟河北省美术院理事、衡水市美术家协会理事。

悠然见南山，山气日夕佳，飞鸟相与还”。来悠然亭一坐，顿生一种悠然自得的豁达心情。正所谓“诗酒风华论茗戏鱼待月，琴棋雅兴养神乐水观荷”。

陶然亭　主体为六角凉亭，位于迎宾湖南岸，造型飞檐翘脊，六根红漆大柱格外醒目，蓝、红、绿为主色调，辅以金色、白色，亭体上绘有山水、花鸟、松竹、桃花，亭柱挂有田茂怀先生题刻地抱柱联：“白干半醉赏月揽滏阳，水街漫步观鱼游花港”。

陶然亭前的“陶然”二字由刘精松[1]题写。闲暇之时，坐在陶然亭内小酌几杯，可以像归隐田园的陶渊明一样，陶然自乐，体验诗仙的“我醉君复乐，陶然共忘机”。这里草绿、水清、鱼美；这里幽静、脱俗，愉悦心情。

憩赏亭　主体为四角亭，位于主楼东北部，高6米，飞檐挑角，亭上四周绘以山水花鸟彩色图案，内顶画有梅兰竹菊四君子图，外顶以青灰色仿古瓦装饰，红色的亭柱挂有纪永起先生题写地抱柱联：“憩爱莲湾观百千锦鲤、赏桃李园品十八酒坊”。在此亭闲暇休憩之时，可尽览阳光普照、鸟语花香的馨园美景。

亭前石刻上的“憩赏”二字，由李猛[2]题写。“憩赏”意为休息观赏。清恽敬《分霞岭记》：“玉液亭之左为洞宾仙馆，祀纯阳真人，曰天香室，为憩赏之所”。

赏鹅台　位于迎宾湖东岸，紧邻羲和桥，是专门观赏黑天鹅的木质临水平台。此台长12米，宽8米，四周建有高1.1米的钢化玻璃围栏，简洁明亮。台面由深红色长条木板铺成，台中有两把曲面木椅，供游客休息观赏之用。站在台上，周围的天鹅、湖水、绿植、景观等各色美景可尽收眼底。

观鱼台　此台与爱莲湾餐厅隔湖相望，长10米，宽5米，台面为长条木板铺成，周边以方木建有0.5米高的围栏，台上有木质座椅，供宾客休息观赏。观鱼台整体深红色，远看似迎宾湖畔的一颗红

① 刘精松：中国人民解放军上将军衔、军事家。
② 李　猛：中国书法家协会会员、衡水市书法家协会副主席、民盟衡水美术院院长。

宝石，是休闲赏鱼的绝佳地点。

栈桥

园内的迎宾湖是迎宾馆独具特色的水系景观，与周边其他各类景观和功能区搭配和谐，而连接水系中各功能区域的小桥，也成为自然环境中一道亮丽的风景。其中题词栈桥共有四座，各具特色。

玉蟾桥　主体为石桥，连接水系南、北两岸，长 18 米，宽 2 米。桥面平坦，由大小不一、形状各异的页岩石板砌成，桥两侧衬以巨型石质长方花池，内有太阳花点缀其间，色彩瑰丽悦目，与石桥相映生辉。

“玉蟾桥”桥名由魏海涛[①]题写。玉蟾为中国古代月亮的别称。因为此桥相邻爱莲湾，湾中荷花盛开，与月相伴，同时“玉蟾桥”和“羲和桥”遥遥相望，意为“荷塘月色”与“日月同辉”。

2016 年 6 月，在原有基础上，对玉蟾桥进行修缮、提升，大幅提高了其通行功能，与迎宾湖东岸区域连接，改善了宾馆整体景观布局。

羲和桥　主体为平面木质结构栈桥，桥面铺以木板，桥两侧建有木质护栏，整体以霓虹灯带装饰，桥体颜色以原木黄色为主基调，古朴典雅。

羲和桥于 2016 年 7 月修建，桥长 17 米，宽 2 米，工期历时 2 个月，此桥下的拦水坝具有分级挡水的功能，坝里坝外迎宾湖的水面形成了一米有余的落差。桥名由杜长荣先生[②]题写。中国上古时期汉族神话传说中的太阳神，她是帝俊之妻，生了 10 个太阳。羲和桥位于水街南侧，又因为在园内的东方，中国文化中传承东为上，东方又为太阳升起的地方，同时毗邻系日潭，故取名“羲和桥”。

① 魏海涛：中国书法家协会会员、衡水市书法家协会副主席、衡水市青年书法家协会主席。

② 杜长荣：中国书法家协会会员、中国书协展览中心创作员、衡水市书画院院长、衡水市书协副主席兼秘书长。

爱鹅桥 主体为木质拱形结构栈桥，因珍贵观赏禽类黑天鹅而得名，与南侧陶然亭相呼应。2016 年，对爱鹅桥进行了翻修，桥长 9.8 米，宽 2.9 米，桥基为混凝土构建，桥面以木板铺成，桥两侧建有木质栏杆，宾客站立桥上，可尽情观赏北侧鹅岛独特的景观。成群的黑天鹅游玩戏水，一对对鸳鸯相伴游弋，引无数宾客驻足桥上，用相机画笔等不同方式表达着对大自然的喜爱，流露着对迎宾馆的无限眷恋。

“爱鹅桥”桥名由王学明题写。

通幽桥 主体为木质拱桥，2017 年 10 月，通幽桥修建完成，桥长 13.7 米，宽 2 米，像一道彩虹横跨水系东、西两侧。桥名取自成语“曲径通幽”，由夏金城[①]题写。

站在通幽桥上，凭栏远望，视野开阔，引领着宾客到达他们崇尚、向往的意境，避开世俗的烦扰，使之豁然开朗、烦恼尽释，回转之间，领略个中的真谛与哲理。

刻石

衡水迎宾馆 位于正门南侧。刻石为泰山石，质地坚硬，基调沉稳、凝重、浑厚，上有云状纹理，气派庄严，镌刻有“衡水迎宾馆”五个大字，是馆内最大的一块单体石刻。泰山石以其古朴、苍劲、凝重的格调名扬海内外，在衡水迎宾馆门口热情欢迎八方来宾，开启“下榻衡水，迎宾馆最美”旅程。

馨园 位于主楼南侧，通体为黑灰色，衡水迎宾馆院落雅称“馨园”。“馨园”二字由张文佑[②]题写。

“馨”字，释义为散布很远的香气。指人品德美好高尚，“德艺”兼具。馨园

① 夏金城：国家一级美术师、衡水市书法协会副主席。

② 张文佑：字德辅，中国书法家协会会员、福建泉州市书法家协会常务理事、著名口书书法家。

意指迎宾馆人怀瑾握瑜、爱岗敬业，对待宾客如同家人。来到馨园享受优质服务、感受“家”的温馨。

系日潭　位于迎宾楼正南方向，紧邻迎宾湖，通体灰白相间，上有云状条形纹理。由王学明题写。系日，出自晋·傅玄《九曲歌》:“岁暮景迈群光绝，安得长绳系白日”。引用其中成语“长绳系日”，意为用长绳把太阳拴住，比喻留住时光、享受温暖，也寓意每位嘉宾都能在衡水迎宾馆度过一段温馨美好的时光，留下美好的回忆。

观远　由郝振林[①]题写，位于衡水会堂的东侧。站在观远台上，远处的风景尽收眼中，“观远”因此而得名。闲庭信步于园中，极目远眺，视野开阔，令人豁然开朗。

览胜源　位于衡水会堂东侧，迎宾湖西岸，由陈润璞[②]题写。“览胜”即为观赏美丽的景色之意。站在览胜源内放眼四方，南可一览通幽桥盛景，东可近观迎宾湖岸垂柳依依，远望迎宾湖内对对黑天鹅相濡以沫，北可遥看系日潭船儿随风轻轻摇荡。

曲径通幽　位于衡水会堂东南侧，由孙智勇[③]题写。唐朝常建《题破山寺后禅院》:“曲径通幽处，禅房花木深”。意思是从弯曲的小路通向深远、优美的地方。“曲径通幽”既是对迎宾馆优美风景的描述，也寓意人生之路弯弯曲曲犹如望不到尽头

① 郝振林：中国书法家协会会员、河北省书协楷书委员会委员。

② 陈润璞：笔名润三，一级民间工艺美术家、河北省美术家协会会员。

③ 孙智勇：中国书法家协会会员、衡水市书法家协会副主席。

的小路，但经过一番努力、探寻，终能柳暗花明，见到最美的风光，创造人生的价值。

如意林　由薛根深[①]题写。位于迎宾湖东岸。种有大量的柿子树，藤萝绿植铺满地面，郁郁葱葱。拾级而上，林内高处的健身凉亭配有健身器材、棋盘和桌椅，是休憩娱乐的好去处。当秋天来临，熟透的柿子挂满枝头，染红了如意林的一片天，寓意着到这里的宾客心想事成、“柿柿”如意。

羲和桥　由杜长荣题写，与栈桥题词为同一作者。刻石纹路呈水波状如行云流水，位于羲和桥西入口处，指引游客前往

桥上欣赏碧波荡漾的迎宾湖。

水街　位于迎宾湖中段，街名由王家骥[②]题写。水街是提供独具特色的就餐环境和新鲜可口的美味佳肴之最佳场所，可谓“怡情水街，珍馐尽享”，让每位宾客在此能体验江南水乡的别味风情。“醉翁之意不在酒，在乎山水之间也！”

羡鱼台　晚霞红景观石，位于水街中部馨园路东侧，石体呈现橘红色，上有条网状纹路，线条流畅、起伏有序。由王习三[③]题写，“羡鱼”出自唐朝诗人孟浩然的《望洞庭湖赠张丞相》，“八月湖水平，涵虚混太清。气蒸云梦泽，波撼岳阳城。欲济无舟楫，端居耻圣明。坐观垂钓者，徒有羡鱼情”。“羡鱼台”中放养万余尾锦鲤，供游人观赏，鱼儿无拘无束、欢快戏水。

---

① 薛根深：河北省美术家协会会员、民盟衡水市美术院副院长。

② 王家骥：中国书法协会会员、河北省书法教育家协会常务主席。

③ 王习三：一级美术师、中国工艺美术大师、九三学社衡水市委名誉主委、冀派内画艺术创始人。

宾客观鱼时感受到轻松、舒适、愉悦，就像鱼儿一样畅游在清风绿水之中。

玉蟾桥　由魏海涛题写，玉蟾为中国古代月亮的别称。刻石位于羡鱼台北侧，犹如一轮明月镶嵌在馨园路旁，为宾客游览指引方向。

彩彻馨园　园中共有三块“彩彻馨园”刻石，形态各异，分别由田秀川[1]、陈茂才[2]、刘金凯[3]题写。“彩彻”一词出自唐朝诗人王勃的《滕王阁序》“云销雨霁，彩彻区明”一句，在这里释义为阳光普照。当晨曦的第一缕阳光穿透夜晚升腾的水雾照射在馨园时，便出现了云消雨停、天宇明朗的迷人景观。“彩彻馨园”为“园中园”，园内绿植丛生，花果飘香，是宾客休闲游玩、释放压力、享受阳光的好去处。

邀月　位于爱莲湾5号附近，由王晓冰[4]题写。出自唐代诗人李白的《月下独酌四首》其一：“举杯邀明月，对影成三

① 田秀川：笔名田人，号田野上人，中国书法家协会会员、著名书法家。

② 陈茂才：中国书法家协会会员、河北省书法家协会副主席、河北省书画院院长。

③ 刘金凯：中国书法家协会副主席、河北省书法家协会主席、河北省文史馆馆员。

④ 王晓冰：中国摄影家协会会员、河北省摄影家协会理事。

人”。倘若厌倦了凡世间的纷纷扰扰，独自来到爱莲湾，沉下心来席地而坐，四周有鲜花围绕，手中持一壶美酒、当中悬一轮明月，独斟独饮，任凭思绪飞扬，来一场思想的独舞，不失为人生的一大快事。

爱莲湾 位于馆内东北部，荷花群落东南，是一块黑白相间的石刻，竖形条纹，状若卧虎。由尹海金[①]题写。北宋学者周敦颐著有散文《爱莲说》，文中赞美莲花“出淤泥而不染，濯清涟而不妖”。此段水系正在湾处，且莲荷繁盛，故引用此名。

观荷港 位于馆内北侧，荷花群落西南，掩映在黄栌与红栌之间，通体灰黑色，观荷港石刻中间有自然纹裂，像一只休憩的鹤鸟；此石为由智超[②]题写，因位置便于观赏荷花而得名。

福秀叠岩 取名自王学明藏头诗：福地馨园，秀美湖天。叠翠泛彩，岩聚群贤。简称福秀岩，并由其题写。位于水街东侧粼粼碧波之上，郁郁绿荫之中，由形态各异的巨型山石叠建而成，高出迎宾湖水面六米有余。站在水街隔迎宾湖相望，福秀岩山石错落有致，自两端至中间呈阶梯状，似伸展的双臂，寓意馨园这块灵秀宝地始终以热情昂扬的姿态迎接宾客的到来，为宾客提供观水听风、谈天说地、休闲小憩的绝佳环境！

临池 由李纯锡[③]题写。因毗邻衡水市中国书画博物馆，故取王羲之“临池学书、

① 尹海金：中国工艺美术家协会会员、河北省书法家协会副主席、衡水书法家协会主席。

② 由智超：辽宁省博物馆常务副馆长。

③ 李纯锡：河北省书法协会理事、衡水书法协会副主席。

池水尽黑”的典故，取名“临池”。寓意迎宾馆人的美好寄予，期许大家每行至此，不忘古人精于治学、严谨务实的匠人精神。

滏阳霞光 由马誉炜[①]题写。位于迎宾湖东岸，与滏阳河隔路相望。清晨，第一缕阳光穿越滏阳河面升腾的水雾倾泻而下，被折射成五颜六色的绚丽霞光照耀在迎宾湖畔。傍晚，几只鸟儿映着霞光在迎宾湖湖面飞过，真可谓“落霞与孤鹜齐飞，秋水共长天一色”。日出东方，万道霞光。夕阳西下，千条瑞彩。身处滏阳霞光刻石旁，能够同时欣赏滏阳河与迎宾湖日出日落时霞光散射的美丽景象，寓意迎宾馆前程似锦，其发展的大道上铺满霞光！

儒乡 位于迎宾湖东侧，由马誉峰[②]题写。衡水自古以来文化厚重，素有“大儒之乡”美誉。西汉儒学大师董仲舒、唐代著名经学家孔颖达、边塞诗人高适等先贤巨匠都是衡水人。而衡水迎宾馆又是政治、经济、文化活动中心，院内亭台楼阁林立，刻石奇树绝佳，文化氛围、乡土气息极为浓厚。承“儒乡”一脉，迎宾馆多功能餐厅，餐饮服务公司均用名儒乡园。

行稳致远 位于迎宾湖东岸，水街对面，由马誉辉[③]题写。出自《礼记·表记》《左传》“慎始而敬终，行稳致远”。迎宾馆一路前行，在时代大潮中乘风破浪，在改革开放中发展壮大。对国家的忠诚，对诚信的坚守以及对创新的追求是迎宾馆人一贯的行为准则，也是行得稳，走得远的坚实保证。

① 马誉炜：景县人，陆军少将，中国书法家协会会员，中国作家协会会员。

② 马誉峰：景县人，曾任保定市人民政府市长，第十二届全国人大代表。

③ 马誉辉：景县人，中国书法家协会会员、中国作家协会会员，长期在省直从事文字工作。

贤风送爽　位于爱莲湾餐厅西侧，由张杰[①]题写。贤风，先贤圣贤之风韵。以先贤圣贤之风韵为依托，为迎宾馆的接待环境倾注浓郁鲜明的文化特色，增加宾客独特的文化感受。仿佛沐浴在知识的清风中，倍感清爽怡人。

鸟鸣潭幽　由林飞[②]题写。寓意着迎宾馆环境建设的独特风格，鸟鸣于林，深潭清幽，勾勒出一幅幅绝美的风景画卷。

妙造自然　由张洁民[③]题写。寓意为生机勃勃，精神涌流，稍假人力而臻于自然之妙境。迎宾馆巧妙运用自然环境之美，加以人文特色，而更显现清幽、精美之意。

万木争荣　由宋世奎[④]题写。迎宾馆内各色植物种类繁多，一年四季各有风光，呈现出一幅枝繁叶茂、百花争艳的秀美景色。寓意着迎宾馆事业蒸蒸日上、高歌猛进。

云鹤游天　由康树欣[⑤]题写。蓝天白云，鹤舞九天，形容一种悠然自在、孤高超绝的气象和神态。迎宾馆内的自然环境已臻化境，是为最美。

---

① 张　杰：中国书法家协会会员、衡水市公安局文联主席。

② 林　飞：江苏射阳人，2015 年挂职衡水市副市长。

③ 张洁民：河北省书法家协会会员、衡水市书法家协会副秘书长。

④ 宋世奎：河北省书法家协会会员、河北省作家协会会员、衡水市书法家协会主席团成员。

⑤ 康树欣：中华清风书画协会常务理事、河北省书协会员、河北省监察学会副会长。

翠积清香　由靳梦旭[①]题写。翠者绿也，绿意甚盛，清香之感也。寓意为迎宾馆环境清幽，绿植繁茂，空气中透出清香，使宾客心旷神怡。

抚琴观湖　由郝湛秋[②]题写。观，为心定于一，内观是最古老的禅修之一，感受迎宾湖的秀美，轻抚心弦，内心的平静源于疏淡简朴的热爱，更源于对生活的满足。漫步在湖边，游离于尘世之外，以融贯浩瀚的智慧，感悟天地万物最玄妙的本真，无声无息间便有了舒展、成长。

虎　由田茂怀[③]题写。国人自古就喜欢虎，虎是强壮、威武的象征。代表权威、荣耀、热情与大胆，同时也是吉祥与平安的瑞兽。

清气若兰　由张增良[④]题写。兰若君子，君子气质高洁，如同兰花香气清新幽雅。馨园中人与自然和谐相处，达到天人合一。依奇石湖水之旁，在一草一木之间，培养高尚的情操志趣，感悟生活乐趣，人生真谛。

沁园春　位于馆内西北，由宋国柱[⑤]题写。词牌名，曲牌名。又名“东仙”“寿星明”“洞庭春色”等，古人多以沁园比作皇家园林。迎宾馆育养花草的温室暖房

① 靳梦旭：河北省书法家协会会员、河北省书协篆刻委员会委员、民盟衡水美术院副院长。

② 郝湛秋：中国军事历史学会副会长、中国书法家学会会员、江苏省公益总会名誉会长。

③ 田茂怀：中国美术家协会会员、国家一级美术师、河北省画院特聘画师。

④ 张增良：河北省书法家协会副主席、河北省老年书画研究会副会长、燕赵古风艺术学团顾问。

⑤ 宋国柱：号老神，国家一级美术师、中国民间工艺美术家协会会员、河北省非物质文化传承人。

取名“沁园春”。寓意百花齐放春满园的迎宾馆生机盎然，以真挚的热情，卓越的服务喜迎八方来客。

人杰地灵　由张玉生①题写。出自唐代王勃《滕王阁序》：“人杰地灵，徐孺下陈蕃之榻”。衡水迎宾馆景美、人优、服务佳，其六十年之辉煌并非偶得，是一代代迎宾馆人勤劳务实、默默奉献铸就而成。

风光旖旎　由王会讲题写。出自秦牧《花市》：“人们怎能不热爱这个风光旖旎的南国花市，怎能不从这个盛大的花市享受着生活的温馨呢！”迎宾湖景色柔和美好，道不尽的秀丽动人。花团锦簇，草色青青，馨园处处皆为心灵牧场。

心缘石　因迎宾馆院落名为“馨园”，谐音“心缘”，石头形状酷似心形，犹如人的心脏，石上纹路犹如人的条条心脉，故而得名。此石左下方缺失一角，正是左侧的石头，两者合二为一，又叫“开心快乐石”。寓指下榻衡水迎宾馆的各位宾客开心快乐，与迎宾馆永结“心缘”。

陋室铭方台石　位于迎宾楼东北方园区一块圆形高地上，台座为圆形大理石拼接而成，台石通体呈灰黑色，上有竖状条纹，台面方正平滑，刻有楷书刘禹锡《陋室铭》全文，围台石有4个石墩，上刻有楷书、篆书、金文的铭文。

刻石上的题字均由张进良②手工雕刻而成，轮廓分明，线条流畅，指引着一处处秀美景观，记录下一段段历史印记。

① 张玉生：国家一级美术师、中国美术家协会会员、衡水市美术家协会主席。

② 张进良：河北省书法家协会会员、河北省美术家协会会员。

树木

百年国槐 又名中华槐，位于迎宾楼南侧。院中一棵槐，幸福自然来。此百年老槐植于院中，寓意给迎宾馆人和各方嘉宾带来幸福和美好。

党槐 学名洋槐，别名刺槐，位于迎宾楼东侧。原植于中共衡水市委党校，2015年12月党校搬迁改造，此树移植到衡水迎宾馆。据党校相关人员回忆，在1962年衡水党校成立时，当时的学校领导和第一批参训学员，为感谢党和国家培养，在院内广栽树木，这是其中一棵。自此，这棵槐树便与党校相偎相依，不离不弃，见证了衡水党校半个多世纪的发展与变迁。如今，它就像一名资深老党员，时刻提醒着广大干部职工铭记历史、不忘初心。站在这棵老槐树下，人们不由地肃然起敬、心存感激，立志要像这棵老槐一样，感激党的养育之恩，始终跟党走。

南华古槐 学名洋槐，别名刺槐，位于观荷港东侧。树龄逾百年，树高10余米，原植于滏阳河右岸衡水市桃城区南华村，2016年12月移植到衡水迎宾馆。相传，此树由曾任黎元洪总统顾问、国民军参谋、黄埔军校文秘、原衡水县教育局局长李曾鲁倡议栽种，见证了南华村百余年来的变化与发展，久经风雨、历尽沧桑。正所谓，南华古槐历秋冬，耸天入云傲苍穹；不忘南华栽育恩，犹忆当年浓乡情。

子母槐 学名国槐，又名中华槐，位于衡水会堂西侧。最早植于中共衡水市委党校河东老城区院内，后随党校移植新华路西头，2016年12月迁植衡水迎宾馆。

据传，这棵树是当地一位母亲为了表示对党的爱戴和拥护，带着三岁的儿子栽种，并在树旁告诫儿子：党与我们亲如母子，无论走到哪里，都要牢记党永远是我们伟大的母亲。天遂人愿、树同人心，这棵树就像一对母子一样分叉而生、茁壮生长，“子母槐”便由此得名，寓指党和人民同根生长，情怀深厚。

凌云木 此树为槐树，原植于衡水高新区大麻森乡大善彰小学院内，为20世纪初大善彰村小学师生手植，比邻两株。百余年来，在琅琅读书声中，饮朝露，醉晚霞，与学子们共同成长，渐成参天之状。

2022年夏，学校在其址扩建。衡水迎宾馆聘请园林专家，于七月十日将两株古槐移植于馆内，南北相应，遥遥相望，以矫健新姿恭迎四海宾朋。

附 记

古 槐

郭秀兰

槐树，原产于我国北部，它树干端直，木质坚硬，是民众喜爱的乡土树种。它虽不像垂柳那样温柔，但刚柔相济的品格让人生敬。虽不如桃李那样妖娇，但那朴实的槐果却给我们留下了不尽的受用。当桃红柳绿占尽春光之后，槐树才在枝头绽出嫩叶。那嫩叶细细的，绿绿的，像是镶嵌在枝上的翡翠。它不与百花争艳，在那炎热的夏季绽放出一簇簇小黄花，为人们送上甜美槐香的同时，亦谱写和传颂着源远流长的动人乐章。

槐树有生机旺盛、吉祥平安、健康长寿之寓意，民间更有“门口有槐，年年发财”的说法。衡水迎宾馆对槐树情有独钟，在门口与庭院多处种有树龄已过百年的古槐，亦有出身“名门”的党槐、形如其人的子母槐，饮朝露，醉晚霞，与学子们共同成长的凌云木等，每一棵古槐都有一段传奇的故事。它们葱郁繁茂、生机勃勃，如同迎宾馆的事业如火如荼、欣欣向荣，不仅是园林式绿化的重要组成部分，更是衡水及迎宾馆发展壮大的历史见证！

（作者：郭秀兰 迎宾馆总经理办公室）

金丝小枣树 又名西河红枣树，树龄已逾半百，位于爱莲湾餐厅西侧。原植于滏阳河右岸衡水市桃城区南华村。因南华村拆迁改造，此枣树安所困苦，为免遭伤毁，于2016年8月成功挂果移植到衡水迎宾馆，得到迎宾馆沃土的庇佑与滋养，满树的青涩果子日渐成熟，长成如珠似玑的金丝小枣，映红了爱莲湾的一片天，醉人美景吸引诸多宾客驻足观赏。

银杏树 又名白果树、公孙树，代表着中华民族源远流长的文化，是真善美的代言，此树适应能力强，生长期漫长，被称为“活化石”。迎宾馆院中银杏树数量众多，其中几棵颇有来历。迎宾楼北侧的两棵银杏为一雌一雄，树龄三十余年，原植于衡水市枣强县马屯镇南陈庄村陈广红家，因新农村规划建设，2016年移植到

衡水迎宾馆。伴随着迎宾馆的发展壮大，为八方宾朋带来幸福安康。

衡水会堂东侧的一棵银杏，于2019年11月由深州市兵曹乡大贾村赵小民家移植衡水迎宾馆，为秀美如画的馨园增添了一道美景。它高大挺拔，摇曳生姿，葱郁苍健，气势恢宏，尤其是秋天，一片金黄，令人陶醉。

爱莲湾餐厅对面的迎宾湖东岸上种有两棵饱含深意的银杏，于2021年4月27日由衡水市冀州区退休教师王彦萍家移植衡水迎宾馆，这是她的学生魏英华为表敬重之情所赠。银杏树在精心呵护下茁壮成长，陪伴王老师长达12年的时间。之后王老师因家事欲搬离冀州，衡水学院教师周志强偶然得知此事，便牵线搭桥，将此二树捐赠给迎宾馆。至此，这两棵银杏在更广阔的馨园中快乐成长。

榆树　又名春榆、白榆，位于衡水会堂西侧，为前进街址院内的原栽树木。“榆”谐音“余”，象征富裕，又因榆钱像一串串铜钱，预示着年年有余、财源广进，是吉祥幸福之树。此树经历了前进街址的建设和发展，见证了其从无到有、走向辉煌的成长历程。

法桐　位于衡水会堂东侧，原为衡水迎宾生态园兴建之时栽种。因衡水迎宾生态园列入全市统一规划，此树由生态园“小家”移迁迎宾馆“大家”，傲然挺立于迎宾湖畔，是对衡水迎宾生态园发展历程的浓缩和记忆。

元宝枫　别名平基槭、色树，位于儒乡园多功能厅南侧。西北农林科技大学教授王性炎（被誉为中国元宝枫研发利用第一人）著有《中国元宝枫》，在他的倡议下，元宝枫的栽种数量越来越多，栽种面积也越来越广。“婀娜多姿翠瓶木，仪态万方元宝枫”。元宝枫有招财进宝的美好寓意，预示着迎宾馆的座上宾朋日进斗金、生活富裕；在儒乡园举办婚礼的情侣，婚后生活红红火火，幸福美满。

竹林　位于迎宾楼贵宾入口旁，最初种植于人民路址院内，拆迁时移植到衡湖酒店，2017年回栽前进街址院内。这片代表长寿、坚强和平安

的竹子历经两次迁移仍然茁壮挺拔，它不仅为迎宾馆带来了盎然绿意，也象征着迎宾馆人谦虚、积极向上、百折不挠的精神风貌。

第三节　生态园景

为了充实各式景观，增添园中色彩，迎宾馆引入珍贵观赏动物，使整体环境更加立体生动。

禽类

黑天鹅　为大型游禽，体长 110 ～ 140 厘米，其羽毛黑亮，体态优美。原产于澳洲，是天鹅家族中的重要一员，为世界著名观赏珍禽。迎宾馆先后三次从山东菏泽引入黑天鹅 7 只，利用迎宾湖中的一处湖岛，供其安家繁育，并取名为“鹅岛”，此岛长 45 米，平均宽度 12 米，面积 600 余平方米，北宽南狭，呈葫芦形，岛上建有天鹅栖息的木屋和喂食饮水用的设备，水边还非常贴心地修建了台阶，方便天鹅出入水系。正所谓“一对黑天鹅，双影映清波；相濡以沫情，白头偕老歌”。

雁鹅　系上饶龙潭湖宾馆所赠，为中国鹅灰色品种中的代表类型。体型中等，体质结实，全身羽毛紧贴。头部圆形略方，呈桃形或半球形向上方突出。眼睑为黑色或灰黑色，眼球黑色，虹彩灰蓝色，喙黑色、扁阔，胫、蹼为橘黄色，爪黑色。成年鹅羽毛灰褐色或深褐色，颈的背侧有一条明显的灰褐色羽带，体躯的羽毛从上往下由深渐浅，至腹腿羽皆为银边羽，排列整齐。

迁徙候鸟

新址种类繁多的树木，茂盛的花草，随风摇动的荷叶和亭亭玉立的荷花，已然成了鸟类的乐园。每天不等太阳初起，麻雀、喜鹊、戴胜、黄鹂、啄木鸟、白头鹎、八哥、伯劳、斑鸠等几十种鸟类纷纷登场，万雀争鸣，一方唱罢，一方登场，好不热闹。工程部的员工给小鸟们在高大的树冠上悬挂了几十个木质鸟巢，供它们繁衍生息。此外，经过近些年的观察，每到季节变换之时，家燕、大雁、白鹳、灰鹤、白鹭、斑嘴鸭、绿头鸭、小黑水鸡、翠鸟、中华大尾莺等候鸟和水禽亦飞入迎宾馆，或短暂休整，或繁衍生息。顿时，迎宾馆内生机盎然，充满活力。

白鹭　中型涉禽。小型的白色鹭类，体长52～68厘米，体重0.33～0.54千克。全身白色，脚黑色，趾黄色，成鸟头上有两根饰羽，嘴、颈和脚均甚长。繁殖期枕部着生两根长而软的饰羽，背和前颈亦生长蓑羽。

斑嘴鸭　体大，体长约60厘米。体羽多为暗褐色，头侧有明显淡白色或黄色眉斑；嘴峰黑色，尖端黄色，白色的三级飞羽飞行时甚为明显。斑嘴鸭为鸭类水鸟中的优势物种。

绿头鸭　游禽，大型鸭类。体长47～62厘米，体重大约1千克，外形大小和家鸭相似。雄鸟嘴黄绿色，脚橙黄色，头和颈灰绿色，颈部有一明显的白色领环。上体黑褐色，腰和尾部羽毛呈黑色，两对中央尾羽亦为黑色，且向上卷曲成钩状，外侧尾羽白色。

小黑水鸡　中型游禽，嘴长度适中，鼻孔狭长，头具额甲，后缘圆钝。嘴和额甲色彩鲜艳。翅圆形，体黑褐色，臀部和尾羽毛白色，橘红色腿脚。

附　记

迎宾湖中的黑天鹅

王永康

在迎宾湖波光粼粼的水面上，有几对惹人喜爱的黑天鹅轻盈地浮游着，漆黑发亮的羽毛布满了全身，伸缩自如的长颈佩戴上红红的桂冠，展示着优美的姿态。时而展开翅膀掠过水面，时而仰望高歌，吸引了众多宾客。

黑天鹅系珍贵的观赏动物，管理人员细心陪伴和养护改变了这种高傲禽类的认生习性，它们对迎宾馆产生了浓厚的归属感，在与周边环境和谐共生的同时，与人的互动同样温馨有爱。当游客来到迎宾湖畔时，一对对黑天鹅游到湖边，用亲切、真诚的眼神与游客对视，目光中充满了对游客的友好与依恋。进而会情不自禁地在波光粼粼的湖面翩翩起舞，它们两两相对伸展秀美的脖颈摆成“心”形，调皮地在水中嬉戏，表现出浓情蜜意有，观赏的游客不时发出欢乐的笑声，这时黑天鹅似乎了解人意，主动游近，发出欢叫，喜迎宾客到来。常有摄影和绘画爱好者来此创作，面对镜头和画笔，天鹅甚至会灵性的引颈展翅，翩翩起舞。游人驻足、天鹅展翅、园林风光，宾客在观赏美景的同时，体会到园中人与天鹅和睦共处之美。

黑天鹅优雅畅游，欢叫嬉戏，使得迎宾湖更为美丽多姿，更显生趣盎然，成为衡水迎宾馆一幅灵动美景。

（作者：王永康　迎宾馆工程维修部）

水生动物

锦鲤　迎宾湖碧水涟涟，湖中引进了成群的锦鲤，数量达万余尾，中国自古就有“鲤鱼跳龙门”之说，锦鲤喻人飞黄腾达，官运亨通，人们把锦鲤看作吉祥、幸福的象征。每遇游人驻足，迎宾馆的锦鲤便纷纷浮出水面，九纹龙、大和锦、各类红白锦鲤、黄金鲤争先恐后等待喂食，一时间色彩缤纷、绚丽多姿。

红鳍原鲌　喜欢栖息在水草繁茂的湖泊中，是一种体型较小的经济鱼类。最大个体可达 30 厘米，常见个体多为长 20 厘米，体重 100 克左右。体长而侧扁，头背面平直，头后背部隆起，尾柄短。

秀丽白虾　亦称白米虾。一般体长为 5 厘米，体重为 23 克。主要生活在湖内的敞水区域，白天潜入水底，夜间升到湖水上层，喜光亮。甲壳薄而透明，通体洁白，微带蓝褐或红色点。

迎宾湖水系生态种类多样，湖中还有鲫鱼、鲇鱼、鲢鱼、黑鱼、草鱼、鳖等水生动物，平衡和谐。

2015 年 4 月工作人员播撒鱼苗

第四节　功能性园景

为扩大经营范围，迎宾馆对园内环境进行深入研究，设计建造了水街与爱莲湾餐厅，新建萃园露天平台，并在园区内安装大量景观灯。它们与周边环境紧密融合，形成独特的迎宾接待风格，除了拓展业务，更是一处处靓丽风景。

水街

以羡鱼台为中心的两侧区域是水街的主要场地，南邻羲和桥，北至玉蟾桥，190 米长的木质主体以原木色为基调，加以独特的艺术造型，自然优雅。水街顺沿岸边走势，曲折蜿蜒，半临湖岸、半延水面，犹如一条优美的玉带挂于碧波之上。四周种有槐树、法桐、白蜡、构树、丝棉木等高大树种和丛生的冬青、扶芳藤、水蜡等灌木。水街东岸的福秀岩是由形态各异的巨型山石叠建而成。水面以上高 6 米有余，稳如泰山。倾流而下的福秀岩瀑布，清凉醇厚，水花飞扬。

靓丽的水街被水系和绿植环绕，手扶栏杆便可环顾周边一切。山岩流水，树影婆娑，湖光粼粼，锦鲤游弋，空气清新，如临氧吧。宾客来到此间，既享受美食，又身临美景，实为人生乐事。

2019 年 9 月水街

2021 年 10 月水街航拍

2022 年 5 月水街对面“福秀叠岩”景色

附 记

打造亮丽水街

鹿 磊

迎宾湖环境优美，绿植环绕，各式景观如繁星一般点缀在湖水周围，可谓步步皆美景。为充分利用美景优势，宽阔的迎宾湖岸需要建造一座极具特色的饮食水街，它即充实景观，又可拓展经营。面对即将到来的经营旺季，找外人施工建造，耗时长、投资大，经深入研究讨论，迎宾馆果断决定由本单位的工程维修部承担此艰巨任务。

2015 年 3 月，伴随着初春的凉意，工程建造开始了。作为承担后勤保障工作的工程部员工，他们工作经验丰富、技术水平过硬，面对问题不畏艰险，迎难而上。水街以水泥桩为基础，槽钢、角铁为骨架，防腐木为主要铺设材料，正常搭建不是问题，关键在于湖岸并非直线，它蜿蜒曲折，遍布不规则的大小弧度，搭建难度因此陡然而升。工程部员工发挥聪明才智，充分测量、研究场地后，根据实际尺寸在平地上设计和建造骨架模型，将其反复研究调整到严丝合缝，再进行施工搭建。搭建之后，街面木板铺设遇到同样的问题，蜿蜒的弧度造成水街街面两侧长度不等，无法规则地进行铺设。面对这一困难，员工们展现了精湛的木工及切割技艺，在不浪费材料的前提下，将规整的防腐木切割成各种形状，完美的拼接安装在弯曲的骨架上。就这样，复杂的技术难关被严谨务实的工作精神和高超的技能水准逐一攻克，不仅如此，员工还要经历风吹日晒，牺牲休息时间和节假日，工程关键阶段甚至要连续奋战。60 天挥汗如雨的辛勤付出，使结实亮丽的水街，完美展现在众人面前，建造过程中员工的技能水平得以提升，建成后水街经营火爆效益可观。

水街一期投入运营之后，效益和影响远超预期，迎宾馆审时度势，把握机遇，于 2016 年 3 月进行了水街二期扩建工程。任务下达时，工程维修部经理王永康当即立下军令状，保证完成任务。随后，负责建设的维修班组领班刘东起也向部门立下军令状，表示克服一切困难，保证工期和质量。有了一期建设的经验，工程维修部优化了工程方案和人员配备，使得二期工期大幅缩短，提前完成任务。

立足于迎宾湖周边优美的环境，水街在各界宾客的赞扬下，已然成为迎宾馆接待经营的一大特色。它不仅反映了正确的经营理念和优异的产品质量，也彰显了迎宾馆人雷厉风行、踏实肯干的工作作风和优良传统。

（作者：鹿磊 迎宾馆工程维修部）

爱莲湾餐厅

迎宾湖中莲叶浮萍，荷花盛开、娇艳欲滴，其优美的自然环境，吸引着人们流连忘返，驻足称赞。爱莲湾主题餐厅因此而生，成为具备水系景观特色的绝佳项目。餐厅傍水兴建，由 5 座大小不一的木屋组成，与湖水和荷花群落相互映衬，四周种有多种树木，并铺设草坪，东侧是绿植环绕的观鱼台，西侧有蜿蜒的甬路连接着馨园主路，进出便利。

2019 年 7 月爱莲湾餐厅（图中由左至右依次为爱莲湾 5、6、7、8、9 号）

投入使用之后，迎宾馆根据主体轮廓辅以景观灯带作为装饰。夜晚时分，灯光衬映，色彩斑斓。之后又对南侧的玉蟾桥进行了修缮和改造，使之与爱莲湾周边环境更加协调统一。

水街、爱莲湾餐厅与水系、绿植等周边环境有机结合，相辅相成，展现出人与自然完美共生的意境，受到用餐宾客的一致称赞。实现经营收入和社会效益的双丰收，同时进一步印证环境建设在经营链条的重要作用。

2021 年 10 月爱莲湾餐厅航拍

2021 年 10 月水街及周边环境航拍

饮翠岛

2021 年 4 月，对萃园自助餐厅实施扩建的同时又附建了露天平台，取名饮翠岛。饮翠岛与萃园自助餐厅相连，三面环树，与憩赏亭和爱莲湾为邻。春天最馥郁的槐花香和海棠花的红艳让人沉醉，深秋红果伴着银杏一片金黄。大自然与餐厅相融合的开放式环境，增加了萃园自助餐厅多情景就餐体验。身处岛内远可眺望迎宾湖绚丽美景，近可触及绿叶鲜花，餐中手捧美酒，品迎宾佳馔，令宾客如痴如醉，心旷神怡。

2022 年 6 月饮翠岛

景观灯

为发挥前进街址的运营优势，提升馆内环境和整体形象，迎宾馆在各类灯具与景观搭配上进行了精心设计和规划，院内共有各类景观灯 5000 余个，各色护栏管灯、灯带 6600 余米，做到每一处景，每一棵树，每一片草都有景观灯的搭配。在景观灯使用方面，迎宾馆自主设计、安装，迎宾楼、惠园等主要建筑采用暖色调的洗墙灯，用于照亮墙体，楼顶和飞檐上加装冷色调坡面灯和护栏管灯，使其在夜间更加醒目。除路灯外，路边的乔木和灌木中加装射灯，部分区域内的树干上悬挂串灯，草坪上布置草坪灯，这些景观灯用于提高园区整体亮度、美化环境，同时指引行进，增加夜间游览园区时的安全性和舒适度。迎宾楼前的喷泉景观，因其位置重要，用灯种类较多，景观周围安装了投光灯，设置了水下灯，绿植上加装了射灯，使景观色彩艳丽，观赏度极高。水街和爱莲湾是重要的经营场所，在水街靠近水面的主体及南、北两侧的栈桥上加装护栏管灯，爱莲湾木屋平台下方临近水面处安装红蓝灯带，由程序控制循环变色，使这片区域的环境更加绚丽，提升了宾客的用餐体验。此外，还在观荷港、憩赏亭等重点区域加装各类灯具，提升夜间观赏效果。

2021 年 8 月迎宾楼夜景

2021 年 10 月迎宾楼东侧夜景航拍

2021 年 10 月衡水会堂夜景

第三章 管理与维护

专业的环境管护工作，源于不遗余力地投入以及长期的人员储备和技术积累。设立专职部门，制定专项规章制度，配备专业技术人员，负责绿植养护更新、设施设备维护保养等相关工作，形成运转高效的环境建设长效机制。

第一节 管护队伍

随着经营理念和环境建设的变化发展，管护队伍不断壮大、优化。人民路址时环境建设工作逐步开展，1985 年增设专职岗位，负责花卉养植、花房维护及院内绿植的养护，人员较少，职责单一。2002 年 10 月，设立迎宾花卉中心。2003 年 2 月，设立种植部，负责人民路主址和迎宾生态园的环境管护，以绿植养护为主。2013 年 6 月，种植部并入迎宾花卉中心，其间专业技术人员不断增加，通过系统性培训与实践，管护水平逐步提升。前进街址建成后，绿化面积与各类环境设施增多，管护范围随之加大，相关工作由工程维修部、电管节能部、迎宾花卉中心共同完成。为应对日益繁复的环境管护工作，迎宾馆进行部门优化，经多次变革后相关人员与工作于 2018 年 5 月归属工程维修部。迎宾馆由此形成系统完备的环境管护队伍，日常管护人员 30 余名，职责明确，技术过硬，经验丰富，外聘园林季节工，协助完成相关工作。

第二节 管护工作

环境管护工作由较为单一的绿植养护，逐渐转变为多种类绿化、设施设备的系统性运行与维护。前进街址投入使用后，迎宾馆围绕打造优美环境，下大力度开展管护工作，主要针对馆内绿化、景观、环境相关设施设备进行巡查、保养、检修，完成与环境相关的其他各项工作。

绿化 研究种植区域的绿植结构、土壤成分，维护各种植被的正常生长，监控病虫害发生及意外损伤情况，保持浇水设施完好，根据季节定期修植推草，防寒保暖，对植被进行更新和补种。

设备巡检 结合监控设备对各景观及相关配套实行全面把控，针对设施设备列出问题清单，制定维修方案，坚持养护和维修协同并举。主要工作包括对水街、爱莲湾餐厅主体及外装的保养和维护，对院内各处线路及景观灯进行规划和翻新，保持和完善院内的整体亮化，对栈桥、凉亭等各处景观进行保养和加固。

接待环境布置 环境管护工作与重要接待联系紧密，助力各项任务圆满完成。2019 年 11 月，冀商大会如期举行，为营造良好会议环境，以菊花为主布置院内景观，并在迎宾湖中放置菊花浮床。会前派遣员工赴山东学习考察，随后研究场地、制定方案，将6000盆菊花分为10个部分，分别布置在园内各处。其间根据花色品种，选用不同开放度的菊花，并对其进行了差别化摆放，保证了会议期间菊花景观齐整鲜艳。与此同时，以纯手工的方式将1500个菱形塑料底座拼装连接，做成了9个大小一致的水中浮床，使菊花群落漂浮在迎宾湖中。冀商大会的景观布置，增加了迎宾馆对大型会议的场地规划、绿化使用的相关经验，实现了商务接待与水系景观、绿化植被相结合的突破。

多年以来，环境管护工作细致入微，投入巨大，为良好的接待环境和优质的对客服务提供了坚实保障，使衡水迎宾馆绿色环保、舒适美观、底蕴深厚、真挚热情的美好形象深入人心。

宾馆服务

★ 餐饮服务

★ 前厅服务

★ 客房服务

★ 会议服务

★ 其他服务

精益求精
追求極致

第四编 宾馆服务

衡水迎宾馆成立初期为宾客提供基本的接待服务，功能单一。几经搬迁再建，软硬件逐步完善，增加了会议、宴会、商务、医疗、康乐、美发等综合服务，服务人员专业技能、职业道德、判断应急能力等不断提高，以宾客为尊、换位思考，依托规范服务发展个性化服务，着力打造服务精品，满足宾客多种需求。

第一章 餐饮服务

宾馆餐饮伴随着时代变迁，不断优化硬件设施、提升软件水平，强化服务标准、拓展经营思路，完善经典馆菜、创新特色菜品。工作中着力强化员工培训，在标准化服务中融入个性化、亲情化服务，逐渐打造独具迎宾馆特色的精品服务，在服务质量、菜品品质、经营效益等方面取得很大成效，得到各界宾朋及同行业广泛赞誉。

第一节 餐厅与厨房概况

餐厅与厨房的建筑规模、服务功能、配套设施不断改善扩大。由最初房屋少、面积小的简易场所，逐步发展成为多样化、高端化的特色餐堂，由简陋的厨房用具，迈向先进化、国际化的厨房设备。餐厨硬件的根本性提升，为迎宾馆打造特色餐饮品牌、培养优秀厨师团队提供了坚实基础。

餐厨初建

宾馆建立之初，配备单独的餐厅和厨房。餐厅分为大餐厅和小餐厅两部分，140个餐位、面积300平方米。大餐厅是一间瓦房，容纳100人同时就餐。小餐厅为平房，容纳40人同时就餐。大、小餐厅均实行桌饭制，用餐标准为每人每日6角。厨房称为伙房，灶台是用土坯垒成的抽风灶，主要燃料为焦炭，没有鼓风机。炊事班共有9人，不分白案、红案，有活儿大家一起干。

1965 年炊事班在桃城街招待处院内合影，前排左起依次为方景州、裴凤英、赵体胜、赵明秋、郭喜贵，后排左起依次为邓福三、高满贵、张洪武、张焕章

逐步改善

1968 年 9 月，搬迁至新华路原专署办公楼。餐厅和厨房整体规模及服务功能实现较大提升。餐厅有中餐厅和小餐厅，中餐厅为原衡水专员公署职工食堂，可同时容纳 200 人就餐。小餐厅是各级领导和重要任务的接待场所。1970 年 4 月新建大餐厅，建筑面积 440 平方米，可同时容纳 300 人就餐，是当时衡水最大的餐饮接待服务场所。配套设备和服务功能不断完善，部分餐厅已经使用透明玻璃酒杯，餐具用具显现出新的变化。厨房紧邻大餐厅，是一排平房，设有两大一小 3 个红砖垒砌的灶台，所用燃料由炭改为煤。遇有百人以上的会议任务时，2 个大灶 1 个蒸馒头熬粥，1 个炒菜，承担的工作任务相当繁重。餐具清洗在衡水率先采用开水浸泡的方式进行消毒，由厨房负责，专人保管。

规模化升级

1977 年 7 月，宾馆搬迁至人民路。随着社会经济发展和时代变化，36 年间餐厅和厨房历经多次建设和装修，整体规模空前壮大，配套服务功能日渐完备，逐步发展成为拥有新世纪餐厅、怡宾楼餐厅、贵宾楼餐厅 3 个风格迥异的单体餐厅，总面积逾 4000 平方米，为重要的定点接待服务场所。

1992 年后大餐厅内景

新世纪餐厅　原称大餐厅，于 1977 年建成投入使用，分别在 1992 年、1999 年、2009 年 3 次进行改造装修，建筑面积 1500 平方米，可同时容纳 800 人就餐。新世纪餐厅是当时衡水唯一的无柱式餐厅，单体建筑面积最大，音响灯具、环境装饰、餐具用具等配套设施设备均采用全国领先产品，同时分区域经营零点、粥屋、啤酒屋、自助火锅、大型会议餐。新世纪餐厅超大的空间、先进的设备、特色的菜品、优质的服务，形成了婚宴接待餐饮品牌，牢牢把控在衡水婚宴市场中的领先地位，是当时各界宾客婚宴预订的首选。

2004 年新世纪餐厅接待婚宴外景

2004 年新世纪餐厅内景

怡宾楼餐厅　位于怡宾楼东侧，1985 年 2 月建成投入使用，平房结构。1990 年扩建与怡宾楼客房连通，包含 1 个零点、9 个餐包、1 个可容纳 5 桌的小厅，解决了怡宾楼接待无配套餐饮服务场所的问题。2000 年改建后，一、二楼共有 12 个雅间和 2 个小厅，雅间均以词牌命名，经营中餐；三楼有容纳 10 张长方桌的多功能厅和雅间各 1 个，以零点火锅为主。可同时接待 300 人就餐，同期正式命名为怡宾楼餐厅。改建后的怡宾楼餐厅实现了结构、功能的全面提升，以优雅的就餐环境、独特的文化格调、多样化的餐饮品种，迅速占稳市场，成为亲朋聚会、各种宴请的最佳场所。

2005 年怡宾楼满江红餐厅

2005 年怡宾楼沁园春餐厅

贵宾楼餐厅 1995 年 8 月投入使用，经营面积 500 平方米，可同时容纳 200 人就餐，包含有宴会厅、择膳厅和 7 个雅间。宴会厅可容纳百人左右，是当时衡水政务接待、大型高端商务宴请的首选场所。择膳厅可接待 40 人自助餐或 20 人分餐，主要适用于小型宴请和会议用餐，根据需要可变换为自助餐、零点或宴会等多种形式。雅间包含 10 人台、14 人台、16 人台及 2 桌台等大小餐台，能够满足宾客不同规模就餐需求。贵宾楼餐厅开业之初，实行“分餐制”服务，开启了衡水分餐服务的先河。

1997 年贵宾楼贵宾厅内景

1997 年贵宾楼择膳厅零点形式内景

1997 年贵宾楼宴会厅内景

1997 年贵宾楼宴会厅分餐餐台

厨房　新世纪餐厅厨房于1977年建成投入使用，1985年怡宾楼餐厅厨房投入使用，1999年进行了扩建改造，总面积700平方米。1995年贵宾楼餐厅厨房投入使用，总面积300平方米。主要承担餐厅的菜品制作供应和部分节日食品的加工任务。厨房分为热菜、凉菜、面点、水果间四个单独功能区域。大型蒸箱烤箱、冰柜冰箱、树脂砧板、紫外线消毒灯、排烟系统等设施设备齐全完备，另配备冷库、菜库、酒水库等多个存储区域，为烹制精美饮食和提供优质服务有了硬件保障。

厨房内各类先进设备设施投入使用，功能区划分更加科学细化，卫生干净整洁成为当时宾馆厨房最为显著的标志，先后制定完善各项相关管理制度，推动卫生管理走向制度化和规范化。“木见本色铁见光”是厨房卫生的标准要求，厨师每天上班后和下班前，最为重要的工作就是整理细致卫生，达到相关规范要求后方可上岗操作，厨房卫生管理始终处于衡水的标杆水平。

全方位提升

2013年8月，搬迁至前进大街的迎宾馆，餐厅和厨房实现质的提升，整体规模再次扩大，就餐环境无与伦比，装修装饰高端大气，配套功能齐全完备，硬件环境在河北省位于前列。餐厅由锦园中餐厅、萃园自助餐厅、儒乡园多功能厅、水街4部分组成，均配备独立厨房，总经营面积8000平方米，逐步发展成为高规格的餐饮接待服务场所，跨入全国高端酒店行列。

锦园中餐厅　位于迎宾楼二层，共有大、中、小型各类包间23个，其中以“湖”命名的17个，以“岛”命名的6个，餐位249个，总面积1800平方米。面积最大的是衡湖厅305平方米，可同时接待50人自助或30人分餐，利用建筑顶部坡型结构，增加多层次跌级造型，雍容华贵，两侧为休息区、沿窗中心正对大门为流水纹透空花格，设单独备餐间和独立卫生间。位于迎宾楼一层的冀州厅属于锦园中餐厅，为小型多功能厅，最多可容纳120人同时就餐，既可作为小型会议接待厅也可作为各类宴会用房，灵活多变、功能齐全。锦园中餐厅空间功能布局多元化、装修元素风格多样性，成为衡水市政务接待、商务宴请、家庭聚会等的首选之地。

2016年锦园衡湖厅内景

2016年锦园望湖厅内景

萃园自助餐厅　位于迎宾楼一层，总面积440平方米，餐位130个。餐厅整体设计利用顶面转换层降板形成的空间高差，自然形成区域感，镜面和木饰面组合顶，消除了层高不足形成的压抑感，中心四根结构柱围合成中心岛台，成为餐厅的视觉中心。整体设计风格添加了时尚、现代元素。包含菜品区、明档操作、西点、酒水饮料等功能区域，是衡水最具特色的综合自助就餐场所。2021年宾馆在萃园自助餐厅北侧扩建200平方米，增加餐位百余个，全新的自助餐饮食环境，为各方宾客带来更加完美舒适的就餐体验。

2016年萃园自助餐厅全景

2016年萃园自助餐厅明档

2016年萃园自助餐厅就餐区

儒乡园多功能厅　位于迎宾楼西北侧，厅内面积1060平方米，一层总建筑面积2250平方米，装饰高度9.9米，可同时容纳700人就餐，是全市最大的无柱式多功能厅。舞台配备LED大屏，多组造型各异的水晶灯灯光柔美，营造出舞台空间感和时尚感。整体设计豪华、大气，配备贵宾休息室、化妆室等房间，可满足各种接待需求，是高档喜宴、发布会、酒会、展会及演出活动的理想之所。儒乡园多功能厅自建成投入使用后，以冠绝衡水的独特环境、完善强大的服务功能、特色鲜明的佳肴美馔，迅速成为高端宴会的接待场所。

2018 年儒乡园多功能厅全景

2018 年儒乡园多功能厅餐台

水街　由水街烧烤、爱莲湾餐厅、水街牛肉汤三部分组成。

水街烧烤 2015 年 7 月建成投入使用，依羡鱼台水系建立，为木质栈道，总长度近 200 米，总面积约 700 平方米，餐位 260 个。水街烧烤以清雅温馨的环境、琳琅满目的烧烤品种、营养丰富的菜品、周到细致的服务赢得广泛的赞誉。宾客在此临水而坐，喝啤酒吃烤肉，戏鱼赏荷，已经成为一种新时尚，是衡水市民品食赏景的绝佳去处。

爱莲湾餐厅依傍迎宾湖畔，共有 5 间外墙装修以防腐木装饰为主的餐厅，主要有 12 人台和 16 人台，总面积约 326 平方米，餐位 64 个，以经营特色烧烤涮为主。餐厅临水而建，就餐环境优雅舒适。春夏时节，厅外荷花盛开，锦鲤嬉戏，景色宜人，秋冬时节，围炉夜话，看秋实硕果，赏冬雪皑皑，别有一番风味。

水街牛肉汤位于水街烧烤南侧，与水街烧烤共用餐位。牛肉汤讲究“三美”，即瘦肉、薄饼、原汤。牛肉精选上等黄牛腱，瘦而不柴，熬汤前需将新鲜的牛骨放入冰水中浸泡一天一夜，且间隔一段时间更换一次泡骨的冰水，直至冰水完全清澈见底，方可将骨头下锅，慢火熬制 8 小时，如此熬煮出的牛肉汤洁白如奶，再佐以筋道的薄饼，滋味清香，口感醇厚，令人回味。清晨，喝上一碗醇香的牛肉汤，浓郁的鲜美味，入喉沉心的舒畅感，使人一天精神抖擞，正所谓“清晨一碗牛肉汤，给个神仙都不当”。

2016 年 5 月水街牛肉汤餐饮外景

2016 年 5 月水街烧烤外景

2017 年爱莲湾餐厅内景

2018 年爱莲湾餐厅外景

厨房 由锦园中餐厅厨房、萃园自助餐厅厨房、儒乡园多功能厅厨房、水街烧烤厨房、水街牛肉汤厨房等组成，总面积1700 平方米，是餐饮经营的重要支撑。厨房设施设备全面进行升级，操作功能区独立设置、科学安全，引入基础管理机制推动厨房管理的精益化，为食品安全提供可靠保障。

锦园中餐厅厨房位于迎宾楼二层，面积 285 平方米。萃园自助餐厅厨房位于迎宾楼一层，面积 470 平方米。儒乡园多功能厅厨房分别位于儒乡园多功能厅一层和负一层，面积分别是 220 平方米和 370 平方米，另粗加工厨房 290 平方米。水街烧烤厨房位于迎宾楼东侧，面积 35 平方米。水街牛肉汤厨房位于水街南侧，面积 30 平方米。各个厨房均采用先进的操控设施设备，油烟净化系统和大功率排风设备，有效消除安全隐患，明厨亮灶视频智能管理平台全过程监控各类食品加工传送过程，高温消毒设备确保餐具干净安全，智能化的烤箱蒸箱以及先进灶具设备广泛应用。除热菜、凉菜、面点等传统功能区外，单独设立西餐、海鲜操作加工间、水果间、烤鸭间，另设有专门留样间和留样冰箱，有效保证操作空间和安全性。此外，水街无烟烧烤厨房于 2018 年 5 月安装多台油烟净化器和高效除味设备，净化效果卓越，具有安全防火、油污导流、智能断电等安全保障功能。

厨房管理坚持把食品安全放在首位，加强制度化管理，严格把控采购、储存、加工、出品等各个环节，划分区域专人负责。先后制定完善厨房各岗位卫生标准、烹调加工管理规定、厨房刀具使用管理规定等相关管理制度。同时，宾馆于 2018 年 5 月引入基础管理机制，在厨房中推广应用，表格管理、定位定量、到位检查等先进管理措施的施行，进一步推动厨房管理向高端酒店对标看齐，迈向精益化的管理目标。

2021 年 12 月儒乡园多功能厅厨房内景

2021 年 12 月锦园中餐厅厨房内景

第二节　菜品与营销

在不同的发展阶段，宾馆始终高度重视菜品系列的更新与引进，通过不同方式加强宣传与营销，坚持走在行业前沿，呈现出与时俱进、引领发展的特点。几代餐饮人，始终坚守餐饮事业发展的初心，在菜品菜系的研发中倾注心血和汗水，依托优质的产品和优良的服务，充分发挥餐饮业务在宾馆发展中的龙头带动作用。

重视质量

宾馆成立之初，菜品以解决温饱为主，多为应季菜和常见菜。接待服务主要实行桌饭制或份饭制，桃城街期间标准配置为一菜一汤。根据当时用餐标准，馒头每人每餐只限一个，吃不饱时需用粮票换买窝头，开餐时食堂师傅会带着窝头在餐厅中吆喝：“有要机动[①]的吗？”成为一道别样的时代场景。馒头及窝头的制作非常讲究，馒头只用老面肥发酵，加碱中和酸度。老面肥发酵时间长，很难掌握，全凭厨师的丰富经验，制作出的馒头筋道有嚼劲。窝头虽不及馒头受欢迎，但经宾馆师傅加工的窝头口感极佳，带有丝丝甜味。搬迁至新华路址后，随着时代的发展，就餐标准提高，菜品增加至一荤一素两个热菜，高规格接待中，四菜一汤或八菜一汤开始推行。菜品制作注重食材的分档取料、刀功讲究、火候精准，多采用烧、炖、蒸、熘、爆等烹饪技法，代表菜为红烧鱼、红烧肉、木须肉、滑炒里脊、烧南北等，以色鲜味浓、分量足受到大众欢迎。主食面点以馒头、烙饼、包子、窝头为主，米饭作为主食在新华路期间已经开始供应。桃城街及新华路期间，凭借优质的饭菜质量，经宾客的口口相传，使得宾馆的餐饮产品家喻户晓。宽敞的就餐环境，可口的饭菜，使宾馆成为社会各界向往的就餐场所。

① 机动：在粮食定量供应中，吃不饱可增加主食，添加部分称为机动。

附　记

改革中取消的粮票

20世纪60年代始，招待处客人用餐使用的是国家发行的全国粮票，河北省发行的地方粮票。至1993年粮食票证全部取消。

1993年全国通用粮票

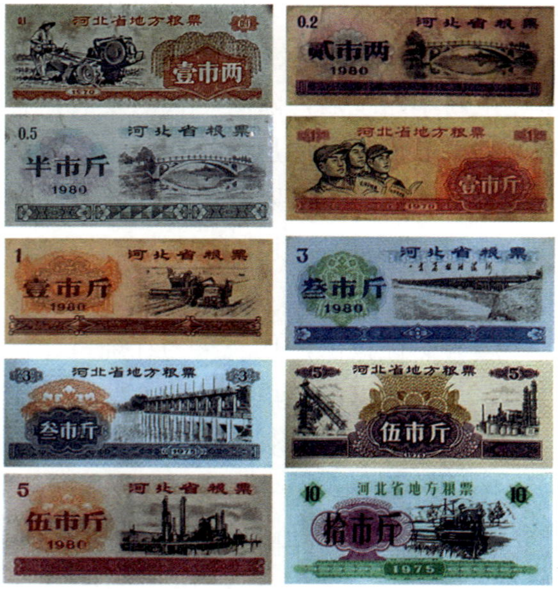

1993年全省通用河北省地方粮票

形成特色

20世纪80年代始，伴随着改革开放，宾馆餐饮业务把创新研发菜品、引入更新菜系作为重点工作，逐步打造形成自身独有的餐饮菜品特色。

菜品发展　在研发、挖掘本地特色菜的基础上，先后引入保定菜、淮扬菜、粤菜等系列菜品，粥屋、自助火锅、自酿啤酒等首创经营项目的成功运行，让宾馆成为全市餐饮业的旗帜。1977年搬迁人民路之初，菜品以鲁菜为基础，不断地研发出更适合当地人口味的菜品，代表菜为黄焖鸡、红烧鲤鱼、木须肉、过油肉、酱牛肉等。

1985年实行承包经营责任制后，菜品不断进行更新，组织人员外出学习，代表菜为火烤冰激凌、沙司牛排、芙蓉鸡脯等。

1995年，贵宾楼餐厅邀请河北名厨王三喜对菜品进行指导，推出保定菜，代表菜为总督豆腐、鸡里蹦、芙蓉干贝、清蒸盘龙鳝等，受到消费者的一致推崇。

1996年，推出粤菜系列菜品，代表菜为鸿运脆皮乳猪、鲍鱼捞饭、广式烧鹅、盐焗鸡、木瓜雪蛤，五彩蛇羹、脆皮乳鸽、叉烧肉、老火靓汤、白切鸡、避风塘炒蟹等，市场反响热烈，成为衡水市首家经营粤菜的宾馆。就餐高峰时60个餐桌300人同时就餐，餐位一座难求，往往还要翻台。

2000年，怡宾楼餐厅主营粤菜。

除菜系的不断丰富外，还推出自助火锅、粥屋、自酿啤酒等新项目，开创衡水餐饮市场先河，使衡水的餐饮文化日益丰富。

1992年10月，开设自助火锅，名为“火锅天地”，成为衡水火锅的独特品牌。1993年，相继开设野味自助火锅和菌类火锅，1996年，聘请名厨专门调制火锅底料、配料、蘸料，深受消费者喜爱，就餐客人络绎不绝，翻台率很高。至2000年，自助火锅取消，营业8年时间，取得了较好的经济和社会效益。

1995 年，开设自助餐，内部称“粥屋”，对外称“养膳斋”，推出具有药膳功能的人参粥、枸杞龙眼粥等 12 种，受到宾客的广泛喜爱和称赞。

1996 年，投资兴建了一条自酿鲜啤酒生产线，率先在衡水市场引入了黑色、红色和黄色啤酒，并在大餐厅东北角的啤酒屋内设置高 2 米、直径 2 米的啤酒罐 4 个，自制鲜啤酒。鲜啤酒味醇正、口感好，受到社会各界一致好评，吸引了众多宾客和啤酒爱好者，他们自带酒具，争相抢购。

附　记

行政公署招待处努力适应对外开放需要

马红莉　赵海营

行政公署招待处努力改善餐饮环境，不断新上餐饮项目，为来宾提供全方位、高质量的餐饮服务，从而更好地适应了对外开放的需要。近年来，我区对外开放步伐加快，接待任务繁重，接待人员增加，然而，在接待过程中餐饮服务不能很好地适应新形势的需要。为全面提高餐饮水平，更好地为我区对外开放和经济建设服务，行政公署招待处投巨资改善餐饮环境，增设欧式餐厅、日式餐厅、中国古式餐厅、现代餐厅以及具有地方文化色彩的餐厅。为使来宾在愉快的气氛中进餐，他们还在各餐厅配备了先进的卡拉 OK 机。在完善高、中、低档餐饮服务的基础上，新上零点餐厅、自助餐厅、重庆鸳鸯火锅城和养膳斋（粥屋）。尤其是养膳斋的推出，受到来宾的广泛喜爱和称赞，更好地满足了广大来宾的饮食需求。

（摘自 1995 年 5 月 13 日《衡水日报》）

主食面点　建处伊始，随着迎宾馆人对饮食制作的日臻完善，面点的制作水平更加丰富多彩，多品种、多口味的主食面点开始走上餐桌。

20 世纪 70 年代，面点食材多选用本地原材料，制作工艺以水调面团、膨松面团为主，面点主食为油条、馒头、花卷、包子、水饺、烙饼、米饭、面条、焖饼等。这时的炊事班分白案和红案，两个班组有明确分工，但蒸制包子或包制饺子的时候还是全员参与，集体作战的时候较多。

进入 80 年代，引进中西式各种点心制作技术，面点品种逐渐增多，在制作工艺上有了一步大的跨越。其中以酥皮类和混酥类的甜咸点心丰富了重要接待任务和宴会点心品种，点心馅心的制作也多样化。这一时期初步形成具备了中西式面点的生产规模。

90 年代，面点品种不断翻新，在做好已有传统面点的同时，开发引进省内外各种风味小吃，这时候的宴会面点呈现出了品种多，风味多。制作手法会熟练使用擀、按、卷、包、切、摊、捏、镶嵌、叠、搓、挤、裱花、模具。成熟方式把蒸、炸、烤、烙、煎、煮、炒、烩、焖等发挥得淋漓尽致。制作的中西式面点及各地风味小吃迅速在衡水占领了餐饮市场，并开始在省内外有了影响力，形成了衡水迎宾馆的特色。

宣传营销活动 为增加经济效益，开展各项宣传营销活动。1998 年 10 月 18 日，大餐厅及所属方园酒店共同举办“优质服务月暨金秋美食节”。是当时衡水市有史以来最大的餐饮宣传促销活动，聘请省内外厨师，烹调大江南北的特色美食，时装模特伴餐助兴，吸引众多宾客就餐消费，日最高就餐量千人以上。此次活动，历时一个半月，规模大、影响力强、经营效果显著，日营业额达到新世纪餐厅开业以来的历史新高。

1998 年 10 月 18 日大餐厅承办首届金秋美食节

1999 年 4 月 25 日，举办首届啤酒节。1999 年 10 月 1 日，装饰一新的大餐厅更名“新世纪餐厅”，与方园酒店共同举办第二届金秋美食节。春秋两次促销活动，充分展现宾馆餐饮规模大、品种全、服务功能完善的优势，以全新的面貌重新占领了市场。

1999 年 4 月 25 日衡水迎宾馆举办首届啤酒节暨美食春月

1999 年 4 月 25 日美食春月作品展台

打造品牌

进入 21 世纪以来，餐饮经营步入蓬勃发展时期，菜品品牌逐步形成，宣传营销活动层出不穷、销售收入快速提升，保持着稳步发展的态势。

菜品发展 进一步提升菜品系列规格与档次，通过自主研发、引进更新等方式，逐步形成以本地菜为主，兼容多家菜系之长的菜品结构，菜品品牌战略取得初步成效。其间，在河北省第三届烹饪大赛总决赛中，推出的“田园农家菜”获得金奖。在“河北省冀菜饮食文化展演大赛”中，“衡湖农家宴”被评定为“河北名宴会”，香椿鱼丝、瓜汁燕菜等九道菜品被评定为“河北名菜”。

2000 年，引进鄂菜菜品，代表菜为沔阳三蒸、红烧鮰鱼、珊瑚鳜鱼、荆沙甲鱼、砂锅鱼糕鱼圆、莲藕排骨汤等。

2002 年，引进谭家菜菜品，代表菜为佛跳墙、黄焖鱼翅、清汤燕窝、谭府一罐香、蒜子裙边、浓汤鱼肚、罗汉上素等。谭家菜火候足，下料狠，讲究原汁原味，口感醇厚，浓香。一经推出就火爆衡水，2005 年 9 月举办的“金秋美食节”将此作为主打菜系推出。之后谭家菜一直是宾馆主打菜品，不断进行提升完善，备受宾客喜爱。

2005 年 6 月，河北省第三届烹饪大赛（团体）总决赛，宾馆制作的展台主题作品“田园农家菜”荣获金奖。

2005 年 6 月河北省第三届烹饪大赛
“田园农家菜”主题展台

2005 年 9 月，新世纪餐厅推出重庆“孖耳朵”火锅。

2006 年 12 月，河北省冀菜饮食文化展演大赛中，宾馆展出的“衡湖农家宴”被组委会评定为“河北名宴”。玉米饼河虾、西红柿熬茄子、黄焖鸡、酥鲤鱼、香椿鱼丝、瓜汁燕菜、大碗牛肉、茴香丸子、炸羊腿九道菜品被评为“河北名菜”。

2006 年 12 月河北省冀菜饮食文化展演
大赛获奖名菜展台

2009 年，引进徽菜菜品，代表菜为秘制臭鳜鱼、清汤双耳、胡适一品锅、蛏干烧肉等。

2009 年 12 月推出秘制臭鳜鱼

2009 年 12 月推出胡适一品锅

2010 年，宾馆派厨师到山东舜和国际酒店或山东舜和商务酒店有限公司学习考察，在借鉴制作工艺的基础上，创新推出葱烧海参、油爆双脆、红烧大虾、一品豆腐、糟溜鱼片等鲁菜名菜。

2011 年，宾馆聘请川菜名厨，推出新派酸菜鱼、宫保鸡丁、水煮肉片、麻婆豆腐、回锅肉、泡椒凤爪、口水鸡、香辣虾、尖椒炒牛肉、板栗烧鸡、辣子鸡等川菜系列菜品。

2012 年 4 月，宾馆派厨师到人民大会堂学习国宴菜品，推出黄焖鱼翅烧海参、国宴鸡豆花、罐焖牛肉等国宴菜品。

主食面点 主食面点更加注重绿色健康、营养均衡，通过开发面点新品种、创新制作工艺，宾馆推出系列主食面点成为餐饮品牌的显著标志。

2000年，宾馆从营养、健康角度出发，改善主食制作工艺，粗粮细作，推出以菜团子、三合面窝头、白玉馒头、小米炉糕为代表的十几个主食品种，得到各方宾客的广泛赞誉。

2001年9月，推出刀削面、拉面、酸辣粉、牛肉罩饼、肉夹馍等多品种特色面食明档现场操作，成为当时风靡一时的时尚潮流。明档操作为餐饮业推行明厨亮灶提供了成功经验和可参考标准。

2003年9月，宾馆参加山西面食节，学习并推出山西拉面、山西一根面、大刀面、刀削面、鲅鱼面等特色面条，深受广大宾客喜爱。

2005年3月，宾馆派厨师到济南微山湖鱼馆学习并推出山东煎饼、微山湖鲜鱼水饺等特色主食。

2006年，宾馆成立包子铺，现蒸现卖小笼包，猪肉大葱、牛肉大葱、羊肉大葱、芹菜馅、黄瓜馅、西红柿馅、韭菜馅、茴香馅等十余种包子，肉馅鲜香油润、素馅清淡适口，一度供不应求，成为广大市民外卖消费的首选产品。

宣传营销活动 各项宣传营销活动的成功举办，更加凸显了在经营创收中的巨大作用，宣传效应和经营效果均取得新的突破。其间每年均举办2次至3次宣传营销活动，圣诞嘉年华是其中规模较大的。同时，儒乡园月饼、新世纪婚宴逐步成为衡水乃至河北的餐饮品牌，成为社会各界、多方宾客的消费首选。

2004年12月24日，新世纪餐厅和贵宾楼餐厅举办圣诞嘉年华活动。自助餐形式，中间穿插精彩的文艺表演，是宣传营销活动再次创新。新颖的宣传形式，精致的各类菜品，精彩的文艺演出，在三天的时间内共吸引千余人就餐，活动开展取得了良好成效。

2004年12月24日迎宾馆圣诞嘉年华活动

婚宴承办 宾馆坚持创新优化菜品结构、强化巩固环境优势、拓展增加服务项目，打造出领跑于衡水、位居河北前列的婚宴品牌。1995年5月1日，新世纪餐厅承办首场婚宴，菜品共包含6个凉菜、12个热菜，每桌价格为298元。自此，开启衡水婚宴接待服务的新篇章，成为衡水最为高端的婚宴接待服务品牌。在20世纪末期和21世纪初期，广大宾客为了在宾馆预订婚宴，往往是先进行婚宴预订，再确定结婚日期，充分反映出宾馆当时婚宴接待的火爆程度。

月饼销售 2005年，餐饮部在副处长王晓冰的带领下，研究制作中秋月饼，并注册儒乡园商标。“儒乡园”系列月饼确定为衡水印象、礼月、小康月三个系列。2006年为适应市场需求，扩大生产规模，在方园酒店建立月饼生产车间，形成流水线作业。添置三层烤炉、气动四联模具、和面机、馅料定量分割机、包装封口机等设备。同时又增加了老月饼生产，精选芝麻、花生仁、瓜子仁、核桃仁、杏仁、碎冰糖、熟面粉等五仁馅料纯手工制作，受到宾客的欢迎。儒乡园系列月饼一经推出即销售火爆，供不应求，迅速占领衡水中秋节消费市场，成为当时中秋节馈赠亲友的最佳礼品。之后，“儒乡园”系列进一步提升品质、增加销量，保持着良好的品牌声誉和销售势头。

2009年衡水迎宾馆系列面食、儒乡园月饼荣获“消费者喜爱的名吃名点”

引领同业

2013年8月，餐饮菜品的打造与宣传步入辉煌发展阶段，“迎宾出品、必是精品”的卓越理念，让精致菜品成为宾馆的招牌和标志，多项在菜品和宣传上的创新举措，吸引众多同行前来学习借鉴，成为衡水市餐饮业发展的引领者和带动者。

菜品发展　在“精益求精、追求极致”企业文化精神的指引下，将工匠精神倾注到菜品研发中，把打造精品作为永恒追求，引入杭帮菜，交流学习国宴菜，推出以衡湖宴为代表的高端宴会，打造位居标杆行列的自助餐，深化提升西餐制作标准，形成了独树一帜、别具特色的菜品品牌，逐步走向全国高端酒店行列。

2013年7月，宾馆派厨师到济南舜耕山庄学习自助餐经营新品种。之后，在萃园自助餐厅推出巴西烤肉、海鲜大咖、刺身、寿司等特色菜品和风味小吃，成为团队会议或家庭团聚的首选。

2013年8月，锦园中餐厅引进杭帮新派创意菜，融合粤菜、川菜、淮扬菜的特点，菜品清爽别致、清淡鲜嫩、保留原汁原味，注重鲜咸合一，讲究造型盘饰。代表菜品有招牌红烧肉、文火牛肉、蟹黄酱烧黄鱼、生焗肉蟹、煲仔捞粉丝、黄焖三宝、红烧鲜牛排等。

2017年7月，宾馆研发推出迎宾宴、儒乡宴、荷乡宴、鱼乡宴等高端宴会品牌，菜品独具特色、餐台布置精美、整体高端大气，经众多全国同行品评，均获高度认可，成为衡水乃至河北名副其实的国宴品牌。

2017 年迎宾馆锦园中餐厅荷乡宴餐台

2020 年 10 月，宾馆推出北京酥不腻烤鸭。酥不腻强调的是“酥”，比脆更细腻，达到入口即化、松而不散。作为婚宴接待的主打菜品，深受广大宾客喜爱。

虾的烹饪技法后，不断钻研创新，为使虾片更为脆嫩，口味更为清爽，结合本地饮食习惯，将主料虾仁换为衡水湖本地特产的新鲜青虾，制作出“迎宾牡丹虾”。盛器方面也进行了大胆的改良，白玉圆盘改良成大型长条盘，让菜品看起来更像是一幅造型古朴大气的国画。菜品置入其中，就如同盛放的牡丹。在盘饰的留白处以箸代笔，以老抽代墨，挥毫配以刘禹锡的千古名句“唯有牡丹真国色，花开时节动京城”。有诗有画，整个菜品便如水墨丹青的富贵牡丹图一般，令人赞不绝口，不忍下箸。食用时辅以调味蘸碟，虾片鲜嫩异常，似在食用晶莹剔透圆润饱满丰盈的牡丹，香气怡人，真是人间四月吐芳香，唯有牡丹盛国宴。

（作者：李强　迎宾馆餐饮部）

附　记

国宴名菜的传承与改良

李　强

2015 年，人民大会堂国宴烹饪大师周强莅临迎宾馆，传授了“牡丹虾片”的制作工艺。这道国宴菜以虾为主食材，按国宴配方腌渍入味，锤砸成片，入锅内汆制定型，围摆成牡丹形状，辅以青瓜、胡萝卜等雕刻成牡丹枝叶，置入白盘中。

烹饪大师周强先生曾道：“国宴是一个国家最高规格的宴会，在国宴的餐桌上，陈列的不仅仅是一道道精致的美食，更是一个国家的国力、文化，风采的展示。大家要认真学，要继承，要发展，更要勇于创新”。招待处厨师在学习继承国宴牡丹

主食面点　主食面点步入全新的提升发展期，品类繁多、口味纯正是最为显著的特色，成为宾馆餐饮品牌打造的重要组成部分。新疆烤包子、保定驴肉火烧、衡水各县市区特色主食、小吃、精致的各式西点、自制酸奶等，让宾客足不出户，便可尽享各地的特色美味主食。

2015 年 8 月，为丰富萃园自助餐厅主食品类，明档现场操作先后推出特色臊子面、油泼面、担担面、酸辣粉、羊肉泡馍等，深受广大消费者喜爱。

2018 年 7 月，推出餐前自制酸奶，精美的瓷罐、独特的口味，迅速成为热销产品，品尝“迎宾馆酸奶”成为一种时尚潮流。9 月，宾馆在参加冀菜崇礼菜品比

赛期间，引进推出纸皮包子，皮薄如纸、馅大鲜香，成为宾馆的经典主食。10 月，引入新疆主食烤包子，口味纯正、香飘四溢，让各方宾客尽享异域的特色美食。

2019 年 11 月，引入提升河北名吃保定驴肉火烧制作工艺，火烧更加酥脆可口，丰富了宾馆的主食品类。

宣传营销活动 以“经营再有飞跃”为指引，围绕创收增效全方位、立体式宣传营销活动广泛开展，取得重大成效。推行全员营销，加强抖音、微信媒介宣传，开展啤酒节、美食节、周年馆庆等主题促销活动，爱莲湾火锅、水街烧烤、水街牛肉汤等特色饮食已经成为衡水餐饮界的天花板，有力推动宾馆对外形象和社会声誉快速提升。

2017 年爱莲湾火锅

2015 年 7 月，推出水街烧烤，开放式露天花园，毗邻湖畔，欣赏着美丽的风景，聆听着优美的萨克斯音乐，品尝着琳琅满目的烧烤，有上乘的小山羊肉、新鲜的时蔬、精心制作的海鲜小炒，烤全羊、烤羊排、烤羊腿、烤鸡翅、烤鱼、多种风味小龙虾、各种烤串，更有品种多样的啤酒饮料、特色凉菜以及美味小吃。水街烧烤以优质的烤品、清雅的环境，迅速成为衡水最好的烧烤场所，日单餐最高就餐人数达到 300 人次。

2015 年 7 月特色羊肉大串

2015 年 7 月麻辣小龙虾

2017 年炭烤猪手

2017 年炭烤牛头肉

自2015年7月起举办“夏日荷塘、激情之夜”消夏啤酒节、“九州啤酒节”“水街烧烤消夏季”等6次啤酒节，齿颊留香的美食，清凉爽口的啤酒，新鲜的荷叶茶，精彩纷呈的演出，在对外宣传和效益提升上均获得良好效果。

2018年衡水迎宾馆第二届荷花节暨第四届九州啤酒节

2019年衡水迎宾馆第五届九州啤酒节

2016年6月，推出特色早餐水街牛肉汤，进一步丰富早餐种类，吸引众多宾客和周边市民前来品尝。

2016年6月水街牛肉汤外景

2016年6月水街牛肉汤

2016年8月，推出爱莲湾火锅，与烧烤、牛肉汤共同组成水街系列美食，“珍馐尽享，怡情水街”成为当时衡水的佳传。爱莲湾餐厅紧邻迎宾湖，风景优美、如诗如画，品独特美食、赏醉美荷花、观嬉戏锦鲤，成为宾馆的一道靓丽风景。

爱莲湾餐厅共设有5个房间，为确保夏季能够给宾客提供更好的就餐条件，在原有中央空调基础上，增加了独立的空调系统。选用锡林郭勒优质羔羊，特制蘸料，锅底选用品牌纯净水，在香气满盈的景泰蓝汤锅中涮煮，保证了肉质鲜美，再加上一些时令蔬菜，荤素搭配，营养均衡。海鲜的鲜美，源于对水的依恋，水中的鱼儿虾蟹，在香气满盈的汤锅中，也接了“地气”，爱莲湾火锅无论是菜品还是汤底，都让宾客觉得惊艳。

2016 年 8 月爱莲湾餐厅外景

2016 年 8 月爱莲湾餐厅内景

2016 年 8 月锡林郭勒羔羊片

2016 年 8 月海鲜拼盘

附　记

参演《魅力中国城》

殷晓文

2017 年 7 月 19 日，受中央广播电视总台央视财经频道邀请，市委常委、宣传部长马福华率队参加《魅力中国城》文化旅游魅力榜发布会暨城市文化旅游论坛。全国 80 多个候选城市中选出 32 个魅力城市参赛，衡水是河北省唯一入选城市。

衡水迎宾馆餐饮部李强、侯住仓前往中国影视第一镇——大厂影视小镇，参加由中央电视台举办的《魅力中国城》“城市味道”竞演环节。7 月 19 日至 7 月 25 日，历时 7 天，参赛选手巧妙构思、继承传统、大胆创新，在《魅力中国城》衡水竞演节目“城市味道”环节中，精心制作出“衡水湖十全十美全鱼宴”。

衡水湖全鱼宴是由十道菜组成，寓意为十全十美。凉菜有炸青虾、拌荷叶、糯米藕、烤鸭蛋，热菜包括湖鲜奶汤、吉祥牡丹、荷花蒸鱼、湖鲜一品狮子头、酥炸龙鳞、荷香温拌鱼丝。十道菜品造型美观、色香俱全，令人垂涎三尺。另外还为现场嘉宾制作了历史悠久具有衡水风味的鞋底烧饼夹熏肉。衡水迎宾馆厨师，凭借过硬的烹饪功底，在衡水湖全鱼宴中展现了“一鱼多吃，一鱼成宴”的烹饪精髓。在《城市味道》环节中，衡水湖全鱼宴成功击败竞争对手黔东南州呼声较高的长桌宴。这场比赛，牵动了千千万万名衡水人民的心，无数热爱衡水的观众朋友，纷纷在朋友圈投票支持点赞，为衡水加油！为衡水喝彩！

衡水作为京津冀地区唯一城市代表，在《魅力中国城》节目中，展示了“大儒之乡　生态湖城”深厚的历史文化底蕴和秀美的自然生态风光，荣获2017年度《魅力中国城》“魅力城市”称号。充分展现了衡水人民的勤劳朴实，诠释了迎宾馆人“精益求精，追求极致”的企业文化精神。衡水迎宾馆人用自己的智慧与汗水，在大赛中为魅力衡水增添了完美的一笔。

（作者：殷晓文　迎宾馆餐饮部）

第三节　提升服务品质

宾馆建立初期至20世纪80年代末，受条件限制，餐饮服务主要以满足宾客吃饱吃好为主。20世纪90年代，国家实行市场经济，餐饮业迅速发展，开始制定服务标准与工作流程，组织员工外出学习、技能练兵，服务水平显著提升。随着餐饮业竞争越来越激烈，相继建立贵宾档案提供针对服务，开展用心做事提供亲情服务，设计主题餐台提升饮食文化品味，继承和发扬餐饮人优秀品格，不断改进和提升服务品质，为宾客提供物超所值的用餐体验。

规范化服务

桃城街期间实行桌饭制，就餐人员先找会计购买饭票，凭饭票就餐。一桌坐够10人收齐饭票开餐，一菜一汤。工作人员上下班没准点，周末不休息。有重大接待任务时，炊事班和服务班员工一起投入工作。虽条件艰苦，但卫生要求严格，每天早起认真打扫卫生，准备一天的伙食。制作饭菜时三人配合，一人烧火，一人炒菜，一人放调料，根据火候调节风道，防止煤灰落到刚出锅的饭菜上。开饭前服务班员工把碗筷摆放到桌上，用大盆盛菜，客人开餐时自取餐食。工作不太忙时学习业务知识。新华路期间用餐形式改为“份饭制”，饭菜样式、菜品种类显著提升，由一菜一汤增至八菜一汤。炊事班分大、小灶，由专人负责，开餐前班长将菜谱写在厨房黑板上，大家按照菜谱准备食材。遇到重要接待任务，大家团结协作，炊事员炒完菜后同服务员一起用木托盘上菜，特别忙的时候从各单位食堂抽调优秀厨师帮忙。闭餐后，由服务员对餐具消毒，专人进行保管。

附　记

忆与招待处的工作情缘

裴凤英

1959年我在酒厂参加工作。1964年10月的一天，正在上班时酒厂领导陪着几个陌生人来到我们面前，当时我正把刷好的酒瓶排放整齐，对方看我干活利落，问我多大年龄，家在哪里，我都一一作答。后来才得知自己被招待处的“红娘”——当时的办公室主任李克俭“相中”，他们两次到酒厂牵线（挖人），于是当年11月份，我正式从酒厂调到招待处餐厅工作，成为当时餐厅唯一的一名服务员。每天5时跟伙房一起上班，由于那时没有集体供暖，早上第一件事就是捅炉子取暖，当时有大、小两个餐厅，取暖炉都归我负责，经常熏得满面烟灰、眼泪直流，成了“黑脸包公”。搞完餐厅卫生后，我就去帮伙房掏炉灰、择菜、给厨师打下手。平时只开大餐厅时，餐前准备、餐中饭菜上桌、餐后撤台清理都是我一个人完成；若开大会两个餐厅同时开餐，伙房人员一起端盘子上菜，共同完成接待任务。“根治海河”“四清”“文化大革命”时期，工作起来更是不分昼夜、随时待命准备开餐，大家工作很积极，有活都抢着干。1968年9月搬迁新华路后，我被调到客房服务。当时接待条件很艰苦，墩布坏了舍不得扔掉，两三个合并成一个继续使用。大家干起活来兢兢业业、一丝不苟，上下班没准点，周末也无休息日，不怕苦累，工作中充满激情。曾参与过国务院领导人等重要接待任务。

（作者：裴凤英 曾就职于招待处）

1964年裴凤英在招待处桃城街址餐厅门口

人民路期间随着餐饮接待规模扩大，开始规范服务流程，制定服务标准。聘请专业人员讲解业务知识，组织员工外出学习，加强业务技能培训与考核，服务水平显著提升。

技能培训 1990年宾馆结合工作实际制定各岗位工作流程及培训计划，开展技术练兵、专业讲座，进行业务考核。8月，聘请河北宾馆总经理及3名餐饮业务骨干讲授服务工作的基础知识、基本技能并做示范指导。1994年11月，组织40名员工分两批先后到河北宾馆、亚太大酒店学习。此后经常组织员工到先进酒店学习业务知识，组织技能培训，至2010年，多次组织员工外出学习培训，开展各项技能练兵、业务擂台比赛，培养了一批优秀的业务骨干，成为业务接待的中坚力量。1996年河北省旅游饭店服务技能比赛中，2名员工取得优异成绩。2005年河北省旅游饭店服务技能比赛中，14名员工获得金牌，10名员工获得银牌。2005年衡水市旅游饭店系统服务技能大赛选拔赛中，2名员工分别获得中餐服务第一、第二名，11名员工获得“中餐服务青年岗位能手”称号。整体专业技术水平领先衡水乃至河北省同行业，得到社会各界认可，成为衡水市各单位学习的标杆。

1993年在大餐厅厨房组织厨师技术练兵

1996 年在贵宾楼组织服务员摆台培训

1997 年 11 月 29 日，在衡水市巾帼建功竞赛活动表彰会上，衡水迎宾馆餐饮服务人员进行技能表演

分餐服务 1995 年贵宾楼餐厅开业，定位衡水最为高端的涉外接待场所，实行“分餐制”服务。客人就餐时设专人进行斟酒、上菜和餐中服务。餐前准备西瓜子、大杏仁、面食、点心等小吃和饮料酒水。所有餐中菜品均由厨房分好，传菜员端到餐厅，服务员端托并用叉勺分到每位宾客面前的餐盘内。餐后水果在凉菜间分好后端到每位宾客面前。“分餐制”的实行，提升了服务品位，引领了餐饮界消费新时尚，走在衡水地区餐饮行业的最前端。高质量的服务不仅得到地级领导和宾客的一致好评，还得到省级领导的高度赞扬，更为日后精细化服务打下坚实基础。2020 年 7 月，迎宾馆被中国饭店协会授予“分餐制”示范单位。

餐桌布置 1990 年开始，为营造温馨就餐环境，讲究口布花的折叠，桌裙、椅套的颜色搭配，并在餐桌上摆放鲜花，用于增加用餐气氛。随着餐饮文化的深入发展，餐桌上各类元素越来越多，为突出用餐环境，在餐台摆放、餐桌装饰的挑选上越来越考究。2000 年以后，对餐桌鲜花的摆放要求更为具体。圆桌中心摆放微型花坛，长条桌或宴会厅餐台中间摆放鲜花。

2000 年贵宾楼择膳厅长条餐桌布置

2003 年 6 月贵宾楼圆形餐桌布置

2010 年 12 月 15 日，新世纪餐厅接待公安部会议餐厅布局

设立传菜部与贵宾档案　1999 年 10 月，新世纪餐厅装修后开业，将餐厅划分为迎宾、服务、传菜、吧台收银、酒水、点菜、订餐等岗位，首次成立传菜部。厨房划分为炒菜、打荷、配菜、择菜、烧腊等岗位。制定岗位职责与工作流程，明确服务质量标准，组织各岗位专业知识培训，开展技能练兵活动。员工各司其职，各负其责，增强了工作责任心，工作效率与服务技能大幅提升。服务中更加注重细节，设立贵宾档案，由专人记录宾客饮食习惯，针对不同客人提供个性化服务，使餐饮服务更显人性化，多次赢得宾客称赞。

附　记

餐厅里的“水上漂”

殷晓文

餐厅有一位传奇人物，他托着大型的菜品托盘，穿梭在坐满用餐客人的大厅中间，步伐轻盈，行如流水，人送绰号“水上漂”，引来全场客人惊喜观看。

这位员工叫段庆山，1974 年参加工作分配到伙房做学徒工，干活儿干净、利索。当时，大型会议特别多，大都有七八百人参加，大餐厅准备七八十桌用餐。那时候餐厅没有餐车，没有服务生，上菜都是伙房的厨师炒完菜再把所有的菜端到桌上，有时候客房的服务员也来帮着上菜。上菜的工具是餐厅自制的木板托盘，个大沉重，上面能放 8 道至 10 道菜，基本上端一次可以上齐一桌的菜。年轻厨师们端着大托盘一趟一趟地为客人上菜，成为大餐厅一道亮丽的风景。段庆山就是其中的一位，小伙子中等身材，瘦瘦的，皮肤稍黑，但人特别精神。他每天都最早上岗，打扫厨房卫生，以极佳的状态投入工作中。到开餐时间他主动送餐，偌大的托盘在他手里运用自如，遇到客人能够巧妙地端托礼让，虽然托盘有时倾斜但凭着快速的转动惯性，饭菜在盘中纹丝不动，动作非常利落，一般他上三趟菜的功夫，别人才刚上完一趟菜。他上菜的时候，常引得客人目瞪口呆地观看而忘记吃饭。他上身笔直安稳，脚下小碎步却似生风一般，转眼间便将菜送至桌上，客人们都夸小伙儿送菜像是从水上漂来的，“水上漂”的绰号由此叫了起来。

段庆山工作踏实、肯干，爱钻研，经过摸索发现适合端拖走碎小的舞台步，这样走路稳当，从此他开始上班练、下班练，练成了轻盈如飞的小流星步。段庆山的小碎步伴随着他走过了青年与中年，步入了康健的老年，这位老人，每每提到“水上漂”的往事，满脸都是兴奋和自豪。

（作者：殷晓文　迎宾馆餐饮部）

回族代表、委员的心声

我们是参加衡水市人大、衡水市政协二届一次全会的代表、委员，同时我们也属于祖国大家庭56个民族之一——回族。

作为回族代表、委员，我们有着自身的文化传统和生活习惯。在以往外出开会时，总会因为饮食、起居给我们带来一些不必要的麻烦和尴尬，所以都不约而同地形成了自带食物或外出购买清真食品的习惯。此次为了开好"两会"，我们几位回族同志也都作了一些必要的准备。

从第一餐开始，我们就彻底打消了这些顾虑，使我们的"准备"成了多余。说句心里话，第一次去餐厅并非自愿，而是因为到客房来叫我们用餐的那位服务人员一脸的微笑和真挚的话语实在令我们无法拒绝。当我们步入餐厅看到"清真餐厅"时不觉感到一阵激动，到这时已是急急而趋之了。在几天的就餐中，招待处的主管处长、餐饮部经理多次向我们征求意见，给了我们很多照顾。吃着可口的饭菜，感受到的是民族的尊重和人民的厚望。

（摘自1998年3月22日《衡水日报》）

提高服务水平

前进街址在注重细节化、个性化服务基础上，逐步向精细化、亲情化服务方向发展。持续创新培训方式，丰富培训内容，引导员工用心用情服务。在餐桌餐台布置上独具匠心，提升饮食文化品位，为宾客提供优质服务。

技能培训　每年组织员工进行礼节礼貌、手势运用、宾客引领、端托摆台、上菜斟酒等业务技能培训，练就扎实过硬的基本功。在此基础上，将如何为宾客提供精品服务纳入提升服务质量培训和研讨内容。2015年开始，深入开展"用心做事"活动，以班组为单位学习研究典型服务案例，加强同客人沟通技巧培训，增强预判宾客消费心理和需求的能力，将服务做在宾客开口之前，为宾客提供惊喜、感动。注重宾客体验感，将宾客作为家人融入亲情化服务。2017年，以微笑服务为主题，开展微笑敬语服务月活动，大力倡导员工主动向宾客、同事微笑和问候。此次活动开展了3次全员专题培训，注重培养员工的自然微笑、亲切微笑，逐步将微笑培养成为广大员工的工作习惯和自觉行动，营造了人人争做微笑明星、人人争做最美员工的良好氛围。2018年，经乾量酒店管理有限公司培训人员进行现场优质服务、迎宾四礼培训，运用到服务工作中，让客人享受VIP的消费体验，得到宾客的赞赏。

2022年5月餐饮部锦园中餐厅员工班前会迎宾四礼演练

主题餐台设计　2014年至2018年，餐饮业务骨干外出学习培训，开阔思路，创新服务。先后设计“中共十九大”“衡水湖景色”“鱼乡宴”“沙画”“荷花意境”“音乐小镇”“武邑微型家具”“遇见你遇见爱”“福如东海”“茁壮成长”“寿字对联”主题餐台。为会议团队制作“祝会议圆满成功”精美水果拼盘，为生日宴会宾客布置温馨餐间，烘托就餐气氛，打造文化气息，受到宾客的好评。2019年国际智力运动联盟世界大师锦标赛餐台，主桌以沙画形式勾画大会会标和标语，其他两桌用衡水湖景象微型景观装饰。聂卫平用餐的锦园衡湖厅餐台中央摆放棋盘。聂卫平非常惊讶：“万万没想到衡水的接待会如此出色”。第三届世界冀商大会餐台，先做出各重点县市在地图上的形状，突出当地特色，衡水突出衡水湖，保定突出白洋淀，张家口用大米制作成雪地并有滑雪人物造型及吉祥物，突出2022年冬奥会主题。然后再把分散的县市图形拼成整个河北省地图，镂空部分以西兰花填充。购置全新的桌布、口布、椅套、餐具等，服务人员工作服采用衡水湖荷花图案，接待场面震撼，省市领导给予了高度评价。

2017年7月设计与衡水湖景象相呼应的餐台

2019年11月7日，世界冀商大会餐台设计

2021年餐台设计

推广冷餐会 从2018年不断适应市场需求，冷餐会形式被广泛运用。迎宾馆先后举办了衡水航空运动嘉年华、国际智力运动联盟世界大师锦标赛、第三届世界冀商大会、“双奖”颁奖典礼（第32届中国电视剧“飞天奖”、第26届全国电视文艺“星光奖”颁奖典礼活动）四次冷餐会接待，档次高、氛围好、规模大，菜品与台面设计相辅相成，颜色合理搭配，用置放托架的办法来体现菜品的立体感，高托架底放置水果盘展示层次感，既增加菜肴美感，又起到点缀作用，食材选用、环境布置、餐具盛器、餐中服务等，均给中外宾客留下深刻印象，得到了参会人员高度赞誉。

2019年5月国际智力运动联盟世界大师锦标赛冷餐会

2020年9月“双奖”颁奖典礼冷餐会

传承餐饮人作风 餐饮服务工作烦琐而辛苦，但餐饮人的精气神始终是饱满的，再大的困难，再多的工作量都压不垮他们。因为他们身上传承着迎宾馆人爱岗敬业，无私奉献的优良传统。一代代餐饮人以馆为家，在平凡的服务岗位上，忘我工作，将“馆兴我荣、馆衰我耻”的主人翁精神，“毫不利己、专门利人”的白求恩精神，“精益求精、追求极致”的工匠精神演绎得淋漓尽致，谱写了服务行业的一首首赞歌。邢媚娜就是其中一位，凭借多年的辛勤付出，入选“衡水好人榜”。正是因为有了许许多多个“邢媚娜”投入到接待服务工作中，宾馆服务水平得以领跑于衡水，步入全国酒店行列。

附 记

立足平凡 敬业奉献

邢媚娜自参加工作以来，一直从事餐饮服务工作，敬业成了她的工作缩影和代名词，勇担一份责任，常怀奉献之心，是她多年来的工作写照。

每一次接待任务、重要会议，从餐厅卫生到个性化服务，从微笑敬语服务到 VIP 客人引领的培训，从周密而详细的接待计划到突发事件的应急预案，从人员安排到工作纪律，她都进行细致入微的检查。因为她深知，只有过细地做工作，认真地想事情，才能将各项接待服务工作做好。记得 2017 年一次全国性重要会议中，完成餐饮各项准备工作已是凌晨一点，她在回家的路上突然想起，明天早晨就餐的冀州厅自助餐台还未到位，出于对工作的高度负责和敬业精神，她毫不犹豫地返回单位，和另外一个同事利用一个小时的时间共同完成这项工作，回家时已是深夜两点……

在园博园筹备及试运行期间，邢媚娜患病坚持工作一直靠吃药顶着。在这样的状态下，她连续几天工作十四五个小时，每天工作人员夜餐结束后都要到凌晨，第二天六点还要继续到岗上早班。为了园博园的正常开业运营，她忘记了自己是一个母亲，忘记了自己的家，每当孩子打电话时说：“妈妈你什么时候回来呀，我好想你”，她才意识到自己已经很久没有见到孩子了。

在各项接待服务工作中，邢媚娜坚持为宾客着想，为宾客提供优质服务。有一次她在楼道捡到一个钱包，里面有卡、现金、身份证，当时一看恰好认识，就拨通了电话，客人听到后说：“过两天吃饭时再拿吧，在你们那里丢不了东西”；还有一位客人把物品遗忘在宾馆餐厅，当她联系到失主时，客人以为已经丢了，没想到能找回，很是惊喜，称赞迎宾馆是诚信的酒店，称赞她是值得信任的员工。

多年来她始终坚守在一线岗位，对工作精益求精，对事业执着奉献，出色完成多位国家领导人的接待服务工作，多次荣获宾馆“优秀管理员”“优秀共产党员”的荣誉称号。在 2017 年、2018 年召开的中国名酒店组织会议上，连续两次荣获“名酒店之星”。邢媚娜在平凡的岗位上，凭借奉献精神，成为“创建文明城市、展示衡水形象”的最美员工。

（迎宾馆总经理办公室整理）

特殊时期服务

抗洪 1996 年 8 月，河北衡水发生洪水灾害，滹沱河发生特大洪水，洪峰流量大、水位高，饶阳段堤防抗洪形势十分严峻。迎宾馆人政治站位高，从大局出发，纷纷请缨到抗洪一线支援工作，餐饮人员充分发挥业务特长，主动承担起抗洪工作人员用餐任务。王晓冰等一部分人在衡水负责采购米面蔬菜、蒸馒头，运往抗洪一线。为了保证给抗洪人员提供充足饭菜，他们几乎买遍了衡水市区所有能买到的菜。李志刚、张明久、李贵忠等在一线负责蔬菜再加工，保证抗洪人员能随时吃上热乎的饭菜。抗洪期间，共支援馒头 3000 公斤，香肠等副食 750 公斤，蔬菜 17500 公斤，其他救灾物资 3 万余元，职工向灾区捐款 56040 元。

“非典”期间服务 为保证在宾馆集中办公的市防治非典型肺炎总指挥部工作顺利进行，确保指挥部全体工作人员健康安全，实行“分餐制”服务。服务期间，餐饮全体干部员工发扬不怕牺牲的革命精神，置个人安危于不顾，积极投身抗击“非典”斗争的各项工作中，恪尽职守，无私奉献，连续作战，顽强拼搏，在抗击“非典”斗争中发挥中坚骨干模范带头作用，为夺取抗击“非典”重大胜利做出了突出贡献，受到市防治非典型肺炎工作总指挥部领导和同志们的充分肯定和赞扬。

新冠肺炎疫情防控期间服务 认真做好各项疫情防控工作，坚持戴口罩、测体温、扫码、登记，做好公共区域及各餐间通风和消毒工作，按行业标准对餐具用具消毒，认真填写消毒记录。厨房所有成品半成品均填写制作日期标签。所有餐具用具消毒、加热。随时调整原材料进货渠道，杜绝采购进口原材料。萃园自助餐厅免费为客人发放一次性手套，提醒客人在取餐过程中佩戴好口罩、手套，最大限度地确保疫情防控期间用餐安全。锦园中餐厅每道菜均摆放公勺公筷，减少包间就餐人数，保证宾客安全。

第四节 名厨 名菜 名点

餐饮业务的发展与前进，离不开厨师队伍的奉献和奋斗。60 载征程中，涌现出多位技艺精湛、卓然不群的厨艺大师，他们执着专注、匠心钻研，创造出数十道全国闻名的名菜名点，为宾馆餐饮业发展作出了突出贡献。

名厨

张焕章（1922—1996），男，1922 年 6 月生。唐县人。1962 年 7 月自石家庄招待处到衡水专署招待处负责组建伙房并担任班长，由于当时物资紧缺，他和同志们利用下班时间，开荒种地，圈地养猪，自给自足。擅长鲁菜菜品制作。1982 年退休。

郭喜贵（1932—2015），男，1932 年 4 月生。衡水市桃城区人。1954 年在石家庄专署招待处参加工作，1962 年 7 月随衡水专署招待处成立到衡水，曾接待过多位国家领导人和外国来宾，在 1966 年周恩来总理冀县视察指导工作时，被派往冀县为总理用餐做后勤服务。精通鲁菜制作，擅长爆，炒、制汤等烹调技法。1982 年退休。

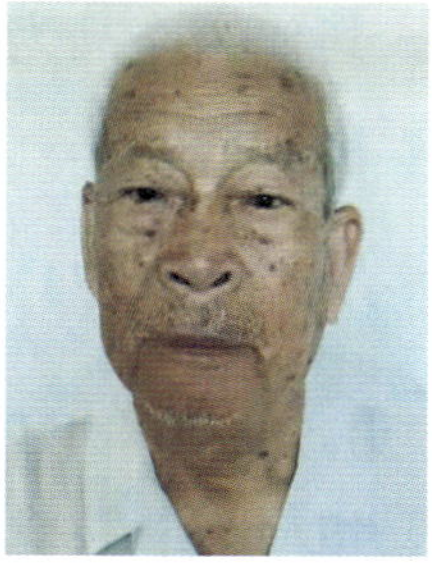

段丙川，男，1935年3月生。饶阳人。1972年6月在招待处参加工作。1975年担任面点组长。制作的“三合面窝头”“水煎包”曾分别受到过多位国家领导人的好评。因口味独特，曾专门为领导演示讲解“三合面窝头”的详细制作过程。其代表作品为芝麻烧饼、水煎包、白玉馒头、三合面窝头。1991年退休。

多纲领，男，1951年6月生。阜城人。中共党员，1971年2月在招待处参加工作。1979年任招待处厨师长，特三级烹调师，1987年被外交部选调，在中国驻赞比亚大使馆工作三年。代表作品为五香熏鱼、瓜蒸鱼圆、卜蒸鱼圆汤、玻璃鸡片汤、沙司牛肉。2011年退休。

马俊峰，男，1952年7月生。景县人。1971年2月在招待处参加工作。先后担任副班长、餐厅经理、餐饮部副经理等职。烹饪的“油焖狗肉”“清炖牛肉”受到国家领导人的好评。其代表作品为黄焖鸡、清炖牛肉、油焖狗肉、松鼠鱼、滑熘鸡片、糖醋鱼、清蒸鱼。2011年退休。

孙佳峰，男，1951年8月生。深州人。中共党员，1972年12月参加工作。1975年在包头宾馆工作期间，参与朝鲜、罗马尼亚等多国重要外宾餐饮接待工作，1979年5月调招待处，1989年被聘为餐饮业等级评定考评员，2002年1月聘任餐饮部副经理，代表作品为酱汁瓦块鱼、芙蓉鸡脯、拔丝香蕉。2011年退休。

王晓冰，男，1965年10月生。深州人。中共党员，1981年12月在招待处参加工作。1993年被省劳动厅评定为特级中式面点师，1996年被评为省职业技能鉴定考评员，同期被聘为衡水地区职业技能鉴定所副所长。1999年取得省职业技能鉴定高级考评员证书。多次带队参加河北省烹饪大赛并荣获金奖，组织参与了多位党和国家领导人及省领导的重要接待。

李强，男，1974年11月生。衡水市桃城区人。中共党员，1991年9月在招待处参加工作。2015年8月任命为餐饮部副经理兼行政总厨，中式烹饪高级技师，河北省烹饪考评员，全国

烹饪名厨委员会委员。河北省餐饮行业大师工匠创新工作室李强工作室掌门人，2012年6月在第二届国际绿色餐饮创新技能大赛中荣获全能冠军、热菜金牌。在2017年8月中央财经频道播出的《魅力中国城》节目中，带领团队精心制作“衡水湖十全十美全鱼宴”，用别具一格的艺术形式呈现出衡水的特色美食。其代表作品为佛跳墙、迎宾牡丹虾、蟹黄扒鱼翅、丽汤狮子头。

刘广月，男，1965年5月生。深州人。中共党员，1984年8月参加工作。1991年7月调招待处，1997年9月聘任招待处厨师长，中式烹调技师技术职称。多次参加国家领导人的接待工作，组织策划多场大型宴会、冷餐会和大型会议展。曾参加河北省烹调技术大赛，获得了热菜金牌的好成绩。荣获河北省烹饪大师称号。其代表作品为脆皮乳狗、红烧盘龙鳝、一品葱烧辽参。

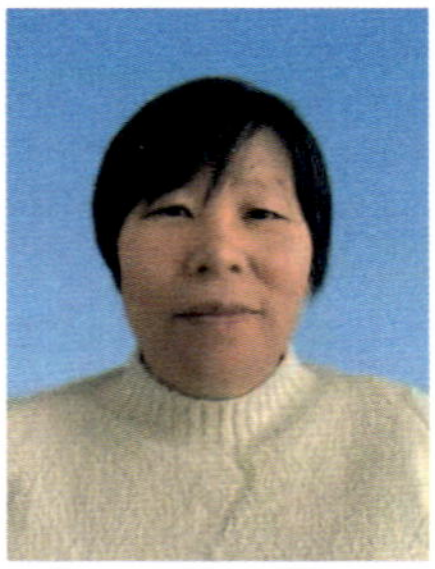

张美娟，女，1964年7月生。天津宁河人。1985年8月在招待处参加工作，高级冷菜师。1990年3月在石家庄燕春饭店学习进修。1993年3月在河北省宾馆学习进修。1998年7月在河北省白楼宾馆学习进修。1997年参加河北省厨艺大赛获团体一等奖。其代表作品为象形拼盘、酥鲫鱼、五香鲤鱼、怪味鸡。2014年退休。

赵洪胜，男，1970年10月生。冀州人。中共党员，1988年3月参加工作，1993年4月调招待处。河北省西式面点考评员。河北省餐饮量化高级评审员。曾参与多场大型宴会及重要接待任务。2019年参与筹建儒乡园餐饮服务有限公司并担任经理一职，其间为推动中餐工业标准化生产、研发做了大量工作。2020年12月公司通过了ISO 22000食品安全管理体系认证，冷链产品先后被国际大型赛事、重要团队活动等所采用并得到好评。代表作品为佛手酥、提褶包。

周兴，男，1971年7月生。景县人。1988年3月在招待处参加工作。2001年11月参加河北省第二届烹饪大赛，获得团体和个人两枚金牌，获得“河北省面点名师”荣誉称号。制作的“菠萝酥”和“象形白菜蒸饺”被列入河北省名点。2016年考取“河北省中式面点师和西式面点师考评员”证书。其代表作品为菠萝酥、象形白菜蒸饺、驴肉火烧、枣强鞋底烧饼。

张明久，男，1975年7月生。深州人。中共党员，1994年10月在招待处参加工作。中式面点高级技师，河北省面点考评员，全国烹饪名厨委员会委员。1996年6月在北京“王树亭西式面点学校”学习。2020年为第32届中国电视剧“飞天奖”、第26届全国电视文艺“星光奖”颁奖典礼提供200人冷餐宴会服务。其代表作品为清酥马蹄、莲花酥、红糖棉花杯、荷香饼。

张江霞，女，1979年6月生。安平人。1997年8月在招待处参加工作。高级面点师，河北省西式面点考评员，曾在北京仿膳饭庄、宫廷大酒店进行面点学习，2001年11月获得河北省第二届烹饪大赛团体赛一等奖，并多次参加人力资源职业鉴定中心考评工作。其代表作品为豌豆黄、小豆糕、驴打滚。

名菜

酥不腻烤鸭 烤鸭起源于中国南北朝时期，当时《食珍录》中已有记载，迎宾馆的酥不腻烤鸭以少油低脂健康为特点，符合人们在注意健康的同时也可以享受到美味的心理。酥不腻烤鸭四大特点：

一是入口即化。厨师在烤制过程中用高温烤制，让烤鸭的皮下脂肪慢慢融化、使鸭皮变得更加酥脆，入口即化。

二是肥而不腻。肥，使用传统填饲工艺饲养的北京鸭胚皮脂肪厚度可达8MM，整只鸭子的脂肪含量能达到37%。不腻，酥不腻鸭胚油脂基本分布在肌肉里面和皮脂肪里，经过一个多小时烤制后鸭胚体内本身大部分鸭油已经通过毛孔溢出。另外，烤鸭肉中的脂肪接近相似橄榄油，胆固醇含量比其他动物低，是动物脂肪中的佳品。

三是一咬三断。就是烤鸭卷中的饼、葱、肉，一咬即断，不会藕断丝连，吃起来干净利索。

四是香味扑鼻。酥不腻烤鸭经过独特的饲养工艺，其皮间脂肪，肌间脂肪丰富。因此烤制好的成品鸭香味四溢。食世间鸭情万种，到迎宾馆吃酥不腻烤鸭一直是食客每餐每宴的终究。

佛跳墙 也称“坛烧八宝”或“福寿全”。选用鱼翅、鲍鱼、海参、裙边、鱼唇、花胶、蹄筋、花菇、瑶柱、鸽蛋，用老鸡、排骨、棒骨、干贝、金华火腿等食材，加绍酒文火煨制8小时而成。菜品特点为浓郁荤香、软嫩柔润、营养滋补。

嘎鱼卧蛋 此为衡水特色佳肴。以衡水湖鲜活嘎鱼为主料，用老衡水人的熬鱼土法烹制，不过油，不汆水，小火慢慢熬炖收汁，待汤汁浓稠鱼香扑鼻时，卧入几枚生蛋。上桌食用时，蛋刚刚熟，软嫩适中。菜品特点为肉质细腻、鲜美醇香。

水晶猪蹄冻 由水晶肘子发展演变而来。此菜选用新鲜猪蹄，洗净后加入肉皮、葱、姜、香料，隔水蒸制，猪蹄去骨摆成形，浇原汁冷却成冻，配以蒜泥汁食用最佳。菜品特点为晶莹剔透、入口即化、清凉爽口、营养丰富。

国宴鸡豆花　由人民大会堂引进，通过掌握其制作要领，经精工细作而成。此菜“制茸”“吊汤”是关键，制作中将鸡脯肉用刀背捶成茸，去筋膜加冷鸡汤澥散，冲入烧沸清鸡汤中，将鸡茸浆搅匀，待渐渐凝聚成豆花状即可。菜品特点为质地滑嫩、汤清肉白、异常鲜美。

丽汤狮子头　淮扬菜系名菜。烹制时精选五花肉，六成肥肉和四成瘦肉切成细粒，加葱姜水摔打上劲，做成大小一致的肉圆，加排骨、猪皮，用竹篱垫底，微火焖至酥烂，放入由老母鸡吊制的顶级清汤内。故称丽汤狮子头。菜品特点为肉质鲜嫩、清香味醇、汤汁鲜美。

招牌红烧肉　迎宾馆锦园餐厅经典菜。将五花肉切方块，放进开水锅中灼烫去污血、肉腥。锅内冷油放入桂皮、香叶和八角，加入五花肉一起煸炒出香味，至微黄。放入冰糖、花雕酒，大火煮开，转小火炖至入味，再大火收汁至酱汁浓稠即可。菜品特点为浓油赤酱、软而不烂、肥而不腻。

武邑扣碗　方言称之为“席儿”，源于宋代，明清两代已负盛名。包括鸡、熏肉、肘子、四喜丸子四种扣碗，后为荤素搭配，增加海带、豆腐、千层肉卷、蘑菇扣碗，有八大碗之说。后在传统制作基础上，利用合适食材，衍生出许多新品种。肉类扣碗多采用煮、炸、熏等技法加工，改刀装碗上笼蒸制。素食扣碗多经泡发或过水后改刀装碗，均加调味汤汁蒸制成熟。菜品特点为有肥有瘦、有荤有素、肥而不腻、素而可口、独自成席。

酥鲫鱼　选用衡水湖盛产的鲫鱼为主料，按比例投放白糖、醋、料酒、酱油、精盐等调味料，一次性加足清水，旺火烧开，转小火慢烧，待鱼骨酥透，呈酱色时离火待凉，改刀装盘即成。菜品特点为味道鲜美、甜咸适宜、肉烂骨酥。

衡湖醋鱼　取衡水湖特产草鱼，借鉴“西湖醋鱼”技法加工烹制而成。选用一斤半左右衡水湖野生草鱼，劈成两片，带脊为雄片，无脊为雌片。锅中加水，放入葱姜，烧开后依次放入雄片、雌片，烫至成熟，用原汤调好糖醋汁浇上鱼身，撒上生姜末即成。菜品特点为四味相容、酸不倒牙、甜不腻口、咸不齁人、鲜不发腥。

迎宾牡丹虾　此菜采用国宴名菜“牡丹虾片”技法，以衡水湖青虾为主料精制而成。将衡水湖的青虾，去虾线、放入盐、鸡蛋清、淀粉充分搅拌均匀使其上劲，砸成虾片，氽熟捞出后放入盘中，拼摆成牡丹形态，犹如水墨丹青的富贵牡丹图，食用时辅以调味蘸碟。菜品特点为虾片脆嫩、口味清爽。

传统酱牛肉　迎宾馆传统名菜。通过学习借鉴各地酱牛肉的成功做法，结合当地口味，不断改良，逐步形成特色，延续传承。选用牛腰窝或牛前腱肉，秘制配方腌制 8 小时以上，放入提前熬好的酱汁中进行卤制熟透，原汤浸泡存放。菜品特点香味浓厚、油润光亮、口味咸香。

荷香鸡　20 世纪 60 年代宾馆建立初期，厨师选用衡水湖畔特有的芦花鸡宰杀干净，冷水浸泡，除去血腥和污物，挂上酱色入油锅烹炸，以传统老汤旺火烧开，转中小火焖透，再用衡水湖干荷叶和红糖熏制而成。菜品特点为软烂脱骨、色泽深红、韵味深厚。

名点

儒乡园月饼　月饼，原本是祭月时供品的一种，后来成为民间互相馈赠的礼品。《西湖游览志》称：“民间以月饼相馈，取团圆之义。”东坡以“小饼如嚼月，中有酥和饴”来赞誉月饼。“八月十五月儿圆，

中秋月饼香又甜”，这句名谚道出中秋之夜城乡人民吃月饼的习俗。月饼象征着团圆，是中秋佳节必食之品。迎宾馆儒乡园月饼使用传统手艺和现代工艺相结合，选用最好的食材，最佳的工艺，最美的设计，最严的管理。生产的月饼质好味美，一直以来成为中秋佳节不可多得的节日美食。

秫饼卷小鱼 制作时先将高粱细面用开水烫好加白面和成面团，下剂擀成圆饼烙熟。秫面饼采用“摞着烙”的独特烙法，即把生饼放入锅中，烙一面，反过来半熟的一面朝上，将另一张生饼，扣在上面，再把生饼翻过去，再摞上一张，如此反复。用烙熟的高粱面饼抹酱，撒芝麻盐，放小葱和炸好的小鱼仔，辅以黄瓜条等卷食。成品高粱味浓郁，入口酥脆。

粽子 是中国历史文化积淀最深厚的传统食品之一。中华民族的节日美食，粽子的品种繁多。衡水迎宾馆用小枣，江米，红豆，绿豆，花生米，花豆，莲子，葡萄干，制成的八宝粽，软糯香甜，是迎宾馆端午佳节的特色美食。

翡翠白菜饺 形如白菜，意为“百财”，有聚财、招财、发财、百财聚来的含意；第二个寓意，取自白菜的颜色和外形，寓意清白。我国不少地区的老百姓在过春节的时候，都要吃两道常菜，即长叶白菜和青菜，寓意天长地久、清清白白。

莲花酥 是迎宾馆传承名点心，因其成品状如盛开的莲花，故而得名。制作时首先将面粉、猪油、白砂糖、澄粉、水和面，皮面包上油面开酥（小包酥），包上豆沙馅用单面刀在面坯顶部平均割三刀，放入三成热的油锅炸制成莲花捞出，中间撒上砂糖装饰。用油酥面制成的莲花酥，观之

形美动人，食之酥松香甜，别有风味，适宜各式宴会、茶话会及早点。

四喜蒸饺 形态美观，玲珑可爱，色泽分明，鲜咸味美。每一部分都装着不同的食材，一口能品尝到多重味道，四个角分别代表福、禄、寿、喜四件喜事，寓意喜庆吉祥，非常适合作为点心或者主食装点节庆的餐桌。

龙须面 选用面筋量高的面粉加入食用盐和成软、硬适中的面团，醒透后向一个方向反复抻拉，溜条、抻面，将面抻匀，对折成两根，撒上干面。以此方法，对折打成 14 扣，成细丝状。把抻好的面丝轻放油锅，用筷子轻拨。面丝炸至硬挺，呈淡乳黄色出锅，具有面丝如发的特点，经师徒传承成为迎宾馆的精细面点。

鱼肉大锅贴 选用衡湖草鱼，取净肉用刀剁成泥，香葱、姜末、韭菜、料酒、盐、肥肉丁调制成馅备用，烫面下剂擀成圆片包入鱼肉馅，入煎锅加面汁煎至成熟。成品咸香适口、香脆不腻，鱼肉香味浓郁。

黏窝头 又称黏窝窝，是北方过年时家家户户必备特色食品。制作时先将黏米粉加开水烫熟，50 克 1 个下剂，加入 3 个小枣，捏成窝头状，上屉蒸熟。成品甜香软糯、枣香浓郁。

佛手酥 是宫廷四大酥点（桃花酥、玫瑰酥、南瓜酥、佛手酥）之一，形似佛手，馅料主要以红豆沙为主，制作时用水油面把油酥面包好，擀成长方形片状，卷起，揪成小剂，再擀成皮，包上豆沙馅按扁，用刀切出宽窄一致条形，中间握进去做成佛手形，放入烤箱 180 摄氏度烤 15 分钟，成洁白色，外皮儿香酥，香甜可口。

第二章　前厅服务

衡水迎宾馆随着市场经济的发展、接待规格的提升以及宾客数量的增加，由成立之初专人负责宾客入住的简单接待发展到接待、问询和结账等服务的总服务台，满足宾客多样化需求。为做好宾客的第一站服务，成立前厅部，组织机构更加严密，岗位职能日趋完善，服务功能更为全面。

第一节　前厅布局

前厅部成立于2014年12月，作为宾馆服务中枢，从功能单一逐步发展到集多种功能于一体。设大堂副理、礼宾、堂吧3个岗位，共14人，实行两班运转工作制。2016年总台岗位划归前厅部，人员达到30人左右，各项工作更加细致。

前厅装饰

迎宾楼大堂长约37米，宽约25米，呈中心对称格局。中心设置“九酒久鼎”水景景观，景观造型总高度3.25米，当中的酒樽造型高2.45米。在色彩运用上，对原樽身表面装饰色进行了调整，处理为暖色调，弱化了青铜器的凝重。其造型将樽、鼎之形艺术化，并运用现代手法切割为九个部分。“九”取义大禹治水划华夏为九州，铸九鼎，冀鼎为尊，“酒”意指老白干酒文化。“久”指迎宾馆人志建百年老店，宾馆事业长长久久。景观融合了衡水的酒文化和水文化，体现“开坛十里香，飞芳千家醉”的佳话，对古今时空进行了追溯与展现。周边建有水池，高0.8米，池中养有观赏鱼，配有装饰灯映衬，与大堂顶面金黄色造型相互呼应，使整体空间更富有变化感。大堂顶部还装有巨型云纹状灯饰，由万根水晶穗组合而成，别致大气，美轮美奂。

大堂南、北两侧的墙壁上有两幅大型浮雕。南侧浮雕，以水元素贯穿整个画面，“鹿”为整个画面的灵魂，“鹿”与“禄”谐音，寓意吉祥如意，水文化是中国传统文化重要组成部分，富含吉祥之意。地域美好的事物及历史文化通过创作更形象地呈现在人们面前。北侧浮雕，整个画面以白鹭为主题，宝云塔和水文化元素相互穿插，画面中，白鹭时而舞动翅膀，翩翩起舞，时而嬉戏追逐，一派祥和景象。两幅浮雕以“鹿”“鹭”为主题，寓意路路平安，画面布局精妙严谨，细腻地刻画出衡水湖秀美的自然风光。

大堂各个走廊、过道的墙壁上挂有多幅名人字画和装饰挂画，色彩各异、内容丰富，显示了浓厚的文化气息。大堂内摆放多种绿植，与各类景观搭配合理、相得益彰，即美化了大堂环境又给宾客优雅温馨之感。

2015 年迎宾楼大堂

2021 年大堂南侧浮雕

2021 年大堂北侧浮雕

区域功能

大堂　集休闲、消费为一体，具有咨询、登记、等候和其他服务等众多功能。

前台　位于大堂南侧，是宾客办理入住、退房、咨询、行李寄存等功能的窗口，配有电脑、资料柜、收银系统、保险柜等服务设备。

堂吧　位于大堂东侧，是提供休憩、等候、茶饮、咖啡等服务的开放式场所，给众多客人在此洽谈业务提供了便利条件。

2021 年迎宾楼大堂吧

商务中心　配备办公用具及办公自动化设备等，具有打印、复印、传真等功能，为宾客的商务活动带来便利。

岗位职能

前厅部经理　负责前厅业务运转，掌握客房的预定销售情况，落实各项业务指标和规划，对内部员工合理调度，协调与其他部门的业务工作，共同提高服务质量。

大堂副理　协助前厅经理工作，向宾客介绍各项服务，接受及处理宾客对宾馆的投诉，解答客人的咨询，向客人提供必要的帮助和服务，收集客人意见向有关部门反映，维护大堂秩序。

班组领班　礼宾领班负责所辖区域卫生质量及大堂服务正常运转。前台领班负责回复问询、接受预订等日常工作，督导前台员工对客服务态度。

前台接待、收银　为宾客办理登记及离店手续，将所有信息录入电脑，解答客人疑问，为宾客提供优质服务。

迎宾员　按照服务流程迎送宾客，提供开车门、提拿行李、为宾客联系出租车等服务，同时保持岗位周围的环境整洁。

堂吧值班员　确保责任区域内的整洁和舒适，介绍宾馆促销活动，掌握饮品知识和服务流程，做好会议服务工作。

2020 年 6 月前厅部人员在大堂合影

第二节　改进服务方式

前厅服务从凭介绍信入住，到网上预订房间，从简单服务到精品服务，不断转变服务理念，增加服务项目，提升服务标准。同时及时了解宾客需求，调整创新服务方式，提高服务质量。

入住服务

随着接待范围的逐步扩大，住客量的逐渐增多，服务意识有所增强，住宿条件也有所改善。每当客人入住，服务人员拎着一大串钥匙为客人开门。20 世纪

90年代，接待条件、服务水平逐渐提升，怡宾楼有了总服务台，贵宾楼有了大堂，办理手续站立服务，磁卡钥匙代替一串串金属钥匙，客人自行开门，如遇钥匙卡丢失，可立即撤销，保障了宾客的安全。21世纪初期，前台预定、登记沿用手工记账方式，操作烦琐，客人等待时间长。为提高服务效率、避免失误，引入先进科技手段，实行网络信息化管理。主要对前台登记与客房预订、餐饮消费挂账、前台收银结账等系统有效整合，工作人员告别了枯燥的手工记载。同时还提供支付宝、微信、银行卡多种支付功能，支付方式更加方便快捷。2014年5月，迎宾馆与携程合作，将线下服务同步至线上，相关手续网上即可办理，宾客不用排队进行登记、退宿，无论在哪里都能轻松下单，一键操作，快速入住。

多样化服务

前厅服务由简单办理登记手续发展到为宾客提供多样化服务，在发展过程中，从细微处思考，针对性地做好服务工作，提升宾客满意度，真正带给宾客“满意+惊喜+感动”的入住体验。宾客进入大堂休息区后，服务人员立即送上“欢迎茶”，建立与宾客的良好关系。为客人办理业务时，提供带有宾馆文化元素的身份证保护套。根据季节的变化为宾客准备不同饮品，夏季提供驱暑降温的柠檬水、菊花茶，冬季提供散寒暖胃的红糖姜茶。为客人办理完业务，离别时送上温暖祝福，为整个服务画上完美句号。接待会议时，设“会议服务站”，为与会宾客提供胖大海含片、健胃消食片、眼镜布、衣物除尘器、办公用品等。为避免与会宾客拿错衣物，制作两套号码牌，凭牌核对取物，方便快捷，服务精准。

2021年爱心饮品台

2021年衣物寄存牌

为提高外事接待能力，多次组织实务英语口语培训，聘请专业老师集中培训，之后同事间结对学帮带，采用语言讲授、情景演示、案例分析、互动交流等多种方式，结合岗位所需，以浸入式学习方式，让英语教学灵动起来，便于大家掌握基本语言交流技巧，使实用交际英语真正融入到接待服务中。

附　记

衡水迎宾馆重视外语学习　提高外事礼宾接待能力

刘福林

2021年3月19日，邀请衡水学院公共外语教学部语言文化服务队为衡水迎宾馆开展实用交际英语培训，郭志斌、徐常兰和尚华珍3位骨干教师到宾馆进行针对性强的实践教学，大家深感受用，纷纷点赞。

衡水迎宾馆成立于1962年，是衡水市定点接待单位，曾经接待过数十位党和国家领导人，是衡水乃至河北的重要窗口单位之一。衡水迎宾馆办公室主任孙铁健称赞说，公共外语教学部语言文化服务团队作风扎实，前期对预定、接待、问询、收银、礼宾、楼层接待等工作岗位进行调研，结合岗位所需，以浸入式英语教学，不仅让大家掌握基本语言交流技巧，更注重在实际交流环境中培养英语思维系统，尤为可贵。

在培训学习时，三位专家团队成员立足衡水迎宾馆前厅实景，采用语言讲授、情景演示、案例分析、互动交流等多种方式，让“前厅接待英语听说”专题培训入脑入心。大家纷纷结合自己工作中遇到的问题，踊跃提问，现场获取教益，精彩互动格外热烈。徐常兰副教授表示，衡水学院成立服务地方专家团队，不仅为广大教授提供了提升事业发展的宽广平台。同时通过交流研讨、讲座等形式，指导企业实际应用，使外语培训为当地经济、文化服务发挥一定作用。

衡水迎宾馆通过外语培训培养了专业人才，拓宽了服务领域，提高了接待能力与水平。

（作者：刘福林　《衡水日报》记者　录入志书内略有改动）

2021年3月19日学习英语课堂辅导现场

2021年3月19日征求外语培训意见

针对性服务

遇到行动不便的宾客，服务人员主动上前搀扶、引导其到休息区等候。主动配合家长看护未成年人。接待时，发现宾客有明显的异常，咳嗽、面色苍白等，主动问询，为咳嗽客人送去润喉的梨水。当看到客人手提重物，快步上前主动为宾客拿取物品。遇大风、大雾、冰雹、暴雪等恶劣天气，迎宾馆准确掌握高速公路的开放及关闭情况、市内交通管制措施，协助宾客合理安排行程。为乘坐出租车的宾客提供注有出租车车牌号、中英文对照常用地点及常用语句等信息的卡片，方便客人应对突发情况。在大堂放置百宝箱，箱内存放速效救心丸、风油精、创可贴等常见药品，关注宾客需求，及时增添用品。

2018 年出租车温馨提示卡封面

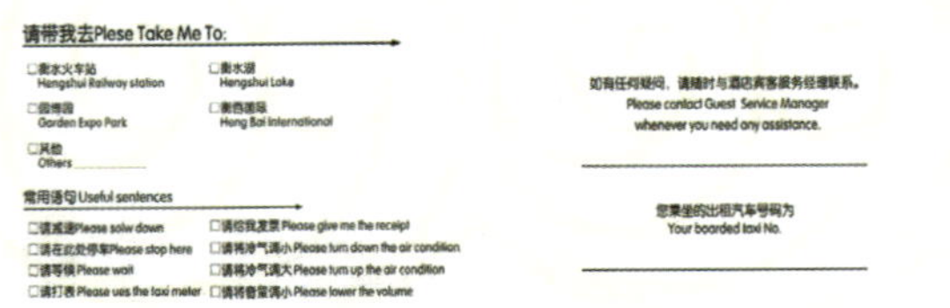

2018 年出租车温馨提示卡内页

第三章　客房服务

客房服务是宾馆服务的重要组成部分。随着设施设备的逐步完善，入住环境越来越舒适。服务水平不断提升，员工爱岗敬业、积极向上，服务人员素质全方位提高。在做好规范服务的同时，致力打造客房个性化服务，让宾客从细致入微的服务中感受到“我们是最美迎宾馆”。

第一节　客房概况

迎宾馆几次搬迁硬件水平逐步提升，从开始几排简陋的平房，发展到拥有高标准客房的园林式宾馆。完善的硬件设施，提高了宾馆接待能力。为宾客创造了良好、健康、舒适的住宿环境。

七排平房

初成立的招待处共有 7 排平房，其中 6 排为客房，共 40 余间。客房白石灰刷墙，水泥地面，分小间、大间，小间面积 15 平方米，有两个床位，大间面积 30 平方米左右，有三四个床位，另有明间通铺，房间有二屉桌、椅子、木板床、竹编暖瓶，床上被褥较为简洁。冬天每屋备铁炉烧煤取暖。院内设有公共厕所，并配有夜壶。

四层楼房

迁至新华路后，客房搬入楼房，共 4 层，房间面积 18 ～ 60 平方米不等，床位 500 多个，二层为标准房间，其他为一般客房，分为两人间、四人间、六人间、十人间，房间配有条桌、椅子，单人沙发床或木板床，床上铺花床单被褥。采暖设备为自烧暖气，部分房间有电扇。标准房间、两人间配有独立卫生间，内有马桶、脸盆。多人间使用设在每楼层东西两侧的公共洗漱间和公厕，厕所内有洗澡间，由于热水不足，每周开放一次。

三栋楼房

搬迁至人民路，客房增加为迎宾楼、怡宾楼、贵宾楼三栋楼，开始接待大型团队入住。

迎宾楼　1977 年 7 月投入使用，客房共159间，初期仍为白色墙面、水泥地面，每房间面积17～24平方米。一楼、二楼东侧有20间带有卫生间的客房，内有马桶、面盆、浴盆。房内备有写字台和软床，床品为花棉布面被褥。其他房间为多人间，配备公共水房和卫生间。冬季自烧锅炉取暖，房间不能供应热水，洗澡用水需要服务员从院内锅炉房抬水，这种方式持续时间很长。进入20世纪80年代，将133间客房改造为102间带有卫生间的房间，提高了房间的舒适性和档次，各房间逐步配上黑白电视。90年代安装窗式空调，后进一步进行装修改造，客房达138间，264个床位，均配备独立卫生间、中央空调、电视、电话等。

1990年装修后怡宾楼标间

2004年装修后迎宾楼标间

怡宾楼　1985年投入使用，客房共48间，采用钢制窗户，墙面粘贴壁纸，房间面积27～80平方米不等，独立卫生间，配有软床、电话分机、彩色电视机及窗式空调。1990年进行装修升级，楼道与房间增设了木墙裙及造型吊顶，地面铺设地毯，增加沙发及床头集控柜，软床更换为新式席梦思床，床上用品为毛毯、床盖、新式尼龙蚊帐，更新电视机及窗式空调机，后期改为中央空调，接待条件进一步提升。2004年5月1日，为迎接全省小城市化工作会议又对怡宾楼进行内部装修，客房环境进一步提升。

1997年装修后迎宾楼标间

2004年装修后怡宾楼标间

贵宾楼　1994年11月30日建成，五层客房共有 84 间。内铺地毯，壁纸到顶，房间面积 30 ～ 87 平方米不等，配备写字台、沙发、茶几、行李柜、彩色电视机、电话、集控柜，席梦思床垫、毛毯、床盖等床品，独立中央空调系统，卫生间 24 小时热水。2001 年 7 月至 11 月对部分房型进行改造装修，定制实木家具，套房配有真皮沙发，洁具采用美标系列产品，均有吹风机或干肤器。客房内普遍铺设网线，设置网口终端，入住客人可以随时用自带便携式电脑上网。提高了房间档次及舒适度。总统套房配备高档牛皮沙发和大理石桌椅、茶几、单独淋浴房、多功能按摩浴缸、智能马桶等。

1994 年贵宾楼标间

2001 年贵宾楼套房

2001 年豪华套房客厅

2001 年豪华套房卧室

园林式宾馆

2013 年 8 月迁入前进街址，客房硬件设施跨越式提升，南北翼共有客房 173 间，设计风格庄重、大气、时尚，将衡水地域文化元素融入其中。房间配备水晶吊灯、名牌洁具、高支纱纯棉布料和羽绒床品，地毯、家具、饰品和挂画均专门设计定制，居住环境静雅舒适。全自动温控设备，给宾客带来四季如春的体验。

标准间　房间面积 25 平方米或 36 平方米，墙面贴高档艺术壁纸，地面铺高标准提花地毯。配备沙发、写字台、行李架、集控柜等定制家具，床靠为通长木饰面结合软包。卫生间侧墙为玻璃移门，视觉上扩大了休息区空间，高档马桶、盥洗台、浴房（浴盆、浴缸），并配备电话、吹风机等。设计新颖独特。

2014 年标准间卫生间

2014 年标准间

园景房　房间面积 36 平方米。装修设计别具一格，房间注重营造浓郁的温馨氛围，艺术壁纸和花纹地毯巧妙搭配，彰显高贵大气。站在窗前，绿茵茵的草地、美丽的迎宾湖，院内美景尽收眼底。

2014 年园景房卧室

2018 年园景房窗外景色

套房　分为双套间、三套间、四套间三种。装修设计风格独特，使用真皮软包床靠。备有羽绒枕、荞麦枕、丝绵枕可供选择，让客人享受到家的舒适。双套间面积 70 平方米，功能区域分为客厅、卧室、卫生间；三套间面积 110 平方米，功能区域分为客厅、卧室、书房、卫生间；四套间面积 140 平方米，功能区域分为客厅、卧室、茶室、吧台、卫生间、衣帽间。套房整体高贵典雅。

2014 年双套间客厅

2014 年三套间客厅

2014 年三套间卧室

2014 年豪华套房客厅

2014 年四套间卧室

2014 年豪华套房卧室

2014 年三套间书房

豪华套房 总面积 310 平方米，空间合理整合，功能区域分为客厅、茶室、棋牌室、厨房、餐厅、吧台，卧室 2 个，衣帽间 2 个，卫生间 3 个。整体采用暖色调，营造浓郁温馨氛围。家具与灯饰的配备具有舒适与豪华的特点。主卧卫生间增加干蒸功能，满足宾客的不同需求。

第二节 客房卫生

桃城街、新华路期间房间设备少，卫生整理简单方便，做到干净整洁。人民路期间房间设备逐步完善，制定相应的卫生标准。迁入前进街后规范客房卫生整理程序、提升客房卫生质量标准及完善的质检体系，使客房卫生上升到一个新水平。

卫生整理

日常清洁 在桃城街时没有专职负责卫生整理的服务人员。客人走后大家一起整理床铺，擦桌、扫地。房间被单、枕巾大都每周换洗一次，员工家属用大盆人工手洗，拧干晾晒，冬天用大锅烧热水清洗，异常辛苦。新华路时期随着硬件水平的提高，房间内设施增多，房间卫生整理工作相对复杂，并形成初步卫生整理流程，设专职卫生管理员负责日常清洁。清洁工具由最初的抹布、笤帚、簸箕增加了墩布，棉织品由手洗改为机洗，并且根据天气情况定期晾晒被褥。

规范整理　进入21世纪，随着迎宾馆的发展，卫生管理日渐规范。前进街址建成后，细化卫生整理程序，服务流程更为合理科学，质量标准明显提高。设专职卫生员负责房间卫生，分工更加明确。清洁用品专区专用，配备吸尘器与装有各类清洁用具用品的工具车。对抹布使用进行创新，各区域严格分类，并分为干、湿两种，有效避免水印的产生。同时在卫生工作实践中，把清洁程序总结成客房卫生清洁“10字口诀”：

备——用品备车要充盈
进——敲门进房先通风
撤——撤脏换新不漏项
铺——铺床前后面平整
洗——洗刷洁具常新亮
抹——抹尘上下四周净
补——补齐客品要全样
吸——吸尘到位地面清
查——清洁收尾再回头
记——记录时间留备用

卫生标准

桃城街时卫生要求简单，房间每天打扫一次，窗棂、床腿擦拭到位。新华路时期卫生要求有了提高，床面平整枕头居中、桌椅摆放整齐，水泥地面擦得映出影子。同时不定期组织卫生比赛。搬迁人民路后，随着硬件设施的提升，卫生质量标准也逐渐完善，制定了房间及会议室、公共区域等卫生标准，作为日常卫生整理及检查的依据。迁入前进街址后，根据客房实际工作情况，制定了新的卫生质量标准，做到“十无”即壁无尘网、地无杂物、床无污损、浴无异味、金无污锈、家具无渍、灯无尘损、具无污痕、楼无六害、房无死角。“六净”即四壁净、地面净、家具净、床上净、洁具净、物品净。

卫生检查

桃城街、新华路时期进行周期性的卫生质量检查，人民路时期每日进行卫生检查工作，步入新址，提高卫生质量标准，建立完善卫生质检体系。客房部实行百分之百查房，卫生员整理完房间后，由管理人员利用强光手电进行检查。各班组每周组织一次卫生自查和互查，部门每周组织一次联查，对检查出的问题分析整改。通过周、月、季、年的周期检查，为宾客提供整洁干净的入住环境。

2006年7月迎宾楼卫生检查

2018年卫生检查

卫生消毒

衡水迎宾馆一直重视卫生消毒工作，前进街址建成后，先后出台《客房部对房间及公共场所的消毒措施》《客房部关于重点区域的管理措施》等相关管理规定。配备独立消毒间，做到专人、专室、专用，配有消毒剂、洗刷工具、配置量具和消毒存储设备。对杯具、抹布、塑料拖鞋等分别进行集中消毒。房间定时通风，退房后紫外线灯消毒。卫生间所有清洁工具分别存放，服务人员带胶皮手套操作，采取擦拭消毒和喷洒消毒的方法，进行清洁整理。

2018年杯具消毒

房间内所有用品坚持“一客一用一消毒”。规定杯具清洗消毒程序、消毒柜使用规范，消毒员严格按照规范要求对杯具等客用品清洗消毒，做好记录。按行业配比标准配备房间、面盆、抹布、马桶、地面消毒水对相应区域或物品消毒，做好消毒及消毒水更换记录。

2021年电梯按钮消毒

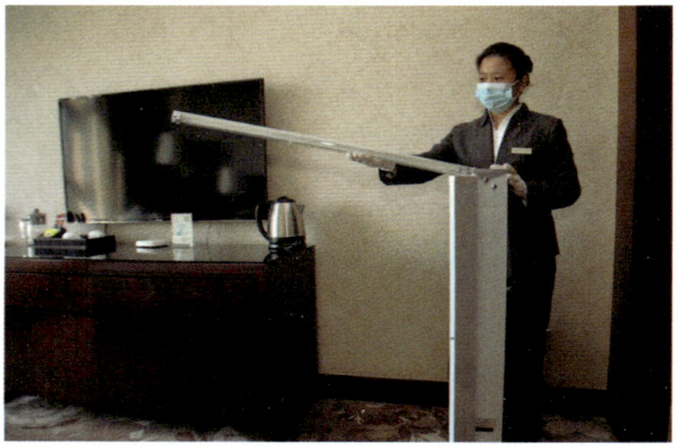

2021年房间紫外线灯消毒

“非典”特殊时期，及时调整工作重点，加大对房间及公共场所的卫生整理次数，保证各个场所的通风，每天对客房空气消毒，公共场所进行熏蒸和空气喷药消毒，通道铺上洒有消毒液的垫子。新冠肺炎疫情防控期间，宾馆认真落实相关防疫措施，做好公共区域、房间的通风消毒工作，关注宾客身体状况，按照疫情防控常态化管理要求，加大日常消毒工作的监督检查，所有岗位严格执行消毒流程和消毒标准。各楼层服务台配备口罩、酒精等防疫用品，房间全面紫外线灯消毒，为宾客提供安全舒适的居住环境。

第三节 标准化服务

衡水迎宾馆初期客房服务人员少，服务单一，随着地址的变迁接待条件的不断改善，客房服务标准逐步提升。特别是进入前进街址，客房服务标准不断细化，提升了服务质量，带给宾客家一样的温馨。

服务程序

1988 年，国家旅游局推出“酒店星级评定制度”，这一制度使标准化服务程序得到了强化和落实。以现场教学、示范指导的方式开展客房标准化培训，不断提高服务意识和服务水平。

迎送 根据前台的通知，详细了解客情，做到“七知、三了解”即知接待单位、人数、国籍、身份、生活特点、接待标准、健康状况；了解客人抵离店时间，了解车、船、航班时间，了解客人宗教信仰。根据客人的宗教信仰、生活特点、接待标准及规格，对客房进行布置。电梯口迎接客人，引领客人进房间，欢迎茶，介绍房间设施及服务项目等，协助行李员将客人行李（团队）分送至各房间。客房服务中心负责客人入住期间服务需求的传达。值班员负责对客服务、退房检查、公区卫生整理等。卫生员负责房间卫生整理、棉织品的送取等工作。同时掌握客人离店时间，做好送别服务。帮助客人提携行李。检查客衣情况、各种账单及各项委托代办事项是否办好。临行前，征求客人的意见，为客人按电梯、提行李，主动搀扶老弱病残，送至电梯口，并致离别祝愿。

2015 年值班员对客服务培训演练

2018 年值班员在电梯口迎接客人

铺床 客房服务员必须掌握的基本技能之一。能熟练地铺床，对提高客房清扫效率起到关键性的作用。宾馆 20 世纪 90 年代是西式铺床，平整美观、造型规范。床单和毛毯包裹紧实，客人需用较大力气才能将毛毯拉出来。到了 21 世纪被较为流行、也更为方便的中式铺床所替代。中式铺床被子轻盈、保暖，使客人盖得更舒适、方便。为夯实服务基础，提高大家业务技能，宾馆定期开展做床比赛大练兵活动，要求在 2 分 30 秒内完成甩单定位、包角、套被罩、被子定位、套枕套等规范操作，并有严格的考核标准。

2009年客房部铺床技能比赛

2019年客房部铺床技能比赛

附　记

铺床比赛

郭春芳

自收到铺床比赛的通知，大家都热情高涨，纷纷摩拳擦掌。铺床比赛考验的是中式铺床速度和质量，要求选手必须在2分30秒内完成甩单定位、包角、套被罩、被子定位、套枕套等规定动作，再根据选手自我介绍、仪容仪表、操作、动作美感等项目进行现场评分。大家为了争取在此次比赛中取得优异的成绩，把服务室、会议室等场所腾出来作为练习场地，利用工作间隙抓紧练习，不怕苦、不怕累，往往是一个动作都要重复无数次，胳膊练酸了，手腕练肿了也没有一丝怨言。特别是新员工虽然是第一次参加这样的活动，但都非常刻苦，进步也非常快，个个练得满头大汗，雪白的单子在她们手中飞舞，优美的动作犹如音乐般值得欣赏，更值得欣赏的是她们的热情。经理和领班也在一旁指点示范，关键动作操作要领手把手地教。通过大家的努力，铺床的质量和速度都有很大提高。

比赛开始，他们面带微笑，依次竞技，既争分夺秒又忙而不乱，精湛的技艺、优美的动作使会场不时响起阵阵热烈的掌声，举手投足、甩抛定位等无不反映出扎实规范的服务技能，平日的汗水和付出在这一刻都得到了体现。

（作者：郭春芳　迎宾馆客房部）

个性化服务

个性化服务是标准化服务的延续，服务人员积极主动了解客人，换位思考，为宾客提供满意加惊喜的针对性服务。

培养教育员工注意观察客人并提供针对性服务。为出去晨练的客人在房间提前晾好一杯白开水。冬季客人衣物厚重，为客人打开房门后，帮客人挂好脱下的衣帽。有访客时，及时根据人数送上茶水和椅子。看到房间客人摆有药品时，附上卡片祝“工作顺利、身体早日康复”等，细节中体现温情，一些小小的付出，得到的是客人真挚的感谢。绿植装点布置公共区域，VIP 客人房间增加欢迎卡及天气预报卡，做夜床后放置玫瑰花和晚安卡，为客人营造舒适温馨的气氛，提高居住环境舒适度。

2006 年贵宾楼 VIP 房间布置

2015 年 VIP 房间布置

每间客房内放置不低于 10 本的书籍供客人阅读，书籍内容涵盖衡水历史、旅游、文化等，宾客可以欣赏和了解衡水地域文化。做夜床时调整房间温度、灯光亮度，为入住的老年人准备防滑拖鞋、防滑凳、老花镜、地面多铺放脚巾等。对醉酒、生病客人提供蜂蜜水、红糖姜水等服务。给入住儿童准备气球、玩具、儿童枕、儿童浴衣等物品，增加房间的温馨度。美化客房居住环境，利用院内植物的叶片、花瓣布置画卷，为客人布置房间，婚房提前铺好红色床品，叠放天鹅，撒上花瓣，使婚房更加喜庆温馨。对学生家长提供洗衣服务、增加一次性用品、加送矿泉水等服务。根据季节为客人赠送梨水、绿豆汤等，并用留言的方式与客人互动，这些举措受到客人的回复和表扬。

通过个性化服务不断总结服务经验，提出“对 VIP 客人精心服务，对普通客人热心服务，对特殊客人贴心服务，对有困难客人全心服务，对挑剔客人耐心服务，对患病客人细心服务”六心服务工作法。在日常工作中，真正想宾客之所想，急宾客之所急，真正把工作做到顾客的心里去，用优质服务赢得顾客。

2017 年儿童房用品

2017 年情侣房布置

2017 年欢迎画卷

第四章 会议服务

20 世纪 60 年代，招待处会议室规模小、数量少，随着时代的变迁，大、中、小型会议室及千人会堂相继建成。在风格设计、空间布局及配套设施等方面都有显著提升，同时满足不同规模的商务接待、机关团体会议等需求，为与会宾客提供规范专业服务。

第一节 会议室概况

建立初期，会议室设备简陋、功能单一，随着不断发展改进，配置逐渐升级，前进街址建成后，会议室内部装修优雅大气，配套设施齐全，可同时承接不同规模的会议活动。

会议室类型

桃城街旧址简朴的平房里面设有 3 个会议室，可容纳 30 余人，大餐厅兼具会议功能。

新华路会议室条件有所提升，增加一个可以容纳 40 余人的会议室及四五百人的大礼堂。

人民路期间先后配备容纳 20 ～ 1200 人的大小会议室 12 个。其中迎宾楼、怡宾楼会议室各 3 个，贵宾楼会议室 4 个，大、小礼堂各 1 个。大礼堂包括会场及贵宾休息室，观众厅座位 1200 个，1996 年装修后 795 个。当时衡水大型会议如“三干”会、“两会”等均在此召开，衡水市及各单位春节晚会大都在这里举办。小礼堂建于 1988 年，容纳 300 人，1993 年改为多功能厅，可根据会议需求变换各种形式。

2002 年迎宾楼三楼中厅固定式会议室

2004 年怡宾楼三楼中厅圆桌座谈形式会议室

2004 年迎宾楼四楼中厅可变式会议室

2005 年大礼堂

2004 年贵宾楼三楼会议室

2012 年怡宾楼三楼大会议室

2005 年小礼堂

前进街址大、小会议室，多功能厅，休息室共 17 个。衡水会堂位于宾馆的最南边，既可举办会议，也可承接各类演出，观众厅座位 920 个，其中残疾人座位 2 个。主席台可容纳百人左右。演出时舞台可升降，设有专用道具入口，4 个化妆间，内有卫生间、更衣柜、化妆台等。贵宾休息室容纳 16 人，设有独立卫生间。主席团会议室容纳 60 人左右，可根据需求变换形式。

2014 年 1 月 24 日衡水会堂第一次承接衡水市春节联欢晚会现场

衡水会堂观众厅

2016 年 10 月 25 日在衡水会堂举办纪念红军长征胜利 80 周年《长征组歌》宣讲音乐会

2020 年衡水会堂化妆间

2020 年衡水会堂贵宾休息室

2020 年衡水会堂主席团会议室

惠园有会议室 11 个，除恒兴厅外，其余 10 个会议室以衡水各县市区名字命名，武强厅、安平厅、饶阳厅、阜城厅、开发区厅、景州厅为固定式座谈形式，可容纳 18 ～ 40 人不等。武邑厅为沙发会见形式，可容纳 8 人。恒兴厅、故城厅、深州厅、枣强厅可以根据会议需求变换形式，可容纳 50 ～ 200 人不等。其中恒兴厅容纳人数最多，功能齐全，设有 35 平方米主席台，可承接电视电话会、签约、培训会议等大型活动。

2021 年武强厅

2021 年枣强厅

2021 年恒兴厅

2021 年景州厅

2021 年饶阳厅

2021 年武邑厅

2021 年阜城厅

2021 年故城厅

2021 年安平厅

2021 年深州厅

2021 年开发区厅

滨湖厅和桃城厅位于迎宾楼一楼，滨湖厅为座谈形式，可容纳 43 人。桃城厅为会见形式，可容纳 32 人。紧邻滨湖厅的是贵宾休息室，可容纳6人，内设独立卫生间。

2021 年滨湖厅

2021 年桃城厅

2021 年贵宾休息室

会议室装饰

会议室从简装白墙、木墙裙壁纸贴面、真皮软包大理石墙面等逐步升级，特别是前进街址会议室，整体设计新颖、舒适，造型独特的水晶灯，图案多样的大理石、纹路典雅的玻璃饰面，营造出高端、大气的视觉感受。每个会议室挂有独具地方特色的壁画，凸显衡水地域文化。恒兴厅整个大厅以米色为主色调，选用高档吸音材料，四壁以艺术玻璃和铜花片装饰，顶面造型为方形欧式藻井序列，既美观大方又符合声学要求。衡水会堂的建造采用新技术和新材料，注重环保、节能。整体装饰设计以现代、自然的风格为主，突显材料自身的质感美，色调淡雅。灯光配置，采用珍珠 2048 专业级电脑调光台，灵活精准地控制舞台区域所有灯光，从而实现舞台区域均匀清晰的光照度。门厅两端摆放着从人民路址贵宾楼大堂移来的两尊饶阳骨雕工艺品。饶阳骨雕制作技艺是第七批省级非遗代表性项目。高 1.3 米，直径 0.6 米，圆形宝瓶形状，瓶身布刻百子闹春，顶盖分别饰刻狮子，一雌一雄，或抚摸幼狮，或玩弄绣球，避凶纳吉，充满祥瑞。

2022 年衡水会堂骨雕工艺品

第二节　会场配置

迎宾馆成立之初，会议室布置简朴，只有木板椅长条桌，随着时代的变迁，会场用品逐步增多，且材质优良。会议室功能随社会需求的变化越来越齐全，为宾客提供高品质的会议场所。

会议用品

会议室最初配备的家具为木制长椅和会议桌，后来逐步升级为实木皮椅、皮质弓形椅、高档沙发和不同类型的会议桌。会前，摆放统一配制的陶瓷纯白茶杯，彰显了会议服务的高雅。前进街址开业后，改用优质白色骨质瓷杯，其透光性和耐用性高，较普通的陶瓷杯更加精制。杯身附印的LOGO和衡水迎宾馆馆名组合，让观者赏心悦目，喜爱有加。为了增加会议服务的凝重感，宾馆又订制了防烫杯托、皮质垫板，黑色暗纹设计，使两者浑然一体。同时杯托具备笔架功能，放置其上的碳素笔让用者取用自如。同组摆放带有信纸的书写垫板和伸手可取的高档白色纯棉方巾使整个会场服务倍感温馨，整齐有序。

2022年衡水迎宾馆60年间使用过的茶杯

音像设备

随着迎宾馆的改扩建，音像设备逐渐提升成结合智能混音器应用的多话筒讨论发言系统，避免了接入话筒数量少的弊端。同时在会议音响系统抗干扰、减少声反馈、避免啸叫等设计方面下足功夫，使声音清晰透亮舒服自然。采用单线缆连接的“手拉手”专业会议系统，具有完善的会议管理功能。会堂配备专业级48路调音台，能够更好地实现声音还原，清晰均匀地将主席台发言者声音送达每一位现场观众的耳中。大部分会议室使用壁挂式音箱，分别安装在会议室的四个角落和中间位置，进行近距离的扩声，使参会人员感受到声源的真实存在，配备功率放大器、调音台、无线手持话筒、音频处理器、投影等设备，形成一个具有先进水平、网络化、多功能的会议室显控环境。

第三节 会场服务

由原来单一的倒水服务，逐步发展为根据不同规格会议，提供针对性服务，使会议服务更为专业化、规范化。通过接待高端商务会议、精品企业年会、大型会展活动等，积累了丰富的会议服务经验。

规范服务

桃城街时，没有专职会议服务人员，有会时临时派人，服务简单，会议室摆放水杯，提供开水，客人自行续水。新华路时服务员根据客人喝水情况观察续水。搬迁至人民路后，前期大、小礼堂主要是政务会议接待。服务人员3～5人，负责会议服务及卫生整理工作。1995年末，大、小礼堂实行统一管理，对外承接各类会议，会议逐渐增多。服务水平和卫生质量有了较大提高，开会前服务人员提前调试好灯光音响设备，空调调至适宜温度，备好会场所需用品，做好会场客人的引领。会中及时送上茶水，时刻关注会议室内各类情况，灵活做好服务。会议结束引领客人有序退场，整理归放所有会议用品及设备。

专业服务

迁入前进街址，在原有管理模式的基础上，致力于软件服务的提升。对会议服务相关程序进行专业培训，规范动作标准。划分区域，明确各岗位工作职责。

在专业服务的基础上，为与会方提供一对一咨询，“一站式”跟会服务，协助会方全程策划、沟通、组织、协调，保障各环节无缝衔接，倾心为宾客提供优质的会议服务。

衡水会堂作为大型会议的主会场，主席台上的服务是整个大会的核心。卫生、桌椅布置、灯光音响的调试、物品的准备等工作不容一丝马虎。待会务人员摆放完桌牌、文件后，服务人员再次检查桌椅和物品是否整齐，及时调整，并熟记每位与会人员的位置。在发言席提前备好方巾、湿手器、小闹钟、茶杯、演讲稿支架等物品，了解每位与会人员的发言时间及时更换水杯、方巾。服务人员化淡妆，佩戴白色手套，穿黑色皮鞋，精神饱满，在会前15分钟摆放方巾、倒水，动作一致、整齐划一。高质量的服务，成为了一道亮丽的风景线，引来众多记者纷纷拍照。

2018 年主席台倒水服务培训

2018 年“两会”主席台倒水服务

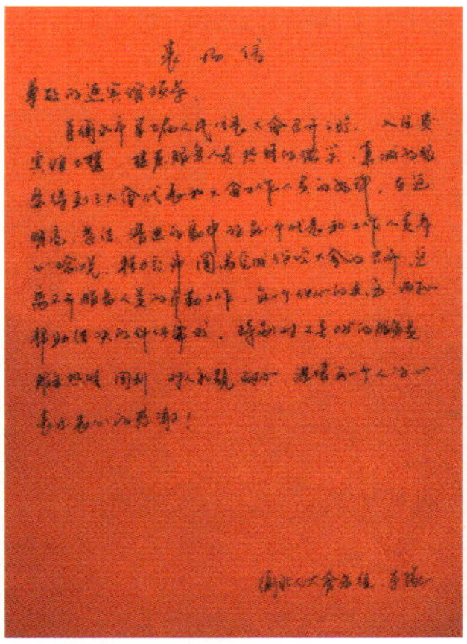

表扬信

尊敬的迎宾馆领导：

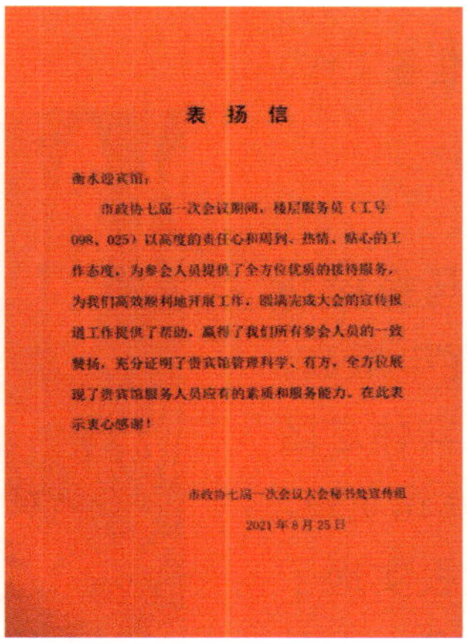

表 扬 信

衡水迎宾馆：

市政协七届一次会议期间，楼层服务员（工号098、025）以高度的责任心和周到、热情、贴心的工作态度，为参会人员提供了全方位优质的接待服务，为我们高效顺利地开展工作，圆满完成大会的宣传报道工作提供了帮助，赢得了我们所有参会人员的一致赞扬，充分证明了贵宾馆管理科学、有方，全方位展现了贵宾馆服务人员应有的素质和服务能力。在此表示衷心感谢！

市政协七届一次会议大会秘书处宣传组

2021 年 8 月 25 日

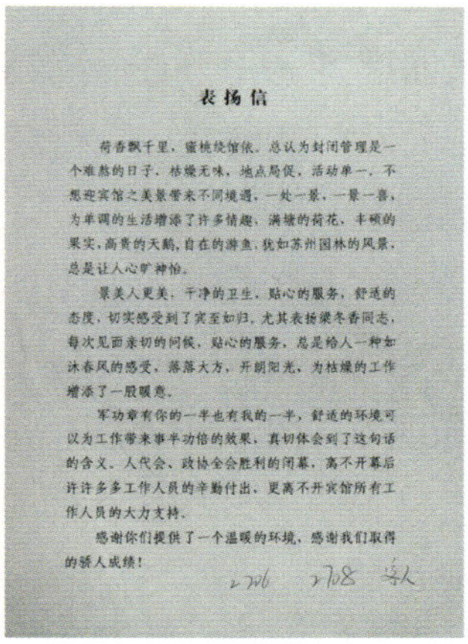

表扬信

荷香飘千里，蜜桃绕馆依。总认为封闭管理是一个难熬的日子，枯燥无味，地点局促，活动单一，不想迎宾馆之美景带来不同境遇，一处一景，一景一喜，为单调的生活增添了许多情趣，满塘的荷花、丰硕的果实，高贵的天鹅，自在的游鱼，犹如苏州园林的风景，总是让人心旷神怡。

景美人更美，干净的卫生，贴心的服务，舒适的态度，切实感受到了宾至如归，尤其表扬梁冬香同志，每次见面亲切的问候，贴心的服务，总是给人一种如沐春风的感受，落落大方，开朗阳光，为枯燥的工作增添了一股暖意。

军功章有你的一半也有我的一半，舒适的环境可以为工作带来事半功倍的效果，真切体会到了这句话的含义，人代会、政协全会胜利的闭幕，离不开幕后许许多多工作人员的辛勤付出，更离不开宾馆所有工作人员的大力支持。

感谢你们提供了一个温暖的环境，感谢我们取得的骄人成绩！

2706　2708　客人

2021 年“两会”发给衡水迎宾馆的表扬信

第五章　其他服务

衡水迎宾馆在做好餐饮、客房、会议接待外，还协助县市区做好重要接待与各类大型活动的服务工作，展现良好的对外形象。同时设健身房、美发室、台球室、乒乓球室、舞厅及茶社等，为客人提供综合性服务。

第一节　对外服务

衡水迎宾馆业务骨干多次到各县协助完成省部级以上领导接待。在接待过程中认真负责，团结一心，以过硬的业务水平，出色地完成了历次外服接待任务。

县市区外服

20 世纪 60 年代国务院总理周恩来到冀县码头李公社慰问地震灾区人民，70 年代国务院副总理陈永贵几次来深县大屯视察，90 年代国务院副总理温家宝到阜城、景县、武邑考察等，招待处均安排人员随行，负责餐饮服务工作。赵克志、许勤、梁田庚、赵一德等省部级以上领导多次到衡水各县市区考察工作，入住当地宾馆，招待处协助做好菜品准备、房间布置等前期准备工作，与当地相关部门共同完成接待任务。

现场服务

自 2012 年衡水湖首届国际马拉松开赛以来，赛事在国内外美誉度逐年增高。每年比赛现场的贵宾休息室、嘉宾休息区及开幕式引领服务，均由衡水迎宾馆负责。为做好现场服务工作，提前多次去实地了解情况，进行卫生整理、物品准备、人员安排等。比赛当天，工作人员凌晨 4 时在夜色中集合，携带暖瓶、茶杯、纸巾等会场所需物资赶到现场。按照分工和要求开展各项工作，整理布置嘉宾休息区、准备贵宾休息室茶歇等。连续八个小时站立服务，毫不懈怠，凭借优秀的业务素质和娴熟的服务技能圆满完成各项服务工作。

2014 年马拉松服务

2016 年马拉松服务

2018 年马拉松服务

2020 年 9 月 28 日，第 32 届中国电视剧“飞天奖”、第 26 届全国电视文艺“星光奖”颁奖典礼在衡水举办，衡水迎宾馆负责颁奖典礼嘉宾候场区布置及服务工作，提前对保利大剧院现场勘察制定服务方案，成立茶歇专业服务队，精选餐具盛器，用直径 1.2 米的花束及玫瑰花装饰台面，整体效果高端大气，圆满完成颁奖典礼的茶歇服务，得到与会嘉宾好评。

2020 年 9 月 27 日颁奖典礼露天茶歇
衡水迎宾馆现场服务

北戴河暑期服务

衡水迎宾馆自 1999 年始，赴北戴河执行暑期服务任务。参加支暑服务人员团结一心、相互协作，主动加班加点、任劳任怨。由于宾馆地处沿海，夏季空气湿度大，房间潮湿，为保证宾客有舒适的居住环境，将使用墩布拖地改为用抹布擦地，虽然劳动强度增大，但有效降低了房间空气湿度。其间大家恪尽职守，凭借规范化、细致化、个性化的服务，认真完成各项工作。至 2020 年，圆满完成 5 次支暑任务。曾多次受到上级部门表彰。

荣誉证书

授予：郗金辉

支援北戴河暑期办公先进个人

衡水市人民政府办公室
2020 年 9 月 22 日

2020 年支暑工作先进个人荣誉证书，
郗金辉获支援北戴河暑期办公先进个人称号

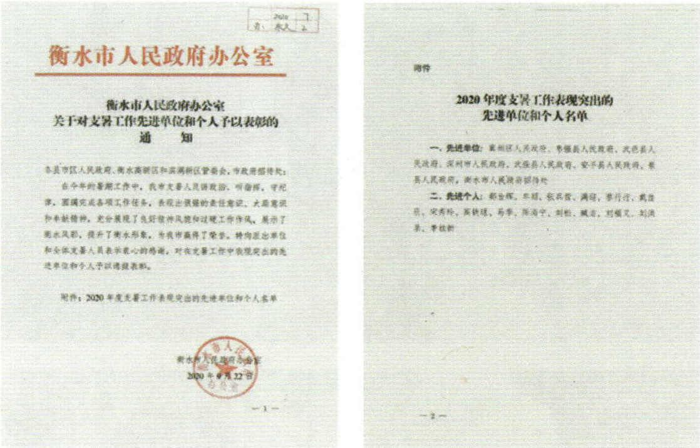

衡水市人民政府办公室

衡水市人民政府办公室
关于对支暑工作先进单位和个人予以表彰的
通　知

附件

2020 年度支暑工作表现突出的
先进单位和个人名单

2020 年度衡水市人民政府办公室关于对支暑工作先进单位和个人予以表彰的通知

帮扶冬奥会

2021 年 11 月 25 日、12 月 19 日，按照市政府工作要求，经过层层选拔、优中选优，衡水迎宾馆甄选出 4 名人员为领队，赴张家口为北京 2022 年冬奥会和冬残奥会服务。在她们的带动下，整个团队精神饱满、士气高昂，在工作中尽职尽责，发扬不怕苦、不怕累的服务精神，用真心和热情为世界友人服务。队员以精致、细致、极致的服务展现衡水风采，圆满完成各项服务保障任务。

2021 年 11 月 25 日北京 2022 年冬奥会和残奥会（张家口赛区）衡水迎宾馆帮扶人员支忆（左一）、满迎（左三），参加座谈会合影

2022 年 5 月帮扶冬奥会工作人员合影

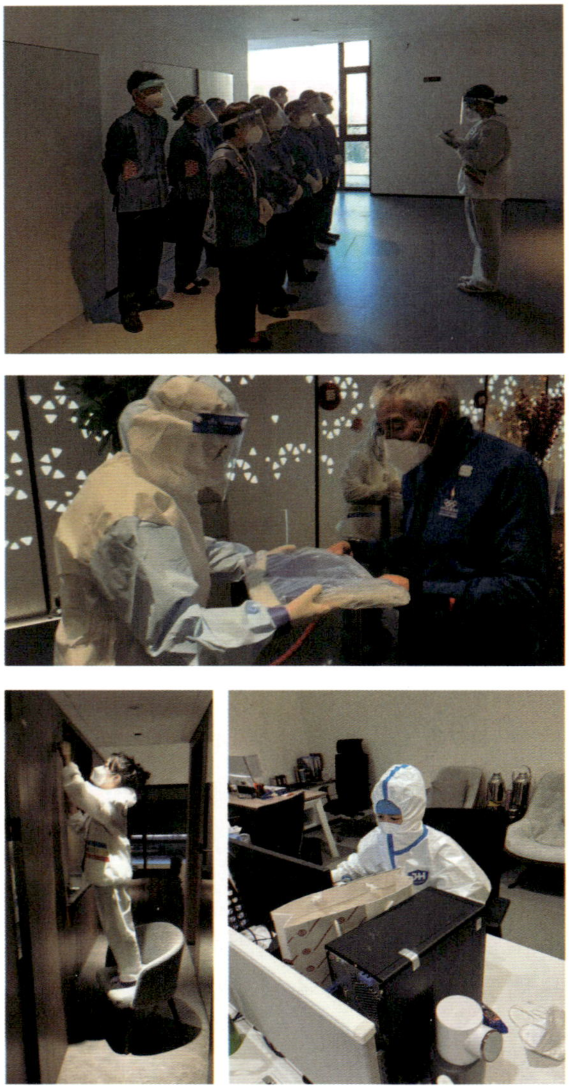

2022 年 2 月冬奥会服务现场

附　记

一起向未来

支　忆

纯洁的冰雪，激情的约会，第 24 届冬奥会的这一棒传递到了我们手中，万众瞩目的盛事在京张上演，作为一名酒店帮扶人员，我非常幸运地参与到这一盛会中。

2021 年 11 月 25 日，我们怀着激动的心情踏上了前往张家口崇礼区的路程。山路绵延，历经 8 个小时的车程，晚上 19 时我们一行 40 人终于抵达了目的地。踩在厚厚的积雪上，寒冷的天气侵袭着我们每一个人的身体，一抬头看到雪如意场馆像一只雄鹰威严地屹立在崇山峻岭之中，顿时都被它的宏伟而深深地震撼到。酒店的领导们热情地接待了我们，在谈话中得知我们此次前来帮扶的酒店是新筹建的，设施还不完善，由于疫情原因，很多物资都没有办法及时补充到位。经过一个晚上的休整后，第二天大家就都投入酒店的“开荒”工作当中去。面对繁重的工作，巨大的精神压力，我们没有退缩，互相鼓励，按时保质保量完成了任务。在异常忙碌中，我们迎来了2022年春节，在这个万家团聚的日子，很多帮扶人员都是第一次离开家人、故乡在外过年，为平定大家思念家乡的情绪，我们帮扶领队联系到了酒店管理层，在1月31日下午，组织了大家贴春联、包饺子、看电影的活动。活跃了气氛，鼓舞了士气。

作为一名冬奥帮扶团队前厅部领队，我主要负责前厅接待、住宿保障等工作。面对陌生的工作环境，我需要让自己尽快地了解并掌握酒店的情况，在日常工作中积极参加酒店内组织的会议和培训，在不断地学习中，不仅提高了自己的疫情防控知识，还加强了对酒店服务行业知识的学习。2月4日，北京冬奥会正式拉开了序幕。在客人到达前的准备工作中，我们需要了解客人到达中国的航班信息、车辆信息、在客人到达酒店后我们不仅要确认团队身份，还需要和客人沟通好采集核酸的时间、场馆内大巴车运行的时间，随时了解外宾在冬奥会期间的工作流程。我灵活地运用了自己所学的英文知识，在接待外宾过程中，我发现很多外宾在到达中国后由于跨国的原因，银行卡没办法消费，他们也没有兑换中国的币种，导致在购物上面遇到了困难，当我得知后，我带着客人来到了ATM机前，用他们的银行卡帮助他们取得了一部分现金，这样就解决了他们在购物方面的问题。我还常常叮嘱自己和团队成员，“在面对客人时，永远要把自己最好的一面展示出来，帮扶人员代表的不是个人，而是代表国家形象、企业形象，面对肆虐的疫情，我们都是最美的逆行者，不能退缩，我们要让所有人记住衡水帮扶人员铁军的风采”。历经127天，其中闭环管理55天，大家一起工作，每个人都倾情奉献，踏实工作，圆满完成冬奥帮扶使命。

心中有梦想，脚下有力量，未来有方向。能够作为保障团队的一分子参与到2022年北京冬奥会、冬残奥会这一历史性事件中去，是历史赋予的重任，是我一生的骄傲，我定励志前行，严于律己，精益求精。

（作者：支忆　迎宾馆前厅部）

冬奥有我“疫”往无前

蔡行行　王向蒙

作为一名中国人，我为第24届冬奥会在我们伟大的祖国举办深感骄傲和自豪！我们能成为代表衡水迎宾馆参加冬奥会现场帮扶团队的一员，感到无比荣幸！2022年伊始，面对突如其来的新冠肺炎疫情，我们所有帮扶人员没有退缩，义无反顾地奔赴冬奥会分会场，张家口崇礼。这座冰雪皑皑的美丽城市，像被洗礼过似的，空气清新。看到冬奥会场馆干净整洁、气势恢宏，在这里工作的人们面带微笑、充满阳光、温暖如春，我们真真切切感受到了祖国的强大！

为了做好接待工作，我们提前接受了严格的培训，从服务礼仪、语言问候到各项服务流程等方面都进行了强化练习，紧张的学习氛围让我们深深地体会到这次任务的艰巨性。在全世界疫情影响的大环境下，参赛选手从五洲四海而来，新冠病毒不知道在哪里会出现，所以要求我们每名工作人员都必须身穿防护服、佩戴防护手套进行工作。在穿上防护服的那一刻，眼前的世界因防护面屏而变得有些模糊，与人交流更须凑近才能听清，说话会不自觉地放大音量，没走几步，强烈的闷热感会让人喘不过气来……我们每天穿着防护服工作 4 ～ 5 小时，套在最里面的工作服每每都会被汗水浸透，那种沉重、闷热的感觉让人很难想象。橡胶材质的防护手套，使我们的手上都出现小面积红疹的过敏反应，又疼又痒，需要点涂药膏缓解，但是短时间内又要“全副武装”投入工作，全副武装带来的身体不适，在投入工作的那一刻起，我们竟全部忘记。每次工作结束，脱掉密不透风的防护服，看着自己脸上深深的口罩印、又红又肿的双手，蓬乱湿漉的头发，我们都会相视一笑，互相鼓励，我们享受着这份在平凡岗位上而不平凡的荣耀。

北京冬奥会已经结束，但运动员们不断超越自我的画面一直留在我的心里，那些关于热爱、拼搏和梦想的故事，带给我长久地感动，更赋予我前行的力量。生命中的挑战，会让我们更明白自己应该成为一个永不设限的人，就像谷爱凌在自由式滑雪女子大跳台决赛中做出了从未尝试过的 1620 抓板。冬奥会上的运动健儿们，用自己的经历鼓舞着我们去勇敢地挑战自己。让我们践行北京冬奥精神，立足迎宾馆工作岗位实际，心系祖国，以更加坚定的自信与勇气，向着实现更高的人生目标奋勇前进，向着实现中华民族伟大复兴的中国梦奋勇前进！

（作者：蔡行行　王向蒙　迎宾馆餐饮部）

第二节　总机服务

衡水迎宾馆总机服务是看不见的服务，用声音和语言带给宾客宾至如归的体验。通过话机听筒传递微笑与服务礼仪，联通宾客的同时维系内部运作系统，保证通信畅通。

总机设备

桃城街、新华路时期，工作业务和住客来往电话只有一部电话机，来电时，服务人员到房间喊客人接电话。1985 年增建 2 号楼，第一次安装了 100 门电话分机，招待处开始有了总机房。1989 年 3 月实现长途电话代办挂发，统一由总机接转，各楼层服务室向宾客结算。1990 年，为解决电话交换机制式落后、通话质量差、容量小，不能进入市网等缺陷，7 月购置了容量为 200 门的先进程控交换机替代原机，开通使用后，新增电话机 60 部，实现了客房、卫生间电话全覆盖。1992 年购置更换了 75 部电话机，使客房电话由原来的脉冲式改为音频式，提高了电话的接通率。1994 年安装 512 门程控电话交换机，给入住客人带来更大的便利，2009 年更换上海申瓯 512 门数字程控交换机，分机容量增大的同时，电话机具备了来电显示功能。

职能作用

总机由人工转接，一个机台，16 条外线，搬入前进街址，选用国内更加先进的模块系统，为宾客提供转接内、外线电话、电话叫醒、留言、电话查询等服务，实行

24 小时三班倒工作制。总机员工熟记常用电话号码、内线号码、宾馆各项功能设施服务、营业时间及收费标准。与各部门保持良好沟通，第一时间了解新动态及规定。认真完成话务工作，随时检查维护系统，保证宾馆内外电话的畅通。

业务训练

多年间，定期组织话务员进行电话礼仪、语音语调的培训，严格要求，不断进取，为客人提供更优质更完善的服务。曾组织人员到 114 查号台学习，机上一秒钟，机下百日功，话务员要练好脑功、手功、耳功、口功，才能成为一名合格的话务员。对音量、声音情绪和音调高低严格把控，说出口的第一个字即要向客人传达热情，让宾客听着舒服。话务员有的感冒发烧，白天输液，晚上仍坚持值班。新调整的话务员，为了具备相应的素质能力，每天早起背记分机号码，为了巩固业务提前到岗再熟记一遍，把看似简单的事情做到了极致。

附　记

打电话有感

李红瑞

刚拿起耳机，又顾虑重重，担心求人不成，再被服务员“教育”一番。无奈何，既有事要办，只好硬着头皮拨动了一下“287”地区招待处电话号码。

“喂，同志，麻烦您给找一下一三七房间的焦铁军同志好吗？”我小心翼翼地说。

“请稍等，我马上去找”。

“不凑巧，人没在，等会儿来电话好吗？”话筒里又传来服务员的回话声。

我听着这热情温和的话语，想起过去那种“冷若冰霜”的声调，服务态度真是改善多了。我顺坡下驴，又向服务员提出了个“得寸进尺”的要求，请她代我给老焦同志写一留言。服务员同志详细问了我的姓名、住址，记录下我的留言，然后复述了一遍，并要我放心，一定把留言放在显眼的地方。此时，我有点羞愧满面了。

一会儿，电话铃响了，我和老焦通了话。

通完话后，我不由得联想翩翩，人心所向“四化”，一切都在改变。大多数服务人员真不愧为“四化”建设的好后勤。

（摘自 1979 年 5 月 19 日《衡水日报》，本文刊用略有改动）

第三节　康乐服务

宾馆除客房、餐饮、前厅、会议服务外，还为宾客提供医疗、美发、休闲、健身等服务，满足客人不同层次需求，体现宾馆以人为本的经营理念。

医疗

1978 年 1 月，建立医务室，为入住宾客及各类会议提供医疗服务，曾为多位国家领导人做医疗保障工作。医务室工作人员始终以真诚的服务感动宾客的思想，以精湛的医术和贴心的服务，博得了各级领导与兄弟单位的认可。省公安厅领导有一次入住招待处，身体不适头疼发热，医务室工作人员为其输液，细心照顾，客人很快恢复，后来每次来衡都会问候医务室人员。此外，医务室还负责单位职工及家属的医疗保健工作，当时临近的机械局、化工公司职工都到招待处看病。2014 年因人员及机构调整，医务室撤销。

附　记

我在卫生室工作的二三事

黄素玉

我 1978 年 3 月由地区医院调到招待处筹建的卫生室。卫生室的任务是为入住招待处的客人服务，为全处干部职工服务。当时只我一人，工作非常繁忙，后来来了一位医生，我们昼夜轮流值班。

记得那年总理来衡水前，省公安厅处长做保卫工作时，突发高烧 39.2℃，我为他及时输液打针，守护身旁，精心治疗，很快退烧，他与同来的一组人都非常感激。在此后，处长只要来衡水就到医务室来看我。

这些年来我为患者服务，不分职务高低一视同仁。记得本处一名职工因急腹症来医务室看病，经我确诊后，马上与医院联系，及时送往医院做了急性阑尾炎手术，因抢救及时脱离了危险。还有两位女职工因患有眼疾，买不到药品，非常着急，我千方百计去石家庄、辛集等地为她们购药。她们感动地说：“黄大夫处处为我们着想，真是太好了”。

作为药剂师的我，自己利用业余时间研究配制黑痣、瘊子的专用药，义务治疗的人不计其数。一位省化工厅的陈先生，在面部三角区有一颗玉米粒大的黑痣，他来衡水出差专门找我进行根治，治疗后没留疤痕，他非常感激。

在招待处卫生室工作的 20 年，有着很多的故事，最大的回报是患者的极度信任。更是体会到招待处是个大家庭，给了我家的归属感，让我踏实、让我快乐、让我幸福。

（作者：黄素玉　迎宾馆退休干部）

美发

1962 年建处时设立理发室，是临街一间 10 平方米左右的独立房屋，主要服务于客人，20 世纪 70 年代初期，理发员一人兼多职。当时的理发室条件简陋，一块玻璃镜子，一把木质椅子，一把剪刀、一把手动推子。洗头用水壶把水烧热后倒入一个容器中，再兑上凉水，温度合适了，再从管子里放出来。1995 年招待处扩建，理发室搬到贵宾楼一楼，条件得到改善，配有家具、电视、24 小时热水，后又增加焗油机和专用理发椅。2013 年新址建成后，面积增至 80 平方米左右，根据功能划分为等候区、洗头区、理发区，理发用品用具一应俱全，配备消毒柜、洗衣机，各类消毒剂，客用品一客一洗一消毒。根据宾客需求及对发型的喜好，提供个性化服务。

休闲健身

人民路址时增设中医按摩、洗浴健身等多项康乐项目，1994 年人民路址小礼堂改建成多功能厅，命名“恒星俱乐部”，为当时举办大型舞会，卡拉OK演唱会，专题晚会和综合性文艺节目的首选之地。前进街址设立了康乐区，包括乒乓球室、台球室、健身房、KTV及足浴按摩。为入住宾客提供休闲健身场所。

附　记

让欢乐永远伴随您

马红莉　赵海营

走进行政公署招待处恒星俱乐部，品一杯淡淡的清茶，听一首悠扬的歌，跳一曲旋律优美的舞，一种全新的气息便会闯入您心中，于是，疲劳、烦恼便不再属于您。

恒星俱乐部是行政公署招待处修建的大型综合性娱乐场所。不论在硬件设备还是在软件服务上，都坚持走在全区前列。客人们紧紧张张工作一天，走进俱乐部可以松弛一下精神，感受一下欢乐、轻松、愉快的气氛。同时还能增长知识、了解衡水市。他们在原有歌舞等服务项目基础上，又增加了服装表演、知识问答、有奖竞猜等趣味活动。“衡水老白干的生产历史有多长？”“京九铁路途经衡水地区哪些县？”“衡水电厂何时动工？”……熟悉衡水的客人对答如流，在一片掌声中获得富于我区地方色彩的小纪念品。不太熟悉衡水的客人也对衡水有了进一步的认识。这对宣传衡水地区，吸引投资，发展衡水经济起到积极作用。

（摘自1995年11月20日《衡水日报》，本文刊用略有改动）

前进街址堂吧为客人提供咖啡、茶点等服务，严选咖啡豆及原料，现场研磨，通过不同的方式萃取制作，使用纯净水，保证口感。自行制作高品质甜点，安全卫生，并按季节、节日推出不同主题的下午茶套餐，让宾客享受美好的慢时光。一楼大堂南侧为三杯香茶庄，室内装修古香古色，环境优雅，茶叶品种多样、品质一流，是宾客商务洽谈的理想场所。

2021年迎宾馆堂吧咖啡甜点

2021年迎宾馆雅园三杯香茶室

重要接待

★ 党和国家领导人接待

★ 省部级领导接待

★ 会议团体接待

★ 科贸文体接待

★ 外事接待

第五编　重要接待

衡水迎宾馆的重要职责是做好地方政务接待，兼顾大型商务活动，立足地方发展大局，致力于扩大接待规模、提升接待水准、提高服务质量、树立良好形象，硬件建设及软件服务始终处于衡水市的领军地位。多年来成功接待了多位党和国家领导人、省部级领导及国内外知名人士、商界精英等，为宾客留下美好印象，提升了衡水形象，有效地推进了地方政治建设及经济发展。

第一章　党和国家领导人接待

（以党和国家领导人首次到衡水时间先后为序。）

60 年间，衡水迎宾馆成功接待了 40 多位党和国家领导人。在历次接待前，制定周密的接待流程、服务方案、应急预案等，从环境布置、房间设施、人员安排、菜品特色、安全保障等方面进行全方位的规范化服务，有效保证了任务的圆满完成。每一次重要接待都是对服务工作的一次历练，促进了接待水平的进步与提升。

彭真到衡水考察生产救灾

1963 年 10 月 19 日，全国人大常委会副委员长兼秘书长、政协全国委员会副主席彭真抵衡，下榻招待处。中共中央华北局第一书记李雪峰随行，其间考察水灾和生产救灾工作，并拨款修建被洪水冲垮的各类学校。

李先念四次到衡水考察

1964 年 1 月 7 日，国务院副总理李先念抵衡，下榻招待处。李先念深入农村，逐户了解群众生活，下达指令增调粮食，同时对洪水灾害后县城恢复作了具体部署。

1970 年 7 月 27—29 日，李先念抵衡，下榻招待处。27 日考察阜城县王海公社农作物生长情况，28 日上午到武邑县苏正大队和后泊庄大队视察，观看“506”钻井队钻探操作，在审坡中学与省、地、县负责人及钻井队各位机长亲切交谈，下午到衡水县武家庄、艾单驼村大队察看浅机井的钻探情况，随后到吴杜村大队、冀县韩庄大队察看棉花和谷子试验田。29日上午，考察生产小钻机的衡水五金厂。

1978年5月12日上午，中共中央副主席李先念抵衡，下榻招待处。下午，李先念到深县大屯乡后屯村实地考察“改洼治碱”情况，听取深县农业学大寨情况汇报。

1989年4月6日上午，全国政协主席李先念及随行人员23人乘专列抵衡，下榻招待处。在招待处二楼大厅参观王习三内画鼻烟壶展览，午餐为本地家常饭。饭后在礼堂门前分别和衡水地区党政领导干部、招待处服务人员合影留念。下午，李先念到中华公园参观金鱼养殖场，并亲手栽下一颗龙柏树，随后到衡水湖养鸭场、侯店毛笔厂进行考察，乘车察看衡水市容市貌，特意到吴杜村等地看望群众。

周恩来慰问冀县地震灾区

1966年4月1日上午，周总理乘直升机到冀县码头李公社指导抗震救灾工作，代表党中央、国务院、毛主席对灾民予以慰问，提出“自力更生，奋发图强，发展生产，重建家园”的十六字抗震救灾方针。随后在防震棚里召开灾区干部、群众代表座谈会。招待处派李克俭、厨师郭喜贵等到冀县码头李公社进行接待服务。

胡耀邦到景县考察

1984年11月5日上午，中共中央总书记胡耀邦到景县考察，听取中共衡水地委书记乔世忠、衡水地区行政公署专员平义杰的汇报，并作重要指示。招待处人员提前到景县做好接待服务准备，负责随行服务。

陈再道帮助撰写《冀南抗日斗争史》

1986年10月4日，全国政协副主席陈再道、原解放军政治学院院长刘志坚、原军事科学院顾问王蕴瑞、原解放军基建工程兵副政委杨杰抵衡，下榻招待处。他们分别担任过冀南军区司令员、政治部主任、参谋长和枣北县委书记。此次衡水行帮助撰写《冀南抗日斗争史》，并先后调研了衡水湖、侯店笔厂、冀县暖气片厂等地，衡水地、市、县相关负责人陪同。

杨成武两次到衡水视察

1987年10月4—5日，全国政协副主席杨成武等一行4人抵衡，下榻招待处。其间到深县看望老区人民。

是年11月7日杨成武抵衡，下榻招待处。8日到冀县视察，与抗日战争时期的老八路、老游击队员代表见面，9日到枣强县看望老区人民。离衡前与招待处服务人员合影。

王任重到衡水视察

1988年5月20—26日，全国政协副主席王任重抵衡，下榻招待处。王任重先后到冀县、故城县、武邑县、阜城县、景县进行视察，其间参加冀县老干部党史座谈会并合影留念。为冀县游泳馆题写馆名，并在景县详细视察工农业生产情况，看望老党员、老干部，视察乡镇企业和中小学校，嘱咐县乡村三级干部落实好党在农村的各项方针政策，带领乡亲们尽快走上富裕之路。

李鹏到衡水考察

1988年6月16日，国务院总理李鹏乘专列抵衡，下榻招待处。当日上午李鹏前往冀县考察工作，听取冀县县委书记杨洪涛、县长周明工作汇报，之后参观冀县暖气片厂、农化服务中心、中意玻璃钢厂，考察徐庄乡淄村棉田生产情况。中午回招待处，到怡宾楼二楼中厅观看中国工艺美术大师王习三的鼻烟壶展，并与其亲切交谈，在三楼会议室，听取地委书记平义杰、代专员张士英工作汇报，并作重要讲话。会后，李鹏等与招待处全体服务人员在大礼堂门前合影留念，晚饭后乘专列离衡。

田纪云到冀县赵祥屯村考察

1990年9月11日，中共中央政治局委员、国务院副总理田纪云乘火车抵衡，下榻招待处怡宾楼。田纪云到冀县魏屯乡赵祥屯村考察植棉大户吴广普承包的棉田，并对其予以殷切鼓励。省、地负责人陪同视察。

宋任穷到衡水考察

1991年10月10—13日，中央顾问委员会副主任宋任穷一行7人抵衡，下榻招待处。其间宋任穷到景县、故城县进行调研，并在故城县冀南“四•二九”烈士陵园献花，离衡前与招待处服务人员合影留念。

李铁映到衡水考察职教工作

1993年3月11日，中共中央政治局委员、国务委员李铁映抵衡，下榻招待处怡宾楼。李铁映到冀县、故城县参观农化中心、职教中心，分别与中心的工作人员合影留念。

孙起孟到冀县职教中心视察

1993年6月2—3日，全国人大常委会副委员长、中华职业教育社理事长孙起孟抵衡，下榻招待处。孙起孟赴冀县职教中心视察并听取汇报，就职教工作进行座谈。

万里到衡水视察京九铁路建设

1995年9月25日，原全国人大常委会委员长万里抵衡，下榻招待处贵宾楼。其间视察衡水新火车站工地和京九铁路建设情况，听取衡水市建设及经济工作汇报。离衡前与招待处服务人员合影留念。

姜春云两次到衡水考察

1996年3月23日，国务院副总理姜春云抵衡，下榻招待处贵宾楼。姜春云到冀州北内漳村调研农业和农村工作。

是年8月11日，姜春云再次到衡，下榻招待处贵宾楼，到滹沱河两岸考察灾情，并慰问群众。

宋平到冀州市考察

1996年11月19—22日，原中共中央政治局常委宋平抵衡，下榻衡水招待处贵宾楼。其间宋平到冀州市考察，并前往河北旭日集团和北内漳村指导工作。

费孝通到衡水视察

1998年4月22—24日，民盟中央主席、原全国人大常委会副委员长费孝通抵衡，下榻衡水迎宾馆贵宾楼。费孝通视察特种工艺厂和金鱼养殖场并分别题词。科学分析了衡水发展的客观环境和有利条件，希望衡水加强与京九线上其他城市的联系，积极开拓市场，加强对外宣传，发挥名牌效应，提高衡水知名度。

温家宝到衡水考察

1999年3月17—20日，国务院副总理温家宝抵衡，其间到邓庄农业高新技术产业园区、阜城、景县、武邑县考察，衡水迎宾馆负责随行服务。

江泽民到衡水邓庄考察

2001年11月3日下午，中共中央总书记、国家主席、中央军委主席江泽民乘专列抵衡，下榻衡水迎宾馆怡宾楼。4日上午，江泽民到衡水市桃城区邓庄农业科技示范园参观调研，与基层干部群众亲切交谈，了解群众的生产、生活和工作情况。在衡水停留期间，江泽民十分关心衡水湖湿地自然保护区建设，多次询问衡水湖湿地的形成、现状、水源供给以及鸟类资源保护和旅游等情况，衡水市委书记刘德忠一一做了汇报，江泽民听后一再指示：要搞好宣传，把这片湿地保护好。江泽民还询问“第一个农村党支部”的情况，刘德忠认真回答。活动期间江泽民总书记为衡水迎宾馆亲笔题字，与衡水市级班子成员在迎宾馆新世纪餐厅合影留念。

吴桂贤参加衡水中学60周年校庆

2011年9月25—26日，国务院原副总理吴桂贤抵衡，下榻衡水迎宾馆贵宾楼。9月25日晚，吴桂贤等观看衡水中学以“辉煌与梦想”为主题的校庆文艺晚会。次日上午，参加衡水中学建校60周年大会。

贾庆林到衡水调研

2012年7月14日上午，中共中央政治局常委、全国政协主席贾庆林到衡水调研指导工作。衡水迎宾馆负责随行服务。

陈宗兴到衡水视察

2013年10月22—24日，十一届全国政协副主席、中国生态文明研究与促进会会长陈宗兴到衡水视察，入住衡水迎宾馆。陈宗兴在出席第十三届中国·安平国际丝网博览会期间，就生态文明建设、文化产业发展及新农村建设工作深入衡水湖、安平全国第一个农村党支部纪念馆、孙犁图书馆、孙犁文化广场、武强年画博物馆、中国习三内画博物馆、衡水中国书画博物馆、武强周窝特色音乐小镇、安平县工业园区和衡水老白干酒厂等地视察指导工作。

顾秀莲到衡水视察“平‘语’近人进课堂”活动

2019年2月20—22日，全国人大常委会原副委员长、中国关心下一代工作委员会主任顾秀莲抵衡，下榻衡水迎宾馆。顾秀莲先后到桃城区永安路小学、故城县运河中学、郑口第二小学、枣强县第五小学、冀州区第一实验小学、衡水第一中学视察“平‘语’近人进课堂”活动，与师生交流互动，并在迎宾馆滨湖厅召开座谈会，听取有关情况汇报。

王勇到衡水调研

2022年6月30日，国务委员王勇到衡水调研检查安全生产工作，入住衡水迎宾馆。王勇先后到衡百国际商城、河北冀衡赛瑞化工有限公司现场检查安全生产、消防安全等情况。

1985—2018年，迎宾馆还先后接待过全国政协副主席吕正操，全国人大常委会副委员长李锡铭，全国人大常委会副委员长吴阶平，全国政协副主席周铁农，中共中央政治局委员、书记处书记、中央宣传部部长刘云山，全国人大常委会副委员长许嘉璐，全国人大常委会副委员长邹家华，全国人大常委会原副委员长、全国红十字会会长彭珮云，全国人大常委会副委员长沈跃跃，全国政协副主席刘奇葆等党和国家领导人。

第二章　省部级领导接待

随着衡水经济社会建设持续健康发展，国家各部委、省委、省政府等上级机关和机构领导，到衡水检查指导工作、进行调查研究等活动日益增多。为此，衡水迎宾馆对接待工作提出新的要求，在打造优雅舒适客房、将“衡水味道”融入菜品精髓的同时，突出地域特色，为来宾准备地方史志书籍、报刊、地图等资料，以温馨的匠心服务完成历次接待。

第一节　国家各部委

崔月犁三次到衡水调研

1984 年 11 月，卫生部部长崔月犁到衡水深县调研卫生工作。1992 年 2 月，到衡水哈励逊国际和平医院调研，并为哈励逊国际和平医院命名 45 周年题词。1997 年 7 月，到衡水东方血管病医院调研，并为医院题词。调研期间均入住招待处。

1992 年 2 月原卫生部部长崔月犁（左一）到哈励逊国际和平医院视察

钮茂生到衡水调研

1994 年 4 月 5 日，水利部部长钮茂生到衡水调研，入住招待处。钮茂生先后到冀州市、深县、饶阳县考察抗旱防汛工作，并听取汇报。副省长顾二熊、水利厅厅长李志强、衡水地委书记白润璋、衡水行政公署专员杨新农等陪同调研。

常延廷到衡水调研

1994 年 7 月 11—13 日，中纪委驻邮电部纪检组组长常延廷带队到衡水调研，入住招待处。调研期间调查组多次召开地区领导座谈会，听取地委有关负责人情况汇报。13 日，省地有关领导陪同调研组分赴衡水地直单位和枣强县进行调研。

张全景到衡水调研

2002 年 2 月 21 日，全国党建研究会会长、中共中央组织部原部长张全景到衡水就党建工作进行调研，入住衡水迎宾馆。其间张全景深入冀州春风实业集团、安平造纸厂等企业，详细询问了生产经营情况、党建工作，并与干部职工进行了座谈。调研中，张全景还深入冀州市北内漳村、武强县南立车村进行调研，并围绕如何发挥党支部在农村两个文明建设中的作用，与基层党员干部和群众进行亲切交谈。省委副书记刘德旺，省委常委、石家庄市委书记吴振华，省委常委、组织部部长付志方陪同调研。

韩长赋到衡水考察

2012年1月29日，农业部党组书记、部长韩长赋到衡水考察，入住衡水迎宾馆贵宾楼。韩长赋考察了小麦田间管理及春耕备耕工作。到深州市大堤镇英武村察看墒情、苗情，并与当地农户亲切交谈，临别时韩长赋给当地农民拜年，祝福他们日子越过越好。随后到太古庄乡高赵圈村，与当地干部和农技人员亲切交谈，了解测土配方施肥工作开展情况。

杜芮到衡水调研

2022年7月4—7日，全国妇联书记处书记、党组成员杜芮率队到衡水，入住衡水迎宾馆。杜芮一行就深入学习贯彻习近平总书记关于“三农”工作的重要论述，统筹推进疫情防控和经济社会发展的重要讲话和重要指示精神，全面落实党中央、国务院部署开展调研。调研期间杜芮到衡水市景县白草洼村，详细了解村妇联创建美丽庭院、寻找最美家庭、开展婚姻家庭矛盾纠纷排查化解等工作，对村里开展美丽庭院擂台赛、妇女培训等充分肯定。在景县金钥匙职业培训学校、衡水市家政实训基地、习三内画艺术培训学校，杜芮详细询问每年培训多少妇女，培训什么内容，员工从哪里来，收入情况怎么样，学校、基地在发展中有什么困难和问题，并与员工亲切交流。省妇联党组书记、主席刘文萍，衡水市委副书记李国勇等陪同调研。

陈晓华到衡水调研

2022年7月8—9日，全国政协农业和农村委员会副主任，原农业部副部长、党组成员陈晓华到衡水调研，入住衡水迎宾馆。陈晓华先后到河北鲜天下网络科技有限责任公司、深州市鲁花浓香花生油有限公司、故城县康宏牧业示范园区、正大食品衡水全产业链项目、武邑县武罗农产品种植专业合作社进行调研。省政协党组成员、副主席徐建培，衡水市政协主席钮兴辉等陪同调研。

军队领导

招待处在不同时期多次接待军队领导。1989年10月19日北京军区政委刘振华；1991年9月28日，北京军区宣传部副部长魏巍；10月19日，北京军区司令员李来柱；1997年4月11日、1999年8月2—17日，陆军第23集团军军长柳凤举；2000年4月22日，北京军区原副司令员阎同茂；2002年4月15日，北京军区司令员李新良；2003年11月24日，北京军区副参谋长王定庆等到衡水考察，其间入住招待处。

李希林到冀州参加“将军希望学校”落成典礼

1996年10月6日，中共中央委员、解放军广州军区司令员李希林上将到衡水，入住招待处。在此期间李希林到冀州参加由其为家乡西吕津村筹资50万元修建的“将军希望学校”落成典礼。

将军团到衡水见学考察

2017年6月29日，原北京军区老年大学郑传福中将、段端武中将、马誉炜少将等十六位将军及十位军区老领导专程到衡水中国书画博物馆见学考察，入住衡水迎宾馆。这是衡水有史以来接待的最大规模、最高等级的将军团。30日，将军们参观了衡水中国书画博物馆专题公益展览“红色经典——李桦大师手绘毛泽东主席专题版画画稿大展”及各主题展厅。

2017年6月30日原北京军区老年大学一行在衡水中国书画博物馆合影

衡水迎宾馆接待国家各部委部分领导一览表

表5-2-1

时　间	姓　名	职　务
1977年5月21—22日	沙　风	农林部部长
1987年11月26日	崔乃夫	民政部部长
1988年5月26日	旷伏兆	中顾委委员
1989年4月16日	杨玉山	轻工业部副部长
4月25日	武少文	国务院农研室原副主任
1990年4月11日	张根生	国务院政策研究室原副主任
1991年7月4日	马国瑞	中顾委委员

续表 5-2-1

时　间	姓　名	职　务
1992 年 4 月 10 日	韩杼滨	铁道部党组副书记兼政治部主任、纪委书记
4 月 13 日	朱　训	地矿部部长
4 月 14 日	何界生	卫生部副部长
9 月 12 日	刘子厚	中顾委委员
1993 年 6 月 7 日	郭　志	全国人大财经委委员
1994 年 9 月 11 日	鲁　平	国务院港澳台办公室主任
10 月 13 日	张皓若	国内贸易部部长
1995 年 5 月 29 日	王从吾	中顾委委员
1996 年 6 月 22 日	刘　洪	国家统计局局长
9 月 10 日	何　康	中国科学技术协会副主席
2000 年 12 月 17 日	顾二熊	中华全国供销合作总社理事会副主任
2002 年 2 月 21 日	张全景	全国党建研究会会长
6 月 24 日	刘建章	铁道部原部长
7 月 19 日	聂振邦	国家粮食局党组书记、局长
2004 年 6 月 2—3 日	莫文秀	全国妇联副主席
2004 年 6 月 26—30 日	吕　枫	中共中央组织部原部长
2005 年 12 月 19 日	赵岸青	中纪委驻安全监管总局纪检组组长
2007 年 12 月 21 日	李传卿	国家质量监督检验检疫总局党组书记、副局长
2009 年 7 月 9 日	李成玉	中华全国供销合作总社党组书记、理事会主任
9 月 3—4 日	张玉台	中央委员、国务院发展研究中心主任、党组书记
4 月 22 日	徐绍史	国土资源部部长、党组书记

第二节　省机关单位

吕传赞到衡水调研

1996 年 4 月 4—5 日，河北省人大常委会主任吕传赞到衡水调研，入住衡水招待处。先后听取衡水地委、地区行政公署、人大工委，深州市人大常委、政府有关负责人的工作汇报，考察衡水地区酒厂、武邑水泵厂、保险柜厂，参观蔬菜大棚。地委委员、秘书长田结实陪同调研。

叶连松到衡水参加“衡水地改市”成立大会

1996 年 7 月 17—19 日，河北省委副书记、省长叶连松，省委常委、组织部部长赵世居，省人大常委会副主任宁全福，省政府副省长郭世昌，省政协副主席李月辉，省军区副司令韦守福到衡水参加“衡水地改市”成立大会，入住招待处贵宾楼。7 月 19 日上午，分别举行衡水市成立大会和揭牌仪式。市委、市政府、市人大常委会、市政协筹备组，市军分区负责人白润璋、刘德忠、马长和、田结实、郭华、杨志勇、刘锡锋及省直有关部门负责人出席大会。

1996 年 7 月 19 日，省长叶连松（左）、省委组织部部长赵世居（右）为地级中国共产党衡水市委员会揭牌

1996 年 7 月 19 日招待处大礼堂地级衡水市成立大会现场

赵世居到衡水考察

2003年10月14—15日，河北省委副书记赵世居到衡水市就维护稳定工作进行考察，入住衡水迎宾馆。先后考察衡丰发电有限公司、南昊信息产业有限公司和正在建设中的衡水市第一看守所、市交警支队指挥中心、市检察院施工现场，并听取市委、市政府关于维护社会稳定等工作汇报。

2011年4月26—27日，河北省人大常委会副主任赵世居赴衡水考察，入住衡水迎宾馆。先后到衡水湖国家级湿地自然保护区、滏阳河市区段综合整治工程处、老白干酒厂北厂、河北养元智汇饮品股份有限公司、北京汇源集团衡水食品饮料有限公司、冀州市九州文化广场等地考察。衡水市委市政府有关负责人陪同考察。

白克明参加第13届大营皮草交易会

2004年10月27—28日，省委书记白克明，省委常委、常务副省长郭庚茂，省人大常委会副主任杨新农，省委常委、秘书长张力，省政协副主席刘德忠到衡水参加第13届大营皮草交易会，入住衡水迎宾馆贵宾楼。来自美国、意大利、俄罗斯、韩国、土耳其等16个国家和地区的客商共260多人参加交易会。28日上午，中国·大营第十三届国际皮草交易会在枣强县大营镇开幕，开幕式后，与会领导和嘉宾一起观看皮草时装表演，参观大营皮毛工业区。

2004年10月28日中国·大营第十三届国际皮草交易会枣强县大营镇开幕式现场

臧胜业到衡水考察

2007年1月22—23日，河北省委常委、省纪委书记、省总工会主席臧胜业到衡水考察，入住衡水迎宾馆。到枣强县城关镇纪工委、县直纪工委和肖张村以及一些企业进行调研，听取衡水市委、市纪委和枣强县委、县纪委的汇报，召开部分县、区纪委书记座谈会，对衡水市经济社会发展、反腐倡廉工作等给予充分肯定。

刘德旺到衡水调研

2009年11月24—25日，河北省政协主席刘德旺带领部分省政协委员及省直有关部门负责人到衡水调研,入住衡水迎宾馆。刘德旺调研衡水湖湿地保护和发展情况，推进北京高峰论坛的成果转化工作，对相关提案进行督办，并听取衡水市有关情况汇报。

陈全国到衡水考察

2010年4月8日，河北省省长陈全国到衡水视察，入住衡水迎宾馆贵宾楼。

2010年4月8日河北省省长陈全国到衡水考察入住衡水迎宾馆

张云川到衡水调研

2011年4月14日上午，河北省委书记张云川到衡水调研，入住衡水迎宾馆。调研期间，张云川深入田间地头、企业车间，详细了解衡水市城乡经济发展情况。下午，同衡水市有关负责人座谈，就调整产业结构、推进工作发展等问题深入交换意见。省直有关部门负责人陪同调研。

梁田庚到衡水调研

2019年4月4日，省委常委、组织部长梁田庚、省应急救援厅厅长李国华、组织部办公室主任董广到衡水调研消防安全和森林草原防火工作，入住衡水迎宾馆。其间到高新区、滨湖新区、河北冀衡化学股份有限公司等危化单位和衡水湖北堤森林公园进行实地查看，现场指导，并组织召开座谈会，听取全市消防工作和森林防火工作情况汇报。衡水市委书记王景武、市长吴晓华等陪同考察。

2019年4月4日省委常委、组织部部长梁田庚（中）在衡水迎宾馆滨湖厅召开座谈会

王东峰到衡水调研

2020年4月17—18日，河北省委书记、省人大常委会主任王东峰，省委常委省委秘书长高志立，副省长时清霜到衡水调研检查，入住衡水迎宾馆。18日，王东峰到景县桑德净水有限公司地表水厂，详细了解地下水压采工作情况，到河北远大专用汽车有限公司，实地查看公司自备井

关闭情况，在王谦寺镇西张庄村与村干部和群众亲切交流，并走进群众家中，认真了解安全饮水情况。在衡水湖正在搬迁的湖中村顺民村，认真了解衡水湖生态保护和移民搬迁情况。在枣强县认真听取该县复工复产、经济社会发展和生态环境治理情况汇报。调研检查中，王东峰看到疫情防控期间尚未返校的北大学子王心仪和其他同学正在开展志愿服务，走到王心仪面前，与她亲切交流，详细询问学习和生活情况。市委书记王景武等陪同调研。

2020 年 4 月 18 日省委书记、省人大常委会主任王东峰（前排左一）在枣强与学生志愿者亲切交流

许勤到衡水调研检查

2021 年 8 月 3 日，河北省省长许勤到衡水调研检查，入住衡水迎宾馆。许勤到衡水高新区以岭制药项目建设现场，查看设备安装调试情况。到侯店桥检查滏阳新河行洪情况。到枣强县河北省复合材料产业技术研究院。了解产业创新公共平台运行情况。到恩察镇查看节水农业示范区建设情况。到衡水北站，在进出站口、安检口、候车大厅等处，查看健康码、行程卡、身份证查验和测温、协查信息比对等措施落实情况。市长吴晓华陪同调研。

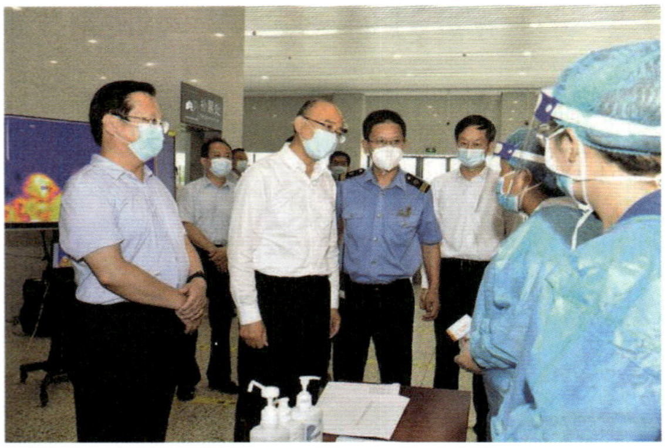

2021 年 8 月 3 日省长许勤（左二）到衡水北站调研

王正谱到衡水调研检查

2021 年 11 月 9 日，河北省代省长王正谱到衡水调研检查，入住衡水迎宾馆。王正谱先后到衡水湖、衡水科技谷高新区规划馆、河北养元智汇饮品股份有限公司实地察看生态环境保护和生产经营情况，观看安平丝网、深州蜜桃特色产业产品展示，还到衡水北站，随机检查疫情防控措施落实情况。省政府秘书长朱浩文、市长吴晓华陪同调研检查。

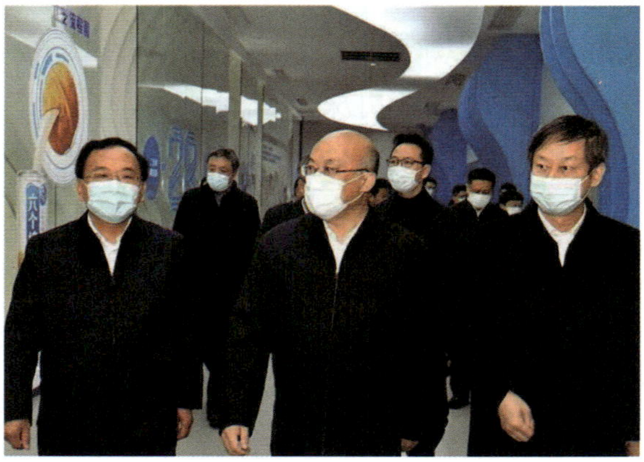

2021 年 11 月 9 日代省长王正谱（中间）到河北养元智汇饮品股份有限公司调研

倪岳峰到衡水调研

2022 年 5 月 11 日，河北省委书记倪岳峰到衡水调研，入住迎宾馆。上午倪岳峰到中科恒道衡水科技有限公司详细了解企业生产运营情况。在衡水老白干酒业股份有限公司叮嘱企业负责人发扬传统工艺，传承古法酿造，推进产品创新，不断增强品牌影响力。在河北养元智汇饮品股份有限公司认真听取产品上市和企业运营情况汇报。到衡水湖国家级自然保护区乘船察看水质和水生物保护情况。下午在迎宾馆惠园恒兴厅召开座谈会，听取了衡水市经济社会发展情况汇报，并提出了四个“闯出一条新路”的殷切希望与要求：在全面深化改革上闯出一条新路，充分激发市场主体的活动；在做强做优县域经济上闯出一条新路，加快提升特色产业发展水平；在统筹城乡发展上闯出一条新路，让群众在共建共享中得到更多实惠；在生态环境保护上闯出一条新路，推动环境质量持续改善。省委副书记廉毅敏、省委常委、秘书长董晓宇参加调研，市委书记吴晓华、市长董晓航等陪同。

2022 年 5 月 11 日倪岳峰到中科恒道衡水科技有限公司调研

此外，衡水迎宾馆曾先后接待过省委书记邢崇智、王旭东、张庆黎，刘秉彦、郭志、孙国治，省长李尔重、季允石、张庆伟，省政协主席李文珊、尹哲、赵金铎，省委秘书长栗战书、省政法委书记车俊、省委宣传部部长聂辰席等领导。

第三章　会议团体接待

会议团体接待是衡水迎宾馆重要的服务工作，多年来积累了丰富的接待经验，服务水平不断提高，成功接待了不同类型、不同规格的各种会议，并在衡水的重要团体接待中承担后勤保障工作，为衡水各项工作顺利开展提供有利条件。

第一节　会议接待

冀南革命根据地史编审委员会第三次会议

1986年12月6日，冀南革命根据地史编审委员会第三次扩大会议在衡水地区招待处举办。会议由编审委员会副主任张子政主持，来自全国各地、曾在冀南战斗过的40多位革命老前辈、编委委员、省党史办公室和邯郸、邢台、衡水3个地委的负责人及党史办公室人员参加会议。会议认真讨论冀南党史办的工作报告、纪念

1986年12月6日冀南革命根据地史编审委员会第三次扩大会议在招待处召开

“四·二五”反扫荡45周年的准备工作及驻各省市的联络组的工作，对《冀南革命斗争史大事记》征求意见稿提出修改补充意见，回顾在冀南的战斗历程，为写好冀南革命斗争史提供材料。

第三次归侨侨眷代表大会

1988年5月26—27日，衡水地区第三次归侨侨眷代表大会在招待处召开。出席这次代表会议的归侨侨眷正式代表34人，同胞眷属列席代表1人。他们来自全区各条战线，代表中有中共党员和其他爱国人士。参加这次会议的有全国华侨联合会、省侨办、省侨联、衡水地委行政公署有关领导。他们分别代表省、地向大会致辞祝贺。这次会议选举产生了地区第三届侨联委员会及其领导机构，马庆远当选为主席，曹志尧当选为副主席，李继先当选为秘书长。

市、区“党代会”“两会”

衡水迎宾馆是历年市、区“党代会”“两会”的重点接待单位，县级衡水市两会也多次在此召开。每次召开会议均成立接待、安全、后勤保障等工作小组，制定详细的工作方案，明确职责任务，提前完成设备试验、保养维护、现场调试、应急演练等各项工作。参会人员报到时组织大批服务人员进行引领，为各位代表委员提拿行李、搬运资料等，会场布置搬抬大量

的桌椅。在代表及委员们入住期间为他们准备服务站用品及爱心饮品，备受欢迎。大会主会场衡水会堂因主席台铺的是木地板，上水时为了不发出声音，服务人员特意在高跟鞋底增加了一层软胶垫，迎宾馆的服务每年都会得到与会人员的口头或书面表扬。特别是2021年和2022年，因疫情原因，会议实行封闭管理，各区域全面消杀。查看健康码、测量体温、做核酸检测，现场井然有序。在各区域设消毒服务站，配备口罩、免洗消毒凝胶、酒精棉球等防疫用品。房间消毒，错峰用餐，全力做好疫情防控。衡水迎宾馆在不同时期克服不同的困难，以一流的团队、一流的服务，为市区“党代会”“两会”的成功召开提供保障。

2010年“两会”衡水迎宾馆会场“衡水市第四届人民代表大会第三次会议”

2013年4月8日衡水迎宾馆前进街址首次接待“两会”，承接“中国人民政治协商会议衡水市第五届委员会第一次会议”

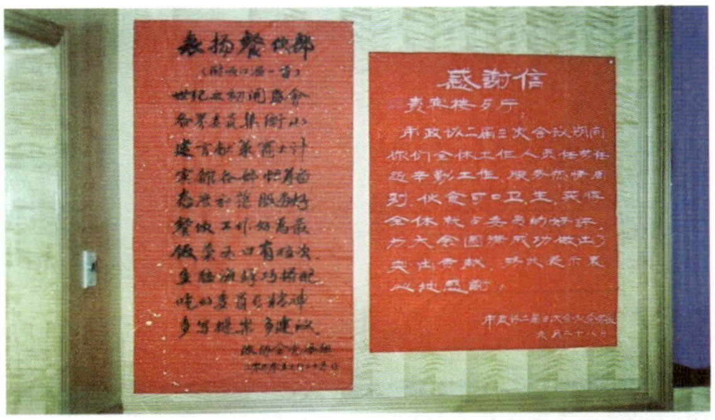

2000年“两会”衡水迎宾馆收到表扬信

2008年“两会”衡水迎宾馆迎宾楼门口

2019年“两会”衡水迎宾馆会前检查

2019 年“两会”衡水迎宾馆获得锦旗

2020 年“两会”衡水迎宾馆会前设备检修

2022 年“两会”衡水迎宾馆消杀

全国文化科技卫生“三下乡”活动十周年工作座谈会

2005 年 11 月 23—25 日，中央宣传部等十四部委全国文化科技卫生“三下乡”活动十周年工作座谈会在衡水迎宾馆大礼堂召开。河北省委书记白克明，中央宣传部常务副部长吉炳轩，中国文联党组书记胡振民，教育部部长助理郑树山，科技部党组成员、科技日报社社长张景安，司法部政治部主任郝赤勇，农业部副部长张宝文，文化部副部长周和平，中央纪委驻国家人口和计划生育委员会纪检组组长勾清明，国家广播电影电视总局副局长胡占凡，新闻出版总署副署长邬书林，共青团中央书记处常务书记赵勇，全国妇联书记处书记洪天慧，中国科学技术协会书记处书记、党组副书记齐让，河北省委常委、宣传部部长张群生，河北省政府副省长龙庄伟及各省市自治区有关负责人参加。衡水迎宾馆从 10 月下旬开始会议的筹备工作，制定了周密而详细的接待计划及应急预案，并召开会前动员会。为了满足客人需求，及时与会务人员沟通，餐饮部每天负责 260 余人的用餐，做到餐餐不重样，样样有特点。衡水迎宾馆凭借规范化、细致化、个性化的服务，得到与会人员一致好评。

2005 年 11 月 23 日衡水迎宾馆作为全国文化科技卫生“三下乡”活动十周年工作座谈会主会场

2005 年 11 月 23 日衡水迎宾馆
“三下乡”会议院内布置

河北省农村工作会议

2014 年 1 月 14—16 日，历时 3 天的“河北省农村工作会议”在衡水迎宾馆拉开帷幕。400 多名代表分成 3 组对衡水饶阳县众悦农业科技有限公司、蔬菜百里长廊、春光葡萄专业合作社、现代农业产业园土地流转服务中心、崔口村、圣水村，武强县国家现代农业示范园区蒙牛公司、武强县周窝音乐小镇、景县津龙企业化经营综合性大农场 9 个点进行现场观摩。衡水迎宾馆儒乡园多功能厅作为主要用餐和会议地点，使用率高。15 日晚，应会务人员要求宴会厅播放会议专题片，需要在客人餐后立即将宴会厅变为适合观看的“会议室”，因此早在客人用餐撤离之前，各科室人员冒着严寒在大厅门外等候。宾客就餐结束后迅速整理宴会厅，仅十几分钟，宴会厅就“变身”为整齐、干净的“会议室”。会议人员看完专题片后又将“会议室”还原为“自助餐厅”，高效完成了 2 次转场布置工作，展现了“迎宾馆速度”。活动期间，迎宾馆服务团队凭借过硬的专业能力，高标准的服务水平，得到了广大与会人员的好评。

2014 年 1 月 15 日“河北省农村工作会议”
与会代表到饶阳县众悦农业科技有限公司观摩

湿地园林与生态城市建设研讨会

2017 年 9 月 1—3 日，以“湿地园林 • 生态城市 • 美好生活”为主题的湿地园林与生态城市建设研讨会在衡水市举行，来自全国各地的院士、专家、学者、省内各市政府代表、省内外风景园林学会代表、设计施工企业代表共计 500 余人，入住衡水迎宾馆。河北省住房和城乡建设厅副厅长李贤明主持研讨会，衡水市委副书记、市长王景武参加。

省关工委系统业务培训会

2019 年 12 月 11—14 日，河北省关心下一代工作委员会系统业务培训会议在衡水迎宾馆召开，省关工委主任叶连松出席会议并讲话。省关工委常务副主任杨新农、龚焕文、侯志奎，常务副主任兼秘书长张增良出席会议。市委书记王景武、市人大常委会主任王金刚等参加活动。衡水迎宾馆服务人员认真做好各项接待工作，用实际行动打造了“下榻衡水，迎宾馆最美”的服务品牌，赢得了参会宾客的表扬。

叶连松在“迎宾馆欢迎卡”上留言:“在王晓冰总经理带领下，衡水迎宾馆设施配备强、管理水平高、热情服务好！向总经理一班人和服务人员表示衷心感谢！”

附　叶连松在迎宾馆欢迎卡上留言

2019 年 12 月 12 日河北省关心下一代工作委员会主任叶连松给迎宾馆的留言

河北工业大学调研组

2020 年 8 月 5 日，河北工业大学党委书记李强，党委副书记、校长韩旭到衡水调研指导工作，入住迎宾馆。调研组一行先后到冀州区、高新区和武邑县的相关企业实地考察，并召开座谈会。市委书记王景武、市长吴晓华，市委常委、秘书长孙世岩，副市长吴波等有关部门负责人分别陪同调研并参加座谈会。

2020 年 8 月 5 日河北工业大学党委书记李强在衡水迎宾馆滨湖厅召开座谈会

《金融助力乡村振兴战略合作协议》签约仪式

2021 年 8 月 5 日，河北省农联社党委书记、理事长徐翀，到衡水参加衡水市人民政府与河北省农村信用社联合社《金融助力乡村振兴战略合作协议》签约仪式，会议由衡水市政府副市长胡克明主持，衡水市委副书记、市政府市长吴晓华讲话。省联社党委副书记、主任张志强，衡水市常务副市长王伟分别代表省联社、衡水市人民政府签约。其间入住衡水迎宾馆。

2021 年 8 月 5 日衡水迎宾馆恒兴厅衡水市人民政府与河北省农村信用社联合社《金融助力乡村振兴战略合作协议》签订仪式现场

衡水迎宾馆部分会议接待一览表

表5-3-1

时　间	会议名称
1987 年 4 月 30 日	济南五分区党史座谈会
1988 年 4 月 15—19 日	中国城科会小城市委员会首届全委会暨学术交流会
2014 年 3 月 18—19 日	全省科普工作会
3 月 30 日	全国中学团委书记培训会
9 月 4 日	全国农机深松座谈会
10 月 16 日	全省地下水超采综合治理试点现场观摩调度会
2015 年 1 月 13 日	京津冀协同发展咨询委员会调研组
5 月 28 日	国家土地总督办检查组
6 月 3—4 日	地下水超采国家检查组
10 月 14 日	全国县级疾控机构学组年会
11 月 27 日	华北节水保粮协同创新行动促进会

第二节　团体接待

河北省根治海河指挥部

1964 年 10 月河北省根治海河指挥部在招待处成立，设办公室、政治部、工程部、后勤部、根治海河报编辑部等部门，共 40 余人，指挥全省根治海河工作。

华北石油勘探队

20 世纪 90 年代初华北石油 2324 队在衡水地区境内勘探石油。1990 年 9 月至 1991 年 2 月期间，招待处为勘探队提供标准客房 34 间，另搭建 104 人的临时住房、伙房、修车台、小型油库等，并安装水电暖等配套设施，千方百计做好他们的日常生活服务，为石油勘探顺利进行做好后勤保障。

电厂筹建处

1992 年 6 月衡水电厂筹建处设在招待处。招待处腾出 60 间客房和两间会议室专供筹建处使用。两年中，招待处人员及时做好卫生整理，定期晾晒更换被褥，根据需要增添办公用具，为筹建处人员提供了温暖如家的生活环境，有力促进了衡水电厂的建设。

京九铁路衡商段指挥部

1992 年 8 月京九铁路衡商段建设指挥部设在招待处，用房 16 间。两年间指挥部人员早出晚归，工作不规律，招待处针对指挥部人员的工作状况，派专人为指挥部服务，保证他们的办公生活有条不紊地进行。招待处服务人员细致周到的服务得到了指挥部人员的一致称赞。

衡水市城市建设指挥部

1998—2001 年衡水市城建指挥部在衡水迎宾馆迎宾楼办公，指挥人民路拓宽、中心街贯通、商贸城建设等工程。指挥部来往人员众多且工作繁忙，三楼中厅会议室处于随时待用状态，会议开始时间不确定、时长不确定，有时深夜接到会议通知，服务员立即准备好会议室，做好会议服务。服务员为指挥部带病输液坚持工作的人员，提前找来衣架代替输液架并准备好热水袋。细致的服务得到了指挥部工作人员的赞扬，服务人员用自己的实际行动为衡水建设默默贡献出自己的一份力量。

防非典指挥部

2003 年，面对突如其来的非典疫情，4 月 25 日，衡水市委、市政府第一时间在衡水迎宾馆成立衡水防治非典总指挥部。指挥部的同志们舍小家、顾大家，不顾个人安危，奋战在工作岗位上，衡水迎宾馆全体员工与他们同呼吸、共命运，发扬吃苦耐劳的敬业精神，识大体、顾大局，做好指挥部的后勤保障工作，协助分发材料、搬运物资、喷洒消毒等，购置了消毒柜、紫外线灯等消毒用具，餐具、灶具严格按照规定程序消毒，每餐还准备了提高免疫力的萝卜汤，最终打赢了这场没有硝烟的战争。衡水迎宾馆的工作也得到充分肯定和嘉奖，指挥部办公室在 5 月 8 日全市《防治非典工作动态》简报第 39 期中对衡水迎宾馆的工作予以充分肯定，以“服务员是块砖”“五个应急灯”“编外装订员”等为题对服务人员恪尽职守、任劳任怨的工作精神进行了报道。市委书记作出重要批示：“工作写真事迹感人，在这一件件平凡的事迹中，体现出崇高的思想境界和无私奉献精神，应大力弘扬。”市防治非典型肺炎工作总指挥部授予韩克俭、田玉合、王晓冰“抗击非典斗争突出贡献先进个人”荣誉称号，授予王力、王磊、刘宁、刘俊梅、刘萍、李玉红、李刚、李英威、李明珠、李速、李晓然、李强、张文仙、张胜芝、张铁柱、张瑞德、赵广泽、赵海卫、赵彦奎、赵洪胜、侯建涛、郗金辉、贾玉彬、徐云疆、徐艳培、崔爱君、彭伟、裴德宁（按姓氏笔画排序）为“抗击非典斗争优质服务先进个人”。

衡水迎宾馆员工在抗非时期被指挥部的忘我精神感染，用一篇文章表达了对他们的敬佩之情。

“众志成城　战胜非典”先进工作者奖章

附　记

谁是最可爱的人
——写给市抗击非典总指挥部全体同志

艾艳景

如一场噩梦，一夜之间灾难从天而降，也恍如一夜之间，捍卫生命，抗击非典的威武雄师——总指挥部应运而生了，茫然的人们振奋了，沮丧的人们站起来了："我们的家园有希望了。"战争很快就打响了，这是一场特殊的战争，虽然没有硝烟弥漫，也没有战火连绵，但它却更加的残酷，它需要沉着冷静的头脑，超凡的智慧，运筹帷幄的气魄，不畏艰险视死如归的精神。我们的战士是勇敢的，经得起考验的，没有人叫苦，没有人喊累，腿累瘸了，贴上膏药，接着走，写材料，手麻了，甩一甩继续干，凌晨5点钟，指挥部各办公室里却依然灯火通明，大家虽然强睁着双眼，却怎么也拗不过两个眼皮的亲密，同志们有办法，拿出了风油精两手一抹，精神头立马就上来，但时间一长，这招就不灵了，可他们没有一个人离开工作岗位，为了全市415万父老乡亲，夜以继日地奋战着……每时、每刻、每分、每秒，我们的心都被深深地打动着，仿佛就在那一刻起，我们同指挥部同志们的命运紧紧连在了一起，我们充当的不仅是服务员的角色，而且还是他们的战友，他们的通信员，他们的朋友，他们的亲人……亲爱的战友们，在党和政府的英明领导下，在全体同志的共同努力下，胜利的曙光已向我们走来。衷心地盼望和祈祷，我们的战士能够永远平安、健康。你们是抗击非典战场上最可爱的人！

（作者：艾艳景　迎宾馆儒乡园餐饮服务有限公司　此文曾在《衡水日报》刊登）

第四章　科贸文体接待

随着社会的发展，衡水科贸文体活动日益增多。衡水迎宾馆为满足各类活动的服务需求，不断追求卓越管理和精湛服务，形成自身特有的服务品牌，圆满完成商务、科技、文艺、体育等接待活动。

第一节　科贸接待

展销订货会

1982年11月9日，地区供销社与邯郸市工业品经销总公司联合举办为期5天的展销订货会，在招待处召开。展出邯郸市的工业五金、百货、针纺、陶瓷、工艺品以及农用器械等1100种商品，价格低廉，批发与零售兼营。衡水各县公司、贸易货栈和基层供销社参加看样订货。

第二次商品生产会议

1983年11月1日，衡水地区第二次商品生产会议在招待处礼堂开幕。此次会议是地委、行政公署新的领导班子成立后召开的第一次全区较大规模的会议，是全面开创衡水商品生产新局面的动员大会。出席开幕式的有地委、行政公署乔世忠、顾二熊、平义杰、胡振国及原地委、行政公署负责人张荫昌、马玉声等。参加会议的有各市、县委书记，市长、县长，各公社（乡）党委书记、主任（乡长），地直和各市、县直有关部门负责人，以及商品生产先进单位和先进个人代表，共计800多人。

1983年11月1日衡水地区第二次商品生产会议招待处礼堂会议现场

全区林业技术专题讲座会

1984年1月16—18日，行政公署林业局全区林业技术专题讲座会在招待处举办。行政公署林业局特邀中国林科院的马常耕、赵宗哲、向玉英、秦锡祥专家教授分别对林木良种选育、农田防护林的营造技术、林木病虫害的防治作专题报告。省林研所郝祖渊对平原地区的林木经营管理问题作专题讲解。共250多人参加会议。

铅笔漆新产品鉴定会

1984年7月27日，在招待处举办衡水市铅笔漆厂新产品无铅毒、无苯毒高固分硝基铅笔漆鉴定会，由省科委、省化工厅主办。来自全国各地高等院校、科研单位、使用单位及地市共36个单位的60多人参加会议。地、市负责人到会祝贺并讲话。经资料审查和性能测试后确认：产品的技术资料齐全完整，生产工艺先进合理，各项指标达到规定标准，为消除污染、保护环境提供了可靠的保证，填补了我国涂料工业中的一项空白。

畜牧兽医新技术应用专题报告会

1985年3月，全国“畜牧兽医新技术应用现场会”在衡水召开，200多名专家和技术人员参加，入住招待处。畜牧水产站站长、优秀党员李振起在礼堂作“激光治疗家畜不孕症”的专题研究学术报告。为了解决两万头母畜疾病性不孕的问题，在全区九个县市共推广激光治疗不孕症母畜1379例，总有效率达93.26%，受胎率达67.38%，这项科研课题通过了省级技术鉴定，专家们认为这是国内激光首次大面积应用，具有国内先进技术水平。

京津冀电工专业物资工业联营会

1986年9月25日，京津冀电工专业物资工业联营会在招待处召开。购销总额达2350多万元，其中衡水地区机电公司和几个电器生产厂家的销售额占600多万元。由北京、天津、河北省的机电物资部门和电器工业厂家负责人250余位组成的“京津冀电工专业物工联营理事会”于当日成立，共达成技术、工艺等十几项协议，为衡水地区的电工产品生产和流通起到了很大的促进作用。

水利电力部汽车更新、电缆分配会议

1987年3月1日，水利电力部汽车更新、电缆分配会议在招待处召开。行政公署副专员蒲增瑚到会看望与会代表。水利电力部物资局和省电力局有关负责人出席会议，28个省、市、自治区的150多名代表就汽车更新、电缆等物资分配问题，统一了思想认识。

孙佐民到衡水投资考察

1995年8月25日，河北省政协常委、河北海外联谊会理事、河北省公共关系协会顾问孙佐民（又名孙连义），携夫人到衡水考察，入住招待处贵宾楼。

1996年2月2日，应行政公署专员邀请，孙佐民夫妇到衡水，入住招待处。孙佐民先生、张学华女士向衡水地区广播电视局有偿提供资金150万元人民币，使用期限5年，用于建设全区微波有线电视传输系统。2月6日在招待处举行签字仪式。杨新农、田结实、焦彦龙、杨悦及行政公署侨办、广播电视局有关负责人出席。

1995年8月25日孙佐民夫妇（中间）与招待处服务人员合影

台胞韩播生先生到衡水捐赠契约文书

2017年12月5日，台胞韩播生先生及家属来到衡水，入住迎宾馆。6日上午韩播生先生在酒都大厦参加衡水老白干捐赠十八酒坊之福兴隆老宅契约文书仪式，将福兴隆契约文书等资料交于老白干酒厂。市政府、市台办、市现代鼻烟壶内画名家、衡水近现代史学者及酒业公司等有关领导出席，韩播生先生发表讲话。捐赠仪式结束后，韩先生一行走访参观了衡水老白干生产厂区、福兴隆旧址、衡水市民俗博物馆和习三内画博物馆。

2017年12月6日韩播生先生向衡水老白干捐赠福兴隆老宅契约文书仪式

2019首届国际（衡水）玄武岩纤维产业推进会

2019年11月18—19日，首届国际（衡水）玄武岩纤维产业推进会在衡水开幕，来自美国、俄罗斯、日本、意大利等多个国家和地区的100余位玄武岩纤维研究领域专家学者、20多家高校和10多家玄武岩纤维及复合材料企业的代表入住衡水迎宾馆。18日开幕式上，衡水市委书记王景武发表致辞，工信部原材料司建材处副处长杜勋讲话，桃城区委、区政府负责人参加。

2019 年 11 月 18 日首届国际（衡水）玄武岩纤维产业推进大会开幕式在衡水迎宾馆儒乡园多功能厅举办

2019 年 11 月 18—19 日首届国际（衡水）玄武岩纤维产业推进大会开幕式在衡水迎宾馆儒乡园多功能厅举办

第三届世界冀商大会

2019 年 11 月 7 日，以“同怀燕赵情，聚力高质量”为主题的第三届世界冀商大会在衡水迎宾馆召开。世界冀商大会是由河北省委统战部、河北省工商联共同主办，以在河北省内经营的民营企业家和省外河北籍民营企业家为主体参加的盛会，每两年举办一次，此次大会共有来自 18 个国家和地区的 80 家海内外河北商会、56 家省内商会的 800 余名冀商报名参加，是历届大会中人数最多的一次。11 月 8 日上午，第三届世界冀商大会在衡水会堂开幕，全国政协副主席、全国工商联主席高云龙，河北省委书记、省人大常委会主任王东峰出席开幕式并讲话，省委副书记、省长许勤主持开幕式，省委常委、统战部部长冉万祥，省委常委、秘书长高志立，省政府副省长葛海蛟，省政府秘书长朱浩文等参会。

衡水会堂是大会主会场，为保证接待效果，撤掉观众厅前 3 排桌椅。绘制故城厅、景州厅、枣强厅、恒兴厅摆放样式模拟草图，不停地搬进搬出，经过多次的调整，会场形式完美展现。餐台布置突出河北特色，服务人员着荷花图案旗袍展现衡水文化。迎宾馆全体人员齐心协力，确保每一项服务环节都做到精致、细致、极致，用行动和成效宣传展示衡水良好的对外形象。

2019 年衡水迎宾馆儒乡园多功能厅宴会现场

2019 年 11 月 8 日衡水会堂“同怀燕赵情聚力高质量”第三届世界冀商大会开幕式

2019CAA 中国自动化及人工智能颁奖盛典暨钱学森奖启动仪式

2019 年 12 月 7 日，中国科协常委书记处书记宋军，中国自动化学会领导及院士等 15 人，到衡水参加 2019CAA 中国自动化及人工智能颁奖盛典暨钱学森奖启动仪式。大会由中国科学院及中国工程院的多位院士领衔，来自主管机构、政府、科研机构、学术界及企业界 200 余位行业精英参加。会议期间入住衡水迎宾馆。

2019 年 12 月 7 日中国自动化及人工智能颁奖盛典在衡水迎宾馆举办

衡商总会成立大会

2019 年 12 月 26 日，衡商总会成立大会暨市工商联五届四次执委会会议及亚洲财富论坛主动融入自贸区构建协同发展新格局研讨会，在衡水迎宾馆召开，河北省工商联、亚洲财富论坛、十大行业协会、外地衡水商会、重点民营企业家等共计 370 人参加。12 月 27 日，“亚洲财富论坛”研讨会在迎宾馆儒乡园多功能厅举行签约、揭牌、授牌仪式。市委书记王景武，亚洲财富论坛秘书长韩剑锋，市长吴晓华，市委常委、统战部部长商黎兵为受到表彰的企业和个人颁发证书。

2019 年 12 月 27 日“亚洲财富论坛”研讨会在衡水迎宾馆举办

2020 中国·衡水通航和航空运动发展论坛

2020 年 9 月 17 日，中国·衡水通航和航空运动发展论坛在衡水迎宾馆举办。国家体育总局航管中心原副主任、中国航空运动协会原副主席张西岭，空军司令部作战部原副部长刘岚，中国航空器拥有者及驾驶员协会执行秘书长、无人机管理办公室主任柯玉宝，河北省航管中心主任、河北省航空运动协会主席岳岩及 20 多家航空公司和专业机构的 150 余人参加。

2020 年 9 月 17 日中国·衡水通航和航空运动发展论坛开幕式在衡水迎宾馆举办

2020 衡水湖生态文明国际交流会

2020 年 10 月 24 日上午，衡水湖生态文明国际交流会在衡水迎宾馆召开。河北省住建厅副厅长李贤明与 50 余位来自国内外知名高校和机构的专家、学者参加。开幕式由副市长王世昆主持，李贤明作重要讲话，市长吴晓华发表致辞。开幕式后，北京大学城市与环境学院教授、中国城市规划学会副理事长吕斌，国务院发展研究中心社会发展研究部原巡视员、研究员林家彬，美国景观设计师协会会士、GGN 事务所联合创始人 Shannon Nichol 等作主旨报告。

2020 年 10 月 24 日衡水湖生态文明国际交流会开幕式在衡水迎宾馆举办

2020 世界侨商衡水行活动

2020 年 10 月 30—31 日，世界侨商衡水行活动在衡水举行，约 150 人入住衡水迎宾馆。香港铜锣湾集团董事局主席、香港国际投资总会联席理事长、香港华人华侨总商会荣誉会长陈智，新西兰环球奥盛集团董事长邢帅等 20 余位侨商及企业负责人参加。副市长、市公安局局长郭铁铮致辞，桃城区委书记郝卫东主持开幕式。

2020 年 10 月 31 日“世界侨商衡水行”活动在衡水迎宾馆举办

“粤商衡水行”考察团

2021 年 9 月 22—24 日，“粤商衡水行”参观考察团入住衡水迎宾馆。举办“粤商衡水行”系列对接活动，深圳衡水商会会长、深圳市盾牌安保科技有限公司董事长栗根泉，深圳地久投资发展有限公司董事长刘更新，深圳天行健进出口有限公司董事长崔雪涛，广东赛因迪科技股份有限公司董事长黄建起等 30 余名粤商应邀参加。对接会现场，商务局、发展和改革委员会、工业和信息化局分别对衡水市投资环境、“3+2”市域主导产业体系规划、“9+5”县域特色产业集群及产业链规划进行推介说明，并发布重点招商项目。随后，粤商与衡水市相关企业主要负责人进行交流。

2021 年 9 月 22 日“粤商衡水行”对接会在衡水迎宾馆召开

2021 年 9 月 22 日“粤商衡水行”对接会在衡水迎宾馆召开

第二节　文体接待

省著名作家到衡水

1982 年 4 月 16 日，河北省著名作家张庆田应地区文联邀请，在招待处举办文学讲座，就如何塑造社会主义新人形象发表意见。衡水师范专业学校部分学生与衡水文学爱好者聆听了讲座。

1985 年 10 月 11 日，应地区文联《农民文学》编辑部邀请，河北作家李满天、田涛、张朴、张庆田、王风、肖驰及陈新、宁宣成、贾启森、焦彦龙、康传喜、袁耐梅等人撰写反映衡水工业战线改革新人的报告文学集，其间入住招待处。

音乐会演出

1987 年 4 月 8—9 日，全国政协委员、中国轻音乐团团长、著名女高音歌唱家李谷一，全国政协委员、著名男高音歌唱家李光羲等应省音协、地区文化局、地区音协邀请到衡水参加新作品音乐会演出，入住招待处。地委、行政公署领导平义杰、宁全福、张新发、肖功柄亲切会见并赞扬歌唱家们不辞辛苦、深入基层演出，对繁荣衡水文艺创作和群众文化生活、促进衡水精神文明建设所作的努力。歌唱家们对地区领导给予音乐会的支持和重视表示感谢。

地委、行政公署领导在招待处会见李谷一（右二）一行

纪念冀中抗日根据地创建 50 周年著名摄影家到衡水观光创作

1987 年 5 月 4 日，为纪念冀中抗日根据地创建 50 周年，中国老年摄影家协会副主席、原《晋察冀画报》副主任、《冀热辽画报》主任、中国电影学院院长罗光达，《人民日报》高级记者、中国社会科学院新闻研究所新闻摄影研究室主任高粮，中国体育出版社副社长、原《晋察冀画报》股长、《冀鲁豫人民画报》主编、中国体育社副主编裴植，原《人民画报》主编蔡尚雄，原《民族画报》副主编林扬，新华社高级记者、全国摄影界英模代表、战斗英雄袁克忠，《人民日报·海外版》主任编辑王志光，原冀中画报社社长、冀中地区革命摄影工作开拓者之一沙飞烈士的女儿王笑莉以及河北省摄影协会名誉主席宋克章、摄影协会主席李英杰等全国著名摄影家一行到衡水参观创作，入住招待处。地委书记平义杰、副书记解玉琦、地委秘书长张新发，地

委宣传部长肖功柄和行政公署常务副专员孙木森到招待处看望。摄影家们观光衡水湖，参观地区酒厂、冀县的花丝厂、暖气片厂和全区第一个小康村二铺村等，对衡水地区的建设和衡水湖的开发提出了宝贵意见和建议。

《平原枪声》开机仪式

1988 年 9 月，反映冀南人民抗日斗争风貌的 8 集电视连续剧《平原枪声》在招待处举行开机仪式。《平原枪声》原著作者李晓明、电视连续剧编剧马志凯、北京电影制片厂著名导演郭维、八一电影制片厂著名演员金鑫、铁路话剧团著名演员张秋芳等 40 多名演职人员与河北省文联原秘书长刘春风、地委副书记解玉琦、行政公署副专员孙木森、地委宣传部长肖功柄以及衡水军分区、枣强县委、县政府、地直有关单位和赞助单位负责人参加开机仪式。这部电视连续剧拍摄历时一个半月，演职人员居住在招待处。招待处办公室主任何永池参与电视剧剧组工作，部分员工扮演剧中群众角色。

1988 年电视连续剧《平原枪声》剧照，左边金鑫（饰马英），右边张秋芳（饰苏建梅）

1988 年《平原枪声》作者李晓明夫妇（左二、左三）与招待处服务人员合影

中国文联曲艺家协会文化下乡艺术团到衡水慰问演出

1997年4月16日，中国文联曲艺家协会文化下乡艺术团到衡水慰问演出，入住衡水迎宾馆。当晚，在迎宾馆礼堂进行首场演出。市委常委、市委宣传部部长郑振卿主持演出仪式。市委副书记郭华代表市委、市政府致辞，对首都艺术家表示热烈欢迎和衷心感谢。市委书记白润璋等与各界群众一起观看演出。刘兰芳、刘洪滨、杨少华、赵士忠、沈健谨、陈淑芳、叶金援、戴月琴、程桂兰、张华敏、杨玖红等艺术家登台献艺，表演了评书、相声、戏曲清唱等精彩的文艺节目。

1997年4月16日著名相声表演艺术家杨少华（左）和赵士忠（右）在衡水迎宾馆礼堂表演相声

团中央、全国青联“三下乡”服务团到衡水慰问演出

1997年12月16日，由团中央、全国青联组织的“三下乡”服务团在衡水迎宾馆礼堂举行首场慰问演出。观看演出的有衡水市委、市政府有关负责人，市环卫工人、劳动模范王金芳，市政法战线先进人物蔡永旺，以及衡水市各岗位辛勤工作的先进集体代表等近千人。冯巩、李志强、乌日娜、关贵敏、殷秀梅、林萍、梦鸽、郭公芳、李宏图、刘全和、刘全利等人表演了精彩的节目，博得了阵阵掌声。

中国文联艺术团到衡水慰问演出

1998年4月4日，由中国文联书记处书记、中国音乐家协会党组书记陈晓光带队，中国煤矿文工团团长瞿弦和、中国曲艺家协会副主席姜昆担任团长的中国文联艺术团一行33人入住衡水迎宾馆。参加慰问演出的演员来自全国12家文艺团体，其中有15位国家一级演员。当晚，市委主要领导及原地委、行政公署老干部，市劳动模范和先进集体代表，市直和桃城区直属机关的干部、职工代表及奋战在“126工程”第一线的城建职工代表等千余名观众观看演出。

1998年4月4日市委副书记郭华（左一）在衡水迎宾馆迎接中国文联艺术团

1998年4月4日市委、市政府有关负责人在首场演出结束时向艺术团赠送锦旗

中国女乒国家队上海世乒赛选拔赛

2005年4月3日，中国女乒国家队到衡水参加上海世乒赛前的公开选拔，入住衡水迎宾馆。最终王楠在单打比赛中以4∶3战胜郭焱，张怡宁4∶3战胜郭跃。郭跃/牛剑锋在双打比赛中以4∶0战胜王楠/张怡宁。

2005年4月3日中国女乒国家队员与市领导在衡水迎宾馆合影留念

著名作家梁晓声报告会

1997年10月21日，著名作家梁晓声应邀在衡水迎宾馆小礼堂为衡水文学爱好者作报告，80人参加报告会，会后市委副书记郭华接见。其间梁晓声到市新华书店第四届书市签名售书。

1997年10月21日著名作家梁晓声在衡水迎宾馆作报告，图为报告会现场

1997年10月21日著名作家梁晓声到衡水市新华书店第四届书市签名售书

纪念董仲舒诞辰2200年活动

2009年11月6日，以“弘扬传统文化，共建‘水市湖城’”为主题的纪念董仲舒诞辰2200年活动在衡水迎宾馆举行。全国政协原副主席、中国管理科学研究院院长王文

元，香港著名实业家、香港孔教学院院长、博士汤恩佳，清华大学教授、中华孔子学会常务副会长王忠江，中国社会科学院哲学所研究员、中华孔子学会副会长李存山，山东政协副主席、山东师大副校长、齐鲁文化研究中心主任、教授、博导王志民，中国社会科学院《中国社会科学》杂志副主编周溯源博士等国内著名学者，以及来自澳大利亚、日本、美国、新加坡、韩国、塞尔维亚等国家的儒学研究者100余人入住。举办国际研讨会、名家书画展、文艺晚会、公祭典礼、儒商推介等活动。衡水迎宾馆对这次接待高度重视，会议前召开动员会，认真制定接待方案和应急预案。根据与会人员年龄偏大的情况，提供个性化服务，会场开会、餐厅就餐均有人引领。饭菜突出特色，荤素搭配、营养均衡。通过细心周到的服务，圆满完成此次接待，展示出衡水良好的对外形象。

纪念董仲舒诞辰2200年系列活动新闻发布会在衡水迎宾馆举办

衡水湖国际马拉松赛

衡水湖国际马拉松赛自2012年开始每年秋季举行一届，众多国内外高水平选手参赛。衡水迎宾馆作为指定接待单位，严格落实赛前准备工作，集中培训客房服务、餐饮服务、接待礼仪、烹饪技术、商务英语、风俗文化、衡水特色，以及服务管理、服务流程等，并进行模拟演练，提升服务标准和服务形象。会前上下齐动员，细致整理楼内外卫生，提前调控房间，会中安排人员提拿行李，协助报到工作，服务人员凌晨5时就已忙碌在自己的岗位上，按照分工和要求开展各项工作，以饱满的工作热情圆满完成历次接待。

2014年9月19日衡水迎宾馆迎接衡水湖国际马拉松赛现场服务

2019年9月22日衡水迎宾馆迎接衡水湖国际马拉松赛现场服务

衡水中美国际篮球邀请赛

2012年12月19—20日，“富恒·时代广场杯”衡水中美国际篮球邀请赛在衡水举办，其间教练、运动员入住衡水迎宾馆。20日晚，在市体育馆首节开战，现场2000多名观众观看比赛，最终北京奥神队以100 ：84战胜美国圣迭戈海浪队。

2014年10月19日晚，“富恒·时代广场杯”衡水中美国际篮球邀请赛在市体育馆开场。美国洛杉矶风暴男子篮球队、辽宁衡业男子篮球队应邀参加，国家队、辽宁队主教练郭士强带队，国家队主力李晓旭、郭艾伦、韩德君、杨鸣等队员，美国队NBA球员哈德森、汤普森等队员入住衡水迎宾馆。

2012年12月20日中美国际篮球邀请赛比赛现场

2014年10月19日中美国际篮球邀请赛比赛现场

首届衡水国际马拉松行业发展论坛

2018年9月28日下午，以“全产业下的行业未来”为主题的“首届衡水国际马拉松行业发展论坛”在衡水迎宾馆儒乡园多功能厅举行。市长吕志成、副市长崔海霞及人民体育总经理游海滨、中华网副总裁陈同兴、中国体育报主编曹彧、人民网运营总监王月、特步（中国）有限公司体育营销中心副总监张炜、河北养元智汇饮品股份有限公司董事长姚奎章等领导、嘉宾，马拉松赛事举办者、马拉松产业开发者以及马拉松爱好者等相关领域人士共200余人参加。

2018年9月28日首届河北·衡水国际马拉松行业发展论坛开幕式在衡水迎宾馆儒乡园多功能厅召开

国际智力运动联盟世界大师锦标赛

2019年5月13—18日，2019国际智力运动联盟世界大师锦标赛在衡水迎宾馆举办。河北省副省长徐建培、国际奥委会荣誉委员、世界象棋联合会主席霍震霆，国际智力运动联盟主席陈泽兰，国家体育总局棋牌运动管理中心主任朱国平，中国围棋协会副主席聂卫平，河北省体育局局长张泽峰，日本围棋超一流棋手武宫正树和小林光一等参加。比赛设围棋、象棋、国际象棋、国际跳棋、桥牌五大项，49个国家和地区的运动员、官员和裁判员，170名中外智力运动员，包括单项世界大师级选手和多位世界冠军参赛。衡水迎宾馆赛前掌握赛事日程，合理调配房间，做好外宾入住信息上传，手写欢迎卡，了解外宾生活习惯，提供周到细致的服务。双方互赠礼品环节，有一幅较长画卷需要展示，服务人员经多次演练，衔接有序、忙而不乱，顺利完成互赠礼品的流程。冀州厅、儒乡园精致布台，匠心雕琢，新鲜、精美的佳肴给宾客留下了深刻的记忆。衡水迎宾馆在每个服务环节精益求精、追求极致，通过用心、细心、周到、完美的服务，赢得了参赛代表和组委会的肯定与赞扬，荣获组委会颁发的最佳合作酒店奖。

中国围棋协会副主席聂卫平（左一）参加2019 国际智力运动联盟世界大师锦标赛（衡水）之桥牌元老赛

2019 年 5 月衡水迎宾馆荣获 2019 国际智力运动联盟世界大师锦标赛（衡水）“最佳合作酒店”

董仲舒与儒家思想国际学术研讨会

自 2018 年始，衡水学院在迎宾馆每年度举办一届“中国·衡水董仲舒与儒家思想国际学术研讨会”。国内外从事董仲舒及儒学研究的知名专家学者百余人参加，研讨会每年一个主题，对董仲舒及董仲舒儒家思想的历史地位和历史贡献、董仲舒儒家思想的现代意义、董仲舒儒家思想与衡水等一系列课题进行深入探讨，旨在让更多的人进一步了解董子，品读儒家经典，进一步推动董仲舒儒家思想的精华在更多层次、更广领域得以更加广泛的宣传和弘扬，着力打造“董子故里·儒乡衡水”文化品牌。会议期间专家学者到衡水中国书画博物馆参加历届“董子杯”全国书法大展，并到枣强县、景县、故城县开展董子文化考察等活动。

2018 年 6 月 23 日衡水学院在迎宾馆举办中国·衡水董仲舒与儒家思想国际学术研讨会

2018 年 6 月 24 日首届董子杯全国书法大展在衡水中国书画博物馆开幕

衡水一中专题调研

2021年5月9日，中华人民共和国国务院原参事、现任中央文史研究馆馆员刘彭芝与国家教育咨询委员会委员、创新人才教育研究会会长、中国发明协会副会长、人大附中联合学校总校校长、中国数学奥林匹克高级教练、中学数学特级教师、大学教授、博士生导师等21人到衡水一中专题调研，其间入住衡水迎宾馆。市委宣传部部长马福华、副市长崔海霞、衡水中学校长郗会锁等陪同调研。

此外，衡水迎宾馆还曾接待马季、唐杰忠、宋祖英、蓝天野、蒋大为、魏金栋、李维康、耿其昌、宋春丽、崔永元、李玲玉等多位文艺界知名人士。

衡水迎宾馆接待部分科贸文体活动一览表

表5-4-1

时　间	名　称
2014年1月15日	全国纺织产业转移工作座谈会暨百家纺织服装企业进衡水推介活动
5月14日	河北省乒乓球赛
2015年1月13日	京津冀协同发展咨询委员会调研组
3月29—30日	河北省畜牧兽医养牛学会理事会
5月11—12日	苜蓿抗旱节水评价及在河北省地下水超采治理中的作用学术研讨会
11月11日	首都企业家衡水论坛
2016年9月22日	衡水京津冀“双协同”创新论坛
2017年7月14—15日	河北省首届园林博览会开幕式
2018年1月9日	河南省酒业考察团
6月10日	全省推进科技创新工作落实暨加快高新区发展现场会
8月29日	全省“双创双服”活动观摩调度会
2019年5月10日	衡水老白干“第一届酒文化节”
2019年12月16—18日	全省戏曲进校园进乡村观摩交流展示活动
2020年5月10日	衡水老白干“第二届酒文化节”
2021年5月8日	衡水老白干“第三届酒文化节”
2021年5月16日	“衡水市投资环境网络推介会及重点项目云签约”仪式

第五章　外事接待

20 世纪 70 年代初期，随着国门渐开，外事活动接踵而至，国际间的经贸活动非常活跃，重大外事活动逐年增加，参加人员多，影响力大。招待处逐步开展员工培训，讲授外国风俗习惯、生活特点和禁忌等注意事项，不断改善服务态度，提高服务质量。多年来，始终坚持外事无小事的原则，严肃纪律，精心服务，受到宾客高度赞扬。

第一节　国际组织接待

联合国救灾工作组到衡水考察

1981 年 1 月 22 日上午，联合国救灾署、开发计划署和世界卫生组织等机构联合组成的救灾工作组一行四人，由组长威尔莫特先生率领，在外经部、民政部和省民政局、外经办、外办、卫生局等部门负责人陪同下，由石家庄抵达衡水，入住招待处，对衡水 1980 年农业遭受旱灾的情况进行考察。22 日下午和 23 日，在地区负责人陪同下，先后到衡水县中野营大队、姚夏寨大队，阜城县梁庄大队、梁庄小学、东王集大队、王集医院，武邑县石王史大队、东五更大队、东五更小学和地区医院进行考察。在考察中，所到各县的负责人、各大队队长、医院负责人和学校教师等分别介绍了受灾情况、社员生活、农副业生产情况、儿童身体状况等。联合国救灾联合工作组结束对灾情的考察后，于 24 日上午离衡返石。副专员张荫昌和有关部门负责人在招待处进行了会见并送别。

1981 年 1 月 24 日地区行政公署副专员张荫昌（中间）在招待处与联合国客人话别

联合国儿童基金会埃克特到衡水考察

1981 年 2 月 19 日，联合国儿童基金会驻华代表埃克特及随员朱莉蔻，入住招待处，对 1980 年遭受旱灾以来儿童营养状况、疾病情况、饮水情况进行考察。19 日下午，地区妇联主任和地区外办、卫生局负责人陪同联合国客人到衡水县花园公社大刘庄大队、地区医院、地区幼儿园进行参观考察。20 日上午，联合国客人到阜城县医院王集分院和营盘公社高城大队进行考察。下午，客人返回石家庄。外经部和省卫生局、外经办、外办等有关部门负责人及行政公署副专员郭洪深陪同考察。

是年4月15日，联合国儿童基金会驻华代表埃克特、许家象、朱莉蔻以及省卫生局副局长訾维廉、省外经办副处长李保才到衡水了解救灾药品发放使用情况，入住招待处。16日上午，埃克特一行听取了副局长吴少和关于联合国儿童基金会援助衡水救灾药品分配使用情况的介绍。随后，联合国儿童基金会客人在省、地、县负责人陪同下到衡水县花园公社姚夏寨大队参加联合国儿童基金会援助药品发放站发放药品活动。在大刘庄大队听取了大队长关于救灾药品使用情况介绍，并到社员刘玉常、刘玉合家中询问服药后情况。联合国儿童基金会客人对援助救灾药品迅速、合理地发放到受灾群众手中表示满意。副专员郭洪深代表全区受灾群众对联合国儿童基金会的及时援助表示感谢。中午，副专员郭洪深和省、地有关部门负责人与客人共进午餐。下午，联合国儿童基金会客人离开衡水，副专员郭洪深等在招待处为客人送行。

联合国救灾署业务主任爱因霍斯到衡水考察

1982年1月14日中午，由救灾工作组组长、联合国救灾署业务主任爱因霍斯先生率领的联合国救灾署、开发计划署、儿童基金会、世界卫生组织、联合国粮农组织、世界粮食计划署组成的7人工作组一行，入住招待处，考察联合国有关组织及一些友好国家援助灾区物资的分发、使用情况，并探讨向衡水提供恢复和重建项目的可能性。外经部副局长张贤吾、副处长罗镇涛，民政部副处长李智光和省外经办主任孙维韬、省外办副主任程栋才、省民政局副局长马子宽及有关部门负责人陪同。下午，省民政局副局长马子宽、行政公署救灾办公室副主任胡振国分别向联合国救灾工作组介绍了全省1980年遭受旱灾情况和外援物资的分发、使用以及抗灾、救灾情况。15日，联合国救灾工作组到地区医院、衡水湖以及衡水县的花园公社大刘庄大队、姚夏寨大队、武邑县马回台公社石王史大队、怀甫公社东五更大队了解情况。

1982年1月14日地区行政公署副专员郭洪深在招待处会见联合国客人

世界银行预评估团

1989年9月8日下午，以艾萨博士为团长的世界银行预评估团一行6人到衡水考察《河北农业发展项目》，入住招待处。9日上午，考察武邑县种草养畜、低产棉田改造。下午，考察景县灌溉防渗等。10日上午，考察冀县、南宫市棉田、棉花加工、南官水利防渗工程。地县有关领导陪同考察。

第二节 其他国家接待

加拿大BC省亚洲投资开发有限公司总裁一行

1993年6月1—3日，应河北省国际

友谊促进会和衡水地区行政公署的邀请，加拿大不列颠和哥伦比亚省亚洲投资开发公司总裁艾尔玛，副总裁裴红光到衡水湖开发区进行实地考察，入住招待处。3日中午，省人大常委会主任吕传赞会见并宴请，省外办、衡水地区行政公署等领导出席活动。

北京农业大学CIAD国际会议参观考察团

1993年6月28—30日，由来自德国、泰国等8个国家的27名专家组成的北京农大综合农业发展中心国际会议考察团，在北农大中德农业发展中心李小云博士陪同下到衡水参观考察，入住招待处。29日上午，赴故城县饶阳店开发区参观考察。30日，参观饶阳县流满乡棚菜生产。行政公署副专员刘锡锋和地直有关部门负责人陪同参观考察。

日本果树专家一行

1993年8月21—25日，应河北省国际人才交流协会的邀请，日本果树专家永泽畅良先生到衡水武邑县清凉店镇进行果树技术指导和咨询，其间入住招待处。21日下午，在招待处召开座谈会，镇长向专家介绍果树生产现状和发展规划及需要解决的技术问题。22日上午至23日上午，专家到李贤兰、鲍贤兰、后豆屯、崔乡果园实地考察指导。23日下午至24日上午，到前连阁、清凉店、甄庄、李屯幼树和苹果育苗基地考察指导。24日下午在清凉店镇由日本专家就目前果园管理存在的问题、解决措施、幼树提早丰产管理技术以及改良品种等作学术报告。24日晚与专家交换意见，洽谈合作意向。

英国水利专家一行

1993年10月8日上午，英国水利专家罗伯特到衡水进行水利技术考察，入住招待处，河北省水利厅农水处主任、工程师张金杰等随行。8日下午，专家一行考察武邑县水利局、水泥制品厂和审坡、桑村等咸淡混浇轮浇试点。9日上午，考察枣强县吉利乡后王寿及唐林乡咸淡混浇试点。9日下午，考察故城县深渠河网、坑塘及引水闸等。地区水利局有关负责人陪同考察。

外国驻华使馆商务官员到衡水考察

1995年5月15—16日，由俄罗斯、罗马尼亚、葡萄牙、乌克兰驻华使馆商务参赞、高级商务官员和联合国工业发展组织北京中心官员及美国多国商贸发展联合公司、南非贸易之星公司中国业务代表等15人组成的投资考察团到衡水参观考察，入住招待处。行政公署副专员焦彦龙及有关部门负责人向客人们介绍衡水概况及投资环境，并参观考察衡水湖、衡水电厂、衡水新火车站广场以及衡水电机股份有限公司、河北冀衡化工总厂、衡水棉纺织厂等企业，详细了解企业设备、生产及产品等情况，与衡水部分企业的厂长经理进行实质性的经济贸易合作洽谈，有些项目达成合资合作意向，开展产品外销贸易活动。

加拿大蒂尔森堡市代表团的经贸洽谈

1998年10月28日，衡水市与友好城市加拿大蒂尔森堡市代表团的经贸洽谈在迎宾馆进行。蒂尔森堡市政府的官员们在因特网上看到《衡水之窗》，并通过《衡水之窗》了解衡水的基本情况、投资政策和部分企业。于是麦克耐特市长组织负责经济项目的议员贝尔夫人等一行，专门到衡水进行经贸洽谈，达成多项协议。他们表示还要继续关注《衡水之窗》，从中获取有关信息，进一步增强与衡水的交流和合作。

韩国大田市儒城区青年企业家协会

2002年8月26日，以韩国大田市儒城区青年企业家协会会长郑湘勋先生为团长的代表团一行11人到衡水开始进行为期3天的考察访问，入住迎宾馆。当日下午，市委副书记郭华、副市长陈强等在迎宾馆为韩国朋友举行了欢迎仪式。27日，韩国朋友参加了河北省（衡水）第二届蜜桃节暨经济技术合作洽谈会开幕式。他们还到深州市穆村蜜桃产区、老白干酿酒集团、衡水市特种工艺品厂进行参观考察，同时，参观了开发区和城市建设情况。参观后，市有关领导在迎宾馆亲切接见代表团成员，双方举行座谈会。28日上午，代表团参观邓庄农业高新技术园区和衡水湖自然保护区。下午，双方举行中韩青年及青年企业家恳谈会。

衡水市青年联合会与韩国大田市儒城区青年企业家协会举行“友好交流合作协议书”签字仪式

比利时东佛兰德省代表团

2004年5月12—13日，以比利时东佛兰德省省长赫曼·巴萨查先生为团长的东佛兰德省政府和经济代表团一行20人，到衡水访问考察、洽谈合作，入住迎宾馆，省外办主任杨全社随行。12日，市委副书记李晓明、副市长陈强会见代表团所有成员，并举行座谈。12日下午分组参观考察，东佛兰德省政府团先后参观考察南昊公司、远大集团西厂区、衡水体育馆、绿岛戏水乐园、习三画院、衡水湖、冀州城建。东佛兰德省经济团参观考察深州北四王苗圃、邓庄农业科技示范园区、衡水市林业局苗圃、衡水迎宾馆生态园。13日上午，东佛兰德省经济代表团成员与衡水有关企业、单位就双方感兴趣的合作项目进行了对口洽谈。

2004年5月12日比利时客人在习三博物馆考察

瑞士优特斯玛首席代表团

2005年1月23日，瑞士优特斯玛有限责任公司首席执行官迈克·南姆博格先生一行2人到衡水考察，入住迎宾馆。下午瑞士代表团参观考察冀州市春风集团、习三画院、衡水迎宾馆生态园，并在迎宾馆贵宾楼三楼会议室举行座谈，由市政府相关领导介绍衡水市投资环境、优惠政策及相关产业配套情况。

日本中鸿北岸农业考察团

2005年11月16日，日本中鸿北岸农业考察团到衡水考察农产品生产，入住迎宾馆。考察团一行在贵宾楼三楼会议室与农业专家座谈，了解农业种植情况。省发改委、省粮油集团及市有关负责人参加。会后先后参观故城三豆专业合作社、饶阳喜奥保健食品有限责任公司以及饶阳县绿色无公害大棚蔬菜。市委副书记贾彦明等陪同考察。

葡萄牙华人总会执行长一行

2006年1月10日，葡萄牙华人总会执行长周一平先生到衡水考察，入住迎宾馆。周一平到深州市宏利金属制品有限公司进一步检验首批在该公司订购的300吨重镀锌丝的质量，对产品质量和各项性能指标非常满意，并进一步探讨就重镀锌丝的销售业务与衡水联合在葡方设立办事处。

津巴布韦西马绍纳兰省代表团

2006年9月13—14日，以省长萨姆康格先生为团长的津巴布韦西马绍纳兰省代表团一行12人到衡水进行友好访问，入住迎宾馆。13日下午，津巴布韦客人参观考察衡水湖、中国内画艺术之乡展览馆、桃城区邓庄农业科技示范园区，观看介绍衡水湖湿地保护区的风景片。萨姆康格省长此次来访，加深了两地之间的了解和友谊，为双方合作与交流开辟更广阔的前景。

美国康普顿公司橡胶化工品资源部高级经理一行

2006年10月16日下午，市委主要领导在迎宾馆会见美国康普顿公司橡胶化工品资源部高级经理汤姆先生一行。双方表示将充分发挥各自优势，加深了解，加强合作，共同发展，建立良好、稳定的合作伙伴关系。

波斯尼亚和黑塞哥维那驻华大使一行

2007年4月16日，波斯尼亚和黑塞哥维那驻华大使佩罗·巴伦契奇、驻华使馆参赞威塞欧·高迪尼亚克、波黑欧洲石材公司董事长德拉高·米洛考维奇及德拉高·米洛考维奇夫人劳萨·米洛考维奇一行4人到衡水参加中波合资企业河北亚欧石业有限公司开业庆典活动，入住迎宾馆。市委、市政府主要领导在迎宾馆会见大使一行。17日上午，波黑客人一行4人参观考察衡水湖，市外办有关负责人陪同。一行人还到阜城县古城镇河北亚欧石业有限公司出席开业庆典活动。市委及市直有关部门和阜城县委、县政府主要领导出席活动。

日本SFOODS公司社长村上真之助

2007年12月26—27日，日本SFOODS公司社长村上真之助先生一行4人到衡水进行工作访问，入住迎宾馆。市委、市政府主要领导在迎宾馆会见日本代表团。双方就SFOODS公司在桃城区邓庄乡建立日本独资的肉奶牛养殖加工基地项目及未来合作与发展进行洽谈。

美国艾奥瓦州“老朋友”及志愿者代表团

2014年5月14日，萨拉·兰蒂女士

率领的美国艾奥瓦州“老朋友”及志愿者代表团，在河北省人大常委会原副主任白润璋及省友协负责人陪同下到衡水参观访问，入住衡水迎宾馆。衡水市委市政府有关领导亲切会见并陪同活动。在衡期间，代表团一行先后到中国内画艺术之乡展览馆、衡水湖和衡水中学参观访问，增进彼此之间的了解与沟通，为双方在农业、教育等领域开展合作交流搭建起一座友谊的桥梁。

韩国青年友好使者代表团

2018年8月25日，由韩国国际交流财团副理事长金成仁和韩国檀国大学教授金珍镐带领的青年友好使者代表团一行120人，入住衡水迎宾馆。代表团在市委、市政府有关人员的陪同下到衡水一中参观考察。衡水中学党委书记、校长郗会锁和副校长王建勇和韩国青年友好使者代表团成员进行了亲切交流，针对国际交流合作、教育综合改革相互交换了观点和看法。学校的整体规划、办学理念、文化特色以及学生的学习生活情况等，得到了韩国友人的充分认可和肯定。其间，韩国代表团一行还参观了整个校园，实地察看学校的校园环境、文化景观和国际交流中心，他们还现场观摩学生的跆拳道、篮球、射击、田径和游泳训练，并深入博雅馆探访艺术特长生的相关训练活动，进一步增进两国青年的交往和友谊。

乌克兰国立柴可夫斯基音乐学院考察团

2019年1月21日，乌克兰国立柴可夫斯基音乐学院院长邓克西姆·季莫申科一行到衡水参观考察。市委书记王景武、市长吴晓华等在衡水迎宾馆会见。22日上午，考察团到衡水学院访问交流，副市长崔海霞等陪同。23日下午，衡水学院与乌克兰国立柴可夫斯基音乐学院在衡水迎宾馆桃城厅举行合作办学签约仪式。

2019年1月23日中国衡水学院与乌克兰国立柴可夫斯基音乐学院在迎宾馆举行合作办学签约仪式

世界哈萨克库热斯联合会考察团

2019年3月27日下午，世界哈萨克库热斯联合会名誉主席马西莫夫率领考察团到衡水访问考察，入住衡水迎宾馆。市长吴晓华会见考察团一行，副市长崔海霞、市政协副主席韩克俭参加。吴晓华代表市委、市政府对马西莫夫一行的访问表示欢迎，简要介绍了衡水经济社会发展情况，并希望以2019年哈萨克库热斯第十二届亚洲锦标赛暨中国式摔跤丝路艺术节在衡水举办为契机，深化沟通交流，实现合作共赢，为中哈两国和人民之间的友谊搭建新的桥梁。

此外，还有新加坡福源发私人有限公司一行5人、新加坡长荣国际公司考察团、捷克CKD控股公司驻中国首席代表米罗斯拉夫·叟赛克、美国亚媒公司董事长王金顺及亚媒公司中国总代理夏威德等到衡水考察，均入住衡水迎宾馆。

多种经营

★ 完善功能

★ 兴办实体

★ 服务社会

★ 多元发展

精益求精
追求極致

第六编　多种经营

衡水迎宾馆自建立始，就注重相关行业的拓展，相继开办布草洗涤、商品售卖等服务项目，服务功能更加完善。改革开放以来，开展以政务接待为主、多种经营为辅、多元化发展的经营活动。建设经营衡水博大商贸中心（方园酒店）、衡水迎宾农业科技生态观光园有限公司、衡水湖湿地培训中心（衡湖酒店）等主业扩展性经营项目，为站稳市场融入了新的活力。输出管理政府机关食堂、衡水市人民医院餐厅、蓝天宾馆等服务项目，为发展主业、服务社会做出积极努力。跨行业经营衡水迎宾轿车维修服务中心、衡水天隆保安押运有限公司、衡水儒乡园餐饮服务有限公司等，为拓宽经营领域、向集团化发展做出了有益尝试。多种经营，为迎宾馆的事业发展谱写了新的篇章，做出了突出贡献。

第一章　完善功能

随着改革开放的不断深入，人们的物质文化生活需求日趋增长，宾客对宾馆服务已不再局限于住宿就餐等基本要求。为给宾客提供全面、及时、便捷、周到的增值服务，逐步设立洗涤部、商品部、旅行社、制衣部。

第一节　洗涤部

洗涤部前身是洗衣房，成立于 1971 年，为招待处下属部门，2005 年 4 月前归客房部，2005 年 4 月至 2015 年 8 月归工程部，主要从事客用布草、餐厅布草及员工工装的日常洗涤工作。2015 年 8 月，洗衣房职能从工程部分离，成立洗涤部，为迎宾馆一级业务部门。2016 年 3 月，注册为衡水迎宾绿色洗涤有限公司，在满足招待处日常洗涤业务的前提下，拓展对外洗涤业务，创收增效。2022 年共有员工 27 名。

建立之初，条件非常艰苦，为达到客房及餐厅的卫生标准，处长赵凤梅发动服务人员及员工家属手洗晾晒客用布草。大家不怕脏不怕累，凭着招待处人的朝气和热情，完成洗涤任务。1971 年，为解决洗涤难题，他亲自指导，将从针织厂购置的一台旧机器改造组装成双筒洗衣机，放置于一间平房内，工作效率有了很大提升，自此有了洗衣房。在多年发展过程中，洗涤设备不断更新换代，到 2011 年时，洗衣房已拥有 100 公斤大容量洗衣机两台，甩干机、烘干机、烫平机等配套设施齐全。通过不断融入先进洗涤工艺，迎宾馆的布草洗涤能力始终处于衡水宾馆酒店业的领先地位。

迎宾馆前进街址筹建时，在洗涤设备方面加大投入，安装自动化程度高、洗涤量大的布草洗涤流水线，并逐步配备服装干洗、理石研磨、地毯沙发清洗等设备。为充分发挥设备潜力，利用多年的洗涤经验，发掘创收渠道，对外承揽业务。技术人员发扬工匠精神，苦练内功，很快掌握布草干洗、理石维护技能。全体管理人员一起走访市场，收集业务信息，排除化解本地同行压力，知难而上，锐意进取，凭借设备先进、业务规范、质量达标、价格合理很快进入并占领市场。在完成迎宾馆自身的洗涤工作外，2022 年固定水洗客户已达 10 余家，并承担着宾客服装干洗及其他一些宾馆饭店的石材维护业务，创造了可观的业务收入。

2022 年洗涤部工作场景

第二节　商品部

20 世纪 70 年代的衡水，商店较少，入住宾客买毛巾、牙膏、零食等生活必需品，要走很远的路。为方便客人，成立小卖部，获得了一定的运营收益。进入 80 年代，住客量增加，对商品需求增大，小卖部不断丰富商品种类，逐步扩大规模。1991 年 10 月定名为商品部，1995 年 1 月在工商局注册，满足内需，对外经营。

进入 21 世纪，商品部快速发展，经营品种已不再是单一的烟酒糖茶等基本生活用品，逐步增加了工艺礼品、品牌服装、鞋帽箱包等，一些地方特产如衡水老白干、内画鼻烟壶、侯店毛笔、武强年画、周窝乐器、冀州田园棉、饶阳杂面、故城贡面、衡水湖烤鸭蛋等也进驻商品部。“足不出户”就能购买当地特色商品，体验地方文化，极大地满足了宾客需求。

随着市场竞争日趋激烈，商品部不断适应市场，增设送货上门服务项目，开展了优惠促销等活动。2017 年 7 月，衡水承办河北省第一届园林博览会，由商品部向园内的 8 个零售点供应各类商品，为广大游客提供了便利，成为商品部多项服务的一个成功范例。

2021 年商品部商品陈列

第三节　旅行社

20 世纪 90 年代，旅游业呈现出勃勃生机，为在衡水旅游市场占据一席之地，满足宾客出游需求，1994 年 7 月，招待处成立旅游服务公司，国内旅游和入境旅游业务正式运行。到 2012 年前后，多家旅游公司在衡水市相继成立，旅游市场竞争日趋激烈，旅行社增加了地接服务项目。主要旅游线路为衡水湖、衡水老白干酒厂、王习三内画博物馆、安平县全国第一个农村党支部纪念馆等景点。地接项目的开通，丰富了旅游内容，展示了地方文化，拓宽了旅游业务空间。

旅行社在做好旅游业务的基础上，为方便宾客出行，1997 年开始对入住宾客提供车票（含卧铺票）代购服务。随着需求的增长，与中国航空协会签订合作协议，启动代卖机票业务。业务范围逐渐从会议宾客扩展到衡水市的单位及个人。

与此同时，旅行社为满足入住团队会务需求，增设了打字复印、彩色印刷、空飘气球、彩虹拱门、会标制作等项目。特别是为衡水市、区“两会”和其他重要会议提供相关服务，以技能娴熟、工作高效受到会务组与会方的一致好评。

第四节　制衣部

1998 年 3 月成立制衣部，位于胜利西路招待处家属院 1 号楼 1 层门店。分为车间、库房、办公室三个部分，车间面积 80

多平方米，员工共计 20 名。主要承担迎宾馆客房床上用品、餐厅餐台桌布及员工工装的制作等。设立伊始，配备 6 台缝纫机、1 台锁边机，设备简陋，条件艰苦，但员工热情高涨，迅速形成了主动学技术、提升缝纫技能的浓厚氛围，加工能力迅速提升，满足了内部日常布草需求。运行几年间，节约了大量的布草采购费用。2002 年 5 月在工商部门注册，对外承揽制衣、布制品加工业务，在很短的时间内与行业接轨。2003 年随着业务量的增大，添置 10 台电动缝纫机、1 台嵌边机、1 台粘衬机。2005 年又增添了 1 台钉扣机，1 台扣眼机。2015 年，制衣部搬迁至前进街址院内，更新设备，生产能力得到加强，外加工业务迅速增加，业务范围扩展至社会酒店、企业、学校、演出团体等专业服装制作。之后，增加窗帘制作业务，为了将其做大做精，制衣部派技术骨干外出参观考察，学习窗帘制作技术，以开阔眼界，引领潮流。制衣部已具备中式、欧式、田园风等多种风格窗帘的加工能力，获得了丰厚的市场回报。

在关键时期，制衣部在后方做好坚强后盾。2003 年全员抗击“非典”期间，为抗疫工作默默贡献，在人员少、任务重的情况下，连续工作 3 个昼夜，加工制作 5000 副口罩和上百套防护服，支援抗疫前线。2019 年第三届世界冀商大会在衡水迎宾馆举办，需要制作周长 21 米的特大圆桌桌裙。制衣部面对此项任务，召开“诸葛亮会”，认真设计，详细分工，密切配合，全体员工奋战数小时，完成了一个有上千个皱褶连接扎成的桌裙，受到了与会领导的一致好评。

2019 年制衣部为第三届世界冀商大会制作的桌裙

第二章　兴办实体

随着酒店市场的日趋繁荣，迎宾馆面临的竞争愈加激烈，市场份额逐步被压缩。为有效地应对挑战，迎宾馆在兴办实体、拓展经营、创收增效的道路上探索前行。

第一节　博大商贸中心（方园酒店）

博大商贸中心前身是衡水经济信息技

术市场，1995年由衡水招待处筹建，1997年1月定名为衡水市博大商贸中心，直属招待处管理。位于榕花街与人民路交接处，地理位置优越。

1997年，按照建造时的初衷，博大商贸中心以商店的形式经营，主营五金、百货、针纺织品，兼营烟、酒、糖、茶等多种副食。另外，利用现有场地及硬件设施，多次组织单位社团的展览活动，取得了较好业绩。

1997年3月，根据市场需求，博大商贸中心利用一、二层西侧部分，成立方园酒店，进入餐饮市场，并通过增加功能投入、引进新的菜系、赴先进宾馆学习培训、聘请外地名厨执灶、投资改善硬件环境等方式，逐步适应市场、驾驭市场，取得了良好的经营收益。1999年博大商贸中心与外部合作开办了桑拿洗浴中心、乒乓球、停车场及洗车等业务，注入了新的活力。2003年1月，市政府政务中心迁至博大商贸中心，经营面积及项目大幅缩减，只留下方园酒店的餐饮业务和车辆服务业务，营业收入骤减。为在困境中求生存，方园酒店不断探寻新的经营方式。2005年成功加盟微山湖鱼馆连锁品牌，更名为微山湖鱼馆方园店，在随后几年中，创造了不菲的收益。

博大商贸中心（方园酒店）经营时间为1997年至2012年。

2005年5月微山湖鱼馆方园店开业庆典，右图为热烈庆祝微山湖鱼馆方园店开业典礼仪式

第二节　衡水迎宾农业科技生态观光园有限公司

衡水迎宾农业科技生态观光园有限公司（简称迎宾生态园），始建于2002年，总规划占地面积110亩，位于衡水市高新区人民路与西外环交叉口西北角，由大自然餐厅、迎宾花卉中心、种植观光休闲基地三个区域构成。园地于2003年10月21日建成并投入运营，是集产、供、销、游、娱、购为一体的现代化农业科技示范园区，具有“生态、绿色、健康、环保”四大显著特色。迎宾生态园共有员工120名左右。

大自然餐厅倡导绿色、健康、休闲的理念，通过将智能温室和自然景观的融合，营造出四季如春、鸟语花香的就餐环境。餐厅共有12个单间，6个隔断以及1个小型宴会厅。开业时菜品为塞外农家土菜和本地家乡菜，代表菜是大盘炖骨头、大盘牛肉、大盘鸡、大盘炖鱼等。2006年9月餐厅扩建，增加8个餐饮包房和5张卡座，命名为儒乡园、十八坊、御金鳞等。名称与内装风格独具特色，菜系更新为直隶官府菜、地方传统菜，代表菜有直隶杂烩菜、一壶珍菌斋、冀州双色焖饼、故城煊饼等。2012年变更为南北融合菜系，代表菜有风味烤羊脖、一品鲜肉丸等。大自然餐厅环境优美独特、菜品底蕴丰厚，让就餐宾客“畅游于风景之间，享受大自然的恩赐”，成为衡水餐饮市场的一个亮点。

迎宾花卉中心占地5亩，由10个连体大棚组成，北侧有配套花卉培育种植棚两个。以种植、观赏、批发零售高档特色花卉为主，共有摊位20余家，经后期不断打造和完善，形成了当时衡水市唯一一个大规模的花卉种植售卖中心，为美化城市环境、提升市容市貌，丰富市民文化生活做出突出贡献。

种植观光休闲基地由10个蔬菜种植采摘棚、50余亩果树种植采摘园和两个休闲垂钓池组成。蔬菜种植采摘棚以种植采摘绿色无公害蔬菜为主。从山东寿光聘请蔬菜大棚种植方面的专家，进行培训和指导，引进了既可观赏又可食用的果蔬，包括蛋茄、砍瓜、蛇豆、金南瓜、无刺黄瓜等。在果树种植方面，为更好地使园林果树成长，聘请林业技术员进行技术指导，通过去烟台、泰安、郑州实地考察，调整种植结构，引进优良品种，种植大樱桃，取得良好效果，形成了河北省最大的樱桃种植园。

在迎宾生态园的建设及功能完善过程中，迎宾馆发动全体员工，积极参与迎宾生态园的建设，在没有任何机械设备的情况下，用铁锹、推土车清除园内的建筑垃圾、废弃物，翻整土地，挖树坑，种果树。同时在全市开展认养“树宝宝”活动，让孩子走进大自然，体验劳动的快乐，与树木一起茁壮成长。

2004年3月员工参加劳动建设迎宾生态园

2004年4月赵庭萱认养“树宝宝”，寄语“愿宝贝健康快乐每一天”

迎宾生态园的打造，为实现了餐饮业与旅游业的深度融合，开发绿色无公害菜品这一朝阳产品，丰富市民业余生活，以及为衡水市的经济发展及精神文明创建做出了积极贡献。2004 年 12 月 20 日迎宾生态园被评为国家 AA 级旅游景区。

迎宾生态园经营时间为 2002 年至 2018 年。

2003 年 10 月衡水迎宾农业科技生态观光园开业典礼

2014 年大自然餐厅内景

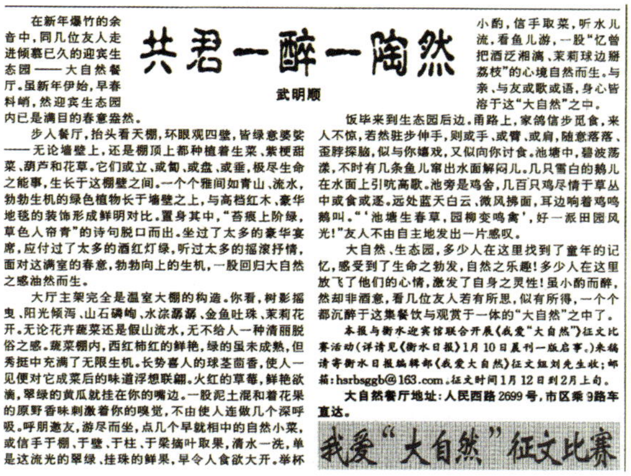

共君一醉一陶然

武明顺

在新年爆竹的余音中，同几位友人走进倾慕已久的迎宾生态园——大自然餐厅。虽新年伊始，早春料峭，然迎宾生态园内已是满目的春意盎然。

步入餐厅，抬头看天棚，环眼观四壁，皆绿意婆娑——无论墙壁上，还是棚顶上都种植着生菜、紫梗甜菜、葫芦和花草。它们或立、或匍、或盘、或垂，极尽生命之能事，生长于这棚壁之间。一个个雅间如青山、流水，勃勃生机的绿色植物长于墙壁之上，与高档红木、豪华地毯的装饰形成鲜明对比。置身其中，“苔痕上阶绿，草色人帘青”的诗句脱口而出。坐过了太多的豪华宴席，应付过了太多的酒红灯绿，听过太多的摇滚抒情，面对这满室的春意，勃勃向上的生机，一股回归大自然之感油然而生。

大厅主架完全是温室大棚的构造。你看，树影摇曳、阳光倾泻、山石磷峋、水淙潺潺、金鱼吐珠、茉莉花开。无论花卉蔬菜还是假山流水，无不给人一种清丽脱俗之感。蔬菜棚内，西红柿红的鲜艳，绿的虽未成熟，但秀挺中充满了无限生机。长势喜人的球茎茴香，使人一见便对它成菜后的味道浮想联翩。火红的草莓，鲜艳欲滴，翠绿的黄瓜就挂在你的嘴边。一股泥土混和着花果的原野香味刺激着你的嗅觉，不由使人连做几个深呼吸。呼朋邀友，游尽而坐，点几个早就相中的自然小菜，或信手于棚、于壁、于柱、于梁摘叶取果，清水一洗，单是这流光的翠绿、挂珠的鲜果，早令人食欲大开。举杯小酌，信手取菜，听水儿流，看鱼儿游，一股“忆曾把酒泛湘漓、茉莉球边掰荔枝”的心境自然而生。与亲、与友或歌或语，身心皆溶于这“大自然”之中。

饭毕来到生态园后边。甬路上，家鸽信步觅食，来人不惊，若然驻步伸手，则或手、或臂、或肩，随意落落、歪脖探脑，似与你嬉戏，又似向你讨食。池塘中，碧波荡漾，不时有几条鱼儿窜出水面解闷儿。几只雪白的鹅儿在水面上引吭高歌。池旁是鸡舍，几百只鸡尽情于草丛中或食或逐。远处蓝天白云，微风拂面，耳边响着鸡鸣鹅叫。“‘池塘生春草，园柳变鸣禽’，好一派田园风光！”友人不由自主地发出一片感叹。

大自然、生态园，多少人在这里找到了童年的记忆，感受到了生命之勃发，自然之乐趣！多少人在这里放飞了他们的心情，激发了自身之灵性！虽小酌而醉，然却非酒意，看几位友人若有所思，似有所得，一个个都沉醉于这集餐饮与观赏于一体的“大自然”之中了。

本报与衡水迎宾馆联合开展《我爱“大自然”》征文比赛活动（详请见《衡水日报》1月 10 日晨刊一版启事。）来稿请寄衡水日报编辑部《我爱大自然》征文组刘先生收；邮箱：hsrbsggb@163.com。征文时间1月 12 日到2月上旬。

大自然餐厅地址：人民西路 2699 号，市区乘 9路车直达。

我爱“大自然”征文比赛

2004 年 2 月 13 日《衡水日报》刊载的“我爱‘大自然’征文比赛”获奖作品武明顺的《共君一醉一陶然》

第三节　衡水湖湿地培训中心（衡湖酒店）

2010 年 10 月衡水迎宾馆对滨湖新区管委会（原衡水湖管委会）北侧五层小楼按四星级标准进行整体装修改造，提升完善功能，承担迎宾馆拆旧建新期间政务接待任务，2011 年 3 月投入运营，命名为衡水湖湿地培训中心（简称培训中心）。培训中心共有中高档客房 40 间，餐饮包房 7 个，多功能厅 1 个，中小型会议室各 1 个，贵宾接待厅 1 个，可接待中小型团队会议及高档宴请。2011 年 6 月，为进一步提升接待规模及水平，在培训中心西南侧湖边及北侧揽翠岛各建一栋木屋别墅，建筑面积分别为 700 平方米、800 平方米，装修于 2012 年 3 月完毕并投入使用，成为培训中心的“点睛之笔”。

培训中心注重餐饮特色，充分利用衡水湖这一天然养殖种植基地，以绿色无公害食材为主要原材料，广泛收集衡水湖地方名菜做法，形成了鲁菜与本地特色相结合的菜品体系。主打菜有“衡湖炖大鱼”“酱焖嘎鱼”“一品湖虾”“麻酱荷叶”等，并举办了“衡水湖全鱼宴”“衡水湖荷花宴”推介活动，受到了就餐宾客的一致好评。同时在规范化服务的基础上，融入清新自然、温馨周到的情感化服务，让宾客真正体验到“宾至如归”的感觉，达到人与自然完美融合的境界。培训中心在运营过程中，以其独特的地理位置、环境特色及周到温馨的服务，多次接待各级党政领导及各界商业精英，赢得了广泛好评。

培训中心配备管理人员及员工共计80余名。设办公室、财务部、房务部、餐饮部、安保部、维修部等部室。2014年8月更名为衡水市人民政府招待处衡湖酒店。

衡湖酒店运营时间为2011年至2017年。

2014年8月衡水市人民政府招待处衡湖酒店宣传图片

第三章 服务社会

迎宾馆在多年的探索实践中，创造了特色餐饮文化，积累了丰富服务经验，坚持面向社会，回报社会，先后输出管理机关食堂、推出餐饮外卖等，得到社会各界认可，取得一定的社会效益。

第一节 机关食堂

迎宾馆曾经管理市委、市政府、桃城区委区政府、市税务局、市财政局等机关食堂10余个。其中一直管理服务于市政府机关食堂，是输出管理中最为成功的代表。

1993年11月，迎宾馆输出管理市委市政府机关食堂，在近30年的服务中，严格执行食品安全相关法令法规，把食品安全卫生放在首要位置，严把进货关，并在食品存放、加工、烹饪的各环节重视卫生管理。服务人员队伍从起初的 3 名厨师和 1 名服务员，发展到拥有 28 人的餐饮管理服务团队。菜品结构由品种单一，发展到种类丰富、营养均衡，形成鲜明的食堂饮食特色。售卖方式也从原来的服务员打餐，发展到刷卡取饭、自助取餐、按需点餐相结合，此举得到了机关工作人员的认可与赞扬。目前仍是输出管理中的最大亮点。

2018 年市委市政府机关食堂，雅间及就餐大厅

第二节　餐饮外卖

迎宾馆为推销餐饮产品，方便市民生活，1998 年开始在大门东侧设置衡水市第一家临时售卖点，出售馒头、包子及简单的菜品。产品一经推出，迅速受到了市民的热捧，供不应求。迎宾馆立即抓住商机，组织人员，去石家庄白楼宾馆参观学习。随后在迎宾馆西南角建造了三间简易铁皮房，配备必要的餐厨具，并于 1998 年 10 月 8 日正式开业运营餐饮外卖。外卖点位置优越，人口密度及人员流量大，早餐主营小米粥、油条、豆腐脑、凉拌咸菜、馅饼、水煎包等，午餐、晚餐主营凉热配菜、包子、米饭等。在加工、制作、售卖各个环节严格把控卫生标准，精工细作，菜品及主食味美价廉，深受附近居民及就餐顾客的好评，每逢早餐时间，排起长龙，形成一处景观。餐饮外卖的推出，使迎宾馆的菜品进入千家万户，推广了迎宾馆的餐饮文化，创造了可观的经营收益。

餐饮外卖经营时间为1998年至2007年。

2000 年 7 月餐饮外卖就餐场景

第三节　衡水市人民医院餐厅

2000 年 4 月，受衡水市人民医院（哈励逊国际和平医院）委托，迎宾馆对医院餐厅（简称“哈院餐厅”）进行全委托式

管理。

委托接管后，提升硬件，在原有 1 个餐包的基础上改建为 3 个餐包，进行简易装修，更新老旧餐厨具。在原有 3 个病患售卖口的基础上，增设 1 个面向职工家属的售卖窗口。提升服务，招待处派出管理人员及有餐饮经验的员工 6 人，与哈院职工 9 人，组成 15 人的服务队伍。

在运营过程中，管理团队充分发挥迎宾馆管理经验，面对“病患”特殊群体，提供针对性餐饮服务。在原材料进货中，认真查验供货商的相应资质并做好台账，做到食品原材料能追根溯源。在食品制作存贮中，严格按照食品安全相关规定执行。在菜品及主食加工制作上满足患者各种饮食需求，并推出点餐送餐周到服务，力争照顾到每位病患。委托管理哈院餐厅，得到院领导、医务工作者及病患的好评。

衡水市人民医院餐厅管理时间为 2000 年 4 月至 2002 年 4 月。

第四节　蓝天宾馆

2002 年 5 月，迎宾馆承包蓝天宾馆。蓝天宾馆是市纪委的培训中心，为临街建筑，共有五层，一、二层为餐厅，包括一个就餐大厅及 15 个餐包，三、四、五层为客房，共 55 间。人员配置为 20 人，为市纪委及有关单位提供业务接待，兼顾零客住房、用餐。通过分析市场需求，将餐厅一层定位为火锅，货真价实、味道丰厚，营养丰富；二层餐包为零点炒菜，色香味俱全，深得客人青睐。在客房管理及服务方面，融入迎宾馆标准化、规范化的服务理念，客房整洁，卫生达标，营造出温馨的服务氛围。

蓝天宾馆运营一段时间以后，通过考察调研，增添了餐饮外卖。早点供应米粥、馄饨、包子、馅饼、豆腐脑、油条等，午晚主要提供饼条、包子、面条、简单配餐等。外卖的增设，方便了附近居民生活，同时也取得了一定的经营收益。

蓝天宾馆承包期限为 2002 年 5 月至 2004 年年底。

第五节　廉政教育基地服务处

衡水市廉政教育基地是衡水市纪委监委新建部门，包括魏屯镇东侧与衡水工程技术学校两个分区。廉政教育基地服务管理处（简称“基地服务处”）组建于 2018 年 2 月，属迎宾馆下属部门，对廉政教育基地客房接待、餐饮服务及后勤工作提供输出管理和服务，共有管理人员及员工 70 名。

进驻廉政教育基地魏屯区初期，装修工程刚刚完毕，基础卫生处于原始状态，客房设施、餐厅设施、厨房设备及日常办公设施尚未到位，大型设施设备急需调试。基地服务处管理人员，通过细致分工，各司其职，各负其责，带领全体员工加班加点，克服困难，努力工作，利用二十多天时间，完成部分硬件设施的配备及调试，具备了正常工作运营条件。

在具体的服务过程中，服务团队坚持以迎宾馆“精益求精、追求极致，我们是最美的迎宾馆”的企业文化精神为指导，结合基地工作特点，将基地工作的刚性与日常服务的柔性有效结合，既体现管理的严肃性，又体现服务的温馨度。同时，自觉与基地工作人员融为一体，以基地服务为己任，高质量高标准完成廉政教育基地各项服务工作。

第四章　多元发展

进入21世纪以来，宾馆酒店业竞争激烈。衡水迎宾馆为不断发展，在深耕主业的基础上，抢抓新机遇，充分运用自身管理经验与潜在优势，多元经营，走上集团化发展之路。

第一节　衡水迎宾轿车维修中心

2000年5月，迎宾馆购买衡水市财政局在市南郊（红旗大街124号）的万达汽车修理厂及万达宾馆的房屋和设备产权（不含土地使用权），派驻专业人员进行管理经营。万达宾馆继续以客房及餐饮服务为主要业务，共有40间客房、5个雅间、1个就餐大厅，10名服务人员。院内车间延续车辆修理业务，并注册为衡水迎宾轿车维修服务中心，设有机修车间、钣金车间、停车场等，服务项目为车辆维修、保养，并推广威力狮汽车绿色养护业务，聘请15名专业汽修人员。

万达宾馆坚持把迎宾馆的餐饮特色植根于衡水南郊这一边缘领地，融入迎宾馆热情、周到、规范、温馨的服务理念，严格把控卫生标准，规范经营，为附近工作单位及居民提供了良好的宾馆服务。迎宾轿车维修中心管理人员坚持在干中学，在学中干，快速融入业务工作中去。通过利用迎宾馆广泛的合作关系，业务量快速提升，取得了一定的社会效益和经济效益。

迎宾轿车维修服务中心经营时间为2000年至2005年。

第二节　衡水天隆保安押运有限公司

衡水天隆保安押运有限公司（简称押运公司），于2007年成立，由公安局控股，是衡水唯一一家专业保安押运公司。2014年3月31日，经衡水市政府批准，将押运公司51%的国有产权无偿划转给招待处。是年8月8日，召开股东大会，选举产生以王晓冰为董事长的董事会，此后招待处选派两名管理人员进入公司，开展业务管理。押运公司在新的董事会领导下，积极寻求金融企业合作，扩大业务范围。2016年，成功接手衡水市及各县市区农联社与高速收费站的资金押运任务，经营范围做到了衡水市全覆盖，公司收入一年一个台阶，经营业绩取得了长足发展。

押运公司位于衡水市桃城区宝云街

1266号，下设指挥中心、业务部、办公室、财务室、车管科。共有人员894名，业务用车197辆，并配备各类防暴枪、子弹若干。业务范围涉及衡水11个县（市、区），服务18家金融机构单位，网点563个，企业收款点42个。

押运公司全体员工以维护金融安全稳定为己任，苦练基本功，熟悉业务流程，为安保押运工作打下良好基础。同时，公司员工工作之余，积极参与各种社会公益活动，涌现出了见义勇为、救死扶伤、拾金不昧等多个先进事例，树立了良好的社会形象。“天隆护卫”押运车每日穿梭于大街小巷，成为衡水市区一道靓丽风景线。参股控股押运公司的成功，标志着招待处在资本运营及现代企业管理方面迈出了坚实的一步。

2014年3月衡水天隆押运有限公司国有产权移交仪式

2022年指挥中心调度室

2022年押运公司工作场景

2022年押运公司训练场景

第三节　衡水迎宾汽车出租公司

迎宾汽车出租公司成立于1998年3月，拥有社会挂靠车辆39辆，车辆喷有“迎宾出租”字样。配备专职业务管理人员，负责与交通、城管等业务主管部门接洽，并做好出租车的日常管理及服务工作。2017年7月，受衡水市公务用车制度改革领导小组办公室委托，迎宾汽车出租公司组建衡水公务用车租赁平台，新增面向全市机关事业单位及社会各界的车辆租赁业务。公司拥有租赁车辆50余部，主要车型有考斯特、宇通、别克商务（GL8）、迈腾、帕萨特、哈弗H6等。自开展租赁业务以来，公司秉承用户至上的原则，在出色完成政务接待用车服务的基础上，以“用车放心，就找迎宾”为理念，敢于突破，应对挑战，积极开发商务等汽车租赁业务，创造了较好的效益收入。此外注重行车安全，苦练驾驶技能，为客户提供安全、高效的用车体验，树立了“用车舒心，还是迎宾”的品牌形象。特别是2017年至2020年期间，公司出色地完成了中央及省级环境保障部门的环保监察用车任务，取得了良好社会效益及经济效益。

2018年迎宾汽车出租公司风貌一览

第四节　衡水儒乡园餐饮服务有限公司

2019年5月，迎宾馆成立衡水儒乡园餐饮服务有限公司。公司位于衡水高新区振华新路东侧新区七路北侧汇源公司院内，占地面积14亩。主要业务范围为生产销售绿色营养快餐，工艺流程采用全国先进、河北首创冷链方式零件化加工模式，成立之初即成功为衡水5所学校提供学生营养午餐。

公司配备冷链快餐食品加工流水线1条，日生产能力15000份。设有化验室对食品原材料进行检测，X光机对成品进行筛查。运用ERP软件对整个生产过程进行无缝管理。配备研发团队开发新的菜品，并定期委托大学相关机构对菜品营养进行精准测算，有效保证了产品的安全营养。

公司投入运营以来，时任市委书记王景武、市长吴晓华对公司发展给予高度支持与关怀，对运营方式提出具体要求，对发展前景寄予厚望，曾有多位市领导到公司视察指导。公司通过严抓生产管理、注重营养、致力创新，很快得到社会各界的支持、认可与好评。2019年10月11日，河北新闻网、《衡水日报》等多家媒体到公司参观采访推介。2020年10月，北京御秀营养研究会成员到公司指导，并确定长期合作关系。通过努力，公司于2020年12月获得ISO 22000质量管理体系认证证书，现为河北省首批劳动实践教育基地、河北雄安团餐与饮食行业协会第一届理事会理事单位、中国饮食文化营养配餐文化衡水研究基地、中国人生科学学会营养科学分会衡水学生营养配餐实践基地、中国人生科学学会营养科学分会衡水培训基地、北京御秀营养配餐研究院衡水学生营养配餐研发基地。

在开展好主营业务的基础上，遵循“全国有名，河北最好”的经营理念，开展“新零售”销售业务。与衡水瑞丰厨具有限公司合作，2020年11月成立由公司控股的衡水儒乡园美食达餐饮有限公司，包含胜利西路店和天鸿尚都店两个销售门店，开展零售业务，提高了社会影响力。

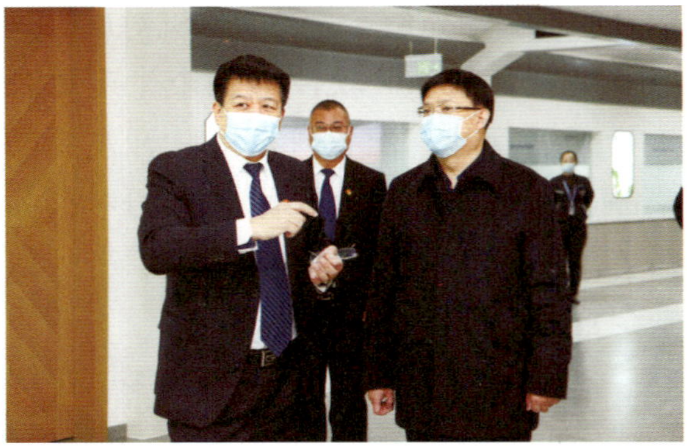

2020 年 12 月 18 日，衡水市人民政府副市长郭铁铮（右）到公司视察，并现场召开 2020 年衡水市人民政府食安办主任工作会议

2020 年 1 月品控人员对原材料精细检测

2020 年 1 月 10 日第三届中国冀菜文化发展大会与会人员莅临儒乡园参观考察

2020 年 12 月 19 日供餐学校学生代表及家长参加“走进儒乡园　感恩父母心”活动

2022 年 3 月儒乡园餐饮服务有限公司车间内景

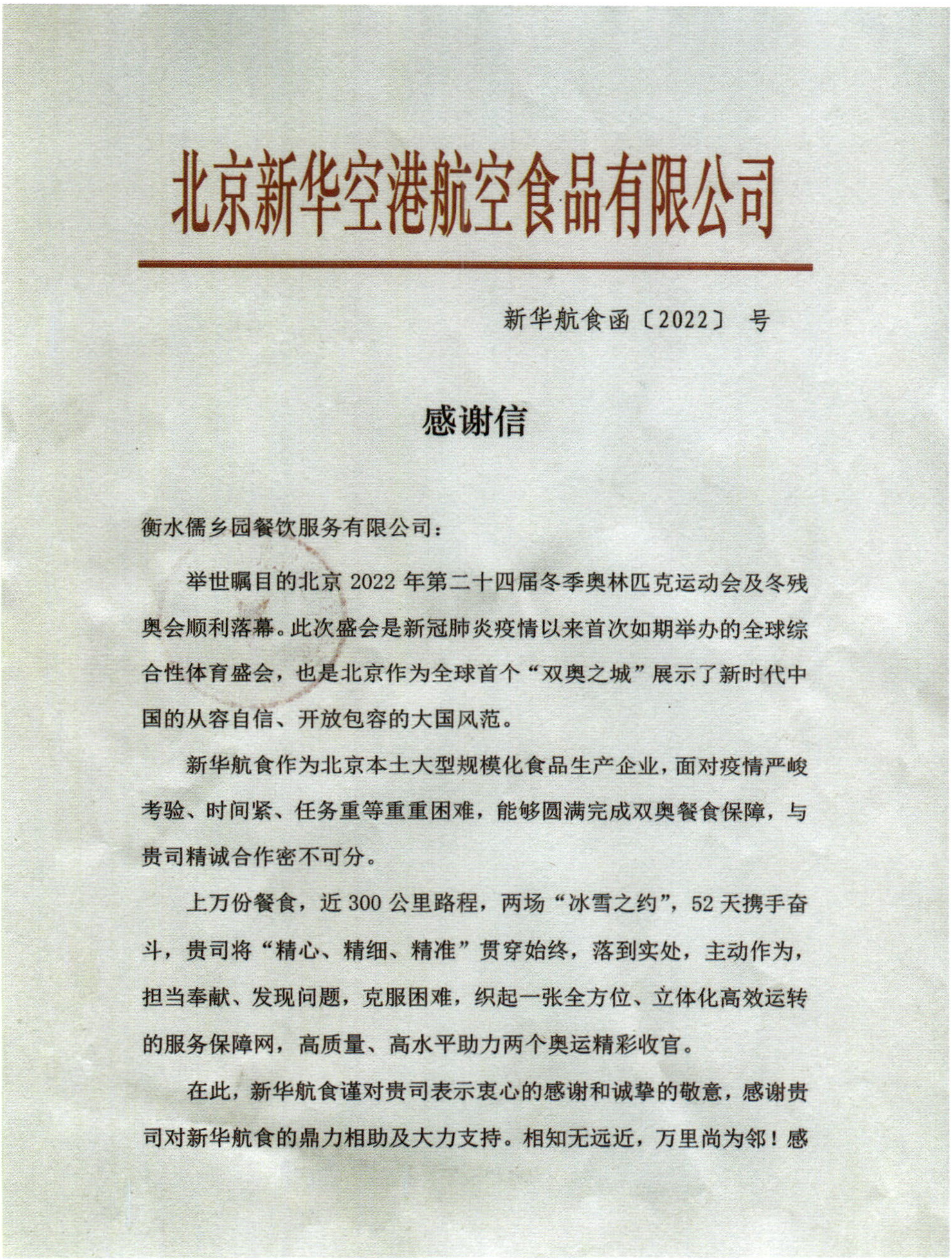

北京新华空港航空食品有限公司

新华航食函〔2022〕　号

感谢信

衡水儒乡园餐饮服务有限公司：

举世瞩目的北京 2022 年第二十四届冬季奥林匹克运动会及冬残奥会顺利落幕。此次盛会是新冠肺炎疫情以来首次如期举办的全球综合性体育盛会，也是北京作为全球首个“双奥之城”展示了新时代中国的从容自信、开放包容的大国风范。

新华航食作为北京本土大型规模化食品生产企业，面对疫情严峻考验、时间紧、任务重等重重困难，能够圆满完成双奥餐食保障，与贵司精诚合作密不可分。

上万份餐食，近 300 公里路程，两场“冰雪之约”，52 天携手奋斗，贵司将“精心、精细、精准”贯穿始终，落到实处，主动作为，担当奉献、发现问题，克服困难，织起一张全方位、立体化高效运转的服务保障网，高质量、高水平助力两个奥运精彩收官。

在此，新华航食谨对贵司表示衷心的感谢和诚挚的敬意，感谢贵司对新华航食的鼎力相助及大力支持。相知无远近，万里尚为邻！感

2022 年 5 月 12 日北京新华空港航空食品有限公司给衡水儒乡园餐饮服务有限公司送来的感谢信（正面）

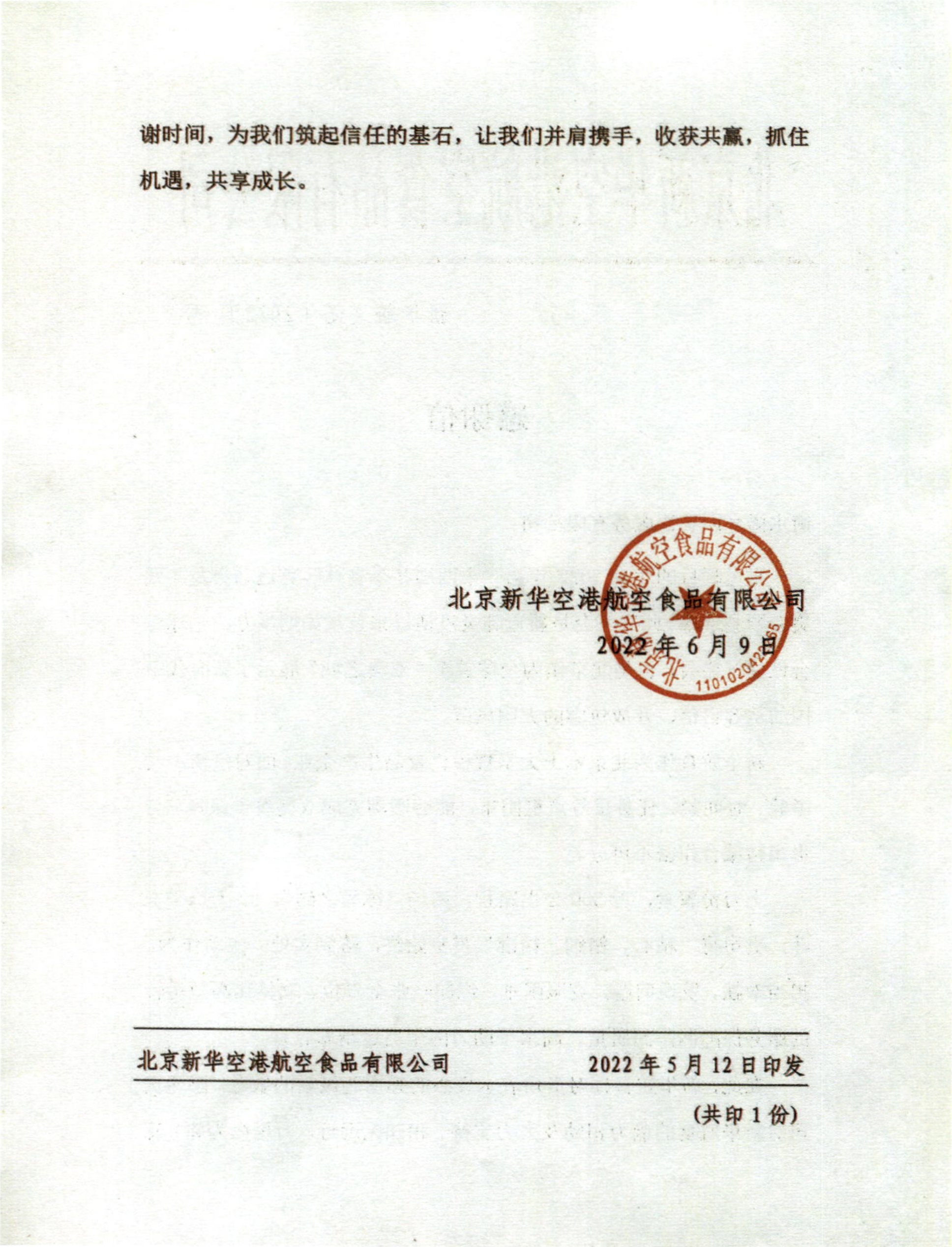
谢时间，为我们筑起信任的基石，让我们并肩携手，收获共赢，抓住机遇，共享成长。

北京新华空港航空食品有限公司

2022年6月9日

北京新华空港航空食品有限公司　　2022年5月12日印发

（共印1份）

2022年5月12日北京新华空港航空食品有限公司给衡水儒乡园餐饮服务有限公司送来的感谢信（背面）

宾馆管理

★ 质量管理体系

★ 行政管理

★ 经营管理

★ 卫生管理

★ 后勤保障

★ 人力资源管理

第七编　宾馆管理

衡水迎宾馆在多年的接待经营工作中，以市场需求为导向，积极探索科学有效的宾馆管理制度。通过工作实践和不断学习引进，完善管理体系，建立健全岗位责任制。严格财务管理促进资金合理利用，规范人力资源管理达到人员科学配置，加强卫生管理打造高质量接待环境。规范高效的管理，取得良好的经济效益和社会效益。

第一章　质量管理体系

为不断适应国家经济体制由计划经济向市场经济的转变，宾馆逐步面向市场开放，在担负市委、市政府及社团、外事活动接待任务同时，坚持“政务接待与社会经营并举，对外形象与经济效益同重”管理方针，高度重视服务质量管理与提升，努力提高企业核心竞争力，增加经济效益。进入21世纪，先后引入ISO 9000[①]质量管理、六常管理法和基础管理先进质量管理体系，管理水平得到有效提升。

第一节　ISO 9000质量管理体系

2004年4月16日，迎宾馆引入ISO 9000质量管理体系，成立贯标领导小组，正式启动ISO 9000认证工作。经过半年多努力，完成质量手册、程序文件和各部门作业指导书，形成完整体系文件。认证期间，各部门紧密结合作业指导书，以培训和练兵方式检验基本知识、专业知识及技能掌握运用情况，以考核和竞赛形式全面检验服务操作流程。全体干部员工业务素质明显

① ISO 认证标准是国际标准化组织（International Organization for Standardization，简称ISO ）在1987年提出的概念，由质量管理和质量保证技术委员会制定的国际标准。

提高。2006 年 9 月，顺利通过质量管理体系认证。

2004 年 10 月 27 日客房部员工在迎宾楼 3 楼会议室考试

第二节　六常管理法

2007 年 3 月，迎宾馆引入对物品和工作环境“常分类、常整理、常清洁、常维护、常规范、常教育”六常管理法。各部门成立由经理任组长的工作小组，安排部署集中学习“六常”管理主要内容。按要求整理公共区域、工作环境，分类存放物品并制作标识，划分工作范围及区域，责任到人。紧密结合业务工作，制定具体检查和运行制度。宾馆组织知识竞赛和观摩活动，推动部门之间相互学习、共同提高。通过学习培训、具体实施、相互观摩，广大员工贯彻落实意识得到增强，各项工作得以持续改进、稳步提升。

2014 年 6 月 26 日在儒乡园多功能厅举办衡水迎宾馆“六常”知识竞赛

第三节　基础管理体系

为与国内先进酒店对标接轨，快速提高管理水平，增强市场核心竞争力，迎接更大挑战，实现“打造全行业标杆，创建百年迎宾馆”企业愿景，迎宾馆经全方位、多渠道学习考察，2018 年 5 月 31 日，从苏州乾量酒店管理有限公司①引入基础管理体系，开展表格管理、周期工作、定位定量、定点巡查、仪容仪表与迎宾四礼系列基础管理建设工作。为取得实效，建立三级质量检查体系，开展“通过质检看管理”专项活动。

管理范畴

表格管理　以“统筹规划，科学设计、系统实施，全员参与”为指导思想，建立执行简单明了的表格化管理体系。各部门对使用表格进行梳理，相关人员按时间和频次要求做好工作并认真填写表格。通

① 乾量酒店管理有限公司隶属江苏恒力集团，始建于1994年。在中国企业联合会、中国企业家协会发布的“2016 年中国企业 500 强”榜单中位居第 65 位。至 2017 年，乾量酒店管理有限公司以“塑造世界一流的民族酒店管理品牌”为企业愿景，管理 4 家高星级酒店。

过“处处有表格，凡事有记录”管理方式，消灭管理“盲区”和“死角”，及时掌握宾馆各部位执行和控制状态，发现问题随即整改，保障宾馆运行安全畅通。宾馆为规范工作建立基础管理表格共112个。表格示例如下：

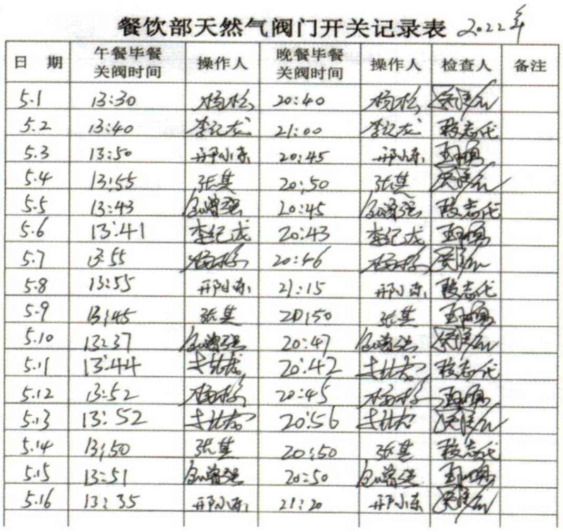

餐饮部天然气阀门开关记录表 2022年

日期	午餐毕餐关阀时间	操作人	晚餐毕餐关阀时间	操作人	检查人	备注
5.1	13:30	[illegible]	20:40	[illegible]	[illegible]	
5.2	13:40	[illegible]	21:00	[illegible]	[illegible]	
5.3	13:50	[illegible]	20:45	[illegible]	[illegible]	
5.4	13:55	[illegible]	20:50	[illegible]	[illegible]	
5.5	13:43	[illegible]	20:45	[illegible]	[illegible]	
5.6	13:41	[illegible]	20:43	[illegible]	[illegible]	
5.7	13:55	[illegible]	20:46	[illegible]	[illegible]	
5.8	13:55	[illegible]	21:15	[illegible]	[illegible]	
5.9	13:45	[illegible]	20:50	[illegible]	[illegible]	
5.10	13:37	[illegible]	20:47	[illegible]	[illegible]	
5.11	13:44	[illegible]	20:42	[illegible]	[illegible]	
5.12	13:52	[illegible]	20:45	[illegible]	[illegible]	
5.13	13:52	[illegible]	20:56	[illegible]	[illegible]	
5.14	13:50	[illegible]	20:50	[illegible]	[illegible]	
5.15	13:51	[illegible]	20:50	[illegible]	[illegible]	
5.16	13:35	[illegible]	21:20	[illegible]	[illegible]	

2022 年 5 月 1—16 日餐饮部天然气阀门开关记录表

周期工作　宾馆推行周期工作制，要求在规定时间完成。各部门对岗位工作项目、具体职责及执行标准进行规划，结合实际有计划、分步骤、阶段性统筹做好日、周、月、年周期工作，既避免重复浪费资源，又防止工作有漏项，为完成全年整体任务打实基础。各部门制定周期台账共83个。周期工作表格示例如下：

客房部消毒员周期必做工作一览表

表7-1-1

类别	序号 / 日期	工作项目	工作标准	工作岗位	检查人
每日必做	1	参加班前会	整理好仪容仪表，听取当天工作安排	消毒员	领班 / 楼部经理
	2	按照消毒程序配比各类消毒溶液	做好抹布、卫生间洁具、杯具消毒水的配比，并做好记录	消毒员	领班 / 楼部经理

续表 7-1-1

类别	序号／日期	工作项目	工作标准	工作岗位	检查人
每日必做	3	了解当天住客情况，去楼层收取杯具	收集所有退房杯具，做到一客一消毒。住客房间根据客人需求对相关杯具进行消毒，做好相关记录	消毒员	领班／楼部经理
	4	楼层使用抹布清洗及消毒工作	按要求及消毒程序对收集回的抹布进行清洗、消毒、晾晒，做好记录	消毒员	领班／楼部经理
	5	检查消毒间设备设施	对消毒柜、紫外线消毒灯、水龙头等设备进行检查，及时报修	消毒员	领班／楼部经理
	6	消毒间卫生按定位定量进行整理	时刻保持好消毒间的卫生，并自查当天工作有无遗漏	消毒员	领班／楼部经理
每周必做	周日	核对消毒间的固定物资	每周对消毒间所有物品进行清点，核对数量，做好记录	消毒员	领班／楼部经理
	周三	参加班组培训	认真学习培训内容并运用到工作中	消毒员	领班／楼部经理
每月必做	月底	总结本月用心做事	及时整理，按时上报	消毒员	领班／楼部经理
	月底	更换各种记录	对消毒水更换表、抹布消毒表、杯具消毒记录表进行更换、存放	消毒员	领班／楼部经理
	月底	对消毒间月计划卫生进行清理	对消毒间高处吊挂、筒灯内部、边角卫生进行细致整理	消毒员	领班／楼部经理
每年必做	年底	参加年度先进员工评选、考核	根据个人工作业绩，公平公正进行评选	消毒员	领班／楼部经理

定位定量 宾馆推行物资存储及各工作区域物品定位存放、明示数量等规范管理工作。各部门对工作环境及物品进行整顿、清理。区分区域场所物品，保留最低用量，清除非必需品，改善和增加作业面积。对所留物品定位摆放，粘贴标识。保持工作场所干净、明亮。通过定位定量管理，实现了工作环境的可视化、标准化、简易化。

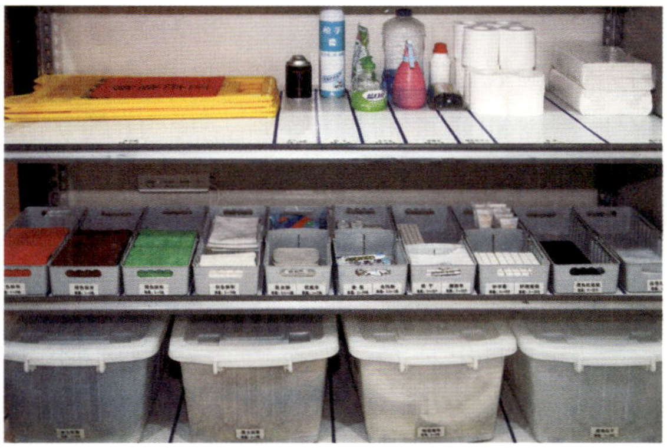

2018 年 11 月前厅部操作间存储物资定位定量

2018 年 12 月工程部锅炉房设备定位定量

定点巡查 宾馆实行现场巡查，走动式管理。为保证在关键时间由关键人员到关键地点监督把控关键事件，在问题、事故多发处设置巡查点，规范检查频次及标准，填写巡查表，记录检查内容，及时发现问题并整改，做好统计分析，避免类似问题重复发生。各部门共设置 156 处巡查点。

仪容仪表与迎宾四礼 迎宾馆加强员工仪容仪表与“欢迎礼、礼让礼、感恩礼、送别礼”迎宾四礼的培训，使员工深刻意识到仪容仪表与迎宾四礼是自身综合素质的外在体现，在实际工作中严格自查，时刻保持妆容干净整洁，规范运用迎宾四礼，不断提升迎宾馆整体形象。

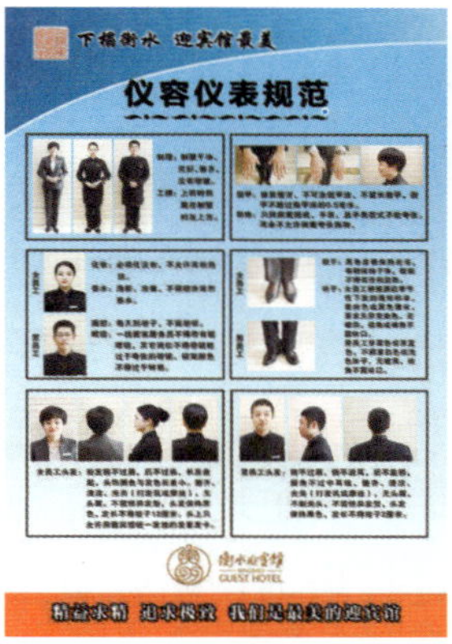

2018 年 11 月 12 日餐饮部在儒乡园多功能厅以班组为单位进行迎宾四礼考核

2022年3月25日前厅部班前会仪容仪表检查

经理大课　为让员工更好了解企业文化核心内涵，在工作中践行文化精神，提升工作质量与服务水平，在各部门开展经理大课活动。每周召开1次，由部门经理对团队建设、服务管理、员工培养、品牌塑造等方面结合实际进行培训，增强员工对企业文化的理解、记忆及运用能力。

质量检查

为保障各项基础管理工作落地生根，实行部门、质检人员、酒店三级检查体系，开展"通过质检看管理"专项活动。

部门检查　各部门每周由经理带队进行1次内部质量检查，发现问题及时整改，达到自我提升的目的。

质检人员检查　每日对各部门进行全面检查，形成质检日报呈送总经理。2018年12月始，实行每周三、周五早上8时召开质检晨会制度。各部门负责人依次汇报上一周期质检问题整改情况，质检人员汇报当期质检问题。质检遵循"从严检查，有效整改，止于达标"原则，通过检查、反馈、整改、再检查、再反馈、再整改，有效解决卫生死角、安全隐患和管理漏洞。宾馆卫生标准、员工形象、服务质量和管理水平均有显著提升。

2018年12月18日质检日报一览表

表7-1-2

部　门	时　间	检查区域	检查问题	问题属性
安全部	9:00	党员活动室	经理大课期间1名女员工头发未盘起	仪容仪表
迎宾酒店管理公司	9:21	车队停车场	冀T07Z30车辆驾驶位、副驾驶位及后座脚垫有碎渣	细致卫生
商品部	9:45	库　房	电源插排与易燃物（食品包装纸箱）未保持安全距离	安全隐患

续表 7-1-2

部　门	时　间	检查区域	检查问题		问题属性
洗涤部	9:50	庭　院	卫生辖区内树干上粘贴的“囍”字未及时清除		细致卫生
工程部	9:52	迎宾楼客房	维修人员进入房间巡检时未穿鞋套		操作标准
工程部	10:00	维修班组	货架物品上下限标识开胶、翘边		基础管理
前厅部	10:13	一　楼 北翼电梯厅	113 号消火栓被临时摆放的广告牌遮挡		安全隐患
前厅部	10:30	贵宾电梯	轿厢内吊灯一个灯泡不亮		设备设施
工会办	10:47	男更衣室	橱柜顶部有厨师帽、食品小包装袋、板蓝根等杂物		细致卫生
工会办	11:00	女更衣室	153 号橱顶有纸箱，148 号、152 号衣橱附近地面地标线部分缺失	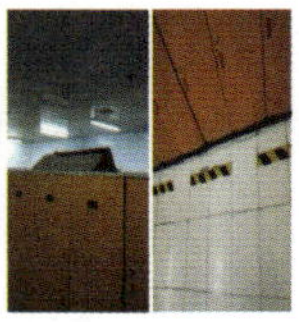	细致卫生 基础管理
客房部	15:01	会议中心	恒兴厅门口茶歇区两个水壶摆放不统一，枣强厅会议室未使用，状态显示栏为使用中		操作标准

续表 7-1-2

部　门	时　间	检查区域	检查问题	问题属性
客房部	15:37	北　翼 2302 客房	洗漱间墙面电源插座开关按键损坏 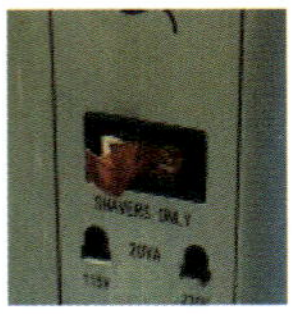	设备设施
	16:01	南　翼 1709 客房	卧室电视机橱柜内角落有浮尘	基础管理
餐饮部	16:48	一楼清扫间	水龙头有滴水现象，到位检查表巡查标准脱落 	设备设施 基础管理
	17:00	负一层 蔬菜库	通道墙面“安全出口”灯具脱落 	设备设施
	17:30	锦园热厨	打荷区橱柜内蟹黄酱、辣椒酱等调料不符合上下限存量标准 	定位定量

注：

细致卫生 4 条，基础管理 4 条，操作标准 2 条，设备设施 4 条，安全隐患 2 条，仪容仪表 1 条，定位定量 1 条，共计 18 条；

按时召开班前会并进行仪容仪表检查和迎宾四礼演练的部门：商品部、安全部、前厅部、客房部、洗涤部、销售部、制衣部、工程部、餐饮部；

召开经理大课的部门：安全部、迎宾酒店管理公司；

进行内部质检的部门：安全部、前厅部、工会办、客房部；

抽查企业文化掌握情况：客房部蔡玲玲背过；

抽查消防安全“四个能力”建设掌握情况：安全部张保栓、客房部冯娇、餐饮部韩冬晶熟知

酒店大检查 每季度组织1次，由总经理带队，相关人员参加，对各部门基础管理开展情况全面检查，开列问题清单，规定整改时限。按整改要求进行复检，确保问题整改到位。

通过质检看管理 为持续推进基础管理工作，不断提升工作标准、规范管理流程，夯实精细化管理基础，2021年1月起，成立活动领导小组，组织开展“通过质检看管理”专题活动，定期以现场抽查方式对各部门活动开展效果检查验收。这项活动已成为常态化管理工作，是不断提高管理水平的主要抓手。

在开展基础管理工作中，不断修订和完善适合迎宾馆管理规章制度，编写《衡水迎宾馆操作标准手册》《衡水迎宾馆基础管理手册》《衡水迎宾馆企业文化手册》《衡水迎宾馆培训管理手册》《衡水迎宾馆安全管理手册》，形成了高效的现代酒店管理体系。

2021年4月2日王晓冰（右二）与小组成员对餐饮部专项活动开展情况检查验收

第二章 行政管理

迎宾馆行政管理主要包括制定执行各项制度、组织各类会议、管理文书及档案资料，处理对外人际、会务、来信来访等事务。在整个宾馆管理运行中发挥计划、组织、沟通和控制的重要职能，保障各种文件精神及各项规章制度贯彻落实，协调好宾馆内外关系，助推经营工作稳步开展。

第一节 行政事务

迎宾馆综合行政事务由总经理办公室负责，主要与上级主管部门联络沟通，执行传达领导班子决议，完成总经理交办工作事宜。收集宾馆经营、服务质量等信息，及时汇报。组织、准备与记录行政会议，督办反馈会议议定事项。组织策划大型活动。做好来访、信访工作。

行政会议

根据宾馆事业发展需求，两次修改、调整完善，先后制定了13项会议制度，选取3项列举如下。

总经理办公会 每周一上午召开，总经理、副总经理参加，总监和办公室主任列席。总结上一周工作情况，安排本周任务，研究部署各项经营管理工作。

迎宾馆工作例会 每周一下午召开，

总经理、副总经理、总监、各部门负责人参加。主要听取各部门负责人汇报上周工作及本周工作安排，总经理或副总经理安排本周工作并提出具体要求。

经营分析会 每季度召开 1 次，总经理、副总经理、各经营部门相关人员参加。主要分析上季度各部门经营情况，安排下季度经营工作。

各部门落实会议制度，在统一思想、沟通信息、协调工作、解决问题、促进经营等方面发挥了重要作用。

文秘工作

迎宾馆办公室负责文秘工作，主要为收发文件，整理分类并呈送领导批阅；整理会议纪要，起草文件，归档各类文件，管理宾馆印章，联络和落实有关事宜等。

60 年间公文处理不断发生变化。1962 年至 1995 年，办公人员起草文件均为手写。1996 年，办公室安装使用第一台电脑，改变了手写公文的状况。2003 年 8 月 1 日，迎宾馆规范公文格式，实行文号管理。2004 年 12 月 28 日，迎宾馆请示公文实行红头文件制式。2009 年 7 月 15 日，迎宾馆下发公文实行红头文件制式。

1962 年 7 月—1968 年 9 月印章

1968 年 9 月—1978 年 6 月印章

1978 年 6 月—1996 年 7 月印章

1996 年 7 月—2021 年 2 月印章

2021 年 2 月—2021 年 9 月印章

2021 年 9 月之后印章

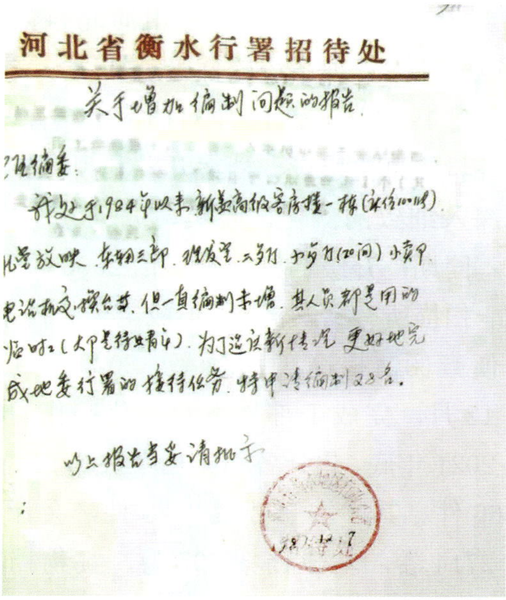
河北省衡水行署招待处

关于增加编制问题的报告

[illegible]编委：

我处于1984年以来新建高级客房楼一栋（床位100张）、[illegible]放映、[illegible]、接发室、二号楼、[illegible]（20间）小卖部、电话机房、[illegible]等，但一直编制未增，其人员都是用的临时工（大部是待业青年）。为了适应新情况，更好地完成地委行署的接待任务，特申请编制22名。

以上报告当否请批示

1987年12月7日招待处手写公文

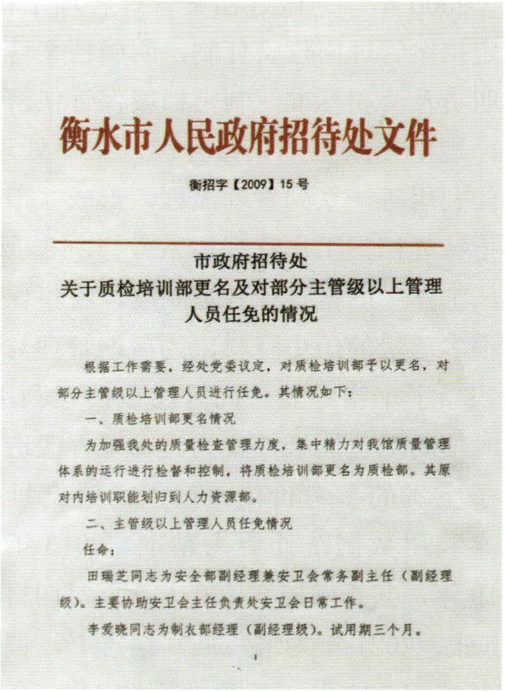
衡水市人民政府招待处文件

衡招字【2009】15号

市政府招待处
关于质检培训部更名及对部分主管级以上管理
人员任免的情况

根据工作需要，经处党委议定，对质检培训部予以更名，对部分主管级以上管理人员进行任免。其情况如下：

一、质检培训部更名情况

为加强我处的质量检查管理力度，集中精力对我馆质量管理体系的运行进行检督和控制，将质检培训部更名为质检部。其原对内培训职能划归到人力资源部。

二、主管级以上管理人员任免情况

任命：

田瑞芝同志为安全部副经理兼安卫会常务副主任（副经理级）。主要协助安卫会主任负责处安卫会日常工作。

李爱晓同志为制衣部经理（副经理级）。试用期三个月。

1

2009年7月15日迎宾馆第一份红头制式公文《市政府招待处关于质检培训部更名及对部分主管级以上管理人员任免的情况》

值班制度

实行管理人员轮流值班的管理制度。由领导带班、部门经理值班。带班领导掌握整体运行情况，负责处理各类事务。值班经理协助带班领导对各部门值班情况进行检查。抽调人员夜间在大堂指定区域值守。值班人员做好巡视巡查工作，确保宾客、宾馆的人身和财产安全。仅在前进街址运营后，值班人员处理多起醉宿庭院、客人迷路、酒后滋事等突发事件。

附　记

值班期间典型事例

2018年7月13日晚上10时，安全部冯国华与李贝贝在车场巡逻，发现一辆黑色大众汽车前车窗未关，当时正下着雨，车内已有少许积水。冯国华通过各种方法均未联系到车主，车窗无法关闭。为减少客人损失，他找来黑塑料袋把车窗盖住，避免往车里继续淋雨。第二天客人到来后看到车辆完好，觉得在迎宾馆入住有安全感，对迎宾馆员工细心的工作表示感谢。

2019年8月9日凌晨4时，迎宾馆地下区域供水管道故障迸裂跑水。值班经理王永康巡查到鼎和堂时发现地面积水，迅速关闭阀门。随后召集工程部、安全部等夜间运行部门及大堂值班人员共7人将水扫净，及时阻止了积水向办公区域及电梯蔓延，既避免了水资源的浪费，又保护了宾馆财产安全。

2020年12月19日晚上11时，值班经理张瑞德巡查衡水会堂东侧时，发现凉亭下一位喝醉的男士趴在棋牌桌上睡着了。张瑞德把小伙喊醒，问他叫什么，哪里人，为什么睡在这里。小伙话已说不清楚，只听他说“喝喜酒”3个字。这时张瑞德突然想起迎宾馆有办理婚事的人员居住，使用手机给小伙拍了张照片，并将正在值班的荆德鑫、李恒喊来，叮嘱看好小伙。张瑞德急忙去客房询问送亲人员，送亲人员看到照片说：“我们正着急找他。”随即带家人赶到凉亭，帮助客人将小伙送回房间。送亲人员感动地说：“迎宾馆里有亲人。”

第二节　档案管理

迎宾馆按照《中华人民共和国档案法》制定档案管理制度及操作规程，对经营管理中具有保存价值的各类资料，建立档案妥善保存。初期，资料归档、整编使用均需人工操作，费时费力。随着科学技术发展，在上级相关部门指导和帮助下，档案管理逐步实现信息化、数字化，档案使用更方便、快捷。

档案概况

招待处于1985年建立档案室，档案管理人员负责收集整理文件、报表、音像等各类资料，立卷归档，以便查阅利用。至1990年9月，累计各门类档案367卷。其中文书档案52卷（永久19卷、长期16卷、短期17卷），会计档案315卷（账簿54卷、报表20卷、凭证241卷），图纸15盒。2005年，安装并使用河北科怡综合电子档案管理系统软件管理档案，文件级条目1902条。2014年对档案组织管理、业务与信息化建设、档案开发利用等方面做深入细致的工作，收集、编纂57项材料。同期，升级档案管理科怡2000软件，逐一扫描所有文书档案，形成电子版档案，方便查阅，提高工作效率。2020年9月至12月，完成干部档案数字化制作。截至2021年底，累计各门类档案共3211卷、3666件。其中文书档案3428件，会计档案2714卷，基建档案497卷，实物档案157件，音像档案81张。

保管利用

2000年，为做好档案管理各项工作，制定档案管理岗位责任制，明确档案管理员职责及奖罚标准。制定档案保管保密制度，规定档案鉴定销毁标准，文书处理、借阅利用等一系列管理流程，形成《市政府招待处档案工作管理体系》，共15项制度。工作中严格执行各项制度，收集保存了很多珍贵的历史资料，为后期管理与发展积累了丰富经验。同时注重档案利用，各时期的基建图纸档案为宾馆工程改造提供了宝贵的参考价值。搬入前进街址后档案利用数据统计更为精准，2013年至2019年，共查阅档案700人次，复印材料526张。2021年为编写迎宾馆志书，调阅文书档案203卷、基建档案82卷、会计档案126卷、实物档案33卷、复印材料360张。

第三章　经营管理

20世纪80年代以前，国家实行计划经济，招待处主要任务为政务接待。进入80年代，为适应国家市场经济发展新形势，实行集体承包责任制。90年代起，5次调整经营策略，逐渐站稳市场，服务品质得到社会各界肯定。6次调整财务职能，实行账务集中管理，强化财务控制力，有效确保资金安全及物资合理利用，至今已形成“用超值引领行业标准，实现效益收入、对外形象的双提升”经营理念，促进宾馆经营收入持续攀升。

第一节　经营方略

随着时代的发展，宾馆步入市场经济，行业竞争日趋激烈。为不断适应市场变化，满足宾客需求，根据市场发展实际，以优质服务为基础，实施不同营销策略，求变创新，开拓迎宾馆发展新局面。

1999年，迎宾馆确立“一业为主，多种经营”经营方略

迎宾馆将住宿、餐饮确定为主业，在主业带动下，发展多种经营，称为“一业为主，多种经营”。一业为主，即确立以“会议为主，团队、散客并重”方针搞好主业，提高办会水平，完善接会功能，建立起与衡水市机关、企事业单位营销网络，为开会单位提供餐饮、住宿、会议、休闲、商务、票务、购物等全方位高质量服务。多种经营，即围绕主业进行，是在主业带动下的经营，以主带副，以副补主。商贸科、博大商贸中心、制衣部为迎宾馆副业。在“一业为主、多种经营”经营方略指导下，积极开展促销，丰富餐饮文化，提高客房服务质量，有效克服市场竞争激烈、经营成本提高和硬件环境不足，主业保持增长势头。同时，多种副业经营部门通过积极拓宽经营和服务领域，弥补迎宾馆服务功能上的不足，对经营形成补充，为后期创收增效夯实基础、实现多元化经营作出可贵探索。

2002年，迎宾馆确立“行业专业化，专业多元化”经营方针

在做强、做专宾馆业基础上，向宾馆行业相关领域进行多元化发展探索，开拓“行业专业化，专业多元化”发展新思路。围绕这一经营指导思想，努力培育新的经济增长点。2003年10月21日，以大自然餐厅为代表的衡水迎宾农业科技生态观光园有限公司（简称迎宾生态园）正式对外营业。迎宾生态园从餐饮及同餐饮密切相关行业入手，抓住人们回归自然、向往绿色健康的心态，在产品特色和营造浓厚文化氛围上做文章，走出一条成功之路。自此，迎宾馆着重从稳定质量、突显个性和创建文化等环节入手，努力塑造衡水迎宾馆企业品牌，获取竞争优势，逐步拥有较大的市场占有率。

2009 年，迎宾馆确定“政务接待与社会经营并举，对外形象与经济效益同重”指导思想

为拓展客源，提高经济效益，一方面，不断创新适合政（公）务活动服务模式，为政务接待、公务活动创造最佳环境和氛围；另一方面，兼顾社会经营，在做好政务接待基础上，按照相应标准和要求做好其他客户服务工作，即平等对待每一位宾客。在经营方针指导下，迎宾馆增加商务、散客、社会团体等客源，既塑造品牌又提高经济效益。

2014 年，迎宾馆提出“以市场为导向，全面服务客户”经营理念

迎宾馆自前进街址投入运行以来，以市场为导向，采取更为灵活的方法赢得市场竞争，把主要精力从为政府服务转移到为各种经济活动服务上来，转变经营理念，不断创品牌、树形象、拓市场、增收入。坚持做好市场需求调查分析，加大公关力度，加强针对性服务，强化市场竞争力，为宾客提供多项超值服务，赢得客户信任和支持。2014 年迎宾馆新开发 110 个企业客户，争取到 8 家长期合作企业。

2018 年，迎宾馆确定“硬件保持完美、软件追求极致、经营再有飞跃、部门行业创优”四大发展目标

四大发展目标，引导全体干部员工在提升形象、优化品质、打造精品道路上奋力前行。硬件保持完美方面，工程部开展为期 3 个月的排查检修活动，深入查找在硬件环境、设施设备等方面存在的问题并逐项整改，给各方宾客留下美好的第一印象。软件追求极致方面，前厅部、客房部、餐饮部等一线面客部门开展多种形式培训，进一步强化员工微笑敬语、文明礼仪、服务应变等环节管理和控制，员工服务技能和整体形象得到有效提升，精神面貌焕然一新。经营再有飞跃方面，销售部、餐饮部、商品部、制衣部等业务经营部门积极开拓市场，强化经营销售，收入逐年递增，2019 年创造历史新高。部门行业创优方面，加强与全国各地同行业之间的交流，查找不足、补齐短板，不断钻研业务知识，努力打造服务精品，品牌效应不断扩大，整体接待水平和经济收入均有显著提升。

2020 年至 2022 年上半年，受新冠肺炎疫情影响，迎宾馆及时调整经营方略，主要工作方向和重心转向严格落实疫情防控各项措施，保障市委、市政府政务接待。同时加强线上营销宣传力度，在直客通平台开展官微大促销活动，2022 年春季售出储值卡 50 万元。此项活动为之后市场回暖奠定了客流基础。在此期间，组织技能业务练兵活动，着力提升专业素质，在“软件追求极致”“部门行业创优”方面做足功课，为后续发展积蓄力量。

第二节　财务管理

迎宾馆认真执行国家各项财经法规和上级主管部门财务管理制度，根据实际情况，在财务审批、预算管理、资产管理、业务监督等方面相继制定出台一系列规章制度，为业务经营工作顺利开展提供保障。

职能调整

1993年之前，财务管理职能归会计室，设在行政科。1993年成立财务科，下设公关部，1999年增设供应部。2001年业务部门财会各自管理，财务科负责业务指导。2002年公关部、供应部独立成部。2008年餐饮部应收账款由财务核算，成立账单室。2015年餐饮部财务划归财务统一核算。2016年采购部库房管理岗位及职能归并财务部。经过调整，财务管理更加科学合理，能够集中反映宾馆总体收支情况，有效调配资金，为宾馆发展提供财务支撑。

财务制度

1993年6月5日，随着改革开放深入和市场经济体制逐步建立，明确并规范财务科各岗位人员职责及资金、物资、账目管理等流程,形成《招待处财务工作管理制度》,共3章45条。2007年11月14日，为进一步加强内部核算，提高经营管理水平，确保经营目标顺利实现，制定《市政府招待处关于2008年度预算编制的方案》。2008年1月15日，为进一步完善财务管理，制定《市政府招待处关于财务审批权限的暂行办法》。规定各部门严格执行财务制度，规范财务审批行为，提高资金使用效率和效益。

物资管理

各部门在每月30号之前，将下月所需物料计划报请主管处长批准后送采购部。采购部集中汇总报请处长批准，根据库存情况合理安排采购。新购进物资经保管员验收登记入库，由实物会计开入库单，记账签字后，到财务科报销。物资验收合格后入库并填写入库单一式4份，存根留存库房，其余交有关人员备查。物资领取填制由领取人、部门审批人签字的出库单一式3份，交库房、领用部门及实物会计。每月26号由库管员、实物会计对库存物资进行月末盘点，部门经理监督，盘点完后3人均在盘点表上签字。其间，停止办理出入库手续。

财务审计

2012年8月1日，落实国家有关审计工作法律、法规，制定《衡水迎宾馆内部审计管理办法》，成立内部审计委员会。内部审计以国家财经法规、制度为主要依据，依法检查会计账目及相关资产，对财务收支真实性、合法性、效益性作出评价，分清经济责任，维护财经法纪，改善经营管理，提高经济效益。2012年至2022年，严格执行审计制度，对财务工作进行全面审计。审计结果表明，国家财经法规制度能够得到贯彻执行，财会人员职责明确，工作纪律严明。但也发现会计基础工作不规范、手续不完备、偶尔有使用大额现金等现象，随即对存在问题进行整改，杜绝此类情况再次发生。通过完善会计基础工作手续，加强财务监督检查，使财务工作更加规范化。

第三节　经营收入

1962年至1983年，迎宾馆经营收入呈螺旋式上升趋势。1984年至2021年(除2011年至2013年旧址拆迁、新址在建，2020年、2021年受新冠肺炎疫情影响外）经营收入逐年上升。1985年，经营收入实现历史上第一次跨越增长，从1984年的20余万元增至近60万元。1992年，国家实行社会主义市场经济，迎宾馆紧抓机遇，大胆创新，拓展经营，收入达到近200万元。随后30多年时间里，根据市场发展变化实际，及时调整经营思路，积极扩大市场份额，努力提高服务质量，1993年实现第二次跨越增长，收入从1992年的近200万元增长到800余万元。2015年，确定为“效益提升年”，进一步拓展经营项目，推行全员营销与微信宣传营销。至2019年，经营收入连年以千万元速度增长。2018年、2019年收入突破7000万元，实现第三次跨越增长。

第四章　卫生管理

迎宾馆始终如一重视卫生管理工作，对食品卫生、室内外环境卫生明确要求、制定标准，实行规范化、制度化管理，为宾客创造舒适、卫生、安全的接待环境。在“非典”及新冠肺炎疫情防控期间，严格执行上级相关部门要求，各项卫生管理更加严密与严格。干净整洁、安全卫生是宾馆服务的亮点之一，也是迎宾馆一直恪守的最基本工作准则。

第一节　食品卫生

对餐饮部门、客房及商品部提供的食品严格实行“食品卫生五四制”，严把原材料采购、存储、加工、售卖等环节，不断强化员工食品卫生安全意识，杜绝卫生责任事故发生。

“食品卫生五四制”

由原料到成品实行“采购员不采买腐烂变质的原料，保管员、验收员不收腐烂变质的原料，加工人员（厨师）不用腐烂变质的原料，营业员（服务员）不卖腐烂变质的食物”四不制度。成品（食物）存放实行“生与熟隔离，成品与半成品隔离，食品与杂物、药物隔离，食品与天然冰隔离”四隔离。餐（用）具实行“一洗二刷三冲四消毒（蒸汽或煮沸）”四过关。环境卫生采取“定人，定物，定时间，定质量（划片分工、包干负责）”四定办法。个人卫生做到“勤洗手剪指甲，勤洗澡理发，勤洗衣服、被褥，勤换工作服”四勤。

落实责任

明确各岗位卫生标准，确定责任人。制定厨房餐具消毒管理、烹调加工管理等规定。制定预防食物中毒10项具体措施。每日按规定做好厨房厨具消毒工作并记录，清除餐厨废弃物并做好处置流向记录。每月对厨房烟道清洗并记录。2018年开展基础管理工作，制定厨房刀具使用管理规定，对刀具、菜墩、菜板细分为水产类、半成品、果蔬类、刺身类、生肉类、蔬菜类，粘贴颜色标识加以区分，避免发生混用现象，加工环节卫生要求更为严格。聘请专业机构人员定期对各个区域进行蚊虫、蟑螂等预防性灭杀，并做好日常检查，为客人创造安全放心的就餐环境。

员工培训

坚持学习食品卫生知识并严格遵守国家关于食品安全法律法规。餐饮部门定期开展食品卫生与安全培训，使员工熟知食品安全法律法规，以及食品安全标准，餐具用具的消毒及安全卫生知识，有效保证了各项防范措施的落实。食品安全制度张贴上墙，加强管理，设专人负责落实。制定食品安全培训计划，并建立食品安全档案。

2003年7月13日在小礼堂举办市政府招待处安全、卫生知识智力竞赛

2003年8月27日全体员工在小礼堂进行安全卫生知识考核

第二节　环境卫生

迎宾馆在桃城街、新华路址期间，受条件所限，卫生整理以无尘、无垃圾为标准，员工一起打扫庭院和办公区域卫生。人民路址期间，卫生标准有了显著提升，要求庭院干净整洁，桌椅板凳“木见本色铁见光”。划分院内责任卫生区，

遇有刮风下雨、下雪等恶劣天气，各部门既各负其责又协同合作。2004年成立安全卫生委员会，每两周对环境卫生、办公区及室内卫生、职工宿舍卫生督查1次。督查实行打分排名制，对发现的问题向被查部门下达限期整改通知书，通报检查结果，达到督促鞭策目的。搬入前进街址，不同岗位卫生整理有了更为详细的操作程序和规范要求。对庭院和办公区域重新划分，制定具体卫生清扫标准与频次，规定每日清扫庭院卫生区2次，遇有恶劣天气随时清扫。每日清扫办公区域1次，质检人员检查。

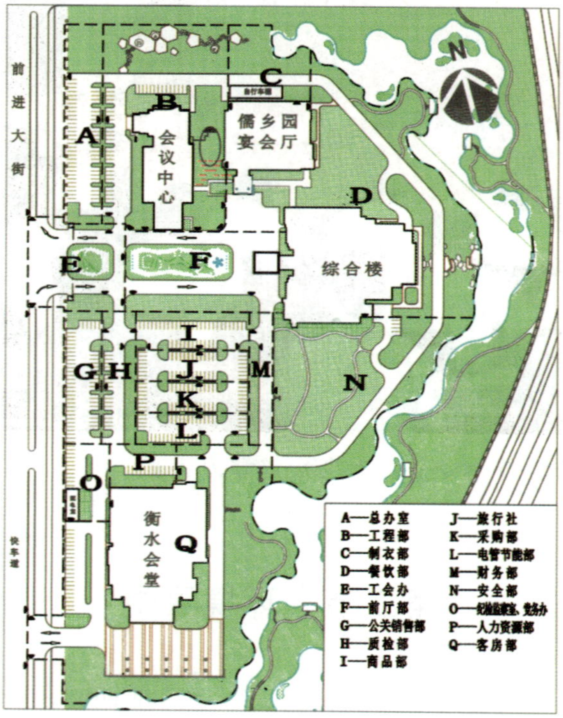

2015年8月迎宾馆前进街址
卫生区划分平面图

附　记

修志日记·清晨扫雪

常海成[①]

2021年12月24日 清晨 雪

昨日为修志留住在衡水迎宾馆。今晨，天刚亮，窗外宽阔多彩宾馆园景笼罩在一片白皑皑的雪中。

我突破天冷不早出的惯例，走出温暖的房间，来到宾馆大院东湖边的甬路上，这里正有几位身着保安服装的人员在打扫积雪，他们已清扫五六十米长了。我拿起路边的扫帚边扫边跟他们攀谈起来：“你们为什么没扫大门口的雪，却来扫这里？”一位扫雪卖力敞开胸怀露出领带的同志答道：“宾馆事事都分工明确，环境卫生分十六个责任区，这里是我们责任区的一部分”。我观望四处，果然见衡水会堂、停车场、前厅主路等场地，都有一组一组员工，拉开扫雪战线，正有条不紊地进行着清扫。我被他们的行动感染了，很想加入这扫雪的大军当中去，可是，穿过了两处劳动场地，也没有找到多余的工具，一时间有点儿束手无策。当我走到儒乡园门前广场时，看到一大群人在热火朝天地劳动，旁边地上有一把推雪的铲，我快步走过去捡了起来，生怕有人抢走。我起劲儿地推着雪，和餐饮部大步推雪的李速交谈，他说：“这扫雪也要像炒菜一样掌握火候，刚下的雪，还是松软的，扫起来容易些，等到人踩车碾变得坚实了，活儿就难干了。”这组人员不多时就将近千平方米的场地打

① 常海成：方志出版社专家委员会委员、河北作家协会会员、《河北省志·物价志》《冀州市志》主编。

扫得干干净净，他们又说又笑地奔向另一个责任区了。

在迎宾楼前面的大道上，有几名员工正在吃力地铲着被车压过的积雪路面。有位身着红色羽绒服的员工，用铁锨一丝不苟地铲着雪，霎时呈现出二十世纪六七十年代《林海雪原》中“万里白雪一点红”的意境。我找了一把铁锨开始铲这里的雪，有位同志给我送上一副白手套，她戴着口罩也难掩眉目间的清秀，我问她，你今天值班吗？她边干活边说：“这里就是我们的家，遇到紧急任务，我们都主动赶来，就没有上下班的概念了，昨晚下雪，就知道今天早晨要扫雪，所以早早就安顿好家务赶来了，就这样还晚了些呢！”她认真地劳作着，和同事们将干净的路面一寸寸向前拓展。

短短的一个清晨，偶遇的一次扫雪，却给了我做事要明确责任、科学运作、团结奋斗等多项启示。同时，我也深感服务战线上的衡水迎宾馆这支队伍，思想境界、团队精神、工作作风可亲可敬。

2021 年 12 月 24 日早晨各部门员工扫雪场面

第三节　清洗消毒制度

不同发展时期，客用品的清洗消毒方式有所不同。随着社会进步，清洗消毒程序越来越科学、规范。各部门分别制定《餐具厨具消毒》《客用品清洗消毒》《客房部对房间及公共场所的消毒措施》《消毒剂配比方法》《消毒间操作规范及卫生管理》《抹布使用规范》等工作规范。所有物品消毒实行有痕管理，对名称、数量、时间、频次、人员等均记录在册。尤其在抹布使用方面，清洗和消毒严格按照行业标准执行，并制定详细的抹布使用规范，在日常工作中加强监督检查。

附

2018年各部门抹布使用规范

单位：厘米

抹布种类 / 使用区域 / 使用部门	白边杯布  尺寸 100×120	纯白色抹布  尺寸 34×76	纯蓝色抹布  尺寸 34×76	纯绿色抹布  尺寸 34×76	纯红色抹布  尺寸 34×76	纯棕色抹布  尺寸 34×76	黄边抹布  尺寸 34×76	红边抹布 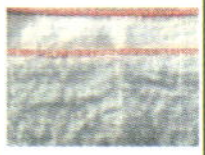 尺寸 34×76	蓝边抹布  尺寸 34×76	绿边抹布  尺寸 35×35
餐饮部厅面	高脚杯、直口杯、茶杯等杯具，吃盘、筷子等餐具	—	餐厅餐桌、转盘、餐车、备餐间操作台	餐厅墙面、窗台、沙发、木质门等（客用电梯及厨房货梯）	各包间洗手间马桶、客用卫生间马桶	各包间大理石地面，餐厅大理石地面	各包间洗手间台面、洗手盆及客用卫生间台面、洗手盆	—	—	—
餐饮部厨房	—	冷菜间、热厨、面点间擦拭菜盘专用	—	—	—	—	—	各个厨房清理台面、灶台、厨架、厨门	清理刀具、冰箱、菜墩	—
前厅部	大堂吧的茶杯、直口杯、咖啡杯及咖啡棒等	—	—	大堂桌面、墙面、木质门、沙发及木质家具（电梯）	洗手间马桶	大堂大理石地面所有区域、痰桶	大堂客用卫生间台面及洗手盆	—	—	—
客房部	各房间的杯具、果盘、餐具等	—	—	房间木面家具、镜面过尘	洗手间马桶	房间浴室地面	房间内浴室面盆、墙面、浴盆	—	—	—
车队	—	—	—	车辆内饰	—	外部车身	—	—	—	—
工会办	—	—	—	—	卫生间马桶	—	员工宿舍淋浴间台面、墙面、洗手盆	—	—	—
所有科室及洗涤部、制衣部	—	—	—	—	—	—	—	—	—	各办公室及洗涤部、制衣部抹尘用

第四节　特殊时期卫生

2003年“非典”与2020年新冠肺炎疫情暴发期间，迎宾馆成立疫情防控领导小组，制定疫情防控措施、工作方案及应急预案，加大卫生整理和消毒消杀力度，落实各项疫情防控措施，为宾客提供安全放心的就餐入住环境。

员工健康管理。培训员工掌握疫情防护知识和预防措施，每日做好体温测量、佩戴口罩和手部卫生。时刻保持高度的防控意识，勤洗手、常通风、不聚集。

全面开展消毒消杀。各部门针对卫生整理、消毒灭杀、通风换气制定工作制度，规范流程、建档立卡、做好记录，全面加强对电梯、卫生间、门把手及公共区域等重点部位的消毒灭杀。设置废弃口罩专用投放箱。一线面客部门，严格落实证件核查，体温监测，查看健康码、行程码等措施，科学、规范、安全开展预防性消毒。

严控原材料采购。各餐饮部门认真做好索证工作，不采购进口冷链食品、国内与国外混合经营的原材料。对采购的食品外包装进行酒精消毒，严防外来病毒入侵。同时，规范操作流程，严格把控熟食的存储、加工和出品等环节。

第五章　后勤保障

安全部、工程部、工会办等后勤保障部门紧紧围绕“节约成本、提升服务、保障运营”工作目标，对内完善管理运行，对外提升服务质量，坚持在工作中总结和创新，不断提升服务管理水平，为宾馆安全稳定运营，经济效益提升提供坚强有力保障。

第一节　安全保障

宾馆经营运行中始终贯彻“安全第一，预防为主”管理方针，加强安全法制教育，牢固树立安全责任重于泰山意识，不断健全和落实各项防范措施和监督检查制度，从紧、从细、从实抓好生产、消防等安全工作。

安全生产

安全教育　制定安全操作规程和检查制度，在工作区域上墙悬挂，各岗位严格执行并加强监督检查。定期开展培训教育，组织员工学习关于安全生产的典型案例，提醒广大员工时刻树牢安全生产意识。

隐患排查　定期排查燃气管线和灶具，燃气用具、减压阀和燃气泄漏报警装置，通风设备等是否存在安全隐患。检查锅炉房、制冷机组、供电系统、消防水箱、电梯等大型设施设备是否安全运行，处于良好状态。通过隐患排查，定期检查，将问题消灭在萌芽状态。

消防安全

提高全员消防安全意识 1998年至2022年，每年组织员工学习《中华人民共和国消防法》，认真贯彻“预防为主，防消结合”方针。组织全体员工进行两次消防演练和消防知识培训，每名员工均具备检查消除火灾隐患能力、扑救初期火灾能力、组织人员疏散逃生能力、消防宣传教育培训能力。警钟长鸣，及时组织全体员工研讨重大火灾案例，提高员工防范意识。

保障设施 制定《市政府招待处灭火和应急疏散预案》，编写灭火救援处置程序。成立消防应急指挥部，建立微型消防站，配备消防队员，消防器材和急救箱。各区域共配备灭火器665个、消火栓185个、过滤式消防自救呼吸器423个。

消防责任 强化和落实消防安全责任制。各部门第一责任人与消防安全责任人每年签订“消防安全责任书”，负责本部门消防安全管理工作和消防法律、法规的宣传、培训，教育引导广大员工严格遵守《中华人民共和国消防法》《河北省消防条例》和《机关、团体、企业、事业单位消防安全管理规定》等法律法规。

2006年11月9日迎宾馆消防灭火演练

2017年11月9日迎宾馆消防灭火演练

第二节 设施保障

随着科学技术发展，宾馆供电、制冷、供暖、给排水系统等设施设备不断更新换代，功能日趋完善。相关部门做好设施设备日常维护、定期保养，为接待服务工作保驾护航。

供 电

桃城街、新华路址期间，用电量小，只有简单照明等用电设备，室外线路采用电线杆架设裸铝线。人民路址期间，用电需求增大，宾馆优化升级输送电配置，1988年将主输送电线路25平方毫米的裸铝线更换为70平方毫米的裸铝线，解决了电线容量小、负荷大的问题。1991年将100千伏安变压器增容至315千伏安，主要输电线路面积由70平方毫米增至120平方毫米，将简易配电箱改为标准的低压配电箱。1994年，建造贵宾楼设双向供电。1998年变压器等配电设备移入室内，配电室面积260平方米，分为高压区和低压区，增加400千伏安变压器1台，总容量达715千伏安，实现全面双向供电，取消室外电线杆架线，配电室出线至各用电区域，主电缆全部改为铝芯聚氯乙烯铠装电缆。迁入前进街址，配电室面积200平方米，设在地下1层，分为高压配电区和低压配电区，选用国内先进的抽屉式高低压配电柜，设1000千伏安变压器6台，彭杜变电站、宁安路变电站双路供电，每路3台变压器，互为备用，供电分配更加合理完善。

附　记

王晓冰发明杆式拉闸换泡器

张纯宏

市政府招待处青年职工王晓冰，利用业余时间，发明了一种“杆式拉闸换泡器”。这种灯泡更换工具，结构简单、重量轻，避免了换灯泡时直接用手与电器的接触，操作简便安全。尤其是对街道上路灯的换泡，用换泡器只需一个人站在地上一分钟就可以更换一个灯泡。

（摘自1990年5月9日《衡水日报》）

2018年迎宾楼高、低压配电室

供暖制冷

锅炉　桃城街址期间，条件艰苦，取暖用烧大块煤的铁皮炉子。新华路址期间，与行政公署大院共用锅炉。人民路址期间，院内新建锅炉房，配备容量0.3吨、1吨锅炉各1台，作为迎宾楼取暖、日常热水及后厨用汽，1981年增设2吨锅炉1台。怡宾楼建成后，增设2吨卧式快装锅炉1台。随着社会的进步和接待业务的增加，蒸汽使用量日益增长，1988年8月13日，购置2吨特制蒸汽锅炉1台，1994年购置6吨锅炉1台，以水暖代替汽暖。1997年迎宾楼改建后，安装中央空调系统，结束暖气片供暖历史。1998年5月13日至8月3日，衡水市热力公司与华北油田共同在院内钻探地热井，将冬季供暖纳入市供热系统，锅炉仅供后厨、洗衣房用汽和客房澡水。2013年8月迁入前进街址后，采用外商独资的意大利法罗力2吨燃气锅炉，用于洗衣房、客房澡水及冬季供暖，自此迎宾馆结束燃煤历史，实现清洁能源的全面使用。

附　记

改造锅炉　消烟除尘

地区招待处于1978年购进了一台一吨蒸汽快装锅炉，但没有消烟除尘装置。为了消除污染，保护环境，他们决定对锅炉进行改造，但当时我区既没有成功经验，又没有改造图纸。在这种情况下，处领导亲自动手，带领有关人员，认真学习外地经验，虚心听取设计处、环境保护等技术人员的意见，刻苦钻研改炉技术，仅用了5个月的时间，就将快装锅炉改造成功。不仅能消除烟尘污染，保护环境，而且节省燃料，减轻了劳动强度，锅炉出力也有所提高。

（摘自1980年5月《衡水日报》）

2018年12月 制冷机房

2018年12月 热交换机房

空调 桃城街、新华路址期间，夏季客房内放几把蒲扇，供客人使用。人民路址初期，迎宾楼少数房间配备电扇。怡宾楼建成后，全楼安装窗式空调。至20世纪80年代末期，迎宾楼逐步增设电扇和窗式空调。进入20世纪90年代，窗式空调全面普及，大小礼堂和餐厅均配备立式空调。1994年，贵宾楼安装LSB型冷冻机组中央空调，是迎宾馆历史上第一组中央空调系统机组。1997年迎宾楼改造完毕后，客房及餐厅安装中央空调。2001年，房间空调系统安装电磁温控阀，可直接通过面板调节温度，保证了系统的高效节能。进入前进街址后，中央空调系统使用顿汉布什满液式螺杆冷水机组，相关设备通过专用通道进入房间，既节约空间又优化环境。在系统终端，定频空调风机与变频风机盘管同时使用，温控设备更加先进。

设施设备维护保养

巡检修 制定详细的巡检修制度，按照周期计划完成各种设施设备的检查与维修，及时发现消除隐患，确保设施设备始终处于良好运行状态，延长使用寿命。每年对228个区域进行四轮全面巡检修。

应急措施 遇有重大接待任务，提前检修保养各类设施设备，对空调进行消毒。检查供电系统，确保双向电源在2秒之内完成自动切换。供水设备安排专人巡视，及时了解掌握运行状态，出现问题启动应急预案。

节能管理

用电设备管理 2008年制定办公区域节能降耗措施，严控室内温度。对使用独立空调、电暖气的部门由电工负责电源的接送和切断，有效避免了电力资源的浪费。2013年搬入前进街址后，全面使用节能型灯具，公共区域照明由专人管理，办公室做到人走灯闭。每日4次定点检查配电室低压无功率补偿柜数据及元器件，发现异常显示及时查找原因，更换元器件，保障在合理范围内无功率补偿，为提高衡水市电网供电质量做出贡献。

用水设备管理　迁入前进街址后，迎宾馆加大用水管理力度，在保证正常运行的前提下，坚持使用节水型器具，加强对用水设备的日常巡护、巡检工作，发现问题及时检修，杜绝跑冒漏滴现象发生。改造庭院绿化浇灌设施，采用微喷系统等节水技术。将每月缴纳的水费形成台账，分析用水数据，及时发现节水工作中存在的薄弱环节，进行整改。在开水房、洗手间、淋浴室等处粘贴“节约用水、人人有责”温馨提示，在电梯旁粘贴节能顺口溜，教育引导广大员工提高节水意识。

附　记

节能口诀

提醒你，注个意，不用电脑请关机。
勤关灯，省热水，调高空调省电费。
长流水，不可取，浪费能源最可耻。
抓节能，服好务，提升效益为我馆。

电脑不让空运行，两面用纸处处省。
无人房间灯不亮，人走灯灭记心上。
洗手洗脸多用盆，每天节水数十吨。
少用电梯多走路，节能锻炼两不误。
小小节约作用大，人人都要重视它。

说节能，讲节电，人人都是管理员。
用电器，分类编，标清功率和耗电。
大功率，省一点，小电器能用一天。
省不省，看习惯，随开随用随手关。
干啥活，用啥电，选开电器不嫌烦。
峰谷电，分价钱，价格高低看时间。
适时选用有规律，节电效果很明显。
以上节能要抓紧，勤说勤讲勤评先。
会管会用会节省，创效路上捡金砖。

2022 年 2 月的工程部文化宣传栏主题
“创低碳酒店　从你我做起”

第三节　员工生活保障

随着物质水平逐年提升，各项硬件不断完善，宾馆员工福利待遇显著提高，工作、生活条件得到改善。通过为员工提供温馨舒适工作、生活环境，稳定员工队伍，使各项工作得以有序推进。

员工宿舍

桃城街址期间，借用商业局平房、针织厂房一部分宿舍和兽医站四合院为员工宿舍。新华路址期间，借用行政公署大院几间平房及办公楼 4 楼一部分房间作为宿舍。1972 年，在新华路南游园胡同新建平房 24 间，解决了一部分员工住宿问题。1978 年人民路址期间，在院落东北角新建 1 栋 2 层筒子宿舍楼共计 56 间，每层设公共卫生间和盥洗间，极大地改善了员工住宿条件。2013 年迁入前进街址，建设员工宿舍 30 间，设有公共卫生间、盥洗间、淋浴室、24 小时热水，室内采用中央空调，冬暖夏凉。

员工餐厅

桃城街、新华路址期间，在大餐厅辟出一角，供员工用餐。人民路址期间，大餐厅、粥屋等都曾用作员工临时用餐场所。1999年7月15日，新建占地200平方米员工餐厅。迁入前进街址，员工餐厅设在地下一层，占地272.8平方米，用餐区域130平方米，免费就餐，定期更换每周食谱。

2022年迎宾馆员工餐厅

员工工装

建立初期，无法为员工统一配置工装。人民路址期间，接待服务工作不断提高，工装选用和制作依岗位、工种、职务而定。1994年为迎接贵宾楼开业，从石家庄专门定制工装。至此，每两年为员工制作4套冬夏装。1998年3月，制衣部成立，统一制作员工工装。迁入前进街址，迎宾馆聘请专业制衣公司对工装进行设计和制作。兼顾实用性与审美性的同时，设计图案融入衡水地域及宾馆文化元素。制衣部负责制作部分岗位工装。工装作为企业管理和个人仪容仪表的关键组成部分，成为体现员工精神面貌，彰显宾馆专业性、规范化的外在表现。

第六章　人力资源管理

迎宾馆实行以人为本的管理理念，坚持“待遇留人，感情留心，事业留魂”的育人理念，“文化为员工造魂，纪律为员工塑型，知识为员工储能”的员工培养方针。不断完善规范招用工制度，加强纪律业绩考核，提高员工工资待遇，强化员工技能培训，吸引、保留、开发宾馆所需要的各类人力资源。通过科学管理和有效激励，激发员工工作积极性和创造性。60年间，宾馆及个人获得国家级、省级荣誉数十项。

第一节　招用工管理

迎宾馆高度重视创建和谐劳动关系，将其纳入宾馆管理体制。招聘员工坚持公开、平等、择优原则，通过规范有序的员工招聘录用和任用管理，提高工作效率，引进和选拔优秀专业人才。工作中加强员工培训，注重素质提升，培养业务能手。

招工管理

2002年以前，迎宾馆按照国家劳动制度招聘员工，由人保科办理有关手续。2002年，严格按照国家政策，由人事培训科负责人员招聘工作。干部的审批、管理与使用按照国家组织、人事部门的相关规定执行。迎宾馆工人由合同制工人、期限合同工、临时工组成，签订相应的合同协议，按有关规定管理。2003年9月15日，迎宾馆落实《中华人民共和国劳动法》，期限合同工试工期满，由所在部门做鉴定，合格者，由人力资源部为其签订劳动合同，合同期限不超过3年。因迎宾馆人员变动比较频繁，为便于合同管理，签订合同的终止时间每年分为2期，上半年为6月30日，下半年为12月31日。2015年3月23日，取消原有“自招”员工。用工形式规定为正式工、期限工、协议工3种。无论哪种形式用工，一律在人力资源部备案。

宾馆严格执行招聘制度，注重招录素质高、形象好、气质佳、有特长的员工。1994年贵宾楼开业，从技校、职高招录员工40名，经学习培训、上岗锻炼，快速成长为业务骨干，多名员工到河北省参加技能比赛并取得名次。1999年新世纪餐厅装修一新，从承德院校招录员工20名，为服务队伍注入新生力量。2000年至2004年，从各院校陆续招录员工百余名，其中6名体育特长人员多次参加篮球比赛，为宾馆在社会上赢得较高声誉。2013年为筹备迎宾馆前进街址开业，新招录员工65名，经各种形式培训很快融入迎宾馆大家庭，成长为能够独当一面的业务能手。

1962—2022年迎宾馆招工情况一览表

表7-6-1

年份	招聘人数	备注
1971	18	服务员14名，炊事员4名
1977	31	均为服务员
1978	12	服务员8名，炊事员4名
1981	12	服务员10名，炊事员2名
1987	24	均为服务员

续表 7-6-1

年　份	招聘人数	备　注
1990	30	均为服务员
1990	8	由临时工转为合同工
1991	8	由临时工转为期限合同工
1994	40	职高、技校招入
1995	23	技校招入
1998	24	合同工 23 名，外单位调入 1 名
1999	20	餐饮部新世纪餐厅从承德招入
2000	30	客房部 14 名，餐饮部 13 名，安全部 3 名
2001	32	客房部 16 名，餐饮部 16 名
2004	12	客房部 1 名，餐饮部 11 名
2006	38	客房部 19 名，餐饮部 19 名
2007	34	客房部 6 名，餐饮部 2 名，方园酒店 2 名，迎宾生态园 24 名
2010	38	均为衡湖酒店员工
2013	65	客房部 31 名，餐饮部 27 名，公关部 4 名，安全部 3 名
2017	18	客房部 4 名，餐饮部 13 名，前厅部 1 名
2022	28	前厅接待 10 名，客房服务 9 名，餐饮服务 9 名

说明：以上表格只统计招工规模较大、招工人员较多情况

用工管理

2002 年 1 月，迎宾馆为加强员工管理，进一步规范员工行为，制定《宾馆规则》《员工守则》《衡水迎宾馆员工行为规范》。2003 年 9 月，迎宾馆加强现代化管理，依照《中华人民共和国劳动法》及国家其他有关法律、法规规定，结合工作实际制定《员工手册》，共分为衡水迎宾馆简介、衡水迎宾馆企业文化精神及其内涵、衡水迎宾馆组织系统示意图、总则、劳动管理规定、附则、员工守则、保证书 8 项内容。《员工手册》规范员工与企业的劳动关系，完善了宾馆持续发展的劳动制度，成为迎宾馆员工内部管理的重要指南。

1998 年至 2022 年，迎宾馆在工作纪律、业绩考核、奖惩办法等方面制定一系列制度 20 项，针对阶段性出现的各类问

题和经济发展需要适时调整完善制度12项。日常工作中，各部门严格执行各项规章制度，职能部门加强对制度执行情况的监督检查，年终依业绩考核结果进行奖惩。保证员工和宾馆共同利益，促进了迎宾馆事业发展。

第二节　工资改革

1962年至2001年，迎宾馆严格遵守国家劳动工资制度。随着各项改革工作的开展，自2002年始进行4次工资改革，逐步建立起一套科学适应现代企业的分配机制，实现了迎宾馆效益和员工收入同步增长，提升了管理效率和市场竞争力。

第一次工资改革

2002年12月26日，按照《中华人民共和国劳动法》及《河北省事业单位聘用制管理暂行办法》进行第一次工资改革。在工资结构上做大胆调整，重点提高了一线部门重要岗位及专业技术水平高、业务工作能力强的员工工资。在人力资源合理配置过程中，结合实际逐步建立起公正、公平、兼顾平衡岗位效益的工资机制，充分体现了多劳多得的分配原则，调动了一线员工工作积极性。

第二次工资改革

2009年11月26日，为进一步完善工资分配机制，保证宾馆利益与员工利益得到共同提升，进行第二次工资改革。坚持“保障为本、效益优先、多劳多得”分配原则，提高效益工资比例，将员工收入与宾馆效益紧密结合在一起，增强了员工主人翁精神，进一步激发了员工工作积极性。此次工资改革，员工效益工资平均占比增加10%。

第三次工资改革

2013年10月28日，根据衡水市同行业工资标准，结合迎宾馆经济实际，再次适度提高员工工资待遇，在第二次工资调整办法和分配原则基本不变情况下，进行第三次工资改革。正式工与期限合同工实行统一工资结构，适度提高效益工资比重。此次工资改革增强了员工风险意识，引导和激励员工更加努力工作。

第四次工资改革

2016年11月28日，根据宾馆经济效益和工资水平，参照事业单位同行业工资标准和分配经验，进行第四次工资调整。在全面提高员工工资待遇基础上，以“保障为本、效益优先，贡献为重、兼顾平衡”为原则，进一步完善工资分配机制，让员工共享迎宾馆发展成果。此次工资调整大幅度提高了全体员工的收入，调动了员工工作积极性。

第三节　管理人员考核聘任制度

迎宾馆始终注重对管理人员（经理/科长、副经理/副科长、主管）在工作业绩及管理能力等方面进行综合考核。不同时期，实行不同考核聘任制度。2001年以前，按照《中华人民共和国劳动法》考核聘任管理人员。2002年至2007年，为挖掘管理人才，提升管理效果，进行大胆改革，实行竞聘上岗制度，取得良好效果。

2008 年至 2022 年，参照党政机关相关规定考核聘任管理人员。

竞聘上岗

2002 年 4 月 15 日，迎宾馆适应经营和发展需要，依据《机构改革总体实施方案》，制定关于中层及以下管理人员竞聘实施细则。此次改革竞聘管理人员 46 名，试用期 3 个月，期满后由总经理进行考核审查，符合职位标准者正式办理聘任手续。应聘者履职尽责、工作务实，各部门工作都有了较大进步。

2005 年 4 月 7 日，根据现有管理人员工作业绩、工作能力及 2004 年度考核情况，对合格者实行续聘任命 15 名，其他职位实行竞聘上岗 34 名。竞聘上岗用人机制的实施，使能者上、庸者下，迎宾馆涌现出一批想干事、能干事、干成事，有思想、有能力的管理人员。这次改革，人力资源配置更加合理，各岗位人尽其能，在实际工作中彰显了强大的向心力，综合工作能力得到充分发挥。

2002 年 4 月中层管理人员王文志（左）、徐立忠（右）竞聘演讲

任期考核

2008 年至 2022 年，根据《党政领导干部选拔任用工作条例》和《党政领导干部任职试用期暂行规定》，在纪检监察部门的监督下对管理人员进行考核。实行任前管理人员个人有关事项报告核查、廉政考察、谈话制度，任期内每年年终从“德、能、勤、绩、廉”五方面进行严格考核，并评出 10 名优秀经理，进行公示，听取员工评审意见。通过考核，管理人员认识到自身不足，进一步增强工作紧迫感和责任感。

第四节　培训学习交流

迎宾馆始终注重开展不同形式的专题培训活动，多次组织管理人员和业务骨干到全国各地参加多种形式学习交流。通过培训学习、行业交流，员工视野不断开拓，文化素质和业务水平得以提高。

员工培训

员工培训是迎宾馆每年必做工作之一。受训人员范围广，培训内容丰富、形式多样。每次培训后进行考核，合格率达到 100%。其中规模较大培训有以下几次。

1997 年，培训中层管理人员，主要内容为政治理论、法律、经济、公共关系、业务知识等，并组织闭卷考试。此后，开办中层管理人员培训班 5 期，培训 165 人次；岗前培训班 3 期，培训 60 人次。1998 年，在不同层次管理人员和员工中开展职业道德、服务规范、技术技能培训。岗前培训 59 名新招录员工。在 298 名职工中开展技术定级培训并考核。开展一线员工为期 30

天的外语培训，举办英语知识竞赛，巩固培训成果。其间，编写培训教材50万字。

2006年3月18日，为全方位提升员工整体素质，强化学习意识，开办历时半年多的高中文化知识补习班，参培人员155人。培训内容以语文、历史等4个高中文化科目为主。结业考试中，合格率达到100%。

2014年11月10日始，迎宾馆与“金管家”酒店管理培训公司合作，对各级管理人员进行专业知识和服务礼仪等系列培训。至2016年共培训50课时。各级管理人员对本岗位员工转训，提高了管理人员培训能力及全体员工服务水平。

2016年6月18日聘请“金管家”优秀讲师在深州厅进行服务礼仪培训

2017年3月13日，开启“迎宾大讲堂”培训活动，下设公关销售、前厅服务、餐饮经营、客房服务、酒店维保、酒店安全、园艺技术、洗涤技术8个研教组。各部门第一责任人作为“迎宾大讲堂”培训讲师，进行管理知识、业务技能、服务技巧等方面专题授课，促进员工工作交流和知识共享。2018年，充分发挥“迎宾大讲堂”活动平台作用，在继续灌输基础性、日常性、共性培训内容前提下，不断加大“精益求精，追求极致，我们是最美的迎宾馆”的企业文化精神培训力度。2017年至2022年，“迎宾大讲堂”开展专题授课38次。

2017年9月22日领班及以上管理人员在恒兴厅参加“迎宾大讲堂”授课

2018年10月始，各部门依托经理大课创新培训方式，开展用心做事案例分析、情景演练、观看网络视频、技能练兵、微笑敬语、化妆培训与考核。

2019年5月8日前厅部情景演练

2019年10月12日客房部微笑培训

2020年3月，为有效提升全体员工整体文化素质水平，衡水迎宾馆与衡水广播电视大学合作，鼓励、倡导广大员工开展学历继续教育，形成浓厚的全员学习氛围。通过考试，共有65名员工报名入学。至2022年，多次开展业务技能、迎宾礼仪、综合素质、服务能力等主题学习培训活动，全面有效提升了广大员工的素质能力，为各项事业持续发展夯实了人才基础。

外出学习

1990年8月7—9日，部分业务骨干和新招录的服务人员共23人到省宾馆观摩学习。1994年11—12月，40人分两批分别到河北宾馆、亚太大酒店进行为期各20天的学习。1996年，各科室业务骨干50人次分赴邯郸、邢台、沧州、唐山、石家庄等地外出参观考察。1998年，共组织餐饮、客房、财务人员30人次，分赴北京、石家庄、保定等地参观学习。通过外出学习，借鉴先进管理经验，掌握先进专业知识，有力推动宾馆服务质量提升与产品创新。

为筹建儒乡园餐饮服务有限公司，做好学生餐，2019年4月，王晓冰、武义民、孙铁健先后到苏州网易、上海龙神、石家庄微婶考察中央厨房团餐和学生餐。是年5月到杭州师大面食中心、老台门餐饮管理公司、浙江伊贤股份有限公司、山东泰安凌云集团、中强瓷业等地考察中央厨房筹建工作，学习先进管理经验与制作技术，为儒乡园餐饮服务有限公司筹建和学生餐制作打下坚实基础。

行业交流

迎宾馆多次组织业务骨干与香港美丽华大酒店、钓鱼台国宾馆、人民大会堂、北京饭店、北京友谊宾馆、太行国宾馆、江苏宿迁恒力国际大酒店、山西晋祠宾馆、陕西宾馆、韶山宾馆、内蒙古新城宾馆、上海锦江饭店、江西龙潭湖宾馆、河北省北戴河东山宾馆、北戴河新区阿尔卡迪亚宾馆度假酒店进行互动学习。通过借鉴先进管理经验，提升管理水平。

加入河北省旅游饭店协会 1993年8月8日，迎宾馆加入河北省旅游饭店协会，为交流学习创建新的平台。1996年4月17日，参加河北省旅游饭店服务技能比赛，两名员工获得荣誉称号。

加入中国饭店协会 20世纪末，迎宾馆加入中国饭店协会，成为会员单位。积极参加协会组织的各种活动，加强与全国酒店的学习交流，不断提升自身管理与服务水平。

加入八省酒店联谊会 进入21世纪，迎宾馆加入八省酒店联谊会，并成功承接2014年年会，会员单位200余人参加会议。2016—2021年，迎宾馆派管理人员和业务骨干参加历年八省酒店联谊会年会和常务理事会。与会员酒店互通有无，交流经验，共同为宾馆酒店业发展出谋划策，贡献力量。

2014年10月22—26日迎宾馆承办
苏鲁豫皖冀晋黑七省酒店联谊会2014年年会

加入名酒店组织　2016 年 5 月 23—25 日，王晓冰、朱连军、孙铁健到北京饭店参加名酒店组织 25 周年庆典暨第 26 次理事大会，加入名酒店组织，与各成员单位研讨学习、开拓创新。此后，先后参加名酒店组织第 28 次、第 29 次理事大会。

2016 年 5 月 24 日王晓冰在中国名酒店组织 25 周年庆典暨第 26 次理事大会上签署名酒店组织成员约定书

加入首都京津冀酒店总经理俱乐部　迎宾馆为京津冀俱乐部会员单位。2018 年 5 月 14—15 日，京津冀俱乐部主席、秘书长李建军一行莅临迎宾馆参观考察。

2018 年 5 月 15 日宾馆部分领导与首都京津冀酒店总经理俱乐部主席、秘书长合影

加入内蒙古国宾馆协会　2020 年 6 月 29 日，迎宾馆加入内蒙古国宾馆协会，王晓冰任协会副主席，孙铁健任协会副秘书长。内蒙古国宾馆协会是国宾馆系统的协作组织，是打造国宾馆品牌、塑造国宾馆形象、凸显国宾馆文化的重要平台。自此，迎宾馆登上更高发展舞台，在完成好重要接待服务的道路上砥砺前行。

第五节　宾馆及个人荣誉

迎宾馆多年间着力塑造服务精品，创造一流业绩，加强精神文明建设，员工不断苦练基本功，提升专业技能，逐步成长为同行业中的翘楚。宾馆与员工荣获国家级、省级集体及个人荣誉 80 余项，市级荣誉百余项。部分省级以上荣誉列举如下。

宾馆荣誉

1997 年获“河北省厨艺大赛”团体一等奖。

1998 年在全省星级饭店评比中荣获“十佳”星级饭店荣誉称号。

2001 年被省旅游局评为“河北省旅游系统标杆单位”。是年，在河北省第二届烹饪技术大赛中获团体金牌。

2001 年 12 月迎宾馆在河北省烹饪技术大赛组委会举办的第二届河北省烹饪技术大赛中获团体金牌

2003 年被共青团河北省委评为“河北省文明单位”。

2003—2004 年被河北省妇女联合会两次评为“巾帼建功先进集体”。

2005 年在河北省第三届烹饪大赛（团体）总决赛中，“田园农家菜”展台作品获金奖。是年，被中华全国妇女联合会授予“全国三八红旗集体”，被中央精神文明指导委员会授予“全国精神文明单位”。

2006 年在“河北省冀菜饮食文化展演大赛”展设的“衡湖农家宴”被评定为“河北名宴”。是年，被全国妇女联合会评为“全国三八红旗集体”。

2007 年被全国旅游星级饭店评定委员会评为“银叶级绿色旅游饭店”。是年，被河北省旅游局授予“河北省诚信旅游饭店”荣誉称号。

2007 年 3 月迎宾馆被全国旅游星级饭店评定委员会评为“银叶级绿色旅游饭店”

2007 年 7 月迎宾馆被河北省旅游局评为“河北省诚信旅游饭店”

2008 年被河北省烹饪协会评为“河北省餐饮业优秀企业奖”。

2017 年被河北省住房和城乡建设厅评为“园林式单位”。是年，被国际旅游联合会授予“2017 年度最具魅力酒店”荣誉称号，被首都京津冀酒店总经理俱乐部评为“2017 年度突出贡献奖”。

2017 年衡水迎宾馆被国际旅游联合会授予“2017 年度最具魅力酒店金樽奖”荣誉称号

2018 年 1 月河北衡水迎宾馆被首都京津冀酒店总经理俱乐部授予“二零一七年度突出贡献奖”

2018 年被河北省 4 家单位授予“2018 河北省最佳宴会服务品牌”“2018 河北省餐饮业食品安全诚信单位”荣誉称号。

2018 年 7 月衡水市人民政府招待处被河北省 4 家单位评为“2018 河北省最佳宴会服务品牌”“2018 河北省餐饮业食品安全诚信单位”

2019 年被河北省水利厅授予省级节水型单位。

2019 年迎宾馆被河北省水利厅授予河北省省级节水型单位

2020年被中国饭店协会授予“分餐制示范单位”“2020中国酒店品质服务TOP100”荣誉称号，被评为“2020饭店业会议宴会接待服务创新奖”。

2021年12月被河北省商务厅授予“冀菜·崇礼菜单”品牌推广示范店。

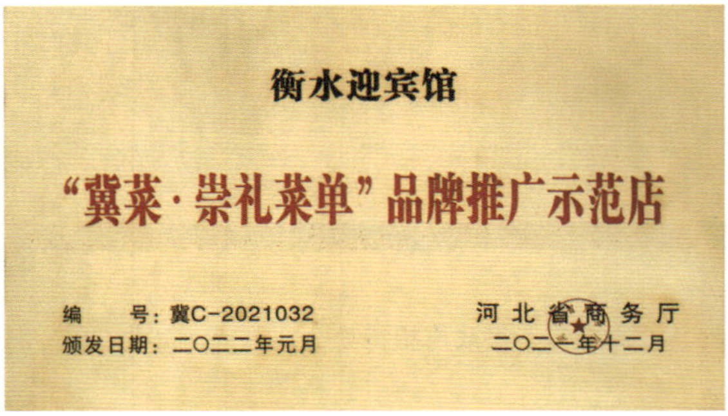

2021年12月衡水迎宾馆被河北省商务厅授予“冀菜·崇礼菜单”品牌推广示范店

集体荣誉

迎宾馆客房部贵宾楼服务组，1997年被共青团河北省委授予“河北省青年文明号”荣誉称号，2002年、2003年、2005年均被全国妇女联合会评为“国家级巾帼建功示范岗”。

迎宾馆贵宾楼宴会厅、贵宾楼3楼服务组1999—2003年连续5年被共青团河北省委授予“河北省青年文明号”荣誉称号。

迎宾馆膳食科团支部2001年被共青团河北省委授予省“五四红旗轩支部标兵”荣誉称号。

迎宾馆团委2005年被共青团河北省委授予“河北省五四红旗团委标兵”荣誉称号。

迎宾生态园大自然餐厅2007年被河北省妇女联合会评为“河北省巾帼文明岗”。

迎宾馆儒乡园餐饮服务有限公司2019年被河北省团餐与饮食行业协会授予“河北省团餐行业食品安全示范单位”“河北省团餐好品牌”荣誉称号。

2019年8月衡水儒乡园餐饮服务有限公司被河北省团餐与饮食行业协会授予“河北省团餐行业食品安全示范单位”“河北省团餐好品牌”荣誉称号

迎宾馆儒乡园餐饮服务有限公司2020年被河北省团餐与饮食行业协会评为“守护食品安全、拒绝餐饮浪费”示范单位。

2020年衡水儒乡园餐饮服务有限公司被河北省团餐与饮食行业协会授予2020年度河北团餐与餐饮行业“守护食品安全、拒绝餐饮浪费”示范单位

个人荣誉

耿锦山、刘永清、支顺芳、刘章顺、王所鹏、郭文堂 2021 年被中共中央组织部授予“光荣在党 50 年”荣誉奖章。

“光荣在党 50 年”荣誉奖章

王晓冰 1996 年荣获“共青团河北省抗洪抢险先进青年新长征突击手”称号。

荆德芳、代建红 1999 年在河北省旅游行业技能大赛中荣获“服务能手”称号。

刘广月、周兴、崔爱君 2001 年在河北省第二届烹饪技术大赛中分别荣获“河北省烹调大师”“河北省面点师”“河北省中餐服务明星”称号。

田玉合被河北省妇女联合会授予 2005 年省“巾帼建功明星”称号，2008 年省“三八红旗手”荣誉称号。

韩克俭 2005 年被河北省总工会授予“河北省五一劳动奖章”，2006 年荣获“中国旅游饭店业荣誉证章”。

在 2005 年河北省第三届烹饪大赛（团体）总决赛中，李海池荣获“河北省优秀厨师”称号。邢媚娜、潘伟、曹俊娥、代建平荣获中餐服务金牌，张江霞、白凤杰荣获面点金牌，王世芳荣获热菜金牌，崔永广荣获果蔬雕金牌。是年，杜宁宁在河北省首届旅游服务技能大赛中取得第一名，王力被共青团河北省委评为年度“优秀团务工作者”。

李强 2012 年在第二届国际绿色餐饮创新技能大赛中荣获全能冠军、热菜金牌。

段丽丽、邢媚娜、贾雪雯、郭美冉在 2017 年至 2020 年先后分别被名酒店组织授予“名酒店之星”荣誉称号。

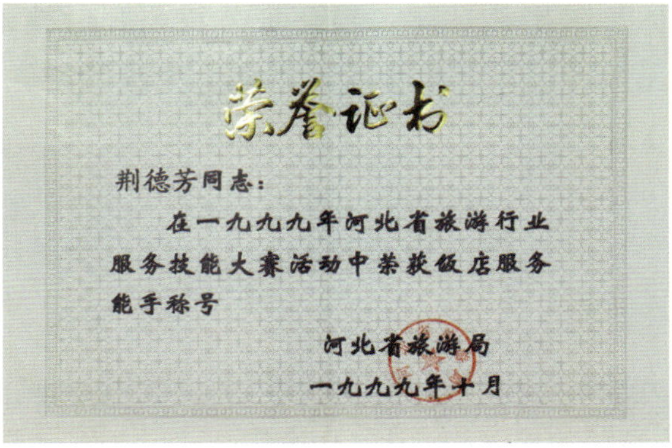

荣誉证书

荆德芳同志：

在一九九九年河北省旅游行业服务技能大赛活动中荣获饭店服务能手称号

河北省旅游局

一九九九年十月

1999 年 10 月在河北省旅游行业服务技能大赛活动中，河北省旅游局授予荆德芳“饭店服务能手”荣誉称号

餐饮业点菜师注册证书

The Certificate For A Registered Professional Dish-order Professional

荆德芳 参加餐饮业第二期点菜师培训，经考核合格。

Ms. Jing Defang has passed the examination for a Registered Dish-order Professional。

身份证号 ID Card

证书编号 Number

项目代码 Number 2004057

中国烹饪协会

China Cuisine Association

2004 年 5 月荆德芳参加中国烹饪协会组织的餐饮业第 2 期点菜师培训，取得“餐饮业点菜师注册证书”

2020 年 11 月 24 日中国名酒店组织第三十次理事大会授予郭美冉“中国名酒店之星”荣誉称号

年度先进

宾馆每年依据考核方案对各部门及全体员工考核评比，经公平公正公开考核、民主评议，产生优秀党支部、先进共产党员及党务工作者，优秀经理、管理员，三好职工、职工先锋号等，通过年度大会表彰并合影留念。

2009 年 2 月迎宾馆先进员工在人民路址衡水会堂门前合影留念

2014 年 1 月迎宾馆先进员工在衡水会堂门前合影留念

2020 年 1 月迎宾馆先进员工在衡水会堂门前合影留念

文化建设

★ 企业精神

★ 媒介宣传

★ 团队建设

★ 文体活动

精益求精
追求極致
我們是最美

第八编　文化建设

衡水迎宾馆坚持“企业发展，文化先行”理念，将企业文化建设作为推动宾馆发展的重要动力。多年来，在管理理念、服务品牌、文化活动、团队建设、员工培养等方面，逐渐形成较为完备的企业文化体系。日常工作中加强企业文化宣传贯彻与落地执行，开展系列思想教育及丰富多彩文体活动，充分发挥其凝心聚力作用，有效促进宾馆各项事业全面提升。

第一章　企业精神

衡水迎宾馆不同历史阶段总结形成相应企业文化精神。进入21世纪，企业文化内容体现与时俱进发展理念，并经历4次调整完善。每一次更新与改进，都在总结提炼、充分讨论、集体研究、广泛征求意见建议基础上形成，成为广大员工遵循和践行的行为准则，是引领各项事业前进发展的精神力量。

第一节　文化核心内涵

随着社会发展，迎宾馆各项事业不断前进，干部员工队伍逐步壮大，为统一思想、规范行为，急需一种共同精神理念，为广大干部员工提供价值取向和行为导向。自2001年始，经4次修改，迎宾馆企业文化精神逐步完善，体现出丰富的核心内涵。

自信、创新、责任

2001年企业文化精神为“自信、创新、责任”。

“自信”是求生存、谋发展的精神保证。面对酒店行业激烈竞争的市场现实，面对当时硬件设施相对落后，服务标准与规范不到位的现状，迎宾馆全体干部员工以必胜的信念，努力拼搏、积极进取。

“创新”是企业文化理念核心与灵魂，包含“破旧”“立新”两层含义。一是破除制约宾馆发展旧观念、旧思维、旧制度、旧方法、旧技术；二是根据市场经济特点树立新观念、新思维，创建新制度、新方法，学习和掌握新技术。通过“创新”，开拓迎宾馆发展新局面。

“责任”是对经营管理的基本要求。所有干部员工将日常工作提升到责任的高度对待。包括向宾客提供令其满意的服务；员工对上级的服从和尊重，上级对员工的关心和爱护。迎宾馆向员工提供相适应的个人发展空间和生活保障，共同对社会和国家提供应尽的责任和义务。

团结、严谨、创新、诚信、务实、奋斗

2002年企业文化核心内涵为“团结、严谨、创新、诚信”。

“团结”是基石，是迎宾馆发展的坚强基础。一个集体如果不团结，就没有成功可言，团结出凝聚力，团结出战斗力，团结出新的生产力，形成一种团结向上、奋发有为的良好风气。只有团结才能风雨同舟，克服困难，勇往直前，实现迎宾馆的最大发展。

“严谨”是关键，服务工作必须要做到严谨、周密，一丝不苟。严谨体现员工工作作风，是综合素质的集中反映，服务工作容不得一点麻痹思想。优质服务很大程度取决于员工严谨的工作态度。严谨出高质量，严谨出高效率，服务零失误就是严谨的具体表现。

“创新”是迎宾馆兴旺发达的不竭动力，知识经济是创新经济。中国加入WTO后，宾馆面临着经营市场化、法治化、国际化，竞争全球化、管理网络化、需求多样化的挑战。宾馆努力适应变革的要求不断进行战略、观念、组织、管理、制度和市场创新，实现发展。

“诚信”是形象，在现代社会里，人类社会活动需要共同合作，合作离不开诚信，诚信塑造着市场经济运转的主轴。迎宾馆始终诚信经营，形成企业内部的亲和力、凝聚力，对外的吸引力和竞争力，赢得发展机遇。

2010年2月，迎宾馆步入拆旧建新过渡时期，为保持干部员工队伍稳定，营造直面挑战、勇于向上的奋斗精神，不断强化核心竞争力，将“务实、奋斗”理念加入企业文化核心内涵。

“务实”是保障，脚踏实地，既尊重事物发展客观规律，又勇于面对现实、迎接挑战。在成绩面前戒骄，在困难面前戒躁。迎宾馆全体干部员工始终保持务实作风，在新历史时期明晰方向、稳步前行。

“奋斗”是向上的精神，敢于战胜困难的信心和决心。在迎宾馆实现跨越发展新阶段，每一名干部员工发奋图强、顽强拼搏。无论前进征程上有多少困难，都保持昂扬向上的精神状态，始终充满斗志和激情，一路迎难而上、攻坚克难。

精益求精、追求极致，我们是最美的迎宾馆

迁入前进街址，接待环境、服务能力等方面大幅提升，为打造最美酒店，实现“下榻衡水，迎宾馆最美”奋斗目标，2017年1月，企业文化理念“精益求精、追求极致，我们是最美的迎宾馆”应运而生。

印章“精益求精 追求极致 我们是最美的迎宾馆”

“精益求精、追求极致”是理想信念和价值追求，是迎宾馆人的工作原则。精益求精为好上加好，追求极致指各项工作达到顶点、极点。

印章“下榻衡水 迎宾馆最美”

“我们是最美的迎宾馆”是内涵和核心，也是工作目标和努力方向，包括接待环境最美，员工形象最美，服务语言最美，行为举止最美，产品质量最美，宾客体验最美等。

“精益求精、追求极致，我们是最美的迎宾馆”是迎宾馆企业文化的高度概括，是企业文化体系的核心和灵魂。2018年，对其提炼诠释编辑成册，制定文化宣传标牌张贴上墙，成为员工日常行为和各项工作衡量准则。

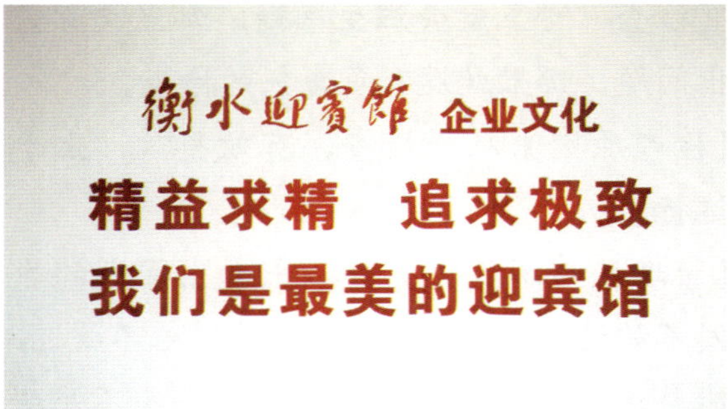

2017年1月前进街址办公区域
衡水迎宾馆企业文化宣传标语“精益求精
追求极致 我们是最美的迎宾馆”

附　录

衡水迎宾馆企业文化理念

【服务品牌】下榻衡水，迎宾馆最美。

【文化核心内涵】精益求精、追求极致，我们是最美的迎宾馆。

【核心价值观】爱国、敬业、诚信、友善。

【企业精神】至臻至善，匠心营造。

【企业愿景】打造全行业标杆，创建百年迎宾馆。

【企业使命】为员工谋福利，为社会担责任。

【核心竞争力】以最美文化为核心，以宾客需求为导向的用心服务。

【最美文化】接待环境最美，员工形象最美，服务语言最美，行为举止最美，产品质量最美，宾客体验最美。

【微笑文化】微笑服务从心开始。

【执行文化】能力是基础，态度是关键，效率是保障。

【用心做事文化】让优秀成为一种习惯。

【感恩文化】感恩企业创造平台，感恩上级给予帮助，感恩员工勤奋工作，感恩宾客光临消费。

【四大发展目标】硬件保持完美、软件追求极致、经营实现飞跃、部门行业创优。

【经营理念】用超值引领行业标准，实现效益收入、对外形象的“双提升”。

【质量观念】注重细节，追求完美。

【利益观念】以最小的资源，冒最低的风险，创造最大的效益。

【工作导向】树正气、讲团结、求发展。

【工作作风】令行禁止，雷厉风行。

【工作准则】认真负责、高效务实。

【文化营造五氛围】营造最美文化，营造

执行文化，营造感恩文化，营造用心做事文化，营造学习文化。

【文化落地六结合】与树立持续学习理念相结合，与打造优良产品相结合，与打造最美酒店相结合，与开展微笑敬语活动相结合，与加强团队建设、提升执行力相结合，与弘扬白求恩精神相结合。

【优质服务理念】行动以客为尊，提供最美服务。

【首接负责制】客人的事情到我为止。

【优质服务的三个境界】让宾客满意，让宾客惊喜，让宾客感动。

【优质服务的三个机会】当你准备向宾客说不时，用心做事的机会就到了。当宾客有个性化需求时，给宾客惊喜的机会就到了。当宾客有困难需要帮助时，让宾客感动的机会就到了。

【优质服务的四个之前】预测宾客需求，要在宾客到来之前。满足宾客需求，要在宾客开口之前。化解宾客抱怨，要在宾客不悦之前。给宾客惊喜、感动，要在宾客离店之前。

【优质服务的四个凡是】凡是员工见到宾客都是微笑友好的，凡是宾客见到的地方都是整洁美观的，凡是宾客使用的设备设施都是完好有效的，凡是我们提供的产品都是优质超值的。

【优质服务的五字方针】查、问、听、看、用，用心做是关键。

【用心做事三原则】想宾客所想，急宾客所急，帮宾客所需。

【宾客投诉处理三原则】119原则，换位思考原则，让宾客惊喜原则。

【对客服务十六字口诀】积极主动、文明礼貌，热情耐心、细致周到。

【管理方针】“零境界”管理，管理零差错，质量零缺陷，服务零距离。

【管理四件宝】文化建设、机制保障、团队打造、员工培养。

【管理成果三个一】培养一支优秀的团队，树立一种向上的精神，打造一个最美的品牌。

【管理路径】通过网评看管理，通过微信看管理，通过卫生看管理。

【管理四关键】关键时间，关键部位，关键人员，关键问题。

【工作四负责】谁干谁负责，谁使用谁负责，谁检查谁负责，谁签字谁负责。

【管理方式】现场巡查，走动式管理。

【管理成败的关键】执行力是企业管理成败的关键，能力、态度、效率是执行的关键。

【管理原则】管理、经营两手抓，服务、效益双提升。

【工作闭环】工作有布置、有落实、有检查、有改进。

【检查要义】管理的一半是检查。哪里没有检查，哪里就会滋生问题；哪里没有查出问题，哪里就没有负责任的检查。

【检查原则】从严检查，有效整改，止于达标。

【管理的四不放过】查不出发生问题的原因不放过，拿不出解决问题的措施不放过，能整改的不整改不放过，对责任人不处理不放过。

【管理者三个能力】会讲给员工听，能做给员工看，主动带着员工干。

【管理者四种精神】积极动手、甘愿奉献，勤学善思、学用结合，爱岗敬业、真抓实干，步调一致、顾全大局。

【管理者六项素质】注重细节、追求完美，现场巡查、走动管理，以身作则、公平公正，日事日毕、高效执行，勤于学习、点滴进步，待人尊重、表里如一。

【团队观念】我为人人，人人为我。

【团队精神】团结协作、群策群力，勇担责任、和谐共进。

【三个一致】信仰一致、声音一致、行动一致。

【团队建设路径】踏心学、认真改、真正管、努力做。

【团队打造六件宝】用目标引导员工，用身教影响员工，用案例启发员工，用文化感染员工，用机制塑造员工，用培训提高员工。

【服从原则】服从是天职，服从是无条件、无障碍的，不理解、不认同也要绝对服从。

【员工行为准则】认认真真做事，踏踏实实做人。

【员工培养方针】文化为员工造魂，纪律为员工塑型，知识为员工储能。

【员工培养要则】一工多能、一岗多专。尽员工之责、尽员工之智。

【员工培养路径】建学习型组织，塑多能型人才。

【迎宾馆人标准】外在形象美、内在品格美、工作要求美、生活讲究美。

【最美员工五条】专业规范，热情高效，忠诚敬业，创新提高，展示形象。

【育人理念】待遇留人，感情留心，事业留魂。

【关爱员工三要素】要充分尊重员工的意见和建议，要以宽广的胸怀包容员工，要在管理工作中体现亲情。

【培养员工四要工作法】员工工作完成要评估，员工出现差错要整改。员工遇到困难要帮助，员工做出成绩要鼓励。

【一分钟管理法】一分钟表扬与批评，赞誉最细小的进步，批评最微小的差错。

第二节　企业教育活动

迎宾馆根据不同时期文化理念精神，结合实际工作开展相应思想教育，加深广大员工的理解和认识，真正做到文化理念内化于心、外化于行，落实到工作的各个方面，使迎宾馆呈现出奋发向上、团结协作的良好局面。

推行“以处为家”教育活动

1990年开始，为进一步增强广大员工的责任感和主人翁意识，推行“以处为家”教育活动。使员工深刻认识到宾馆是个人赖以生存和发展的平台，自身社会价值通过宾馆得以实现。“处兴我荣，处衰我耻”的家园情怀，“我为人人，人人为我”的团队观念深深植根于每名员工心中，纷纷以宾馆发展为己任，献计献策，无私奉献。重大任务面前各部门员工相互补台、团结协作，加班盯守、连续奋战，吃苦耐劳、从无怨言，为宾馆发展勇挑重担。员工的责任意识与担当精神有力推动各项事业实现新发展。

形成“树正气、讲团结、求发展”的工作风气

“树正气、讲团结、求发展”是河北省委学习中国共产党第十六次全国代表大会精神时提出的具体要求，衡水迎宾馆积极贯彻落实，宣扬形成良好的工作风气，有力推动了各项接待服务工作开展。特别是自2014年始，全面将“树正气、讲团结、求发展”作为工作导向，教育引导员工树立向上的正气、讲求团结的精神、谋求更大的发展，养成健康、向上、奋进的价值取向，成为宾馆员工队伍建设的精神支撑。通过大力宣传教育，广大员工进取奉献、顾全大局，工作中传播正能量，弘扬正风气，进一步增强了宾馆团队的凝聚力、向心力和战斗力。

多年间，数次圆满完成重大接待服务任务就是最好的证明，“树正气、讲团结、求发展”已然成为迎宾馆工作的主旋律，宾馆上下呈现出人心思进、团结奋进、开拓前进的良好局面，持续推动接待服务事业向前向好发展。

2014年1月迎宾馆前进街址办公区域“树正气 讲团结 求发展”宣传标语

弘扬白求恩精神

2015年2月，迎宾馆把弘扬“毫不利己、专门利人”“对工作极端的负责任”的白求恩精神，作为加强企业文化建设的重要抓手。积极组织开展演讲比赛、推行用心做事等活动，加强执行落实。使广大员工充分认识到做好服务工作同样需要白求恩精神，自觉树立“行动以客为尊，提供最美服务”的优质服务理念，将宾客视为亲人、家人，一切工作以宾客的满意度为出发点和落脚点，想宾客之所想，急宾客之所急，帮宾客之所需，用体贴入微的服务感动宾客。各部门实行“管理零差错，质量零缺陷，服务零距离”的零境界管理。白求恩精神的大力弘扬，使“精益求精、追求极致”企业文化得到深化与升华。

附　记

宾馆用心做事事例

客户的生日宴　2017年4月25日，客人在锦园中餐厅澄湖订了一桌生日宴，服务员用鲜花、气球布置房间，并和后厨沟通客人的饮食喜好，在房间里摆放好寿桃馒头、长寿面等。在客人进门的一瞬间，员工们异口同声地唱生日快乐歌，那一刻客人万分惊喜和感动，眼睛里溢满了幸福的泪花。

一杯芹菜汁　2017年12月11日晚，餐厅服务员听到有位客人说“今天不喝酒，血压有点高”，于是第一时间将这一信息反馈给部门经理，并安排厨房榨了一杯芹菜汁，端到客人面前亲切地说：“刚才听您说血压有点高，芹菜汁有降压功效，特意给您做了一杯”。客人听后非常惊讶：“没想到我随口说了一句，你们竟然放在心上”。客人对宾馆的服务提出表扬。

衡中学生的临时家长　2018年4月7日，衡水中学放假前，销售部员工接到一位外地宾客电话，称工作原因，自己无法接在衡中上学的孩子，询问是否可以代为照顾。接到电话后，销售部员工立即询问孩子放假时间，在安排好住宿、用餐事宜后第一时间反馈给宾客，让宾客将孩子换洗的衣物寄到宾馆，代为转交。孩子放假后，销售部安排专人负责，对孩子的生活起居重点关注。后来，宾客打来电话感谢说："孩子没有因为我们不能去而感到失落，宾馆能够对我的需求如此上心，我对宾馆的安排特别满意"。

践行工匠精神

2018年6月，迎宾馆提出大力弘扬"工匠精神"。从"敬业、精益、专注、创新"具体做起，成为职业道德、职业能力、职业品质的重要体现。各部门不同岗位明确产品质量标准和要求，员工按要求勤学苦练，潜心钻研，经过实践具备过硬的专业技术。以极致的态度对产品精雕细琢，追求完美，逐渐形成了严谨、耐心、专注、坚持、专业、敬业的工作作风，实现了宾馆的精、细、准服务。宾馆员工以工匠精神，打造匠心服务，走在了同行业前列，在社会各界赢得良好口碑，有力助推了"部门行业创优"发展目标的实现。

附　记

满满的五年

耿振强

如果没记错的话，到2016年12月26日来迎宾馆工作已经五年，满满的五个周年将要成为过去。也许是自己真的老了，常常带着满满的怀念和眷恋，满满的收获和感激，情不自禁地回忆往事。

来迎宾馆初期，同事们辛勤付出、甘于奉献的精神令我敬佩。管理人员的素质能力一点也不比同级公务人员低。接下来三年多时间是我受感动、受激励最多的时期。应该说这是迎宾馆五十多年历史上变化最大的时期。新家园搬迁营业，从开始启动到生意兴隆，以新的面貌占领市场高地。最美酒店的目标初见成效，水街、爱莲湾、观荷港相继建成。押运公司顺利接管，经营业绩成倍增长。新的经营模式在探索中前行，员工收入大幅提升，中层管理队伍更新充实，经营管理不断迈向更高层次。整体工作全面走出低谷走向辉煌，新的赶超目标令人鼓舞，美好前程令人期冀。

最为感动的是这里有一个好的领导团队，白求恩精神在他们身上得到很好诠释。毫不利己、专门利人，一心一意地带领大家往前拼。对工作极端负责、精益求精、追求极致。为了单位有个美好的未来，班子领头人将所有难题默默承担，顶住各种压力，弘扬正能量、抵制歪风邪气。以完美的标准要求工作，以艺术的眼光追求精细，以自身的表现带动员工，以巨大的变化鼓舞士气。班子成员讲大局、顾大体，讲风格、树正气，积极维护单位整体形象和利益，努力提高经济效益，始终把员工疾苦放在心里。业务指导不回避问题，困难面前不推诿扯皮，带头转变观念，改革体制机制。对分管部门严格管理、帮助解决实际问题。中层管理人员带领着团队在关键时候拉得出、上得去、打得赢，重要任务从来不掉链子。用心做事，吃苦耐劳，遇到批评积极整改，受到委屈强忍泪水。积极探索新形势下的员工管理模式，改进提高服务质量，为树立良好的形象不懈努力。员工们无私奉献、负重奋进、拼搏进取。值得我深深地学习，给了我很大的动力。

五年，时间短暂转瞬即逝，可一个人工作的黄金时期能有几个五年？我荣幸我五十多年经历中最精彩的五年在迎宾馆度过，我荣幸迎宾馆五十多年历史中最精彩的五年有我参与，这段交集终生铭记！

（作者：耿振强　写于2016年，曾任招待处纪委书记）

第二章　媒介宣传

衡水迎宾馆依托馆徽、馆报、网络平台展示对外形象。馆徽代表宾馆运营理念、文化特征及价值取向，设计简洁精致，具有象征意义。馆报为内部交流资料，主要用于员工相互学习、共同提高，是迎宾馆人的精神家园。网络宣传推介具有宣传范围广、传播速度快等特点，是对外展示迎宾馆形象的重要载体。

第一节　馆　徽

衡水迎宾馆馆徽是由宾馆文化、理念等要素构成的特定图形，代表迎宾馆品牌形象。迎宾馆1996年设制馆徽，2013年修改。两次馆徽制定，构图新颖、特色突出。

馆徽制定

20世纪90年代，为适应市场经济高速发展形势，迎宾馆从展示良好形象、加快自身发展角度出发，决定制定馆徽。通过征求广大干部员工意见建议，由总经理办公室完成初稿设计，后与衡水智通电脑有限公司多次推敲、数次修改，最终将馆徽确定为绿色圆形图案。

20世纪90年代衡水迎宾馆馆徽

迎宾馆馆徽（LOGO）左侧为大写字母“H”，代表衡，又有船帆寓意。下面波纹代表水，寓意为“衡水”。右上方为鹰的图形，鹰谐音“迎”，代表迎宾馆。整体寓意为迎宾馆在衡水发展大潮中扬帆远航。

馆徽演变

2013年衡水迎宾馆馆徽

2013年，迎宾馆前进街址工程建设竣工，投入试运行，开启新的发展篇章。为体现与时俱进，使馆徽与建筑风格、接待环境、文化理念等因素相融合，经研究，决定修改制定新的馆徽。多方考察联系，馆徽由江苏金螳螂建筑装饰设计公司进行设计。经多次沟通，广泛征求意见，反复修改完善，最终将馆徽确定圆形葫芦图案。

迎宾馆 LOGO 将“衡水”“葫芦”“圆形”三者为设计元素进行巧妙融合。“葫芦”是古代盛酒容器，代表着衡水酒文化，也是“衡水三宝”之一鼻烟壶常用造型。同时，葫芦在中华文化中代表福禄、吉祥、长寿。圆形设计代表和谐圆满，寓意人们对幸福美好生活的向往，是物质和精神富足象征。圆形上方开口，代表迎宾馆始终以开放姿态，向宾客展示精品服务和文化特色。整个 LOGO 寓意迎宾馆将始终扎根衡水大地，“精益求精，追求极致”，为每位宾客提供最优质服务，带去最美好祝愿。

第二节　馆　报

2006 年 3 月，迎宾馆创办馆报《家园》，由著名书法家尹海金题写报头，以月刊形式在宾馆内部发行，是全体干部员工的精神园地。为传递信息、加强交流、展示才能提供平台。期间，根据工作需要，对版面设计进行调整。截至 2022 年 6 月共创办 125 期。

版面设计　自创办至 2015 年，《家园》共分四个版面。第一版为要闻，刊登迎宾馆日前主要工作完成情况及下一步重点工作，让广大员工及时了解迎宾馆动态，以便在工作中贯彻落实。第二版为工作交流，刊登各部门工作中形成的好做法、好经验，提供员工借鉴学习，达到共同提高目的。第三版为企业风采，刊登员工在工作、生活或学习中的感人事迹、团队建设，反映员工良好精神风貌，激励员工干事创业工作热情。第四版为知识博览，刊登各种业务知识，供大家学习。2015 年宾馆大力推行“用心做事”，将“企业风采”版面改为“用心做事”版面，选登每月用心做事优秀事迹，激励广大员工用心工作，践行企业文化精神。2013 年前，《家园》报以黑白印刷为主，重大节日（“七一”、国庆、春节）彩色印刷。2013 年始，《家园》报全部彩色印刷，增强了可视性和美观度。

家园
JIA YUAN
团结 严谨 创新 诚信 文明 健康 安全
珍爱家园

2006 年 3 月第 1 期《家园》报

家园
JIA YUAN
预祝北京2022年冬残奥会圆满成功!
精益求精 追求极致 我们是最美的迎宾馆
苦练业务基本功 推动服务再提升
雪中坚守助两会

2022 年 3 月第 122 期《家园》报

第三节 网络媒体

迎宾馆始终坚持新发展理念，紧跟时代潮流，在对外宣传工作中与时俱进、大胆创新，充分利用微信公众号推送文章，拍摄快闪与抖音短视频传播正能量，增强社会影响力。

注册微信公众号 2014年8月18日，注册开通“衡水迎宾馆”微信公众号，推送第一篇文章《衡湖酒店现面向衡中学子推出优惠促销》。此后，定期推送创新产品、销售政策、健康养生、时令菜品、宾馆活动等方面作品，以此加强宣传、展示形象、创收增效。截至2022年7月30日，在微信公众号共推送261篇。

拍摄快闪 2019年9月，在新中国成立七十周年之际，迎宾馆为表达对伟大祖国的热爱，工作之余拍摄快闪《我和我的祖国》向祖国献礼。其作品入选“学习强国”河北学习平台，赢得广大党员点赞分享，点击量达数万人次。

拍摄抖音 2021年1月，河北省出现疫情反弹。迎宾馆人立足本职岗位，在做好疫情防控基础上排练《不放弃》手势舞上传至视频平台，向抗疫英雄致敬。引发广大市民和网友们关注和转发，赢得数万名网友点赞。该视频入选“学习强国”衡水学习平台，在《直播衡水》栏目新闻频道播放4次，公共频道播放2次。2022年1月，为助力北京冬奥会，迎宾馆员工利用业余时间编排《一起向未来》手势舞，28日入选“学习强国”衡水学习平台。2019年抖音创作服务平台开通至2022年7月，迎宾馆员工充分利用网络平台，拍摄宾馆接待环境、美味佳肴、志愿服务、文明城市创建活动等高质量视频作品达千余次，提高了迎宾馆社会知名度。

迎宾馆部分短视频《河北衡水迎宾馆员工唱响〈我和我的祖国〉》《手势舞致敬抗疫英雄》《河北衡水迎宾馆助力2022北京冬奥会》登上“学习强国”平台

第三章　团队建设

迎宾馆随着员工队伍的不断壮大，更加注重团队建设，多次组织员工到革命老区参观学习，并开展拓展训练、社会服务、春游踏青等多种主题活动。培养员工“团结协作、群策群力、勇担责任、和谐共进”团队精神，凝聚干事创业强大合力。

第一节　红色教育

迎宾馆不忘初心，牢记使命，始终保持政治本色，先后到西柏坡、安平台城、山东枣庄、邯郸涉县等爱国教育基地参观学习，教育引导广大党员不断增强自强不息的精神动力，牢固树立为国家和民族无私奉献的工作信念。2021 年迎宾馆为进一步推进党史学习教育，开展“学党史、强信念、跟党走”主题活动。活动中，组织全体党员分两批先后到安平台城村，参观全国第一个农村党支部纪念馆，追忆革命先烈，聆听党的历史，接受党性教育。通过开展学习教育，广大党员深刻感受到我们党是如何艰苦奋斗、发展壮大、成就伟业的，在工作和学习中，进一步发扬党的革命传统，传承红色基因，不断取得优异成绩。

2018 年 5 月 28 日迎宾馆组织党员到红色教育基地西柏坡参观学习

2021 年 4 月 8 日迎宾馆组织党员赴安平台城全国第一个农村党支部参观学习

第二节　拓展训练

迎宾馆多次组织员工参加拓展训练，使参训员工进一步增进团结、提升勇气、增强自信。通过多种形式的拓展训练，打造出一支精诚协作、勇敢智慧的团队。其中，参训人员多、规模大的一次为2006年5月中旬，组织74名员工分两批赴北京延庆参加巧过雷区、翻越高墙、高空抓杠等拓展训练项目。训练活动中，队员们互勉互励，荣辱与共，唇齿相依，肝胆相照，协调联动，求同存异，顾全大局，激发出团队火一般的热情和团结协作的巨大动力。所有参训人员通过拓展训练，身临其境感受到一个高效率的团队没有完成不了的任务，没有克服不了的困难，没有打不赢的仗。

2006年5月17日迎宾馆组织员工赴北京延庆参加巧过雷区、翻越高墙拓展项目

2006年5月17日迎宾馆组织员工赴北京延庆参加高空抓杠拓展项目

第三节　多彩活动

为打造一支高效能团队，迎宾馆积极组织全体员工参加社会服务活动，在文明交通劝导，清扫社区卫生死角等具体活动中，大家弘扬文明精神，践行文明行为，心往一处想，劲往一块使，凝聚出强大的团队力量。

同时，各部门以人为本，关爱员工，开展为员工过生日，端午节包粽子，冬至、春节包饺子，春游踏青、烧烤野餐，以及“我就是文明使者”“破冰组队”“中流砥柱”“风火轮”“信任之旅”等活动，让员工在活动中切身体验宾馆亲情与温暖，彰显了迎宾馆团队建设的重要作用。

2016 年 5 月 3 日餐饮部组织员工到衡水湖游览

2016 年 5 月 10 日衡水市人民政府招待处党员志愿服务支队在人民路擦拭道路护栏

2016 年端午节客房部组织员工包粽子

2021 年 3 月 21 日迎宾馆员工在家属院进行文明交通宣传“拒绝酒驾　文明出行”

2021 年 12 月 11 日迎宾馆员工在前进南大街开展街道净化活动

第四章　文体活动

60年发展进程中，衡水迎宾馆为弘扬时代精神，激发员工爱国情怀，打造精诚团结、敢于拼搏的接待队伍，积极开展春节联欢会、篮球比赛、主题演讲、歌咏及手机摄影比赛等文体活动。同时为加强对外宣传，提高社会影响力，承办各级篮球赛事，在全市范围内组织少儿书画及摄影大赛。各类参赛作品及各界知名人士创造出以迎宾馆为题材的文学艺术作品达百余篇。

第一节　春节联欢会

1994年迎宾馆试办第一次春节联欢会。1997年1月与市委、市政府首次联合举办，至2009年共联合举办13次，并在衡水电视台播出。2010年迎宾馆开始单独举办。春节联欢会成为文化建设的重要主题，伴随着每年春节的到来精心排练演出，截至2022年已成功举办22次。

节目排练与演出

每年的春节联欢会广大员工积极参与，从工作生活中提取素材，反映员工家国情怀，凸显员工爱岗敬业的主流意识，节目排练均利用工作之余，加班加点自编自演完成。为提高节目质量，多次聘请群艺馆专业老师、武警官兵指导，并自己动手制作道具，外借或购买服装，保证了节目演出效果。每次演出会堂内座无虚席，精彩纷呈的节目让人印象深刻，回味无穷。此外，在演出中穿插小游戏、有奖答题等互动环节，营造团结快乐节日氛围。

部分节目展示

1997年迎春联欢晚会餐饮部节目《模特队》

1999年迎新春联欢晚会处妇委会节目《闹花灯》

2002年迎新春联欢晚会餐饮部节目《舞狮子》

2006 年迎新春联欢晚会方园酒店节目

《欢迎您来微山湖》

2006 年迎新春联欢晚会客房部节目《城市韵律操》

2006 年迎新春联欢晚会迎宾生态园大自然

餐厅节目 《吉祥颂》

2007 年迎新春联欢晚会制衣部节目《贵妃醉酒》

2007 年迎新春联欢晚会客房部节目

《俏花旦》

2007 年迎新春联欢晚会餐饮部节目

《新娘嫁人了　新郎不是我》

2008 年迎新春联欢晚会客房部节目

《红是红　绿是绿》

2008 年迎新春联欢晚会餐饮部节目《厨师说唱》

2010 年迎新春联欢晚会餐饮部节目《草原骑手》

2020 年迎新春联欢晚会廉政教育基地服务处节目《芒种》

第二节　篮球比赛

篮球比赛是迎宾馆员工生活中的重要组成部分。职工篮球比赛男子组共举办 10 届，女子组共举办 4 届，深受广大干部员工喜爱。其间，组建篮球队，并多次参加衡水市篮球联赛，取得优异成绩。此外，承办多项全国及国际篮球赛事。

职工篮球赛

迎宾馆职工篮球比赛自 1999 年开始，连续举办 10 年，是广大干部员工喜闻乐见的比赛活动。

衡水迎宾馆历届职工篮球比赛一览表

表8-4-1

类　别	届　次	比赛时间	冠军球队
男子组	第一届	1999 年 10 月 20—24 日	人工办联队
	第二届	2000 年 5 月 26 日—6 月 2 日	方园酒店
	第三届	2001 年 5 月 12—19 日	轿车养护中心
	第四届	2002 年 9 月 6—12 日	联队
	第五届	2003 年 8 月 27—31 日	工程部
	第六届	2004 年 9 月 22—26 日	安全部

续表 8-4-1

类 别	届 次	比赛时间	冠军球队
男子组	第七届	2005 年 10 月 14—16 日	餐饮部
	第八届	2006 年 9 月 26—29 日	餐饮部
	第九届	2007 年 10 月 10—12 日	处联队
	第十届	2008 年 10 月 14—16 日	餐饮部
女子组	第一届	2005 年 10 月 14—16 日	餐饮部
	第二届	2006 年 9 月 26—29 日	餐饮部
	第三届	2007 年 10 月 10—12 日	客房部
	第四届	2008 年 10 月 14—16 日	餐饮部

衡水迎宾馆 2006 年秋季职工篮球比赛女子组

市级篮球赛

迎宾馆篮球队自组建始，多次参加市级各项篮球比赛，其中成绩最为突出的是 2002 年 5 月“老白干杯”篮球比赛。比赛中，全体队员和教练员发扬不怕苦、不怕累、团结奋斗、英勇顽强、敢于拼搏的精神，打出了水平、风格、气势，夺得冠军，取得参加各项篮球赛事获得的最高荣誉，为迎宾馆在社会上赢得较高声誉。

承办篮球赛

2005 年 7 月 28 日，迎宾馆首次在市体育馆承办中国“八一”与美国大学生明星联队（MAAC）男子篮球比赛。是年 9 月 27 日，承办 2005“中国移动杯”衡水国际篮球精英赛。

2006 年 6 月 24 日至 30 日，迎宾馆在市体育馆和衡水中学体育馆承办“中铁建杯”2006 全国男子篮球青年联赛（衡水赛区），8 支球队（北京首钢队、河北清泉队、福建科比队、新疆广汇队、大庆油田队、青岛双星队、湖北队、辽宁队）实行双循环赛制，比赛 56 场。

2009 年 5 月 2 日，迎宾馆在市体育馆承办衡水 2009“大陆·世家铭府”杯国际篮球对抗赛。中国八一男子篮球队、美国洛杉矶闪电男子篮球队参赛。

2010 年 12 月 24 日，迎宾馆在市体育馆承办 2010“中景天玺香颂”杯中美国际篮球对抗赛——北京奥神队和美国密歇根湖海军上将职业男篮参赛。

第三节　少儿书画比赛

衡水迎宾馆关心少年儿童的成长，成功举办 4 次少儿书法绘画比赛，共吸引 700 余名少年儿童参赛，作品达 800 余件。

第一次比赛

2002 年 5 月，由市委宣传部、衡水迎宾馆、市妇联等 10 个单位联合举办《爱我衡水》“迎宾馆杯”少儿书法、绘画比赛。近 300 名选手报名参加比赛，收到作品 320 余件。

2002 年吕亚光作品《假日里面的画》
获少儿书画一等奖

第二次比赛

2011 年 6 月 1 日至 26 日，由市委宣传部、衡水迎宾馆、团市委、衡水日报社、衡水电视台联合举办“衡水迎宾馆杯”庆祝中国共产党建党 90 周年少儿书画大赛。近 300 名选手报名参加比赛，收到作品 320 余件。

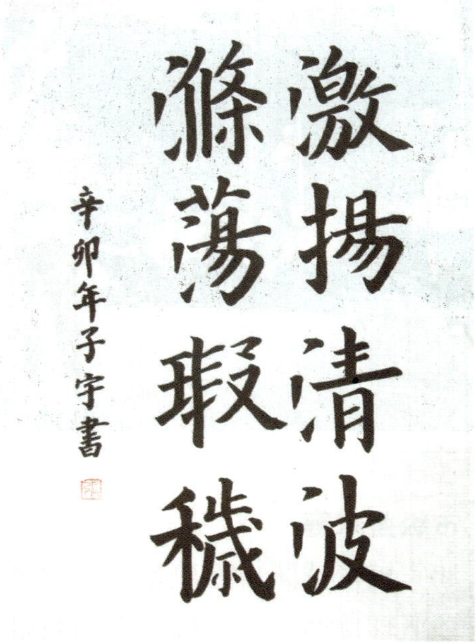

2011 年少儿书法一等奖作品
张子宇书“激扬清波 涤荡瑕秽”

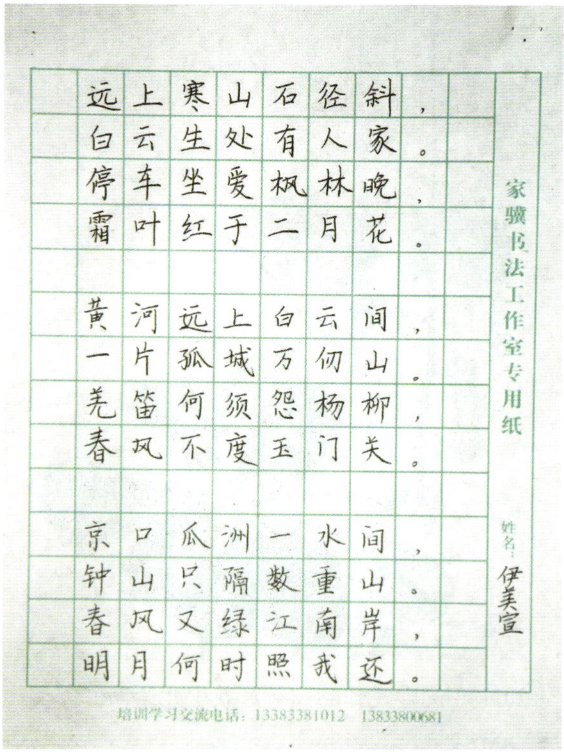

2011年少儿书法二等奖作品，获奖者为伊美宣、孟晨伟

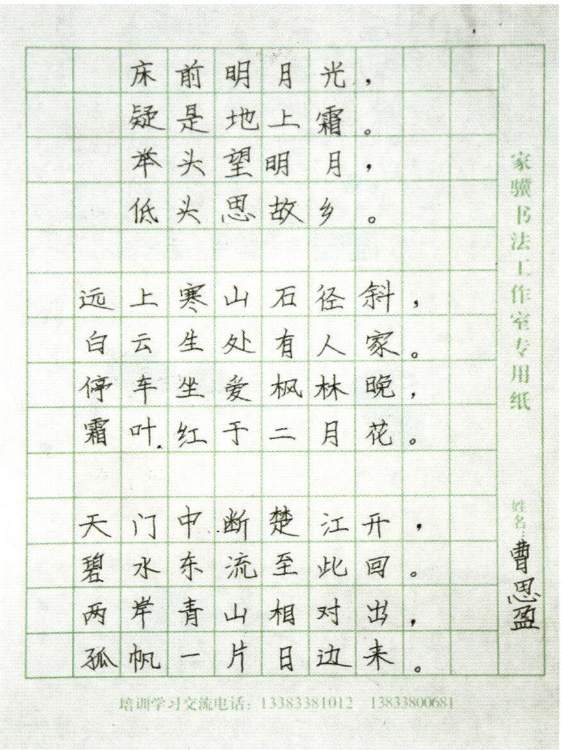

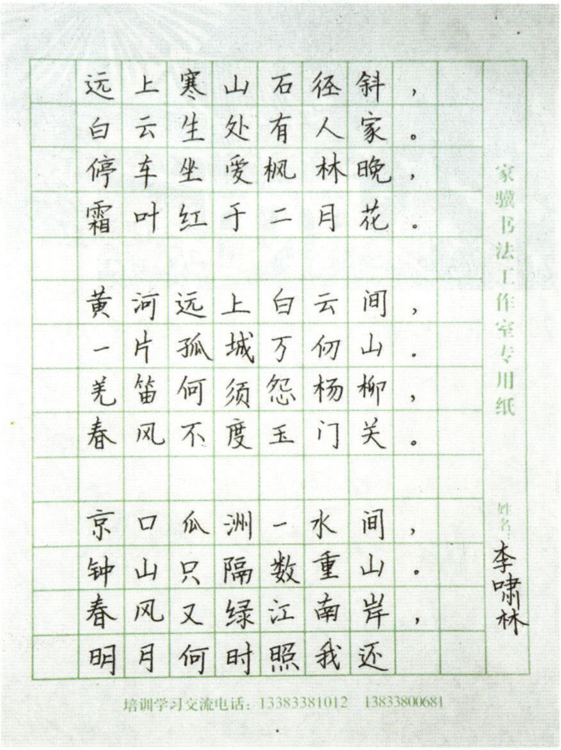

2011年少儿书法三等奖作品，获奖者为曹思盈、李啸林

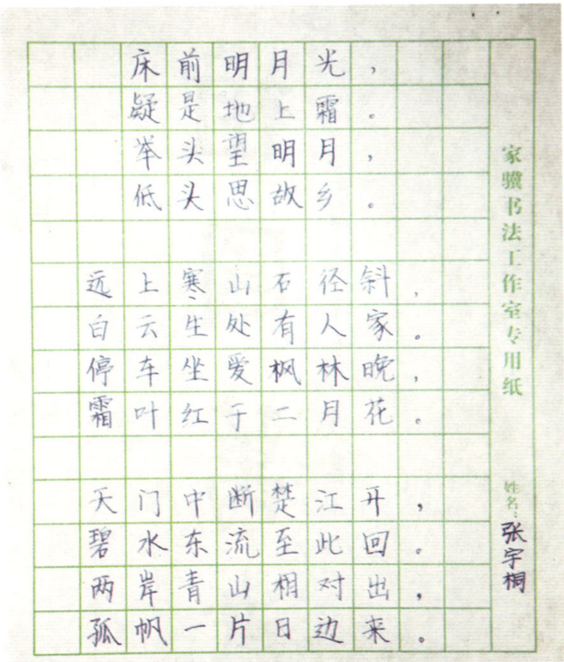

2011 年少儿书法三等奖作品，获奖者为张宇桐

2011 年沈雪呢作品《荷》获少儿绘画二等奖

2011 年少儿绘画一等奖作品，获奖者为赵天祺

2011 年少儿绘画二等奖作品

2011 年少儿绘画三等奖作品，获奖者为杜怡姗、戴安然

2011 年少儿绘画三等奖作品

2017 年范瑞颖作品《荷花》
获少儿书画二等奖

第三次比赛

2017 年 8 月 12 日至 13 日，举办衡水迎宾馆首届荷花节儿童绘画、书法比赛。34 名选手参加，收到作品 44 件。

2017 年韩卫青作品《争艳》获少儿书画一等奖

2017 年杜海宁作品《荷》获少儿书画三等奖

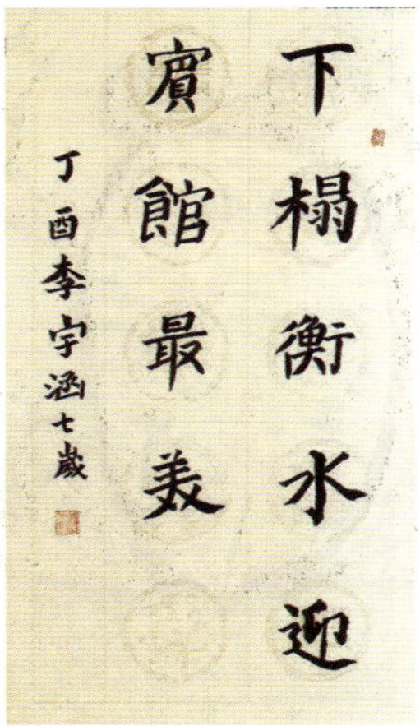

2017 年李宇涵作品获少儿书画二等奖
题书“下榻衡水迎宾馆最美”

2017 年梁雨霏作品《悠然亭》
获少儿书画三等奖

2017 年杨思琪作品《兔子》

获少儿书画三等奖

第四次比赛

2018 年 8 月 4 日，举办衡水迎宾馆第二届荷花节儿童绘画、书法比赛。94 名选手参加，收到作品 100 件。

2018 年王子诺作品《悠然亭》

获少儿绘画一等奖

2018 年吴彦辉作品《悠然亭》

获少儿绘画二等奖

2018 年王晨露作品《爱鹅桥边母子情》

获少儿绘画二等奖

2018 年魏宇桐作品《泡泡鱼》

获少儿绘画三等奖

2018 年李咏岳作品《蛙趣图》

获少儿绘画三等奖

2018 年刘艺冉作品《荷风》
获少儿绘画三等奖

第四节　歌咏及演讲比赛

衡水迎宾馆为丰富广大干部员工精神文化生活，多次组织歌咏、演讲比赛，并以此为载体，提升广大干部员工荣誉感和使命感，各项事业实现健康持续发展。

歌咏比赛

迎宾馆每年“七一”“十一”节日期间，组织开展歌咏比赛。餐饮部、客房部、前厅部等部门组成近 200 名员工参加的数支代表队，演唱《没有共产党就没有新中国》《歌唱祖国》《唱支山歌给党听》等革命歌曲，唱响爱党爱国主旋律，赞颂党的丰功伟绩，歌颂国家建设成就，营造昂扬向上的团结氛围。

2005 年“祖国颂”活动中全体员工大合唱

2009 年市政府招待处庆祝新中国成立 60 周年歌咏表演中，客房部参加歌咏比赛

2019 年市政府招待处庆祝新中国成立 70 周年合唱表演，餐饮部合唱《中国朝前走》

卡拉 OK 比赛

2002 年 12 月 20 日，迎宾馆举办首届卡拉 OK 比赛，张庆林获一等奖。2005 年 1 月 21 日，举办第二届卡拉 OK 比赛，张秋海获一等奖。2007 年 6 月 29 日，为庆祝中国共产党成立 86 周年举办第三届卡拉 OK 比赛，魏国宁获一等奖。2015 年 5 月 22 日，举办“迎宾馆好声音”卡拉 OK 比赛，段丽丽获一等奖。

2005 年 1 月衡水迎宾馆第二届卡拉 OK 决赛

2015 年 5 月第一届“迎宾馆好声音”卡拉 OK 比赛

演讲比赛

1997 年 1 月 12 日，举办“提高服务质量，树立窗口形象，加强精神文明建设”演讲会。15 名员工就如何以雷锋、李素丽、徐虎为榜样，干好本职工作进行演讲。是年，在中国共产党成立 76 周年和香港回归的喜庆日子里，组织开展形式多样的庆祝活动。6 月 22 日，举办“庆七一迎回归”诗歌朗诵会，15 名员工先后登台满怀深情朗诵《党旗下的遐想》《归来吧，香港》等诗歌，以此表达热爱祖国，热爱中国共产党的坚定信念，以及盼望香港早日回到祖国怀抱的喜悦心情。

1997 年 6 月 22 日迎宾馆在小礼堂举办“庆七一迎回归”诗歌朗诵会

2015 年 7 月 1 日，举办“建党 94 周年暨弘扬白求恩精神”主题演讲比赛。2016 年 8 月 26 日，举办“新迎宾馆开业三周年”主题演讲比赛。2018 年 8 月 26 日，结合弘扬“工匠精神”，举办“与迎宾馆同成长、共发展”主题演讲比赛。比赛中，参赛人员回顾新址开业以后不断前进、发展、壮大的历程，讲述自身同迎宾馆一同成长、进步的美好记忆，激发广大员工在工作中践行“白求恩精神”与“工匠精神”。

2015 年 6 月中共衡水市政府招待处党委纪念建党 94 周年暨弘扬白求恩精神主题演讲比赛

2016 年 8 月衡水迎宾馆前进街址开业三周年主题演讲比赛

2018 年 8 月市政府招待处前进街址开业运行五周年主题演讲比赛

附　录　衡水迎宾馆前进街址开业后部分演讲比赛优秀作品

弘扬白求恩精神　铸就事业辉煌

演讲者　张　莉

穿越血与火的历史烟云，历经建设与改革的风雨洗礼，伟大的中国共产党已经走过 90 多年的光辉岁月，迎来了她 94 岁的生日。

沧海桑田，神州巨变，九十四年征程岁月峥嵘，九十四年征程金光灿烂。

回顾昨天，却是斑斑的血痕。英国侵略者用鸦片、大炮敲开了中国的大门；八国联军疯狂抢掠我奇珍异宝；圆明园在兽蹄下灰飞烟灭，日本侵略者烧杀抢掠，肆意践踏我锦绣山河，旧中国生灵涂炭、民不聊生。

欣看今天，我们拥有的是丰硕的成果。中国共产党团结带领全国各族人民，迈上中国特色社会主义建设的新时代，中华民族伟大复兴正在展现新的前景。

国家的兴旺，需要的是精神支柱，需要的是先进的思想。一个国家、一个民族、一个政党的每一个分子，想要摆脱旧思想的束缚，走在时代的前列，就要有一种白求恩精神。白求恩，一个伟大的国际主义战士。抗日战争时期，他率领医疗队抵达延安，奋战在晋察冀边区。在此后的一年多时间里，白求恩坚持在前线为八路军伤员做手术。有时一个月行军四五百公里，连续做一百多例手术。在一次为伤员施行急救手术时，受感染以致引起败血症病逝。

1939 年 12 月 21 日，新中国的缔造者毛泽东，写下了他的不朽名篇《纪念白求恩》，并号召全党向白求恩同志学习，学习他毫不利己专门利人的精神，学习他对工作的极端的负责任，学习他对同志对人民的极端的热忱，并指出只要有这种精神，就是一个高尚的人，一个纯粹的人，一个有道德的人，一个脱离了低级趣味的人，一个有益于人民的人。

正是受这种思想的指引，我们的共产党人才进一步树立了大公无私的价值观，带领人民不断地从胜利走向胜利，成就了撼动历史、撼动世界的丰功伟业。

一个团体、一个单位，同样需要一种健康向上的思想。而今，正值招待处再次冲刺的辉煌时期，处党委提出弘扬白求恩精神，就是要号召我们全体党员，全体员工，摒弃小我意识，树立集体观念，对待工作精益求精，做一个对工作极端负责任的人，对待顾客极端热忱的人，只有这样，我们的经济才能高速发展，突飞猛进，我们才能以良好的窗口形象位居同行榜首，使我们的事业不断地从辉煌走向新的辉煌！

（衡水迎宾馆纪念建党 94 周年暨弘扬白求恩精神主题演讲比赛一等奖作品）

三年征程创佳绩 一路破关铸辉煌

演讲者 高 杉

暑去秋来，天高云淡，风清气爽，在这个风景怡人的季节，我们迎来了新址迎宾馆的三周岁生日。此时此刻，站在这里，我激动万分，新址迎宾馆的这三年，是不断发展壮大的三年，更是迅速崛起的三年。

我是迎宾馆的一名老职工，亲眼见证了新址迎宾馆从开业到现在所经历的风风雨雨。新迎宾馆三年来的发展承载了我们太多的情感，其中有艰辛、有汗水、有兴奋、有激动，当然，收获最多的是成功。

回想开业以来的三年，忘不掉起步路上的汗水与泪水，忘不掉创业途中的艰辛与劳顿。

忘不了，为了美化院内的接待环境，炎炎烈日下，我们弯腰捡拾起一块块砖石瓦砾；忘不了，忍着蚊虫叮咬，我们悉心浇灌着一株株树苗；忘不了，寒冬腊月，因清理河边斜坡上的杂草而汗透重衣……

三个春秋，一千多个日日夜夜，我们凭着一颗火热的雄心，凭着一颗对迎宾馆炽热的忠心，用双手和智慧，用心血和汗水谱写了三个火红的年华；用勤劳和耐心，用热情和爱心描绘出新迎宾馆的迷人美景。

为了提高服务质量，彰显我处“宾客至上”的服务理念，弘扬“团结、严谨、创新、诚信、务实、奋斗”的企业文化精神，给来自五湖四海的宾朋营造一个舒适、愉悦、安全、放心的消费环境，我们苦练基本功，不断提高自身形象、服务技能和业务素养。

迎宾馆是衡水的对外“窗口”，我们前厅部是“窗口”中的“窗口”。为了给客人留下美好的“第一印象”，前厅部所有员工从每一个站姿、每一个微笑、每一句服务用语做起，面对宾客，我们总会以最美的微笑，最甜的语言，最规范的动作来引领、接待。因为我们深深懂得，只有把自己最好的一面展示给宾客，才能让宾客有“宾至如归”的感觉。播散微笑的种子，让它植根于每个宾客心中。“服务工作无小事”，每一项接待任务，每一个工作细节，我们都会力求完美。

只要付出就有回报，曾多少次，我们从宾客的眼神中读到了“尊贵”二字；曾多少次，我们看到了宾客满面笑容中想要表达的“感动”二字……太多太多，一次又一次为宾客服务的过程，一次又一次重大接待任务的完成，无不承载着我们全面而细致的工作痕迹，一次次突显个性和人性的服务，也体现了迎宾馆与时俱进的优质服务。

正是有了我们无怨无悔的付出，有了我们的顽强拼搏和不懈努力，新址迎宾馆才出色地完成了她关键性的奠基期，从开业时的“磕磕绊绊”一步步走向稳健。三年中，我们同迎宾馆一起，一路披荆斩棘、攻坚克难，如今，她正以矫健、豪迈的步伐，跨进了崛起腾飞的第四个年头。

精彩的三年已经过去，绚丽的明天就在眼前，让我们为了迎宾馆更加灿烂的明天努力奋斗吧！

（衡水迎宾馆前进街址开业三周年主题演讲比赛一等奖作品）

第五节 摄影比赛

为推介“我们是最美的迎宾馆”文化理念，搭建广大摄影爱好者展示摄影技术的平台，多次举办摄影比赛，记录迎宾馆的美好瞬间。

手机摄影比赛

2015年6月11日，在迎宾馆内部举办手机摄影比赛，广大员工积极参与，收到作品260余件，6件作品获奖。

2015年李晓然作品《变瞬间为永恒》
获手机摄影比赛一等奖

2015年王薇作品《我们的家》
获手机摄影比赛二等奖

2015年谢琳作品《创意折花》
获手机摄影比赛二等奖

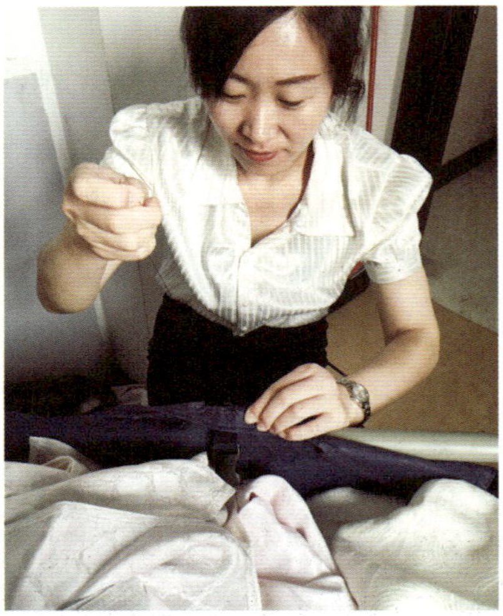

2015年李金金作品《劳动者的微笑》
获手机摄影比赛三等奖

2015年宋志刚作品《务实奋斗》
获手机摄影比赛三等奖

2015年蔡玲玲作品《迎宾春貌》
获手机摄影比赛三等奖

摄影大赛

2021年6月28日至7月28日，举办衡水迎宾馆第三届荷花节“秀美荷花”摄影比赛，收到作品900余件，35幅作品获奖。

2021年任振潮作品《四季迎宾馆》组图
获“秀美荷花”摄影比赛一等奖

2021 年杜书堂作品《美景入画来》
获“秀美荷花”摄影比赛二等奖

2021 年张振昌作品《黑天鹅》组图
获“秀美荷花”摄影比赛二等奖

2021 年王建全作品《春夏秋冬迎宾馆之冬》
组图获“秀美荷花”摄影比赛三等奖

2021 年张红杰作品《春色》
获“秀美荷花”摄影比赛三等奖

2021 年赵文果作品《荷塘精灵》
获“秀美荷花”摄影比赛三等奖

2021 年宋利作品《迎宾晨曲》组图获“秀美荷花”摄影比赛三等奖

2021 年刘占忠作品《荷韵》组图获“秀美荷花”摄影比赛三等奖

衡水迎宾馆雪景六咏

摄影：王建英[①]　配诗：邵宝明[②]

衡水迎宾馆雪景六咏之一

百亩园林一望收，银装素裹绕高楼。
客来客往寻常事，不如树枝互依头。

衡水迎宾馆雪景六咏之二

曲径清幽桌椅闲，贴杆收拢遮阳伞。
待到荷开柳荫绿，再伴清风夜不眠。

① 王建英：中国摄影家协会会员、《衡水晚报》副总编辑。

② 邵宝明：深州市人，古诗词爱好者。

衡水迎宾馆雪景六咏之三

远树著雪槐叶青，隔水石台静无声。
莫寻尘世清修地，半截短绳禁人行。

衡水迎宾馆雪景六咏之四

依栏傍水成长阵，数行脚印不见人。
白雪有意护桌面，不忍去掉旧酒痕。

衡水迎宾馆雪景六咏之五

柿柿如意透心红，悬空高挂笑寒风。
初雪压来催叶落，挤在枝头迎宾朋。

衡水迎宾馆雪景六咏之六

顶戴雪花自娇娆，留住游人暂歇脚。
世间名亭不胜数，细品憩赏独风骚。

附　记

迎宾馆印记的记录者

孙铁健

王晓冰1987年涉足摄影，中国摄影家协会会员。他的作品多次获得国家级、省级荣誉，在迎宾馆的发展历程中，现存照片资料大部分是由他拍摄的。岁月留痕，王晓冰将自己的摄影爱好，服务于迎宾馆的各项工作，他身背相机、随走随拍，用相机记录了迎宾馆接待任务、重要会议、业务培训、技能比赛、各项文体活动、团队建设、基础建设等方方面面的工作，真实反映了迎宾馆近半个世纪前进发展的变化。

天道酬勤，迎宾馆的每一个角落都曾留下他奔走的身影。经不完全统计，他为迎宾馆拍摄照片共计5万余张。特别是编写《衡水迎宾馆志》，为书中提供了大量照片资料。这不仅是对王晓冰执着专注摄影，做事精益求精的最好诠释，更是真实记录了迎宾馆丰富多彩的发展印记。

（作者：孙铁健　迎宾馆总经理办公室）

2009年10月王晓冰作品《轻歌曼舞》在中国摄影“探路者杯”人与自然摄影之约全国摄影大赛中荣获三等奖

2007年7月王晓冰作品《哺育》在衡水市第一届书法、美术、摄影优秀作品选拔赛中荣获一等奖

2011年10月王晓冰作品《窃窃私语》在“美丽的衡水湖”全国摄影大赛中荣获优秀作品奖

第六节　文学艺术作品

迎宾馆美轮美奂的建筑、富有诗意的人文环境不仅感染着员工，更吸引着众多文人墨客观赏游玩。园林式宾馆激发了游人的创作灵感，他们纷纷用手中的笔墨从宾馆文化、员工形象、庭院景观等多种角度出发，以词曲、诗赋、散文、书画等不同形式，创作了许多文学艺术作品，表达着对迎宾馆的赞誉与热爱。

迎宾曲

《迎宾曲》是衡水迎宾馆的馆曲，由林飞[①]作词，苏三木[②]作曲，国际首席爱乐乐团演奏，著名青年歌手晗月演唱的中式民谣。

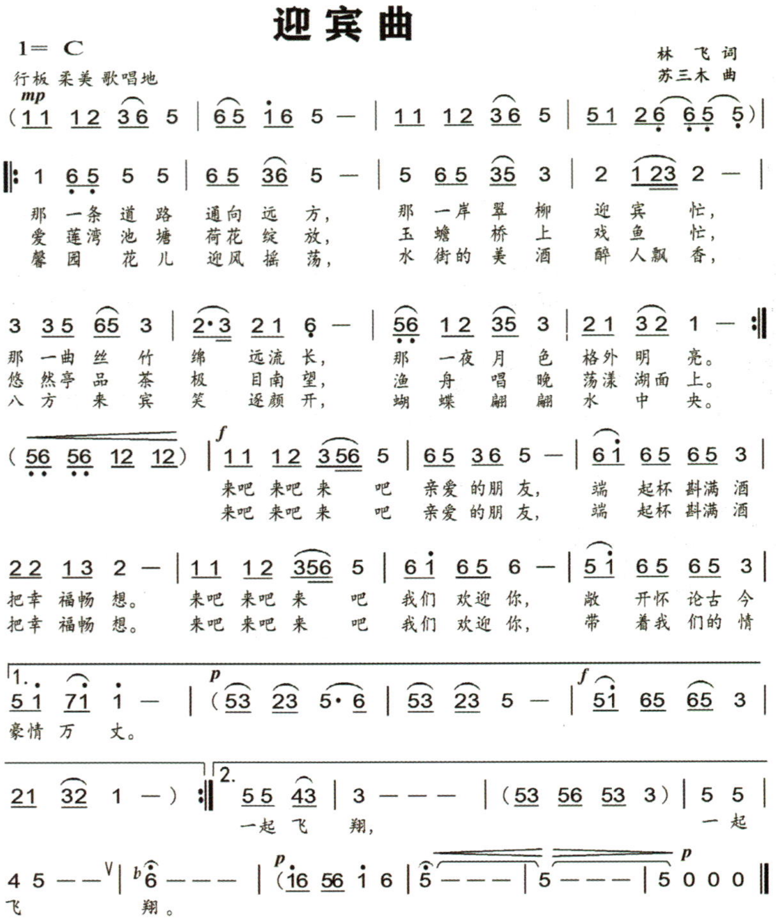

① 林　飞：江苏射阳人，2015年挂职衡水市副市长。

② 苏三木：音乐制作人，中国原创音乐CCTV原创中国网音乐总监。

迎宾馆赋

衡水迎宾馆赋

曹宝武[①]

桃城古驿，衡水新市。董子故里，生态湖城。扼京畿而坐冀南，带滏水而拥平湖。依秀水而置胜景，建馨园以迎嘉宾。衡水迎宾馆者，静卧湿地之腹，错落河湖之滨，通达街衢之便，巧避闹市之喧，独享仙居之境。

沧桑世纪逾半，共庆华屋荣迁。癸巳秋月，新馆告竣。笙瑟齐鸣，宝地增辉。百亩庭院，以水铸魂，自得清丽灵秀；梁栋迤逦，古雅雍容，尽显汉魏风韵。琼宇展瑞，高朋咸集。政要鸿儒，晤谈国是。官贾黎庶，皆为至尊。膳则川粤淮扬，湖鲜珍馐，风味佳馔，盛筵饕餮。饮以老酒盈樽，甘洌醇柔，淋漓酣畅，唇齿留香。闲来对弈品茗，养生健身，八街九陌，都市风情。夜憩兰室闺榻，罗衾含香，煦风骀荡，明月半墙。

信步其间，步移景换。花明柳暗，别有洞天。阆苑幽径，回廊流翠。芳菲攒锦，云树掩塘。舞榭亭台，斗角钩檐。奇石叠舛，泉瀑潺湲。红荷绿菱，摇曳河洲。锦鲤嬉戏，蒹葭蛙语。荡波摇橹，濯缨涤足。草长莺啼，恍若江南。至胜美景，英雄兴发经纶；曲水流觞，骚客新序兰亭。文随景灼，景借文辉。燥墨枯毫，引玉抛砖。惟颂商祺，人望昌隆；官民共奋，振兴湖城。

（乙未夏月作于衡水）

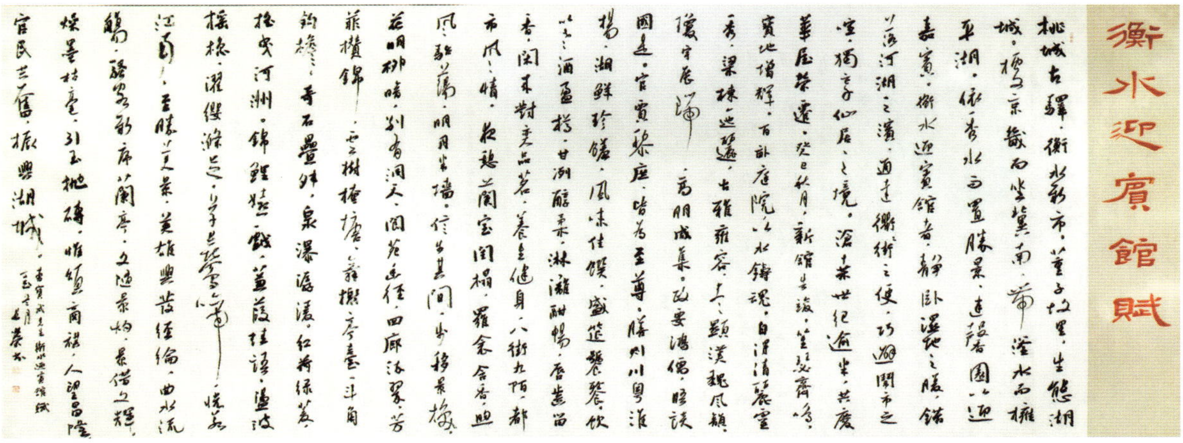

杜长荣书《衡水迎宾馆赋》

① 曹宝武：河北省作家协会会员、省“三三三”人才工程专家，著有散文集《聆听黄土地》等。

国宾馆协会赋

曹宝武

礼仪名邦，唯我华夏。膳宿之仪，本于文明而生；款待之礼，吐纳千年传承。盖建广厦，以飨国宾。尊为国士，彰于万邦。东西南北，名鼎者钓鱼之台。环视九州，赫赫如西湖博鳌。元首会晤，党政洽商。高士安卧，远客摩肩。以至高之礼遇，成国宾之世范。

国宾之馆，皆有渊溯。或皇家囿苑，亦私园馆邸，有异域遗珠，多馆所增建。地标至尊，市廛咫尺远尘嚣。匠心景致，河山醉眼此仙居。名扬宇内，各有千秋。谒晋祠望太行，赴珠岛谋兴国。稻香傍丘波滟，麒麟鹭飞鹤翔。东山拥太湖之淼，珞珈羡东湖之雅。抱山含水，院幽庭深。名木盎然，旖旎万般。国宴饕餮，富贵雍容。梦回芝兰，休憩馨园。集中西园艺人文之大成，荟万里山川风物于一馆。具南国之风情，兼北国之神韵。出即大道通衢，入则温馨如家。政要达贤，莅国宾而下榻；鸿儒巨贾，择宝地以尊荣。

国宾之礼，大国之范。精诚精致，至臻服务之境。优势互补，希谋协作共赢。二〇〇六，群贤立会，建章程开纪元，声闻塞北新城。七十华诞，少长咸集，话峥嵘展宏图，名动淮左之都。宾至上而国有容，深改革以共筑梦。弘扬国宾精魂，悦迎五洲高朋。锻造国宾品牌，阔步崭新时代。

（戊戌冬月于衡水为内蒙古国宾馆协会作）

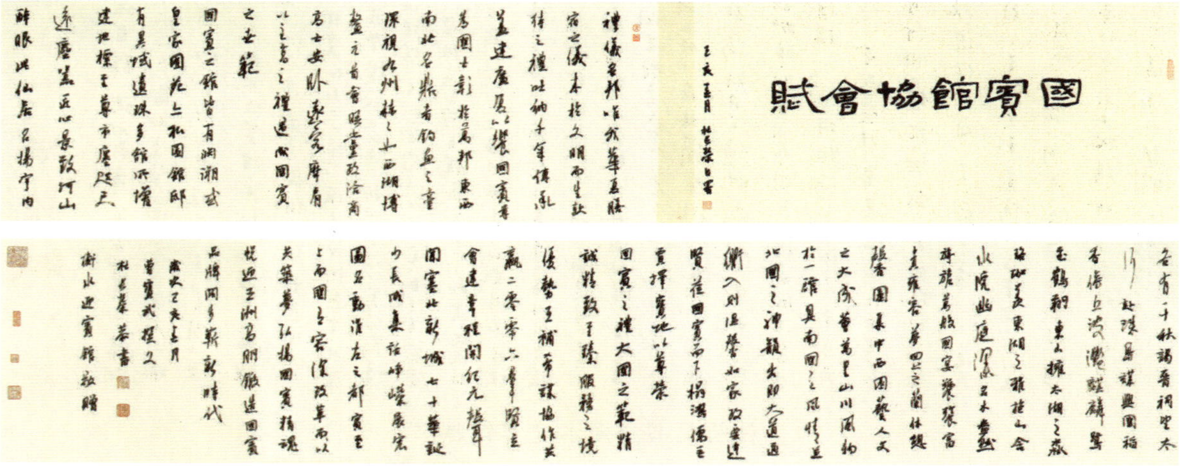

杜长荣书《国宾馆协会赋》

古体诗词

漫步馨园

王学明[①]

一带新河缀宝珠，[②]
迎宾楼下赏三湖。
爱莲湾际吟名赋，
系日潭前听鹁鸪。
徐孺乐居陈石榻，
谪仙酣醉饮屠苏。
美鱼台畔馨园路，
荟萃文心写画图。

（2015年5月于衡水迎宾馆中漫步馨园而作）

游园诗三首

王新良[③]

馨　园

通幽香径复徘徊，
树茂花馨锦卷开。
雅颂无需雕龙手，
墨痕却伴花香来。

系日潭

烟雨楼台几度春，
一池碧水醉伊人。
东来紫气凝何处，
系日潭边赏绿荫。

美鱼台

锦鳞千尾聚龙塘，
搅动金波万点光。
佳客凭栏观盛景，
诗成百首酒千觞。

衡水迎宾馆六秩感赋

满东志[④]

一

七律　曲成妙韵铸辉煌

珠灿湖城耀日光，
曲成妙韵铸辉煌。
迎宾惬踏蓬瀛路，
送客情深岁月长。
六秩兼程风伴雨，
十年秉烛汗凝香。
怀萦国梦平添力，
豪气龙腾誉八方。

二

七律　抱堤花醉透篱风（新韵）

九鼎庄严气势雄，

---

① 王学明：中国美术家协会会员、中华诗词学会会员、河北省文史馆馆员、衡水市美术家协会名誉主席，著诗集《买海居诗选》。

② 一带新河缀宝珠：新河指滏阳河，宝珠指衡水迎宾馆。

③ 王新良：中国戏剧家协会会员、中国音乐家协会会员、河北省“三三三”人才工程专家。

④ 满东志：中华诗词学会会员、河北省诗词协会会员。

宏猷展处现真功。
迎宾湖面鹅交颈，
入画波心鹳和鸣。
观港莲香凝韵雅，
抱堤花醉透篱风。
春来绿染千重翠，
秋暮寒生万柿红。

三

七律　一曲清音恋妙章

一曲清音恋妙章，
衡招典雅沐朝阳。
群贤命笔彰佳绩，
元首挥毫墨带香。
美酒白干酬客饮，
贡桃沁蜜待君尝。
满园春色关不住，
凝作诗花绽几行。

四

七律　衡水迎宾馆观石有感（新韵）

五岳珍奇御趣风，
衡招远赴客宾朋。
形如暖榻神仙卧，
状似凉枰楚汉争。
鹏翼欲舒酬大志，
虎头疑动壮心雄。
名言石勒传千古，
熠熠生辉旭日红。

水调歌头·贺衡水迎宾馆六十周年庆

刘春雨①

岁月轮回转，盛誉四方留。
昔时窄屋，举头宏伟起高楼。
生态园林诗景，美食休闲律动，
碧水鹤双游。
莲花添雅趣，顾客享清幽。

迎宾礼，精心候，暖风柔。
匠心独具，文明园里度春秋。
宾至如归情暖，袅袅高山流水，
雅致古琴悠。
花甲华筵庆，虎啸展风流！

迎宾馆观荷

刘玉杰

迎宾盛景，当数观荷，
亭亭之姿，胜闻欸乃。
夏日晴时，荷叶田田，
弱蕊待放，可想盛时。
莲叶接天，荷风送香，
常有游鱼，共襄晴明。
至弱微雨，水面清圆，
露浓影重，声声滴响。
雾纱粉黛，烟树参差，
翠袖归棹，引人流连。
碧荷萍水，蜻蜓来戏，
泠泠微响，澄心明神。

① 刘春雨：城市居民，古诗词爱好者。

有字观荷，题名成港，
佳景有名，宾客满盈。
（作者：刘玉杰　迎宾馆制衣部）

通幽桥落成赞

武明顺

冬至未觉寒，
鹅鸣柳犹新。
曲径通幽处，
圣贤有问津。
步入新时代，
初心肩在身。
敢为担当者，
不负我青春。
（作者：武明顺　迎宾馆洗涤部）

沁园春·迎宾

武明顺

滏阳河畔，碧波荡漾，
明珠耀亮。
看迎宾内外，花团锦簇；
林荫小路，怡情漫步。
鹿送祥瑞，九鼎飘香，
风水衡存至此间。
待入住，温馨似家园，
窗外如画。

迎宾如此多娇，引无数宾朋竞相邀。
清风绿树间，水榭雕栏；
系日潭清，爱莲荷香。
水街夜色，摩肩接踵，
霓虹波影如梦幻。
当奋发，做雄鹰展翅，
直冲霄汉！

新体诗

迎宾曲（组诗）

杨万宁[1]

有思想的榉树

衡水会堂窗外，有两棵树
一棵是榉树，三树连体
另一棵也是榉树，两树连体
正好组成一只高举的手掌

春天，一树纯粹的绿文质彬彬
秋天，满树闪烁着金属的光芒
身材繁茂，坚定向上
秀挺的风仪，让人不由得仰望

叶子变换，像十字路口的红绿灯
绿色，黄色，红色
又像人民赋予的权力
通过，弃权，反对

有思想的榉树，从人心中长出来
把自己高举于世，却又谦逊无比
伸出的手，能抓到云朵和星辰

① 杨万宁：河北省作家协会会员、衡水市冀州区委宣传部干部。

也能托举起高贵的灵魂和人民

迎宾湖的黑天鹅

在迎宾湖，我与黑天鹅相遇
那些冬天里走失的传说
在这里集合，笑迎尊贵的客人

它们无拘无束，嬉戏觅食
或三五成群聚拢，窃窃私语
或对这优美的环境品头论足

黑天鹅的眼神，无邪，透明
宾客的眼神，欣喜，爱怜
让人感到，任何生命都值得尊重
它们不关心这里有多少宝藏
只关心水质、空气和生态
只热爱自由幸福的天堂

在水面待久了，就飞上天空
练练翅膀，抖落整个冬天的风霜
它们也懂得艺术，懂得如何留白
迎宾湖上，人和天鹅和谐共舞
绽放成风的经文，诵读着高贵和善良
鹅语声声，多么像爱的呢喃

水街夜饮

夕阳，还在爱莲湾沐浴梳妆
千万朵荷花，打开千万个心房
每一朵都各怀心事
我分不清，水下的莲藕
哪一孔里是幸福，哪一孔里是忧伤

车马喧嚣远去，俗世烦恼忘却
做一朵荷花，在湖水里恣意绽放
最是那水街，纯生态的饭菜香
与荷香混在一起，随晚风飘荡

今晚，在水街我就是王
老白干喝起来，小曲儿唱起来
一杯两杯三杯，今夕何夕
一曲两曲三曲，远方何方

致敬衡水迎宾馆60年华诞

从桃城街到新华路
从人民路到前进街
四次搬迁，四个跨越的台阶
七次更名，七首奋进的诗篇

60年跨越，蓝天铺展成道路
60年发展，白云绚烂成彩虹
一首《迎宾曲》，唱了60年
唯有优质服务的初心永不变

“全国最具魅力宾馆金樽奖”的桂冠
让衡水迎宾馆的天空有了新的高度
“全国饭店业会议宴会接待服务创新奖”
的荣誉
让衡水迎宾馆的文化有了新的内涵

彩彻馨园，积淀岁月一脉原香
三亭四桥，传承不息文化血脉
我听到，60年前的脚步声由远及近
我看到，60年后的明月盘旋而来

迎宾馆人在滏阳河的流水上写下
——“以馆为家、呕心沥血”

一直写到纯净的风儿吹拂
用匠心愉悦地拨动幸福的琴弦

迎宾馆人在衡水湖的碧波上写下
——“爱岗敬业、拼搏奋进”
一直写到老白干酒香的弥漫
让世界听懂衡水迎宾馆的语言

我身边的共产党员

马会卡

她，是一名普通的共产党员
却将自己的青春与热血献给了事业
她，是一名普通的经理
却胜任着处内处外全部的销售工作
她，是一位普通的妻子
但为了工作失去了多少次阖家团圆
她，是一位普通的母亲
但为了工作不知多少次扔下成长中的孩子
她，不是别人
正是衡水迎宾馆公关销售部经理——王素梅
是你钢铁的意志
有力的臂膀让“巾帼不让须眉”的旗帜更好地飘扬
是你刚强的性格
圆满攻克了一笔笔坏账，死账
无论白天、黑夜
无论节假日、礼拜天
您工作的身影从未间断
残酷的严寒您视而不见
冒雨顶风奔走于各单位之间
会议频频接入，收益日日增高
见证了您的血与汗
当问题来临，您挺身而出
迎刃而解，处理得当，是您工作的风范
当赢得称赞，从不宣扬
“小事一桩，何须言谈”是您的真诚所言
当我遇到问题，您给予我关怀
告诉我这叫作成长
当我取得荣誉，您给予我肯定
告诉我不要骄傲，继续做会更好
有了您的帮助，您的支持
我处事冷静，工作出色
与此同时，您成为了我心中的“楷模”
您是最璀璨的辉煌
岁月的流逝挡不了我对您的敬仰
因为是您
让我在拼搏中掌握方向
在我无助漂流中给我一支逆迎风浪的船桨
谢谢您，我心中永远的“太阳”

（作者：马会卡　迎宾馆销售部）

祝福祖国　创造辉煌

王志民

时逢盛世
迎来祖国六十华诞
举国欢庆
看国人意气风发，神采飞扬
祖国强大
中华儿女挺起脊梁，屹立东方
我是普通的劳动者
我是光荣的维修工
在这喜庆的节日里

我向祖国表露心声
我向祖国祝福吉祥
我的工作平凡
但我感到无限荣光
谁说平凡不是伟大
平凡的工作同样创造着辉煌
朋友，请您光临我们的工作场地
您会体会到激情
您会感觉到拼搏的力量
阴暗的地沟，闷热潮湿，狭小漫长
工作的危险，考验着对责任的担当
严寒中我们送去温暖
酷暑中我们带来清凉
我们的工作，小中见大
为全处接待事业的发展
付出智慧和力量
缅怀六十载风雨
为母亲祝福 为祖国欢唱
工作在平凡的岗位，更要立足本职
奋发进取，贡献力量！

（作者：王志民 迎宾馆工程维修部）

迎宾馆赞

王文志

您始建于一九六二年
历经四十多年的风霜
经过几代人不懈的努力
终于成为一座现代化的宾馆
您是服务业的排头兵
餐饮业的“航空母舰”
您是我市精神文明的“窗口”
展示全市改革发展的新面貌
您曾经接待过党的总书记
国内外的宾客更是万万千千
您诚信经营、温馨安全
“三个文明”齐抓共建
您领导坚强、团结能战
困难面前一马当先
员工队伍精神饱满
工作干劲热火朝天
为了加强企业的管理
您成功地引入了“ISO 9000”
一次次地完善
管理从此更加严格规范
为了经济不断增长
您专业做强
又多元发展
成立了制衣、旅游、方园酒店
建立了迎宾农业科技观光园
既为我市农业科技推广树立典范
又成为全市生态旅游绿色餐饮的亮点
您文化体育产业敢为人先
承办国内外体育文化赛事
既有创收，又得到发展
为我市体育文化产业推波助澜
为了企业的长久发展
您发掘传统
培育“儒乡园”
熟食、糕点，创新不断
既树立了品牌
又开创了经济增长点
您精兵励马、业务领先
省市比赛多次夺冠
您崇尚学习、培训为先

引进人才、全员拓展
您向着百年老店努力登攀
（作者：王文志　迎宾馆采购部　创作于2005年）

散记杂文

最是繁华也诗意

王平平[①]

在河之畔，在城之南，有一座华贵典雅的馆舍，入住这里的人，都有一种美的享受，这就是衡水迎宾馆。它集北方宏伟的建筑与江南园林风景于一身，不仅可容纳上千人的会议与演出，还可以举办浪漫的婚礼和宴会，是招待亲朋好友的最佳场所。

旭日东升，它是一颗火红的宝石放射着璀璨的光芒，那是神圣的使命和时代的担当。

夜幕降临，它若一座金碧辉煌的宫殿，吸收着宇宙的能量，散发着神秘的气场。

一桥一石，都铭刻着属于它们的名字。一亭一阁，都缔造着迥然异趣的风格。一园一馆，都表达着丰富的内涵和底蕴。名人书法飘逸洒脱，一字字镌刻在石碑上，融入了多少人的心血和精髓！真是一景一诗意，一步一风情。

绿如翡翠的系日潭，曲径通幽的爱莲湾，诗意盎然的如意林，谈笑风生的陶然亭。最令人陶醉的是具有江南风情的水街。可以在水榭边赏花，可以站在桥上观月，或是捧书饮茶，或是对酒当歌。碧波里的黑天鹅颇有灵性，看到诗人作家，还会游到岸边应声作答。

春风十里，不如有你。桃花瓣瓣，荷花朵朵。邀三五知己，共赴锦绣前程。看风流人物，今朝相伴。

秋月皎皎，芳林绕甸。飞鸟游鱼，天上人间。看风云变幻，多少恩怨，不如淡然一笑，相忘于迎宾湖畔。

且看迎宾园内那漫天飞舞的雪花，在半空中飘飘洒洒。它没有靓丽的容颜，却用一身冰清玉洁，杀死病毒虫害，还一个雪白世界。它投身于田林之中，不为炫耀自己，而是保护大地的儿女。它是诗、是歌、是画，悄悄地装饰了寂寞的冬天。树梢上的红灯笼，俨然一袭红衣少女，挑灯看剑，醉眼看花。黄色的蜡梅在寒风中傲然开放，散发出一缕幽幽的清香。如果你不仔细闻，是闻不到的。它不抢风头，不慕名利，就那样坚强地生长。这雪，这梅，不更像我们的迎宾馆人吗？踏踏实实做事，默默无闻为人。他们把最好的青春奉献给国家的事业，他们把最美的风景展现在世人面前。

六十年岁月轮回，六十年世事变迁。这座馆院，生长在红旗下，也生长在最艰苦的困难时期。它有磐石一般的意志，兢兢业业，勤勤恳恳。它有大树一样的品质，不怕风雨，无惧寒霜。它有大海的广阔胸怀，发展事业，为社会造福。它昂扬而又

① 王平平：中国微型小说学会会员。

低调，庄重而又亲切。有人追逐似锦如织的梦想，有人喜欢在心中修篱种菊。一城繁华，一湖诗意，而我愿你，既有繁华，也有诗意。

一棵树

魏东侠[①]　祝美玲

走进衡水迎宾馆，随处可见大大小小的树，法桐，榉树，国槐，女贞，构树，银杏……在楼前，在路边，在湖畔，在潭间。置身于生机勃勃的迎宾馆园林中，我仿佛看到迎宾馆这个光荣、团结的队伍犹如一棵参天大树，根植千尺，底蕴深厚，顶天立地，枝繁叶茂。

一棵大树都有安若磐石的根基。六十年前，衡水迎宾馆根植于衡水这片因水而生，因水而兴的丰润广袤的土地上，得到了党的雨露与阳光，得到了勤劳勇敢的衡水人民的呵护，使这棵大树形成庞大的根系，牢牢扎入沃土之中，成长壮大。

一棵大树都有岁月刻画的年轮。迎宾馆这棵大树的年轮记录着一段又一段砥砺奋进的历史，清晰地见证了迎宾馆人贡献智慧，勇于拼搏的精神。建立之初，几排低矮的小平房，几十张简易床铺，20多位招待人，就是全部家底。几代迎宾馆人经风历雨无缝接力、棒棒相传、人人向上，已发展成为占地200余亩、队伍逾500人的园林宾馆。曾先后成功接待过数十位党和国家领导人，为衡水社会、经济、文化的发展搭建平台与桥梁。

一棵大树都有植树人的培护。60年的发展进程中，一代代迎宾馆人为之奋斗。全体干部职工秉承迎宾馆的优良传统与意志，深深地、牢牢地扎根于此，为迎宾馆这棵大树成长付出艰辛的劳动。他们以汗水和泪水浇灌，用热情和智慧滋养，拿青春和生命培育，使这棵大树枝叶繁盛，开花结果。

迎宾馆这棵大树向上刚毅，奋斗昂扬，一定会在衡水大地上茁壮成长。

（作者：祝美玲　迎宾馆前厅部）

秋日馨园

李晓伟

有人喜欢绿草如茵的春天，有人喜欢鲜花盛开的夏天，也有人喜欢银装素裹的冬天，而我喜欢这硕果累累的秋天。

徜徉在馨园幽静的小路上，青青的草地，晶莹的露珠，空气也是爽快舒畅的。不觉中来到了湖边，几只高傲的黑天鹅优雅地游弋在清澈的湖面，时而曲颈低头整理自己黑如绸缎的羽毛，时而望望四周的美景，好不惬意。沿着水街来到美鱼台，成群的锦鲤在水中嬉戏，在清晨阳光的照耀下，它们的鳞片闪着银光，像极了一位位身着银甲的战士。

来到观荷港，曲折的荷塘，荷叶出水

① 魏东侠：河北省作家协会会员，河北省文学院签约作家。

很高，像亭亭的芭蕾舞者的裙子，秋风秋雨渐凉，本不是荷花绽放的时节，但是她还在尽力地展现着自己的风采，让我们欣赏着她傲然的风姿。

漫步在干净整洁的甬路上，看着道路两旁的美景，橘红色，如樱桃般大小的海棠果，或三五颗一簇，或五六粒一团，在绿茵丛中，煞是惹眼。还有那一个个像极了红灯笼的大石榴，也在对着我们微笑。弯腰捡起一片掉落的银杏树叶，像一把小扇子！像蝴蝶的翅膀！更像金鱼的尾巴！漂亮极啦！

环绕院内一圈，心情舒畅，收拾一下，开启新的美好一天。

（作者：李晓伟　迎宾馆客房部）

让我们怀有一颗感恩的心

尤爱芝

“感恩的心，感谢有你，与你同路，让我有勇气做我自己……”每当我听到这首歌，心中就会感到激情澎湃，无比亲切。

因为感恩，世界才会更精彩；因为感恩，世界才会更美丽；因为感恩，世界才会更温暖。常怀一颗感恩的心，让爱永驻人间。

感恩是简单的，他不需要任何的语言，也不需要任何的礼物，只需一个小小的动作。我们要感恩企业，爱岗敬业，我们要把它当成自己的家来经营，把顾客当成亲人对待，让我们怀着感恩的心，努力工作，用心地去做事，迎宾馆的未来会更加辉煌！

（作者：尤爱芝　迎宾馆餐饮部）

绘画作品

王学明为衡水迎宾馆所作《卓立乾坤》

田茂怀为衡水迎宾馆所作《龙荫福聚图》

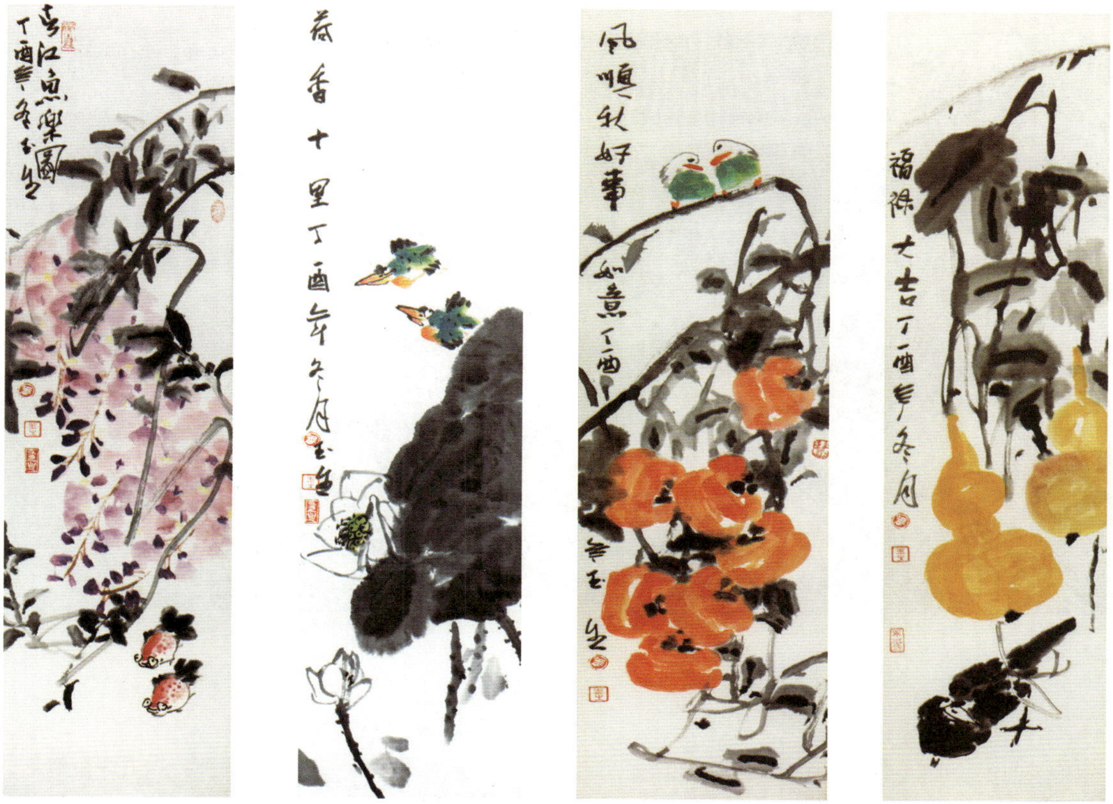

张玉生为衡水迎宾馆所作《春江鱼乐图》《荷香十里》《风顺秋好事如意》《福禄大吉》

谢永增[①]为衡水迎宾馆所作《故乡》

① 谢永增：国家一级美术师、中国美术家协会会员、北京画院专业画家。

蒲青松[1] 为衡水迎宾馆所作《醉美馨园》

① 蒲青松：四川省美术家协会会员、西充县美术家协会副主席。

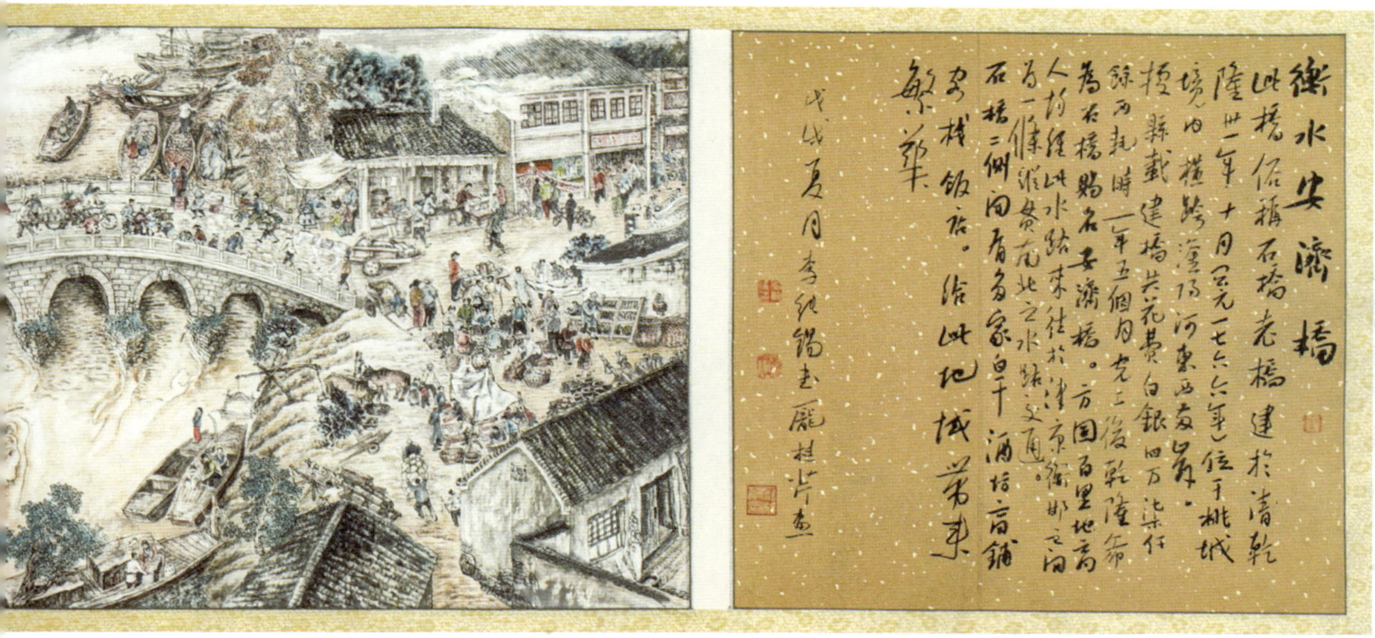

庞桂芹[①] 作《衡水安济桥》李纯锡书

薛根深、于振洋[②]、魏晓通[③]、崔清湖[④] 为衡水迎宾馆所作《迎宾馆图》

① 庞桂芹：河北国画艺术研究会会员、省美术家协会会员。

② 于振洋：北京画家。

③ 魏晓通：河北省美术家协会会员、河北省民盟盟员。

④ 崔清湖：河北省美术家协会会员、河北省民盟盟员。

薛根深为衡水迎宾馆所作《硕果图》

李涛[①]为衡水迎宾馆所作《花荫小憩始觉凉》

① 李　涛：河北衡水市美协副主席、衡水学院美术系副主任、副教授。

何春良[①]为衡水迎宾馆所作《玉宇无尘》

杜世辰[②]为衡水迎宾馆所作绘画，画中题字“衡水迎宾馆林木众多 环境优美 雅静灵秀”壬寅初春游此并图

① 何春良：中国美术家协会会员、衡水市冀州区美术家协会主席。

② 杜世辰：河北省美术家协会会员、河北省书法协会会员、冀州中学高级教师。

崔清湖为衡水迎宾馆所作《榴实图》

刘仕伟①为衡水迎宾馆所作《衡湖瑞雪》

① 刘仕伟：现任教于衡水学院美术学院、中国美术家协会会员。

书法作品

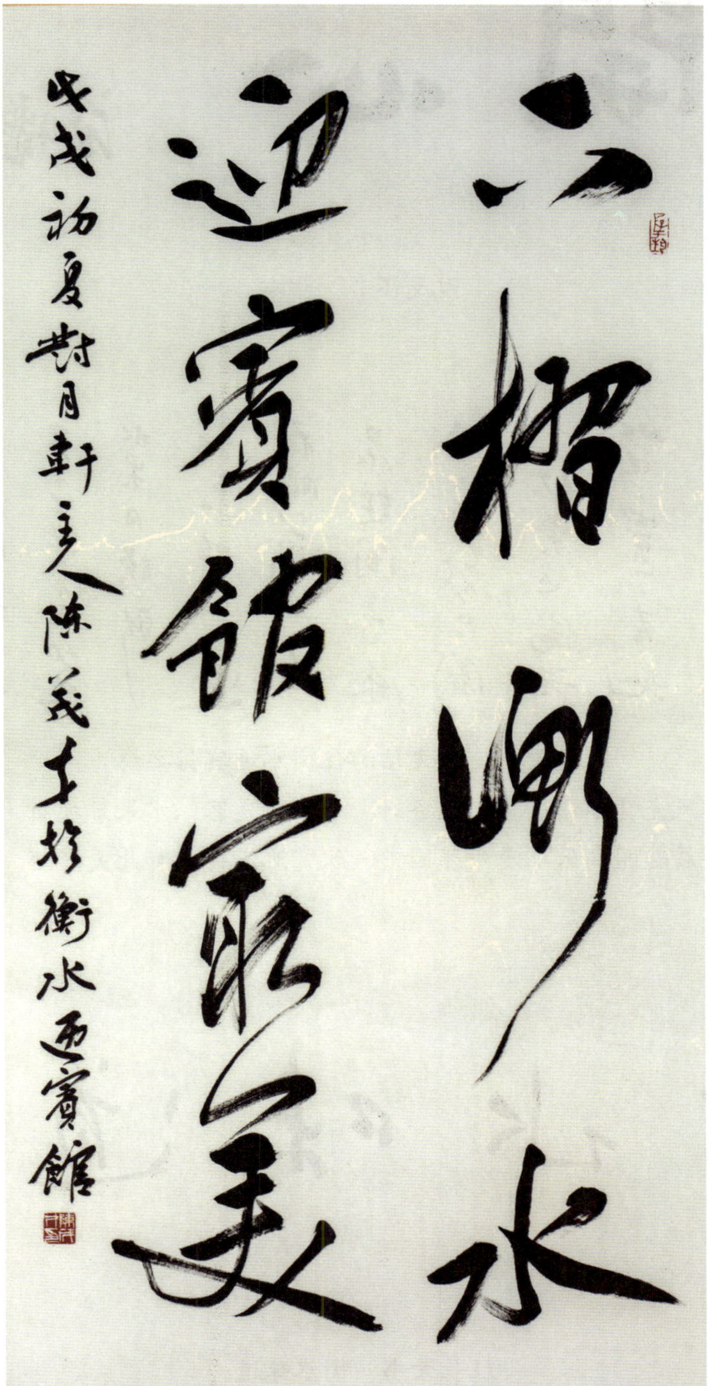

陈茂才书　下榻衡水 迎宾馆最美

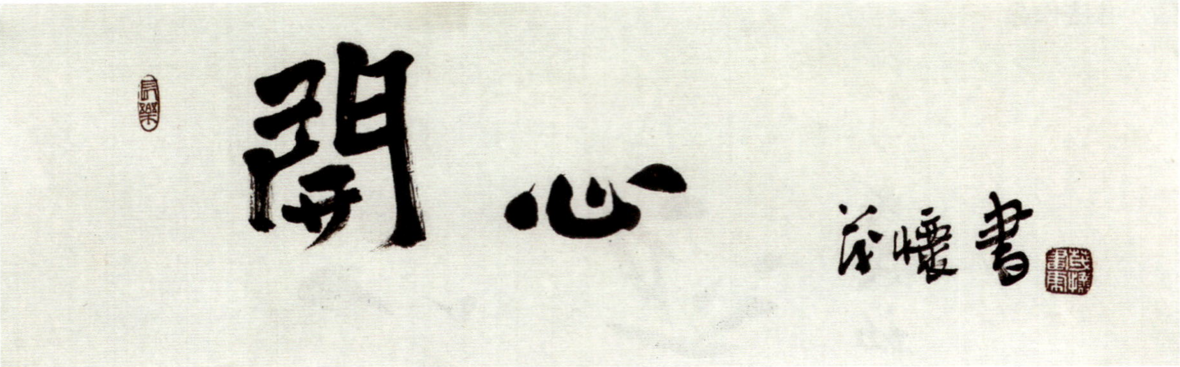

田茂怀书　开心

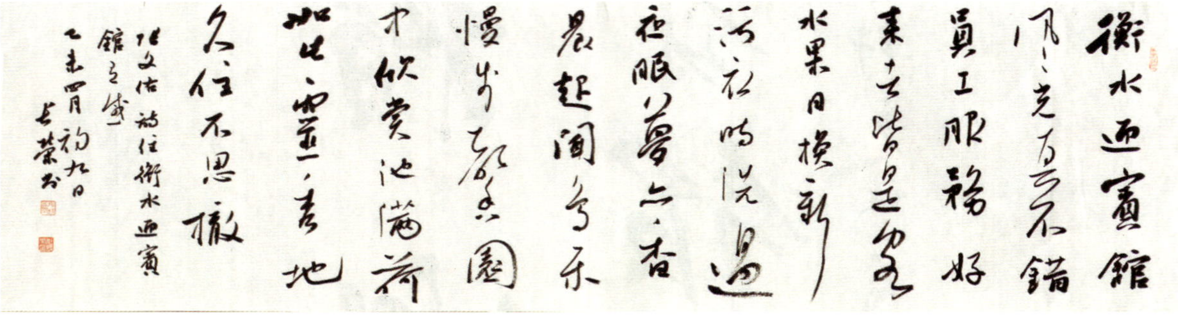

杜长荣书　张文佑游住衡水迎宾馆之感

衡水迎宾馆　风光真不错　员工服务好　来去皆是客　水果日换新　污衣时洗过

夜眠梦里香　晨起闻鸟乐　漫步馨园中　欣赏池满荷　如此灵秀地　久住不思撤

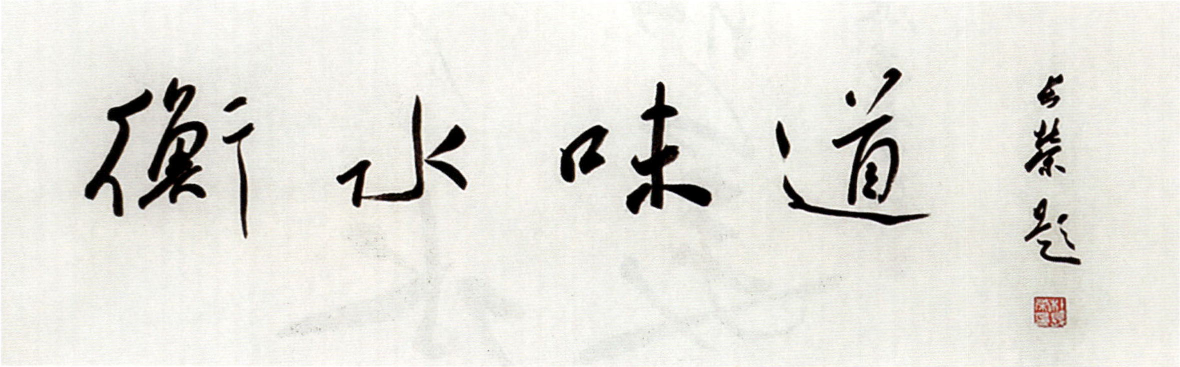

杜长荣书　衡水味道

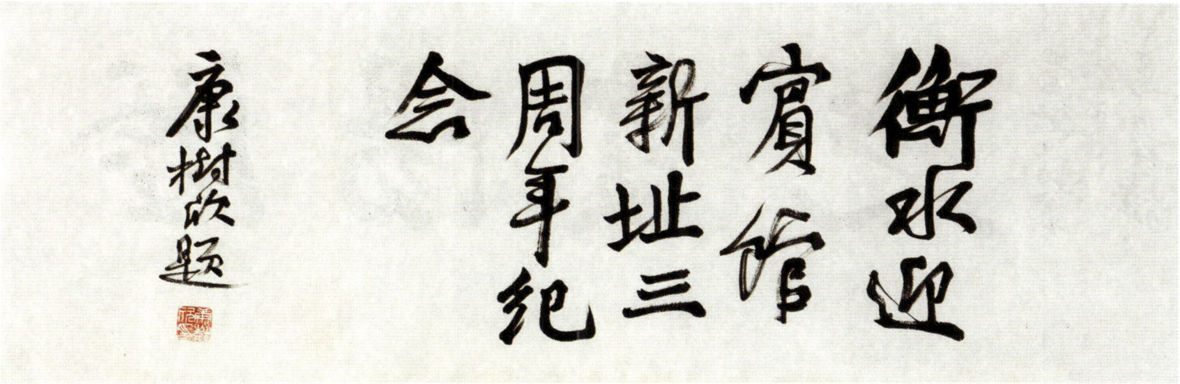

康树欣书　衡水迎宾馆新址三周年纪念

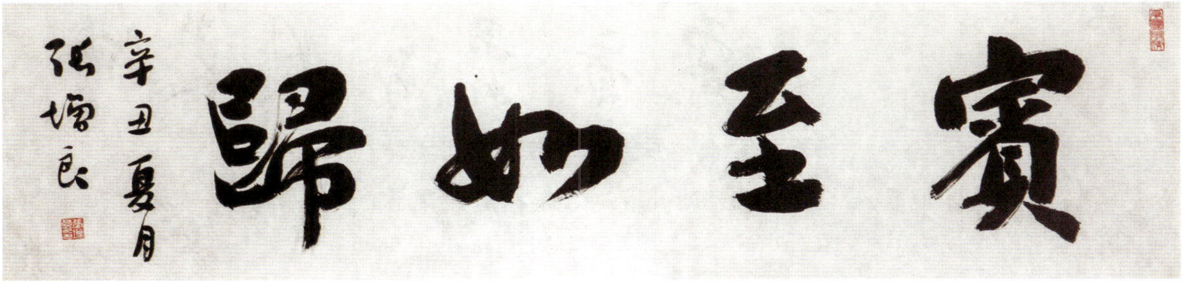

张增良书　宾至如归

张增良书　最美迎宾馆

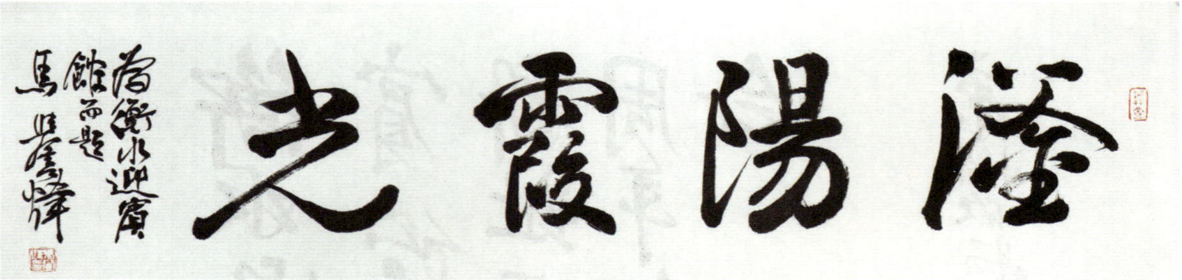

马誉炜书　滏阳霞光

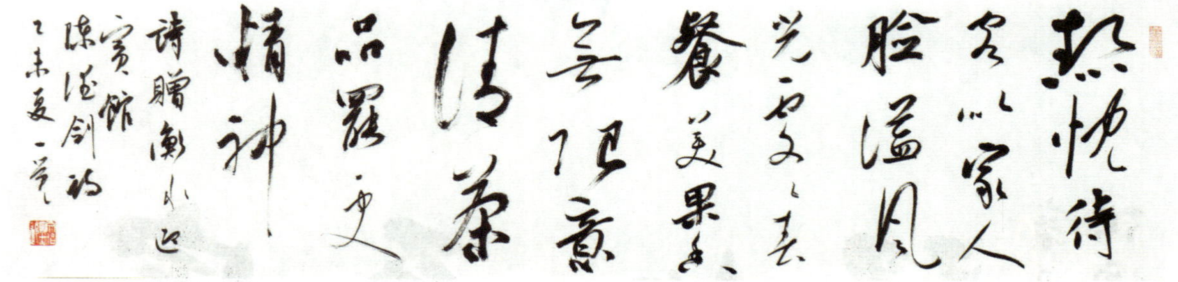

张文佑书　陈德剑诗赠衡水迎宾馆

热忱待客似家人　脸溢风光处处春　餐美果香无限意　清茶品罢更精神

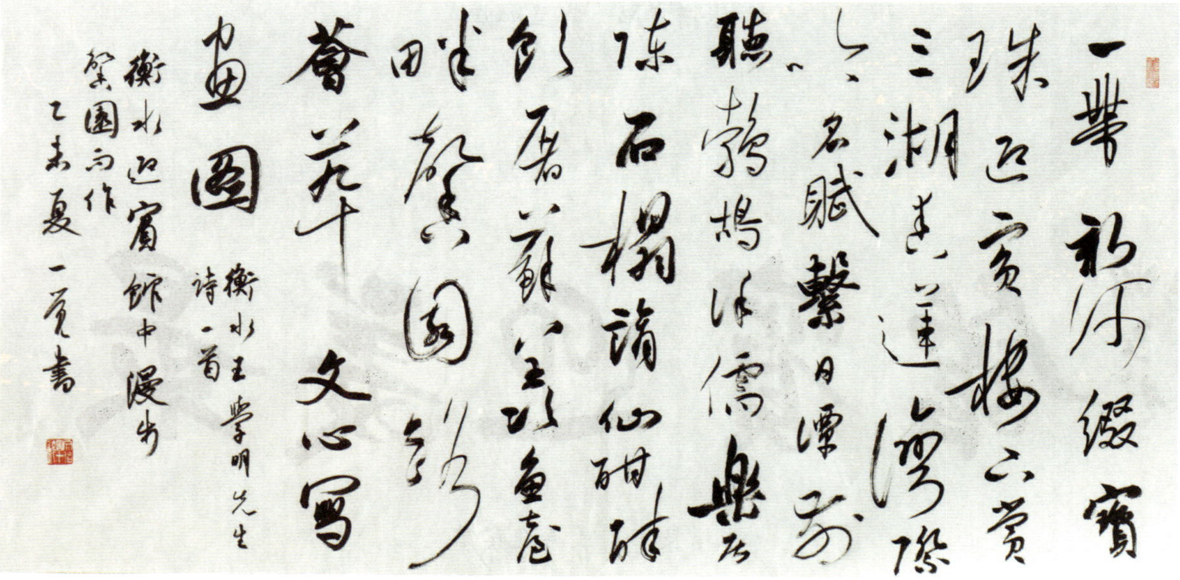

张文佑书　王学明诗　漫步馨园　（见古体诗词第一首）

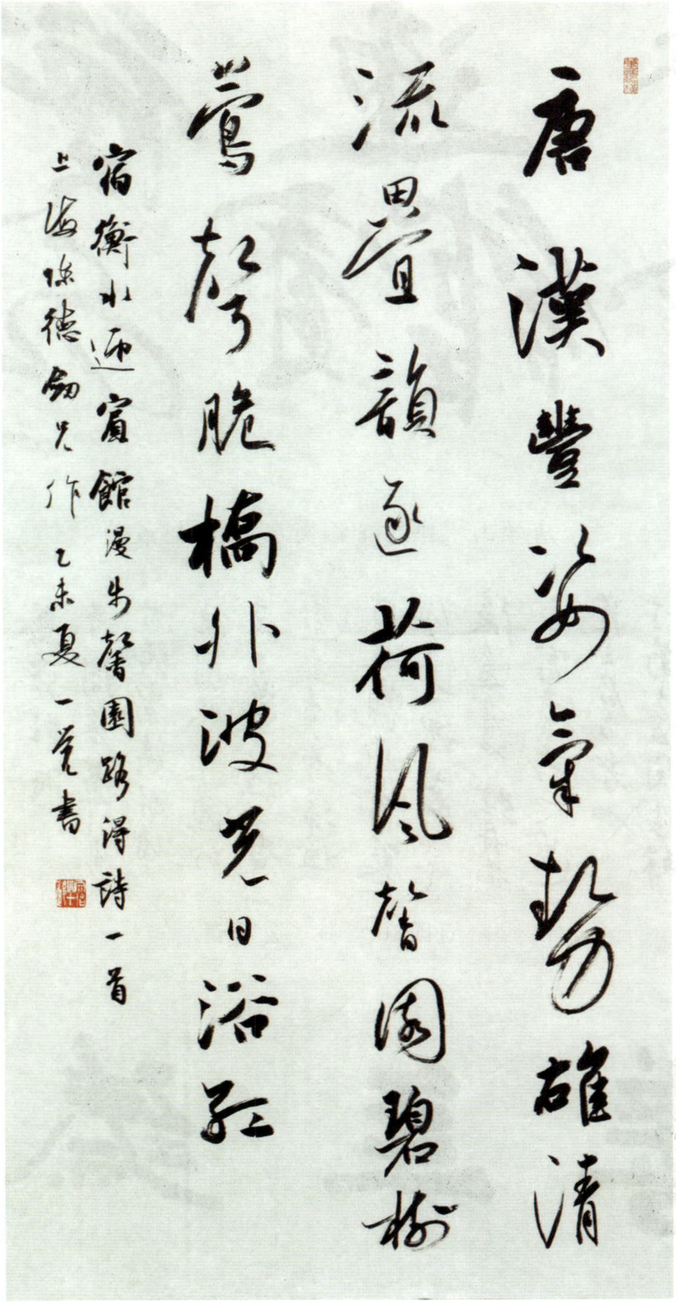

张文佑书　陈德剑宿衡水迎宾馆漫步馨园路作

唐汉丰姿气势雄　清流叠韵逐荷风　馨园碧树莺声脆　桥外波光日浴红

唐学山[①] 书　下榻衡水 迎宾馆最美

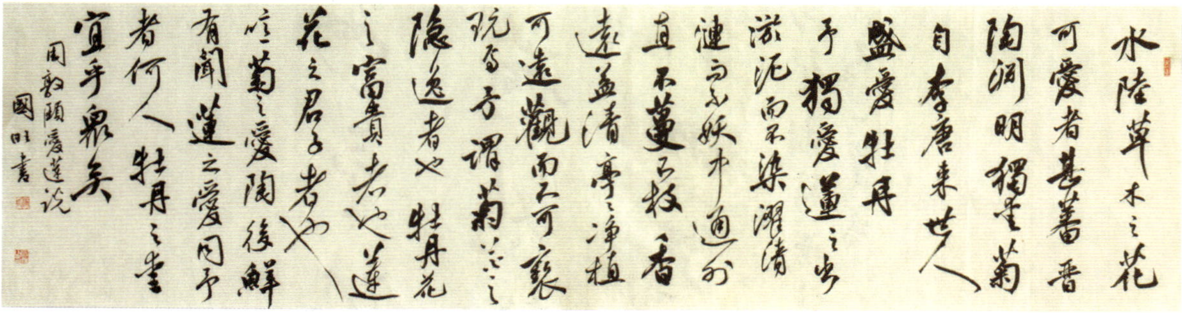

随国旺[②] 书　爱莲说

崔鹏举[③] 书　至臻至善

① 唐学山：北京林业大学教授 博士生导师、住房和城乡建设部风景园林专家。

② 随国旺：中国书法家协会会员、衡水市书法家协会主席。

③ 崔鹏举：中国书法家协会会员、中国楹联协会会员。

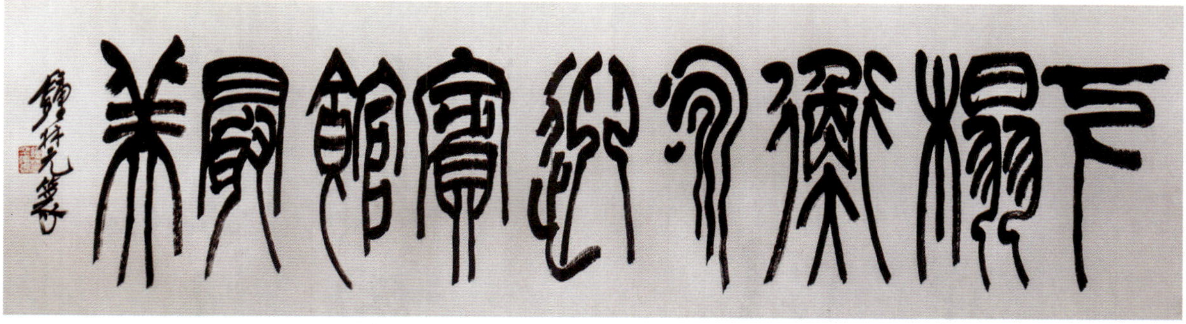

钟林元[①] 书　下榻衡水 迎宾馆最美

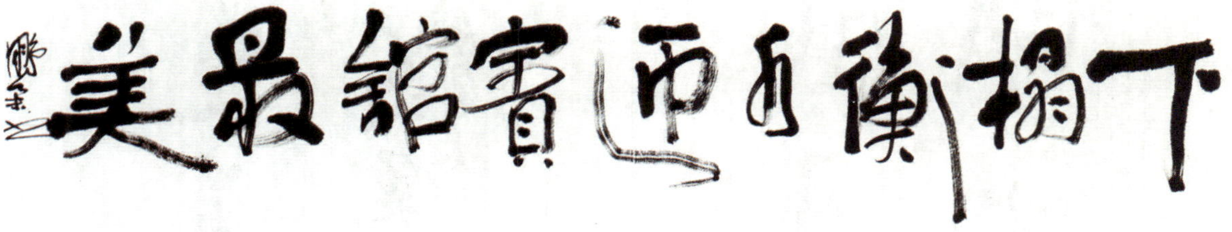

崔鹏举书　下榻衡水 迎宾馆最美

茌良芹[②] 书　下榻衡水 迎宾馆最美

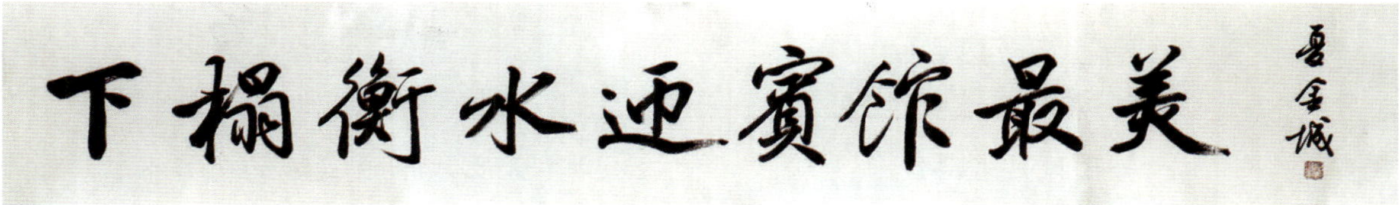

夏金城书　下榻衡水 迎宾馆最美

---

① 钟林元：中国书法家协会会员、中国书画研究院副院长。

② 茌良芹：中国书法家协会会员、国家一级美术师。

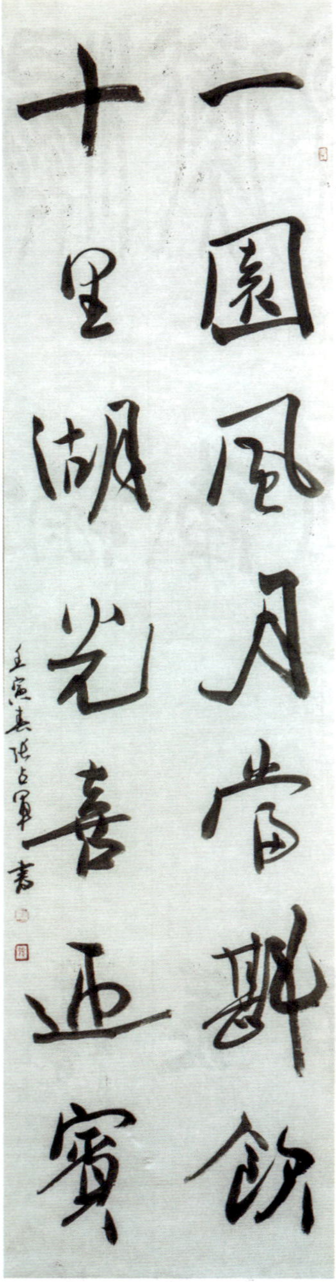

张占军[①]书
一园风月当斟饮
十里湖光喜迎宾

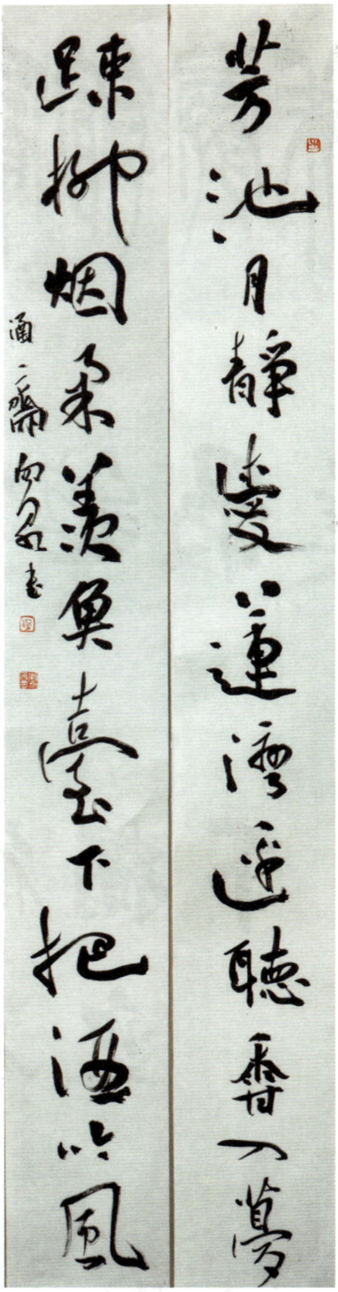

崔向泉[②]书
芳池月静 爱莲湾边听香入梦
疏柳烟柔 美鱼台下把酒吟风

① 张占军：中国书法家协会会员。

② 崔向泉：中国书法家协会会员、衡水市冀州区书法家协会主席。

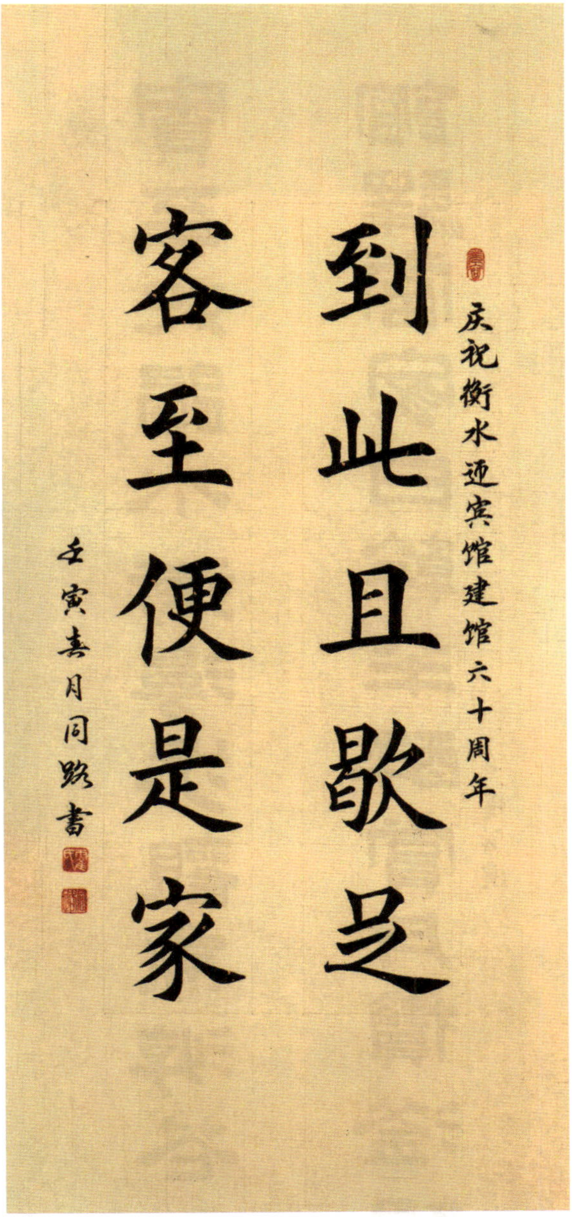

霍同路[①]　为庆祝衡水迎宾馆建馆六十周年题词　到此且歇足 客至便是家

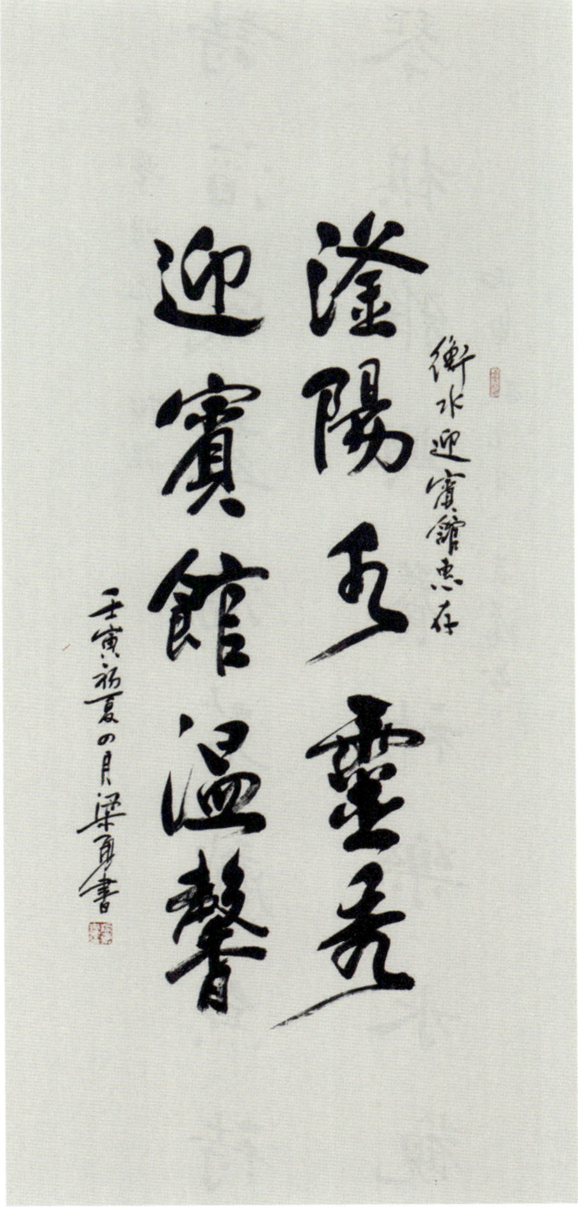

梁勇[②]书　滏阳水灵秀　迎宾馆温馨

① 霍同路：衡水书法家。

② 梁　勇：河北省政府参事室特约研究员、省文史馆馆员。

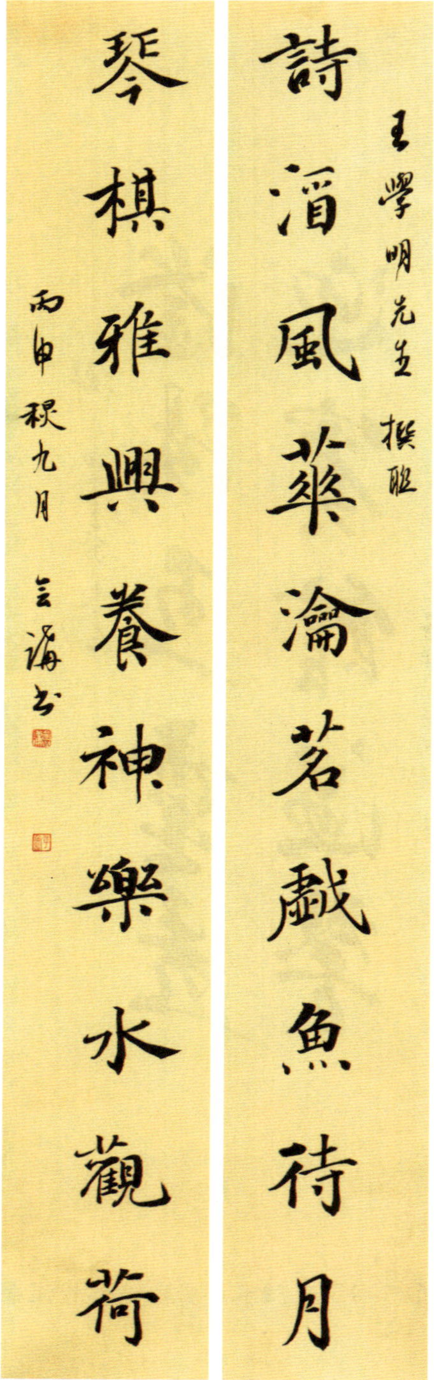

王会讲书　王学明作　悠然亭

诗酒风华沦茗戏鱼待月

琴棋雅兴养神乐水观荷

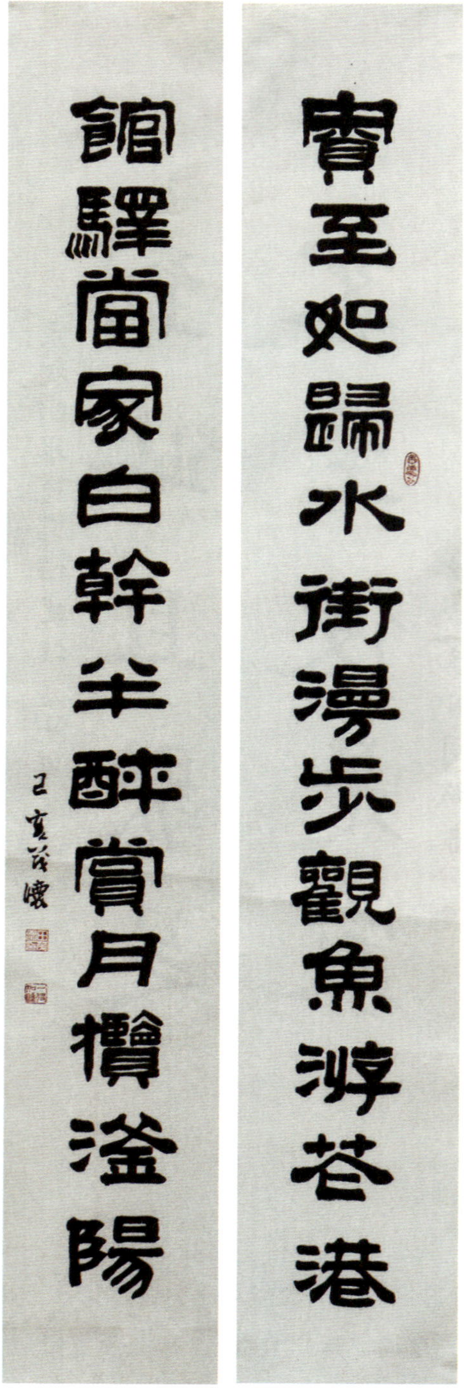

田茂怀题书　陶然亭

宾至如归 水街漫步观鱼游花港

馆驿当家 白干半醉赏月揽滏阳

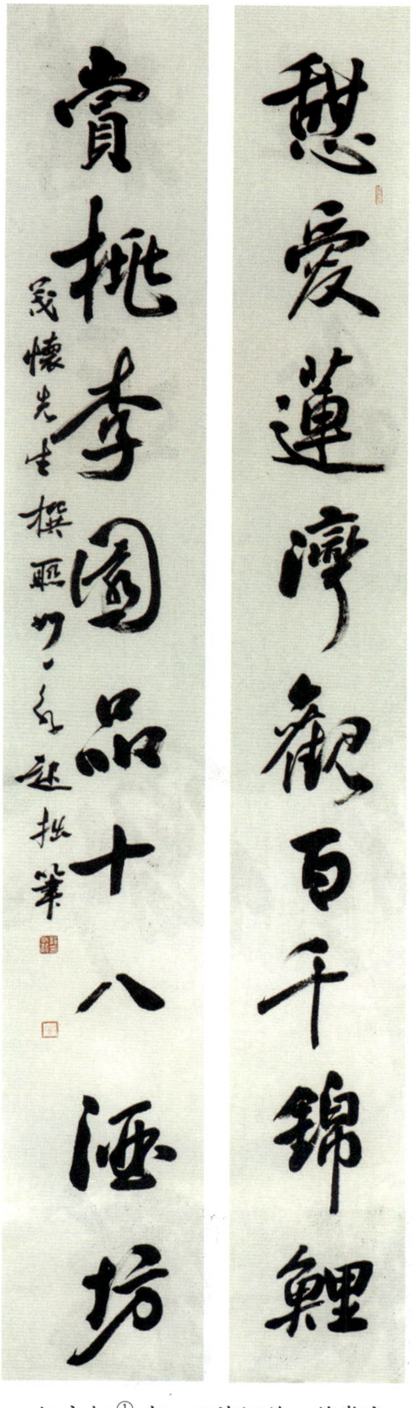

纪永起[①]书 田茂怀作 憩赏亭

憩爱莲湾观百千锦鲤 赏桃李园品十八酒坊

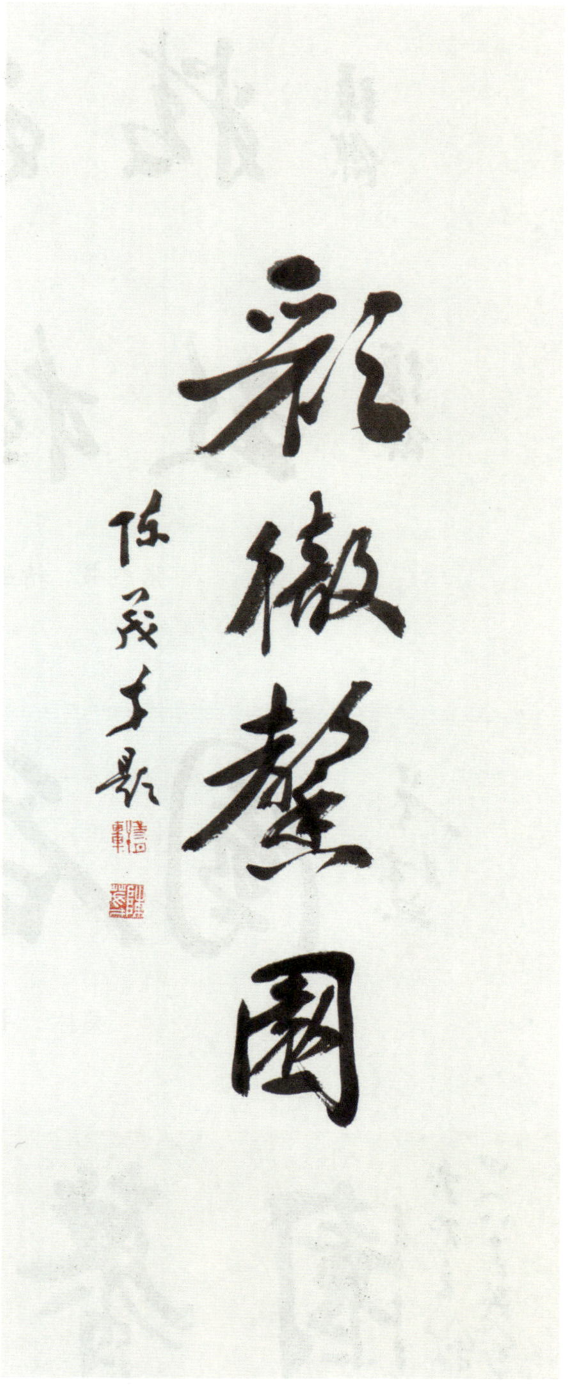

陈茂才书 彩彻馨园

① 纪永起：河北省书画院副院长兼秘书长、河北省书法家协会理事。

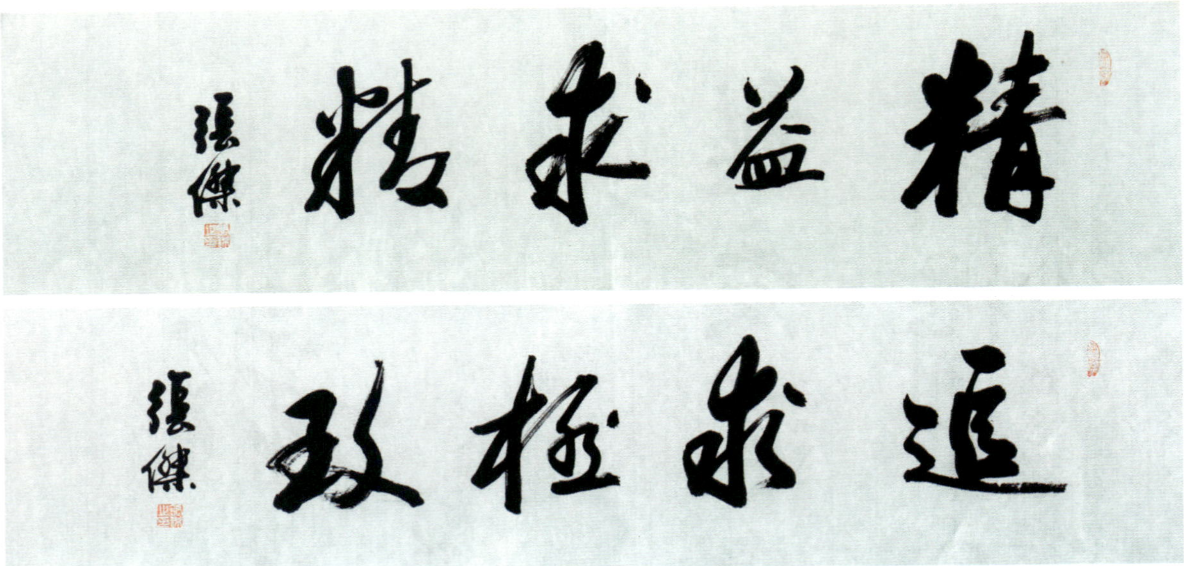

张杰书　精益求精　追求极致

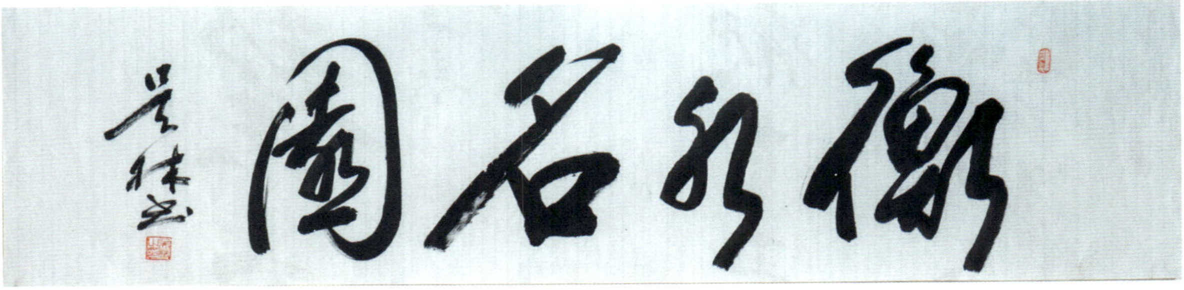

吴林[①]书　衡水名园

田秀川书　彩御馨园

① 吴　林：中国书法家协会会员、中国书画艺术家协会会员。

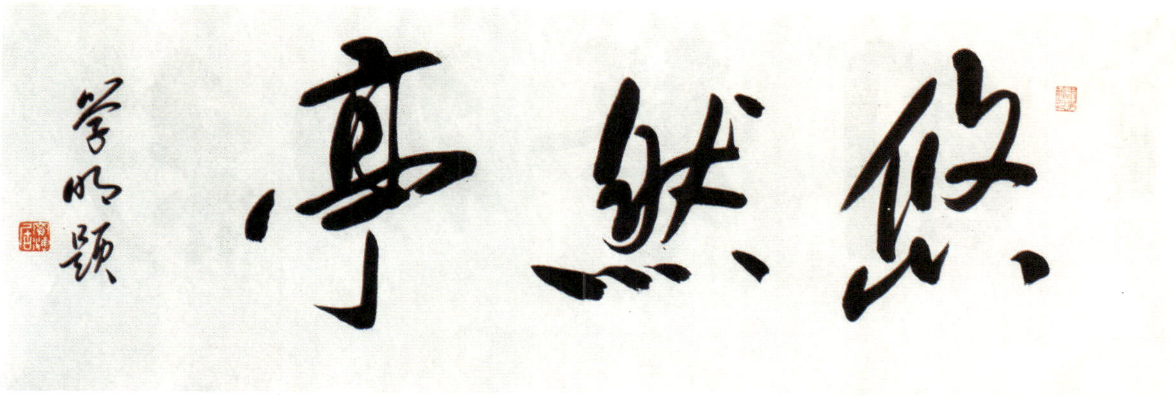

王学明书　悠然亭

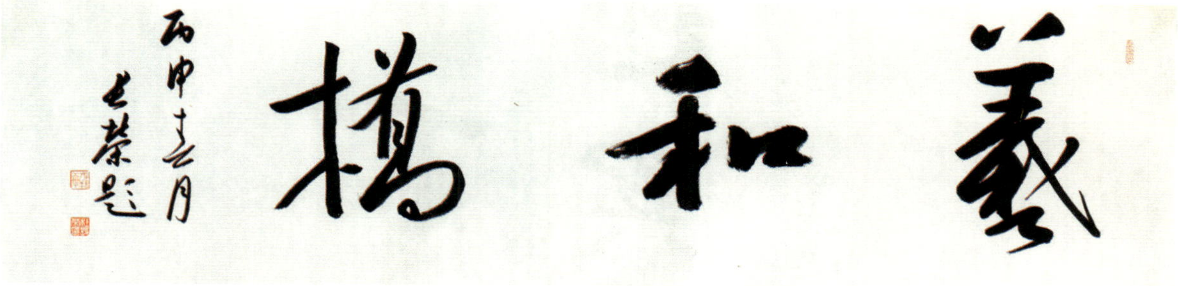

杜长荣书　羲和桥

魏海涛书　玉蟾桥

刘金凯书　彩彻馨园

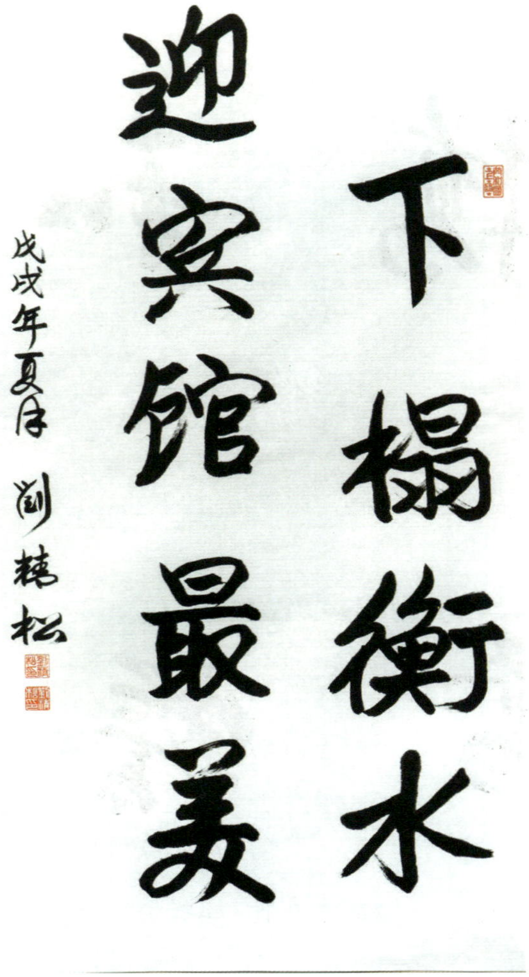

刘精松书　下榻衡水 迎宾馆最美

附　录

国内编字 155 号

国务院文件

国务院关于河北省恢复衡水专员公署的批复

河北省人民委员会：

一九六二年六月一日请示收悉。国务院同意你省恢复衡水专员公署，专员公署驻衡水县城关。

一九六二年六月二十七日

河北省人民委员会文件

关于恢复衡水专员公署的通知

秘范字 464 号

天津市人民委员会、各专员公署，各市、县（自治县）人民委员会：

经国务院批准，我省恢复设立了衡水专员公署。将石家庄专员公署领导的衡水、冀县、武强、武邑、深县、枣强、安平、饶阳八个县和沧州专员公署领导的景县、故城、阜城三个县，共十一个县，划归衡水专员公署领导。衡水专员公署驻衡水城关。现衡水专员公署已开始办公，有关事宜可直接与衡水专员公署联系办理。

一九六二年八月三日

国　务　院
关于同意河北省设立衡水市的批复

国函字〔1982〕10 号

河北省人民政府：

一九八一年十月十三日请示报告悉。同意设立衡水市。以衡水县的衡水镇为衡水市的行政区域。衡水市由衡水地区行政公署领导。

一九八二年一月三十日

国　务　院
关于同意河北省地市体制改革调整行政区划的批复

国函字〔1983〕27 号

河北省人民政府：

你省一九八三年一月二十六日请示收悉。同意：一（略）。二（略）。三（略）。四、撤销衡水县，将原衡水县的行政区域划归衡水市。

一九八三年三月三日

国　务　院
关于同意河北省撤销衡水地区设立地级衡水市的批复

国函〔1996〕39 号

河北省人民政府：

你省《关于撤销衡水地区组建地级衡水市的请示》（冀政〔1995〕43 号）及有关补充报告收悉。现批复如下：

一、同意撤销衡水地区和县级衡水市，设立地级衡水市，市人民政府驻新设立的桃城区新华路。

二、衡水市设立桃城区，以原县级衡水市的行政区域为桃城区的行政区域。区人民政府驻人民路。

三、衡水市辖原衡水地区的枣强县、武邑县、武强县、饶阳县、安平县、故城县、景县、阜城县和新设立的桃城区。原衡水地区的深州市、冀州市由省直辖。

衡水市的各类机构，均应本着改革精神和精简原则设置。

一九九六年五月三十一日

河北省人民政府

关于撤销衡水地区设立地级衡水市的通知

冀政函〔1996〕59 号

衡水地区行政公署：

经国务院国函〔1996〕39 号文批复，撤销衡水地区和县级衡水市，设立地级衡水市，市人民政府驻新设立的桃城区新华路。

衡水市设立桃城区，以原县级衡水市的行政区域为桃城区的行政区域。区人民政府驻人民路。

衡水市辖原衡水地区的枣强县、武邑县、武强县、饶阳县、安平县、故城县、景县、阜城县和新设立的桃城区。原衡水地区的深州市、冀州市由省直辖。

衡水市的各类机构，均应本着改革精神和精简原则设置。

请你们抓紧做好组建地级衡水市的各项工作。

一九九六年七月二日

参考文献

1. 中国人民政治协商会议河北省衡水市委员会编．衡水市文史资料（第1～6辑）[M]．中国人民政治协商会议衡水市委员会文史资料研究委员会，1986—1992.

2. 周连会．景县志[M]．天津：天津人民出版社，1991.

3. 王　桓．枣强县志[M]．北京：文化艺术出版社，1994.

4. 李玖柱．武强县志[M]．北京：方志出版社，1996.

5. 王建斌．安平县志[M]．北京：中国社会出版社，1996.

6. 李根旺．武邑县志[M]．北京：方志出版社，1998.

7. 胡卓川．饶阳县志[M]．北京：方志出版社，1998.

8. 崔衍国．故城县志[M]．北京：中国对外翻译出版社，1998.

9. 崔振明．阜城县志[M]．北京：中国文联出版公司，1998.

10. 孟祥寅．深县志[M]．北京：中国对外翻译出版社，1999.

11. 武铁良．衡水市志[M]．北京：方志出版社，2002.

12. 常海成．冀州市志[M]．北京：方志出版社，2012.

13. 耿东矩．衡水市桃城区志[M]．北京：方志出版社，2012.

14. 政协衡水市桃城区委员会文史资料编委会．桃城文史资料[M]．内部资料，2018.

编委会人员工作剪影

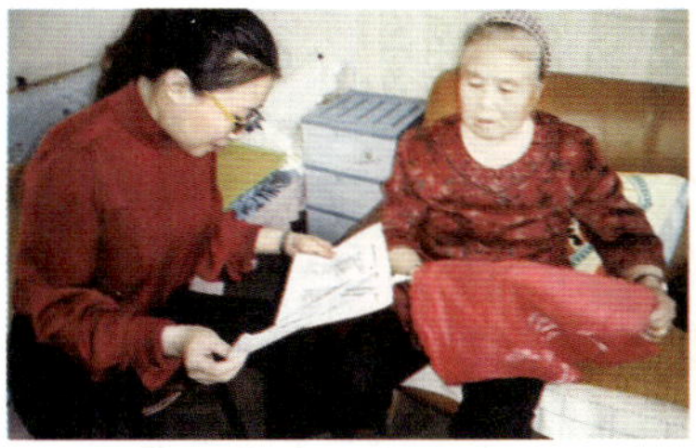

2021 年 6 月 1 日工作人员走访裴凤英老人

2021 年 6 月 4 日耿锦山老主任回忆撰写招待处 60 年发展历程

2021 年 6 月 5 日工作人员走访退休职工黄素玉

2021 年 6 月 8 日工作人员走访退休职工刘章顺

2021 年 6 月 10 日工作人员走访老干部刘忠兴

2021 年 6 月 24 日编辑人员统计《家园》报资料

2021 年 7 月 9 日走访材料调度会

2021 年 7 月 16 日对各组上交稿件进行点评

2021 年 9 月 23 日摄影人员
为老领导拍照

2021 年 9 月 30 日主编常海成
对环境建设编写进行现场指导

2021 年 11 月 9 日编辑人员
在景州厅讨论提纲

2021 年 12 月 28 日编辑人员在景州厅召开会议

2022 年 1 月 19 日编辑人员
在《衡水日报》社查找资料

2022 年 1 月 23 日编辑人员
在衡水市新华书店会议室召开会议

2022 年 2 月 17 日在滨湖厅召开文艺界人士座谈会

2022 年 2 月 26 日编辑人员在衡水市档案馆查阅资料

2022 年 3 月 1 日处领导与编辑人员座谈讨论志书送审稿

2022 年 3 月 11 日邀请衡水市、县志书编写专家在滨湖厅评审志书

2022 年 3 月 25 日编辑人员进行审稿

后 记

为喜迎衡水迎宾馆60华诞，2021年5月，《衡水迎宾馆志》编写工作酝酿启动，旨在通过此书，追述迎宾馆60春秋事业征程，记录一个甲子沧桑巨变，忆往昔岁月，看今朝变化，创美好未来。通过一年的努力，历经收集资料，形成统合稿，初稿面世，再到送审稿的完成，今日终付梓出版。

回顾修志全过程，既有初次接触的新奇感，又有下笔时的迷茫，还有编辑中的各种困惑，但对所有参与编写人员来说，更多的还是收获，收获了知识，收获了友谊，收获了成长。

问渠那得清如许？为有源头活水来。要想修成一本高质量的迎宾馆志，丰富而有价值的第一手资料是不可或缺的重要基础。为收集尽量多的素材，事先召开动员会，明确收集资料的范畴，分成9组深入老领导、老同事家中走访，进行多层面、全方位的调查。历时20多天，各小组收获颇丰，掌握了大量老照片、老物件及各阶段典型事件回忆录等珍贵资料，为下一步编写提供了有力支撑。

剥丝抽茧，见微知著。如何从繁杂的资料中汲取有用的东西并分门别类进行梳理，是摆在我们面前的艰巨任务。确定编写人员，谋划篇章布局，反复研读走访记录，列写提纲，两天一次碰头会，进行意见汇总、研讨审核、修改完善，经过不懈努力，最终形成了近50万字的统合稿。而这仅仅是万里长征迈出的第一步，充其量算是一本资料长编，离真正的志书还相距甚远。

年关冲刺，初现雏形。为推动志书编写进度，提出“631”工作标准，即六项工作，认真做好听取意见、调整结构、削减重复、突出重点、补充缺陷、核查资料；三条标准，把迎宾馆60年来的发展脉络写清楚，把迎宾馆60年来的发展业绩与作用写清楚，把迎宾馆60年来的创业、创新精神写出来；一个目标，通过此志书促进迎宾馆事业以及衡水经济文化的发展，同时出一部经得起历史考验的合格志书，进而打造成精品佳作。按照“631”要求，编写工作进入深雕细琢、精心打磨新阶段。通过集中评审、修改、再审、再修改数十次循环，力求结构更加合理，内容更加充实，语言更加通畅，值得一提的是，其间进行了大的结构调整，并新增了部分内容，为如期交出一份合格的初稿，加班加点、废寝忘食成为我们工作的常态。2022 年 1 月 29 日，赶在春节前，初稿终排版印制，修志工作取得阶段性胜利。

集思广益，众志成城。春节期间，编辑人员放弃休息时间，认真研读初稿，汇总问题。假期过后，立即着手下一步重点工作，到兄弟单位搜集资料充实志书，对所有编章尤其是新增编章内容加以完善，编章序重新进行调整，召开部分文艺界人士座谈会，聘请衡水志书编纂专家集体评审。补充、调整、审核、修改贯穿完善初稿的整个过程，历时 20 多天的努力，最终形成送审稿。

宝剑锋从磨砺出，梅花香自苦寒来。《衡水迎宾馆志》编写历时 12 个月，从领导班子到全体编辑人员，秉承一种信念，坚持一个目标，克服“隔行如隔山”的困难，忘我学习、一丝不苟、力求完美，深刻诠释迎宾馆严谨、实干、进取的工作作风，形成了一种“修志精神”，这种精神必将得到发扬传承，融入和体现在各项具体工作中，成为衡水迎宾馆实现更广阔发展的宝贵财富。

《衡水迎宾馆志》能够顺利完成，得到迎宾馆老领导、老同事及其家人们的大力支持，刘忠兴老处长根据掌握的信息，提供了几位老领导的简历，耿锦山老主任更是亲自执笔写回忆录，黄素玉老人为新增编目提供了珍贵的第一手资料，裴凤英、方景舟等老同事热情招待、全力配合，有的提笔写感受，有的把压箱底的宝贝拿出来，均为编写志书提供了大量有价值的资料。同时，衡水地方志办公室、衡水日报社、衡水市档案馆、衡水市外事办等有关单位提供文字、图片。尤其难得的是，原河北省政协副主席郭华欣然作序，内画大师王习三、文史专家毛佩琦、省文史馆员梁勇及陈茂才、王学明、田茂怀等书画家为本志题字绘画，衡水篆刻家张彦州、靳梦旭为本志刻章，蔡双跃参与设计。中国饭店协会在迎宾馆成立六十年之际特此发来贺信。在此，对为本志给予支持和帮助的单位、个人表示衷心感谢！

《衡水迎宾馆志》编辑部

2022 年 7 月 26 日